ビギナーズ 日本の思想

日蓮の手紙

日蓮
植木雅俊＝訳・解説

角川文庫
22760

はじめに

欧米の多くの研究者が日蓮について国家主義者・国粋主義者だと評しているのに反して、フランスの社会学者で哲学者のラファエル・リオジエ氏（Raphaël Liogier、一九六七〜）は、相手の性格、人柄、能力などに応じて人間性豊かな文章で語りかける日蓮の手紙（消息文《しょうそくぶん》）に関心を深めている。

わが国でも、日蓮というと国家主義や、国粋主義を連想する人が多い。それは、明治時代の国家主義へと突き進む時流の中で形成されていった。

田村芳朗（一九二一〜一九八九）は、その著『法華経――真理・生命・実践』（中公新書）において、日本近代、すなわち明治以降の国家主義、ないし日本主義の高まりにともない、いかにして日蓮主義者たちによって、『法華経』や、日蓮の思想が国家主義や、国粋主義と結び付けられていったのかを詳述している。

日蓮を国家主義的に信奉し、日蓮主義運動を展開した人として田中智学《たなかちがく》（一八六一〜一九三九）を挙げ、その目指すところは国体（天皇の神聖性とその君臨の持続性）の宣揚が第一義であったという。それは、必然的に日本という国家を絶対化し、国粋主義へと発展していった。

田中智学の直接の影響ではないが、右翼革命と日蓮主義を結びつけたのが、二・二六事件の黒幕とされる北一輝《きたいっき》（一八八三〜一九三七）であった。彼は、日蓮と『法華経』を熱烈に信奉し、日蓮の著作と『法華経』の言葉を引用して自説を展開した。『法華経』は、あらゆる人が平等で、尊い存在であり、だれでも成仏できることを説く経典であって、それを説き示す使命を帯びて出現するとされたのが地涌《じゅ》の菩薩であった。ところが、その地涌の菩薩について、北一輝は、大地が震裂したことを「来りつつある世界革命」のことだと曲解し、地涌の菩薩を「地下層に埋るゝ救主の群」であり、「草沢《そうたく》の英雄」「下層階級の義傑偉人」のことだと意義づけした。このように、右翼革命、武力革命、武力侵略を正当化するために『法華経』や日蓮の言葉が強引に歪曲《わいきょく》されて用いられた。

こうした動きに対して高山樗牛《たかやまちょぎゅう》（一八七一〜一九〇二）は、『日蓮上人と日本国』を著わし、日蓮を国家主義者と見なすことの誤りを論じた。高山樗牛の大学時代の学友であった姉崎正治《あねさきまさはる》（一八七三〜一九四九）も、当初は日蓮について批判的で、日蓮を国家主義的で排他的だと評していたが、樗牛の熱心な説得に心打たれて誤解を改め、日蓮に好意的になった。一九一三年にハーバード大学に招かれて日本文化についての講座を担当し、英文の論文 "*Nichiren, the Buddhist Prophet*"（仏教の予言者日蓮）を執筆した。帰国後に日本語で加筆して名著『法華経の行者日蓮』（一九一六年）を出版した。

田村芳朗は、高山樗牛について次のようにつづっている。

かれは当時、国家主義が高まっていくにつれて、日蓮宗の僧侶が日蓮を国家主義者にまつりあげていくすがたを見て、憤りを感じた。右の論文（筆者注＝『日蓮上人と日本国』）に「嗚呼《ああ》国家的宗教と云《い》ふが如き名目の下に、自家宗門の昌栄を誇らむとする僧侶は禍《わざわ》ひなる哉《かな》。斯《か》かる俗悪なる僧侶の口より其《そ》の国家主義を讃美せられつゝある日蓮上人は気の毒なる哉」と嘆いている。

（『法華経――真理・生命・実践』、一七二頁）

高山樗牛の言を俟《ま》つまでもなく、日蓮だけでなく、『法華経』の言葉までも曲解されていたことは悲しむべきことであり、日蓮の人間としての実像を明らかにすることが望まれる。それは、教義を論理的に展開した著作よりも、具体的な個々の人々の喜び、悲しみ、怒り、不安に寄り添って書かれた日蓮の手紙に最も表れているのではないかと思う。リオジエ氏が、日蓮の手紙に関心を深めているのは、正鵠《せいこく》を射ているといえよう。

日蓮の手紙は、真跡、写本等が三百四十通ほども残っている。これは、他の宗祖の追随を許さない圧倒的な多さである。法然《ほうねん》（一一三三～一二一二）の直筆の手紙はないと言われているし、道元（一二〇〇～一二五三）は、ほとんど手紙を書かなかったようで残っていない。本書で取り上げる檀越《だんのつ》（信徒）の四家だけを見ても、富木常忍《ときじょうにん》関係が四十二通、四条金吾関係が三十九通、池上兄弟関係が十九通、南条時光《なんじょうときみつ》関係が五十二通を数える。

日蓮の手紙の特徴は、相手に応じて文体や、文章、表現をガラリと変えているということだ。富木常忍のように学識豊かな人には漢文体の著作や手紙を与えているが、他の檀越や女性に対する手紙はいずれも和文体で仮名書きである。十代の若い時の南条時光には、漢字が少なく、ほとんど平仮名で書かれている。相手が読めそうにないかなと思った漢字には、自らルビを振っている。文字が読めない人もいたのであろう。弟子の名前を挙げて、その人に読んでもらうように指示した手紙もある。

日蓮は、檀越たちのそれぞれの情況に応じて手紙を書いた。従って、日蓮の手紙には、人生相談あり、生活指導あり、激励ありと内容が幅広く、日蓮は、時に応じ、機に応じて弁護士、教育者、心理学者、演出家、劇作家、戦略家、詩人、ネゴシエーター（交渉人）であるかのような多彩な文章を綴《つづ》っている。それも、法門を型にはめて説明するのではなく、相手に応じて仏典だけにとどまらず、インド、中国、日本の故事や説話、歴史的教訓などを駆使して何とか分かってもらおうとする配慮に満ちている。

子を亡くした母や、夫に先立たれた妻の悲しみに寄り添い、少年には父が子に噛《か》んで含めるように語って聞かせるような文章を綴っている。信仰と、職場や親子などの人間関係との葛藤に悩む人には、きめ細かい現実的で極めて具体的な教示を与えていて、そこには精神論も、抽象的な答え方も全く見られない。

一人の人を激励するにも、相手の身になって、その人の周辺の人間関係を押さえて、その人間関係の中でどうしたらその人が生きるのか、やりやすくなるのか――という視点からなされていることに気づく。

このような日蓮の手紙について、梅原猛《うめはらたけし》氏（一九二五～二〇一九）は、

親鸞《しんらん》の手紙は、だれにあてても同じようなこと書いてます。このくらい同じだとこれもみごとなもので、私は感心するんですけれどもね（笑）。ところが日蓮の手紙は、一人一人違うでしょう。

（紀野一義・梅原猛著『永遠のいのち〈日蓮〉』、一七二頁）

と語っていた。

日蓮の手紙を読んでいると、『法華経』安楽行品で釈尊滅後の菩薩の実践の在り方として説かれていた次の言葉と重なってくる。

熱心な衆生が集まってきた時、この法座に坐って、多くの種々の話を簡潔にまとめてしてやるがよい。男性出家者や、女性出家者にも、また、男性在家信者や女

性在家信者、王や、王子たちにも、賢者は、常に嫌な顔をしないで種々の意味を持つ感動的な話を語るべきである。質問された時も、質問した人が覚りを得ることができるように、適切な意味のすべてを説き示すべきである。

（植木訳『サンスクリット版縮訳 法華経 現代語訳』、二三六頁）

賢者は怠慢であることを避け、倦怠感《けんたいかん》を生じることなく、不快感を捨て去って、聴衆のために慈悲の力を起こすべきである。賢者は、多くの譬喩《ひゆ》によって、日夜に最高の法を説いて、聴衆を歓喜させ、満足させるべきである。 （同）

手紙は、佐渡流罪中、身延隠棲中《みのぶいんせいちゅう》に特に多くなっている。佐渡からは、紙が貴重で少なく、それぞれに手紙を出すことができないので、代表に送ってみんなで読むように指示している。

『佐渡御書』の追伸には、「外典書《げてんしょ》の貞観政要《じょうがんせいよう》、すべて外典の物語、八宗の相伝等、此等《これら》がなくしては、消息《しょうそく》もかかれ候《そうら》はぬに、かまへてかまへて給候《たびそうろう》べし」と記していて、消息（手紙）を書くのに、仏教以外の資料として『貞観政要』や、説話などの書にまで目を通していたことがうかがわれる。それだけ、日蓮は手紙を重視していたということであろう。

本書は、日蓮の最も有力な檀越である富木常忍、四条金吾、池上兄弟、南条時光とその家族、および女性たちに与えられた手紙の主なものを選んで紹介するものである。

本書で取り上げた日蓮の手紙は、立正大学日蓮教学研究所編『昭和定本日蓮聖人遺文』や、堀日亨《ほりにちこう》編『日蓮大聖人御書全集』、兜木正亨《かぶとぎしょうこう》校注『日蓮文集』（岩波文庫）、戸頃重基《ところしげもと》・高木豊校注『日蓮』（日本思想大系14、岩波書店）などを参考にして、読者の読みやすさを考慮して、句読点の打ち方を改めたり、適宜に補ったりした。送り仮名も適宜に補い、改行も増やし、手紙の本文で注釈を施した語には＊を付した。また、日蓮の生涯を俯瞰《ふかん》できるように巻末に「年譜」を入れた。

二〇二一年三月二十八日　日蓮生誕八百年に当たる旧暦二月十六日の日に

目次

第一章　富木常忍夫妻への手紙

富木常忍夫妻について

富木常忍《ときじょうにん》（一二一六〜一二九九）は、日蓮より六歳ほど年上であったようだ。本領は、因幡国法美郡富木郷《いなばほうみ》（現鳥取市）で、その国府に出仕していたが、下総国《しもうさ》の守護であった千葉頼胤《よりたね》に見込まれて家臣となり、下総国葛飾郡八幡庄若宮《かつしかやわたのしょうわかみや》（現千葉県市川市中山）に住んでいた。文筆を主とする官僚であったことから、不要となった千葉氏の行政文書を日蓮に提供し、その裏面に日蓮は執筆することもあったようだ。

富木常忍は、千葉氏の被官（直属の家臣）として鎌倉と下総を往復することが多く、建長六（一二五四）年ごろ日蓮と出会って帰依し、俗名を常忍《つねのぶ》と言ったが、入道《にゅうどう》して後は常忍《じょうにん》と名乗った。その時期は、文永六（一二六九）年五月九日付の『門注得意抄《もんちゅうとくいしょう》』の上書きに「土木入道殿」とあるので、遅くとも五十四歳までには入道となっていたことになる。

日蓮は、初めのころは「土木」と書くこともあったが、「富木」と表記することが最も多く、晩年には「富城」とすることもあった。

文応元（一二六〇）年の『立正安国論』を上呈した翌月、松葉ヶ谷《まつばがやつ》の日蓮の草庵が夜襲を受け焼き討ち（松葉ヶ谷法難）に遭った時、鎌倉から逃れてきた日蓮を自邸の法華堂にかくまった。その際、下総に多くの信徒を得て、富木常忍は下総における日蓮門下の中心的立場となった。

文永五（一二六八）年に蒙古《もうこ》の国書が届くと、『立正安国論』で予言していた他国《たこく》侵逼《しんぴつ》の難が現実となり、日蓮は十一カ所に書状を出して公場対決《こうじょうたいけつ》を迫るが、無視されるのみで、その間に四条金吾と太田乗明《おおたじょうみょう》とともに富木常忍が問注所（裁判所）に召喚されるということもあった。日蓮は『問注得意抄』をしたため、問注所での心がけを詳細に忠告した。結局、幕府は龍口《たつのくち》で日蓮の首を斬ろうとしたがかなわず、佐渡へ流罪にした。佐渡流罪中も、富木常忍は日蓮を物心の両面から支援した。弘安二（一二七九）年の熱原《あつはら》の法難の際にも、日秀、日弁らを保護するなど、教団外護《げご》の中心的役割を果たした。

富木常忍は、和漢の典籍にも明るく、学識が勝れていたこともあり、日蓮自らが書写した『立正安国論』（国宝）をはじめ、『観心本尊抄』（国宝）、『四信五品抄』『法華取要抄』など多くの重要な著作を与えられた。その内容を富木常忍は、人々に解説するということを任されていた。

日蓮の著作の重要性が分かる人だったからこそ、日蓮の遺文の収集と保存に努め、亡くなる前に日蓮の著作や手紙など聖教《しょうぎょう》の目録を作成し、門外不出として厳重に保管して後世に伝えることを遺言した。そのおかげで、多くの日蓮の真跡を今日も目にすることができる。

保存された文書には、四十通余の富木家への手紙があり、その大半が真跡である。富木常忍に与えられた手紙の特徴は、日蓮の身辺の変化と、それに伴う率直な心の推移を伝えるものが含まれているということであろう。

龍口刑場を経て、預かりの身となって依智《えち》（現神奈川県厚木市内）の本間邸に滞在した九月十三日から十月十日までの間に最初に出した手紙は富木常忍あてであった。依智を発《た》って寺泊《てらどまり》に待機中に与えたのも、佐渡に着いた時も、身延に入山した時も、その第一信は富木常忍あてであった。法門を富木常忍を通して人々に語らせるという方法をとっていたことを考え合わせても、それだけ頼りになる存在であった。

富木常忍は、妻が早世し、父の蓮忍も早く亡くなった。九十歳の長寿を全うする老母と暮らしているところへ、子連れの女性を後妻に迎えた。その子どもが後の六老僧《ろくろうそう》の一人、伊予房日頂《いよぼうにっちょう》である。九十歳になっても、針仕事をする気丈な姑《しゅうとめ》がいて、妻の富木尼は、病弱で寝込むこともあったようだ。そんな自分を卑下することもあったのであろう。日蓮は、病への対応や、激励の手紙を富木尼に送っている。富木家における伊予房の立場を考慮した言葉も富木家への手紙には随所に見られる。日蓮の富木家への手紙には、このような家庭環境に配慮したところが見られる。

富木常忍は、一二八二年の日蓮入滅後、出家して常修院日常《にちじょう》と名乗り、自邸の法華堂を法華寺として開山となり、日蓮に遅れること十七年にして亡くなった。享年《きょうねん》八十四。

問注得意抄

文永六（一二六九）年五月九日、信仰上の問題であろうか、富木常忍ら三人が被告として問注所（裁判所）に呼び出された。その報を聞いて、日蓮はこの手紙で問注所での言動について心得ておくべきことを記した。（漢文体、真跡）

一期《いちご》の幸《さいわい》

土木《とき》入道殿　　　　　　　　　　　　　　　日蓮

今日召し合せ御問注《ごもんちゆう》の由《よし》承り候《そうろう》。各各《おのおの》御所念の如《ごと》くならば、三千年に一度花さき菓《このみ》なる優曇華《うどんげ》*に値《あ》へるの身か、西王母《せいおうぼ》*の薗《その》の桃、九千年に三度之《これ》を得たる東方朔《とうほうさく》*が心か、一期《いちご》の幸《さいわい》何事か之《これ》に如《し》かん。

《優曇華》サンスクリット語ウドゥンバラ（udumbara）の音写。①伝説上の植物を指す場合、②実在の植物を示す場合、③昆虫の卵を指す場合とがあるが、ここでは①。三千年に一度花が咲くといわれ、極めてまれなことの譬えとして用いられている。《西王母》中国で古くから信仰されてきた女性の仙人で、三千年に一度だけ稔れる桃の実を所持していた。《九千年に三度之を得たる東方朔》西王母の桃は「三千年に一度」稔れるが、中国前漢の文学者、東方朔（前一五四頃〜前九三頃）は、伝説では西王母の桃を三度食べたと言われていることから、「九千年に三度」という表現になっている。

日蓮

土木入道殿

きょう、原告（訴人《そにん》）と被告（論人《ろんにん》）が召し合わせられ、裁判が行なわれると聞きました。各々方の念じておられることからすれば、三千年に一度花が咲き実がなるという優曇華に遭遇したような身であり、あるいは西王母が植えた桃を九千年の間に三度食べた東方朔のような心となっておられることでしょう。生涯の幸いとして、何がこれに及ぶでしょうか。

法廷に臨む心得

御成敗《ごせいばい》*の甲乙《こうおつ》は且《しば》らく之を置く。前立《さきだ》って鬱念《うつねん》を開発《かいほつ》せんか。但《ただ》し、兼日御《けんじつご》存知《ぞんち》有りと雖《いえど》も、駿馬《しゅんめ》にも鞭《むち》うつの理《ことわり》之《これ》有り。今日の御出仕《ごしゅっし》、公庭に望んでの後は、設《たと》ひ知音《ちいん》*為《た》りと雖も傍輩《ほうばい》*に向《むか》って雑言《ぞうごん》*を止めらる可《べ》し。両方召し合せの時、御奉行人《ごぶぎょうにん》*、訴陳《そちん》の状*之を読むの剋《きざみ》、何事に付けても御奉行人の御尋ね無《な》からんの外《ほか》一言を出す可からざるか。設《たと》ひ敵人等、悪口《あっく》を吐《は》くと雖《いえど》も、各各当身《とうしん》の事、一二度までは聞かざるが如くすべし。三度に及ぶの時、顔貌《げんみょう》を変ぜず、麤言《そごん》*を出さず、輭語《なんご》*を以《もっ》て申す可し。各各は一処の同輩なり。私に於《おい》ては全く遺恨無きの由、之を申さる可きか。
又御供《おとも》、雑人《ぞうにん》等に能《よ》く能く禁止を加へ、喧嘩《けんか》を出す可からざるか。

《御成敗》処罰すること。こらしめること。裁決すること。裁き。《知音》互いに心を知り合った親友。知り合い。知己《ちき》。《傍輩》同じ主人に仕えたり、同じ先生に教えを受けたりする仲間。同じくらいの身分・年齢の友。同輩。「朋輩」とも書くが、「朋」は当て字。《雑言》無用のくだらない言葉。あれこれ悪口を言うこと。種々の悪口。《奉行人》

鎌倉・室町幕府の職名。公事《くじ》・安堵《あんど》（土地の所有権などを公認すること）・評定（裁判・政務などを合議裁決すること）など諸奉行の総称。《訴陳の状》訴状と陳状のこと。中世の裁判で、訴人（原告）と論人（被告）の申し立てをそれぞれ訴状と陳状といった。《麤言》荒々しい言葉。無礼な言葉。粗末な言語。《輭語》「輭」は「軟」の正字で、真跡では車偏を略した「耎」となっている。柔らかい言葉。優しい物言い。「麤語」「麤言」に対する語。

裁きの勝敗については、しばらく措《お》いておきます。出頭に先立って、心がふさいで鬱屈《うっくつ》している気持ちを晴らしてあげましょう。ただ、かねてご存じのことではありましょうが、「駿馬にも鞭打つ」という道理があります〔ので、あえて申し上げます〕。

今日、出仕されて法廷に臨まれた後は、たとえ気心の知れた人であったとしても、仲間に向かってあれこれと無用なことを言ってはなりません。原告と被告が召し合わせられた時、奉行人がそれぞれの訴状と陳状による申し立てを読み上げますが、その時は、何ごとであっても奉行人から尋ねられたこと以外は、一言も口にしてはなりません。

訴状と陳状を読み上げている時、たとえ敵の人たちが罵《ののし》って悪言を吐くことがあったとしても、各々にとって身に当たる大事なことではありますが、一回や、二回までは聞いていないようにしているがよいでしょう。三回も悪言を吐くことがあったならば、顔色を変えることなく、荒々しい言葉を口にせず、穏やかな言葉で話すようにしてください。「各々方は、幕府という同じところに仕える同輩であって、私には忘れることのできない深い恨みなど全くございません」と申し上げるべきです。

また、三人に同行したお供や召使いの者たちに言い聞かせて、敵方のお供や召使いの者たちと言い争いの喧嘩をさせないようにしてください。

仏経と行者と檀那と相応して一事を成さん

是《か》くの如き事、書札《しょさつ》に尽《つく》し難《がた》し。心を以《もつ》て御斟酌《ごしんしゃく》*有る可《べ》きか。此等《これら》の矯言《きょうげん》*を出す事、恐《おそれ》を存すと雖《いえど》も、仏経と行者《ぎょうじゃ》と檀那《だんな》*と三事相応して一事を成さんが為《ため》に愚言《ぐげん》を出す処《ところ》なり。恐恐《きょうきょう》謹言《きんげん》*。

五月九日　　　　日蓮　花押

三人御中

《矯言》「嬌言」（女性の艶《なま》めかしい声）としているものもあるが、ここにはそぐわない。

「矯言」の誤写であろう。「矯」には、「ためる」「ただす」「まっすぐにする」という意味があり、「ものごとを正すための言葉」という意味であろう。《檀那》サンスクリット語のダーナ（dāna＝布施、与えること）とパティ（pati＝主、長）の複合語dāna-pati（施主）が、「檀越《だんのつ》」と音写されたが、前半の語だけを音写して「檀那」とも書かれる。在家の信者のこと。《恐恐謹言》恐る恐る謹んで申し上げるという意。手紙を出した相手に対する敬意を表わす。

このようなことは、手紙では言い尽くすことができません。心によって日蓮の思いを汲《く》み取って下さい。出頭に臨む態度を正す、このような言葉を申し上げることは、恐れ多いことではありますが、仏の教えと、その行者と、その檀那の三者が一体となって一つのことを達成するために、愚かなことを申し上げております。恐恐謹言。

日蓮　花押

五月九日

三人御中

解説

『問注得意抄』というタイトルは書物を思わせるが、手紙である。真跡第一紙の上書《うわが》きに「問注時可存知由事」（問注の時に存知《ぞんち》す可《べ》き由《よし》の事）と富木常忍の加筆がある。

末尾に「三人御中」とあるのは、富木常忍、太田乗明、四条金吾だとされる。太田乗明は、富木常忍の一軒隣で、下総《しもうさ》国八幡庄若宮《やわたのしょうわかみや》（現千葉県市川市中山）に住んでいた。四条金吾のみが鎌倉在住である。

三人の中で富木常忍あてに手紙を出したのは、富木常忍が最も学識があり中心的立場にあったからであろう。

この手紙で、日蓮が「兼日御存知有りと雖も、駿馬にも鞭うつの理之《これ》有り」や「此等の矯言を出す事、恐を存すと雖も」と断っている理由が気になった。その疑問は、湯浅治久著『戦国仏教――中世社会と日蓮宗』（中公新書、三八～五一頁）を読んで納得した。富木常忍は、下総国の守護、千葉《ちば》頼胤《よりたね》（一二三九～一二七五）の被官で、文筆を扱う官僚であった。不要になった文書や反故《ほご》を日蓮に提供し、その裏側の白い面に日蓮は文書を記していた。『戦国仏教』は、日蓮が書き残した文書の裏側の〝公文書〟からの研究の書である。それによると、千葉氏の法廷で金融トラブルや、人身、動産をめぐる紛争などの裁きが行なわれていて、富木常忍が訴えに対する命令書を出したりしていたことが読み取れる。裁判に関する文書も取り扱っていた富木常忍に対する忠告であったから、日蓮は、「駿馬にも鞭打つ」ようだが、と言ったのであろう。

その富木常忍らが訴えられた。その背景には、文永五（一二六八）年の閏《うるう》正月に蒙《もう》古《こ》の国書が鎌倉幕府に届き、『立正安国論』で予言していた「他国侵逼《たこくしんぴつ》の難」が現実となったことで、日蓮が法の正邪を決する公場対決（公開討論）の挑戦状を各所に送りつけたということがあった。それは、服属か決戦かの二者択一を迫る蒙古の国書が届いて九カ月後のことだった。

その文永五年十月十一日付の書状は、時の権力者である北条時宗（一二五一～一二八四）と、侍所所司《さむらいどころしょし》として軍事・警察・政務を統括していた平左衛門尉頼綱《へいのさえもんのじょうよりつな》（一二四一?～一二九三）、そして仏教界の建長寺道隆《けんちょうじどうりゅう》（一二一三～一二七八）、極楽寺良観《ごくらくじりょうかん》（一二一七～一三〇三）、大仏殿別当《だいぶつでんべっとう》、寿福寺、浄光明寺、多宝寺、長楽寺など十一カ所に及ぶことから、『十一通御書』と呼ばれている。ここまで手を尽くしたのは、〝今がその時〟とばかりに、よほどの決意があってのことであろう。

それは、日蓮が、『十一通御書』と同時に出した『弟子檀那中への御状』に「方方への強言《ごうげん》申すに及ばず。是《これ》、併《しかし》ながら而強毒之《にごうどくし》の故なり。日蓮、庶幾《しょき》（筆者注＝心から願うこと）せしむる所に候。各各用心有る可《べ》し」と記されていることからも推察できよう。「而強毒之《にごうどくし》」（而《しか》も強《し》いて之《これ》を毒す）とは、正法を強いて説いて仏縁を結ばせることである。

この挑戦状を幕府も仏教界も無視した。正々堂々と正面から対応しようとしなかった。黙殺の裏側には陰険な策謀が伴うものである。その一端が翌年（一二六九年）五月になって富木常忍ら三人を仲間の武士に告訴させた。

あるいは、蒙古の国書の到来を機に、日蓮が定期的に行なっていた「大師講」に弟子檀那や、蒙古襲来に不安を抱く人々が集まるようになった。その動きを危惧して、信徒の中心的人物を問注所に召喚して動きを抑えようとしたのであろう。

恐らく信仰上のことを問題としたのであろう。三人が告訴され、問注所（裁判所）で訴人（原告）と論人（被告）が対決することになった。そこで、日蓮は法廷に臨むに当たっての心得を細かく注意した。

冒頭で、まず三千年に一度しか咲かないとされる優曇華の花と、三千年に一度しか実をつけないという西王母の桃を三度も食べたという東方朔の例を挙げて、願ってもない好機にめぐり合わせたと語った。それは、自らの信仰の正しさを論証する機会となると考えたからであろう。

その心得の第一は、法廷に臨めば鎌倉幕府の役人だから顔見知りもいることであろう。だからと言って、気軽に雑談を話しかけるようなことがないように注意した。個人的な人間関係を裁判という公《おおやけ》の場に持ち込むなということである。公私を混同しないように戒めている。

第二は、裁判では奉行人が原告の訴状と、被告の陳状をそれぞれ読み上げることになるが、どんなことであっても、尋ねられていないことに関しては一言も口にしてはいけないということである。訴状が読み上げられている時も、「それは、違う」などといったことを発言してはならないということであろう。

第三は、原告である敵方が、感情的になって悪口を言って騒ぎ立てることがあったとしても、自分たちの身に当たる大事なことではあるけれども、一度や二度ぐらいは聞いていないふりをして、黙って、言わせておいて、三度に及んだ時には、顔色を変えず、荒々しい言葉を発することもなく、穏やかな言葉遣いで、「各々方は、同じ幕府に仕える同輩であります。だから、私たちには各々方に対して全く遺恨《いこん》はございません」と、語るようにアドバイスした。

筆者は、法廷に臨むに当たってのこのような日蓮のアドバイスを読むと、日蓮が佐渡に流罪となった直後、文永九（一二七二）年一月十六日の塚原問答《つかはらもんどう》の場面を綴《つづ》った『種種御振舞御書《しゆじゆおんふるまいごしよ》』の一節を連想する。

日蓮が佐渡に流罪となると、島内の僧らが集まって相談し、「佐渡に流罪となって、生きて帰った者はいないのだから、殺してしまえ」と言うものまであったという。守護代の本間六郎左衛門は、流人《るにん》を預かる者としての責任があり、殺害することを制止し、法論することを提案した。「佐渡の国のみならず越後《えちご》・越中《えつちゆう》・出羽《でわ》・奥州《おうしゆう》・信濃《しなの》等の国国より集れる法師《ほつし》等」が数百人、日蓮の居住する塚原の三昧堂《さんまいどう》の前に集まった。

念仏者は口口に悪口《あつく》をなし、真言師は面面に色を失ひ、天台宗ぞ勝つべきよしをののしる。在家の者どもは、聞《きこ》ふる阿弥陀仏のかたきよとののしり、さわぎ、ひびく事、震動雷電《しんどうらいでん》の如《ごと》し。日蓮は暫《しば》らくさはがせて後、「各各しづまらせ給へ。法門の御為《おんため》にこそ御渡《おんわた》りあるらめ、悪口《あっく》等よしなし」と申せしかば、六郎左衛門《ろくろうざえもん》を始めて諸人、「然《しか》るべし」とて、悪口せし念仏者をば、そくび（素首）をつきいだ（突出）しぬ。（『種種御振舞御書』）

日蓮は、烏合《うごう》の衆《しゅう》にワイワイ、ガヤガヤと騒がせておいて、頃合いを見計らって口火《くちび》を切った。

「皆さん、お静かに！　あなたたちは何のためにお集まりですか。法門のためではなかったのですか。ワイワイ、ガヤガヤと悪口雑言などするのは、つまらないことです」

それを聞いて守護代の本間六郎左衛門をはじめとして、「その通りだ」となった。

こうして、日蓮のペースで問答が展開された。

明確な問題意識を持って一切経を読破し、幅広く読書してきた日蓮にとって、袈裟《けさ》を着て頭を丸めただけの僧たちが数百人群《むれ》をなしても、何ら恐れるものではなかった。その時のもようを日蓮は「利剣《りけん》をもてうり（瓜）をきり、大風の草をなびかすが如《ごと》し」であったという。この時、日蓮の人格と見識に触れて、その場で日蓮に帰依するものも現われた。問答の終了後、日蓮に呼び止められて、「近いうちに内乱が起こりそうだから、鎌倉へ駆けつけるべきでは？」と言われた本間六郎左衛門も、一ヵ月もたたずに北条時輔《ときすけ》の乱が勃発《ぼっぱつ》したことで日蓮に心を寄せるようになった。

日蓮が亡くなったのは弘安五（一二八二）年だが、弘安二年から四年をかけて無住《むじゅう》（一二二六～一三一二）という尾張《おわり》の僧が書き上げた『沙石集《しゃせきしゅう》』上・下巻（岩波文庫）という仏教説話集がある。その中の「愚癡《ぐち》の僧文字知らざる事」（下巻、一四頁）を読むと、「大」という字も読めず、「般」を「ふね」と読む僧侶がいたり、みんなでお経を読んでいて、逆さまに経典を持つ者がいたので、「逆さまだよ」と言ったら、正しく持っていた僧がひっくり返したという話が記されている。こうした実態を知れば、日蓮の表現が誇張でも何でもないことが理解できよう。

仏法の法理に関しては、日蓮も一目置いていたほど学識豊かな富木常忍である。原告は、悪口を言って騒ぎ立てることしかできないだろうということを見越しての日蓮のアドバイスであろう。悪口を言わせるだけ言わせ、その姿をさらけ出させておいて、冷静に客観的に事実を論じ、富木常忍の学識で仏法の法理をたんたんと語れば勝利は目に見えていると日蓮は読んでいたのであろう。

敵方は、悪口を騒ぎ立てて挑発してくるであろう。日蓮は、決してその挑発に乗らないように言っている。その挑発行為は、富木常忍らの三人に対してだけではなく、その三人のお供の者たちにも及び、裁判が終わるまで待機している時、被告にされた自分たちの主人の悪口を言ってくる者があるかもしれない。その際も決して挑発に乗ることなく、喧嘩をするようなこともないように注意した。

それは、日蓮自身が伊豆に流罪となった口実が「悪口罪《あっこうざい》」であったという、経験に基づいていたのであろう。北条泰時《やすとき》（一一八三〜一二四二）が制定した武家社会の法律「御成敗式目《ごせいばいしきもく》」（貞永式目《じょうえいしきもく》）の第十二条の条文を挙げると、

闘殺の基《もとい》、悪口より起る。その重きは流罪に処せられ、その軽きは召籠《めしこ》めらるべきなり。問注の時、悪口を吐かば、すなはち論所（筆者注＝争われている係争地）を敵人に付けらるべきなり。また論所の事、その理《ことわり》なくば他の所領を没収せらるべし。もし所帯なくば、流罪に処せらるべきなり。

下手《へた》に悪口を吐こうものなら、「流罪」「召籠め」「所領没収」に処せられるという決まりであった。

この手紙を読んでいると、日蓮が裁判の専門用語や段取りについても詳しい知識を持っていることが読み取れる。まるで弁護士のアドバイスを聞いているような思いにかられる。それは、建長五（一二五三）年に故郷安房《あわ》の領家《りょうけ》の尼が、領地を奪い取ろうと画策する地頭の東条景信《とうじょうかげのぶ》を訴えた裁判の証人として日蓮が出廷し、見事に勝訴を勝ちとったという体験があったからであろう。負けた東条景信の恨みを買い、日蓮は安房国東条小松原で東条景信に襲撃され、弟子を亡くし、自らも頭《こうべ》にきずを負った

ていると言えよう。（小松原の法難）。その経験が、次の第二章で取り上げる四条金吾への忠告に生かされ

日蓮は、その東条景信との裁判でも穏やかな表情で、言葉を荒らげることもなく理路整然と論じ、一貫して公私をわきまえた態度であったのだろう。それは、「人ごとに、問注は法門にはに（似）ず、いみじうしたりと申し候」（『十章抄』）という評判が立つほどであったという。法廷での日蓮の毅然として堂々たる言論は、礼儀を尽くし、乱暴なところは一つもなく、法門を論ずるときの激しさとは打って変わっていた。一人の人間としての日蓮は、良識ある社会人として礼儀を尽くす人であったようだ。

この『問注得意抄』を読んで法廷に臨んだ富木常忍は、日蓮の教示通りに振る舞ったであろう。その後の富木常忍への手紙では、この裁判のことは話題にもなっていない。明らかに富木常忍らのほうが勝訴したのであろう。

日蓮は、弟子檀那とともに四年前の一二六五年から毎月、天台大師講という勉強会を開いていた。そこで理論武装していた富木常忍らの弁論に圧倒され、ますます諸宗の僧らは日蓮との公場対決に恐れをなしたのではないかと思われる。その意味では、問注所への召喚は、探りを入れることが目的であったのではないか。

土木殿御返事

文永八（一二七一）年九月十二日、龍口《たつのくち》の刑場で日蓮の首を刎《は》ねようとしたが（龍口の法難）、それができずに結局、佐渡へ流すことになった。法難から二日後、一時的に滞在させられていた相模《さがみ》の依智《えち》（現神奈川県厚木市）から富木常忍に送られた手紙である。（和文体、真跡）

上の責めにこそ法華経を信じたる色も現われ候

上《かみ》のせ（責）めさせ給ふにこそ、法華経を信じたる色もあらはれ候《そうら》へ。月はか（虧）けてみ（満）ち、しを（潮）はひ（干）てみつる事疑《うたがい》なし。此《こ》れも罰《ばち》あり、必ず徳あるべし。なにしにかなげ（歎）かん。*

《上のせめさせ給ふにこそ……なにしにかなげ（歎）かん》二文字下げのこの段落は、以下の本文を書き終えた後、冒頭の空白部分に書き加えた「追って書き」である。

お上（幕府）が日蓮を責められるからこそ、日蓮が『法華経』を信じているという事実が目に見える形となって現われるのであります。月は欠けてもまた満月になり、海は干潮になってもまた満潮になることは疑いありません。この私も罰せられたかもしれませんが、必ず徳があるはずです。どうして嘆くことがありましょうか。

本より期《ご》して候

此《こ》の十二日酉《とり》の時、御勘気《ごかんき》*。武蔵《むさし》*の守殿《こうどの》*御あづかりにて、十三日丑《うし》の時にかまくら（鎌倉）をいでて佐土《さど》（佐渡）の国へながされ候《そうろう》が、たうじはほんま*（本間）のえち（依智）*と申すところに、えちの六郎左衛門尉《ろくろうざえもんのじょう》殿の代官*・右馬太郎《うまたろう》と申す者あづかりて候《そうら》が、いま四五日はあるべげに候。御歎《おんなげ》きはさる事に候へども、これには一定《いちじょう》と本《もと》よりご（期）して候へば、なげかず候《そうろう》。

《勘気》国主・主君・主人・父親などの怒りに触れ、咎《とが》めを受けること。勘当《かんどう》。《武蔵》現在の東京都と埼玉県のほぼ全域に神奈川県の東部を含めた地域。《武蔵の守殿》鎌倉時代の武蔵国を治めた国司のことで、幕府の重臣が就いた。北条家では、泰時《やすとき》に始まり、朝直《ともなお》、経時《つねとき》、長時《ながとき》、宣時《のぶとき》、義政《よしまさ》などが就いた。この手紙が書かれた頃の守殿は、北条宣時であった。《ほんま（本間）のえち（依智）》依智は、現在の神奈川県厚木市北部の地名で、佐渡の守護代・本間六郎左衛門の本領であった。その子孫が、農地改革前まで日本最大の大地主と言われた山形県の本間家である。《代官》中世、主君の任務を代行する者の総称。特に、守護・地頭の代官である守護代・地頭代をさすことが多い。

この九月十二日の午後六時ごろ、お咎《とが》めを受け、武蔵の守殿（北条宣時）の預かりとなって、十三日の午前二時ごろ鎌倉を出発して、佐渡の国へ流されることになりました。現在は、本間氏の本領である依智という所に、依智の本間六郎左衛門尉の代官である右馬太郎という者の預かりとなっていますが、あと四、五日はここにいることになるでしょう。お嘆きくださるのは、もっともなことではございますが、この日蓮にはこうなることは間違いないと初めから覚悟していたので、嘆くことはありません。

重罪を消してこそ仏にもなり候はん

いままで頸《くび》の切《きら》れぬこそ本意《ほい》なく候《そうら》へ。法華経の御ゆへに過去に頸をうしないたらば、かかる少身《しょうしん》のみ（身）にて候《そうろう》べきか。又「数数見擯出《さくさくけんひんずい》」ととかれて、度度失《たびたびとが》にあたりて重罪をけしてこそ、仏にもなり候《そうら》はんずれば、我と苦行をいたす事は心ゆへなり。*

九月十四日　　　　日蓮　花押

土木殿御返事

《心ゆへなり》これを「心ゆくなり」としているものもある。「心ゆく」には、「思い残すことがないほど満足する」「気がすむ」という意味がある。

今まで首を斬られなかったことこそ、不本意なことです。過去において『法華経』を受持《じゅじ》したことで首を斬られていたならば、現在のこのような凡愚《ぼんぐ》の身と生まれることはなかったでありましょう。また、『法華経』勧持品《かんじぼん》に「数数見擯出」（数数《しばしば》、擯出《ひんずい》せらる）と説かれていて、複数回、国主の咎めを受けることによって重罪を消してこそ仏になることができるのだから、自分から苦行をなすことは、自分の心が願う故であります。

九月十四日　　日蓮　花押

土木殿御返事

解説

文永五（一二六八）年に蒙古の国書が届いてから三年八カ月が経過した。その間には、文永六（一二六九）年三月七日に蒙古の使者が対馬《つしま》に至り、国書への返事を求めて島民を拉致《らち》することがあった。同年九月二十四日には蒙古の国書が朝廷にも届き、相次ぐ蒙古の国書の到来で、人々の心は不安に陥り、朝廷や幕府は、諸寺院に数度にわたって異国降伏《ごうぶく》の祈禱《きとう》を命じた。

日蓮は、自らが予言していた「他国侵逼《たこくしんぴつ》の難」が現実のものとなったことで、文永五年の春に執権・北条時宗に『立正安国論』を上呈し、再度、国を諫《いさ》めた。十月には十一通の書状を各所に送り、仏法の正邪を決する公場対決を迫った。けれども、日蓮の言葉に耳を傾けることはなく、文永六年十一月にも再び各所に書状を送りつけたが、黙殺された。富木常忍ら三人が問注所に呼び出されたのもこの期間のことであった。

文永八（一二七一）年は大干ばつの年だった。祈雨《きう》（雨乞《あまご》い）をめぐって日蓮と真言律宗の僧・極楽寺《ごくらくじ》良観《りょうかん》忍性《にんしょう》（一二一七〜一三〇三）が対峙《たいじ》することになった。『日蓮聖人大事典』によると、北条一門の帰依《きえ》厚い良観は、祈雨の修法《しゅほう》を得意とし、打ち続く日照りに、六月十八日から七日間の祈雨を自ら買って出た。日蓮はあくまでも公場対決を念願していたが、相手が応じないので衆人注目の祈雨の成否をめぐって勝負を挑んだ。「七日の内に雨を降らせたら日蓮は良観の弟子になる。降らせられなければ自らの非を認めて『法華経』に帰依せよ」と。良観は、この申し出を喜び、自信満々に受けた。ところが、七日経っても雨は降らず、さらに七日間の日延べを求めたがそれでも降らなかった。

　衆人注目の中での良観の敗北であったにもかかわらず、約束を守らずに七月八日、良観は、その輩下の浄光明寺《じょうこうみょうじ》の行敏《ぎょうびん》の名で「対面を遂げて悪見を破らんと欲す」（『行敏御返事』）と言ってきた。日蓮は、わざと五日間放置し、同十三日に「問答は望むところ。けれども、私的問答は断る。上奏して公場で対論しよう」（同）と返した。それに対して、良観側からの応答はなかった。

　そして九月十日、日蓮は、侍所《さむらいどころ》の所司《しょし》（次官）・平左衛門尉頼綱《へいのさえもんのじょうよりつな》の訊問《じんもん》を受けることになった。日蓮は、逆に頼綱を諫めたが、その背景には、「日蓮とその門弟は、幕府に叛逆《はんぎやく》する異分子であり、草庵に武器をたくわえる危険集団だ」という良観らの吹《ふい》聴《ちよう》があった。

このような経過があって、文永八年九月十二日の「逮捕」「龍口斬首」「佐渡流罪」という流れとなっていった。問注（裁判）においては、原告と被告の間で訴状と陳状を三度交換して文書審理を行なうべきだとされていたが、その手続きを経ることもなく、独断で死罪が決せられた。それは、『貞永式目《じようえいしきもく》』に違反した暴挙であった。

しかも、佐藤進一・池内義資共編『中世法制史料集』第一巻（岩波書店）によると、『貞永式目』は、僧侶の姦通《かんつう》や、官位を争うことを禁じていたが、刀杖《とうじよう》の携帯は禁じていなかった。逆に「虚言を構《かま》へ讒訴《ざんそ》を致事《いたすこと》」を禁じていたのだから、法律上は良観こそが罪に問われるべきだった。そうならなかったのは、良観が北条一門の帰依を受けていたからだという（戸頃重基《ところしげもと》著『日蓮教学の思想史的研究』、四四頁）。

龍口の法難という重大な出来事の直後の第一信がこの手紙である。日蓮は、身辺の変化や、自らの心境を語る時は、必ずと言っていいほどまず富木常忍に手紙で知らせている。佐渡へ向かう途中の寺泊《てらどまり》（新潟県長岡市北端）で天候不順のために佐渡へ渡る船が出ず、待機中に手紙を送り、佐渡へ到着するとすぐにそのことを富木常忍に知らせた。身延に入山した時も富木常忍に第一報を送っている。

龍口の法難は、「日蓮が弟子等を鎌倉に置くべからずとて、二百六十余人しる

（記）さる。皆遠島《おんとう》へ遣《つかわ》すべし、ろう（牢）にある弟子共をば頸《くび》をはねらるべしと聞《きこ》ふ」（『種種御振舞御書』）、「千が九百九十九人は堕《お》ちて候」（『新尼御前御返事《にいあまごぜごへんじ》』）とあるように、教団に壊滅的な打撃をもたらしたようだ。そのような門弟たちに対する日蓮の苦衷《くちゅう》の思いは、次の十月九日付の『土籠御書《つちろうごしょ》』などに綴られている。

> 日蓮は明日（筆者注＝十月十日）、佐渡の国へまかるなり。今夜のさむきに付けても、ろう（籠）のうちのありさま思ひやられて、いたはしくこそ候《そうら》へ。あはれ殿は、法華経一部を色心二法《しきしんにほう》共にあそばしたる御身《おんみ》なれば、父母・六親《りくしん》・一切衆生をもたすけ給ふべき御身《おんみ》なり。法華経を余人のよみ候は、口ばかり、ことばばかりはよめども、心はよまず。心はよめども身によまず。色心《しきしん》二法共《とも》にあそばされたるこそ貴く候へ。「天諸童子《てんしょどうじ》　以為給使《いいきゅうじ》　刀杖不加《とうじょうふか》　毒不能害《どくふのうがい》」と説かれて候へば、別の事はあるべからず。籠《ろう》をばし出でさせ給ひ候はば、とくとくきたり給へ。見たてまつり、見えたてまつらん。

文永八年十月三日付の『五人土籠御書』に「今月七日、さど（佐渡）の国へまか（罷）るなり」と記している。ところが、十月九日には、十月十日の出立に変更になっている。

旧暦の十月と言えば、現在の十一月である。極寒の佐渡の地で、これから待ち受ける流人《るにん》としての生活の厳しさは、分かり過ぎるほどわかっていたであろう。それでも日蓮は、「明日、佐渡の国へまかるなり」と述べただけで、自分のことを全く語らず、「今夜のさむさ」の中で土籠にいる日朗の身の上を案じている。

そして、五十歳の日蓮は、二十九歳の日朗に、『法華経』のゆえに籠に入れられていることは、『法華経』を色心の二法、すなわち身と心で読んでいることであり、父母・親族・一切衆生を助けるべき人だと激励する。それは、日蓮自身にとって自ら誓願としていることでもあったであろう。

それに対して、富木常忍あてのこの手紙は、〝法華経の行者〟としての自らの心境を表明したものと言えよう。日蓮は、この手紙で「度度失《たびたびとが》にあたりて重罪をけしてこそ、仏にもなり候はんずれ」と述べている。日蓮は、自らに過去の誹謗正法《ひぼうしょうほう》（謗法《ほうぼう》）の罪があり、今『法華経』の故に難に遭うことがその重罪を消すことになるととらえていた。また、他の書では、「日蓮なくば、誰をか法華経の行者として仏語《ぶつご》をたすけん」（『開目抄《かいもくしょう》』）とも語っている。仏語とは、『法華経』勧持品《かんじぼん》に「諸《もろもろ》の無智の人あって、悪口罵詈《あっくめり》等し、刀杖瓦石《とうじょうがしゃく》を加う」などの未来の法華経の実践者について述べた言葉のことである。日蓮は、「今の世を見るに、日蓮より外《ほか》の諸僧、たれの人か法華経につけて諸人に悪口罵詈《あっくめり》せられ、刀杖等を加えらるる者ある」（同）と問い、日蓮がいなければこの未来のことを述べた一偈《いちげ》は妄語《もうご》（うそ）となってしまう。だから、日蓮は、仏語を証明するために難を受けているのだとも語っていた。

この手紙には、さらに「これ（筆者注＝日蓮）には一定《いちじょう》と本《もと》よりご（期）して候へば、なげかず候」ともある。これは、建長五（一二五三）年四月二十八日の立教開宗を前に、徹底して自らに問い詰め、思索し抜いて決意を定めていたことを意味している。日蓮は五十一歳にして、三十二歳の時のその思索の場面を、『開目抄』において次のように述懐している。現代語訳して引用しよう。

〔正しい法を謗《そし》っていることによって一切衆生が不幸に陥っているが、〕日本国において、このことを知っているのは、私・日蓮一人だけである。このことを一言でも言い出したりしようものなら、父母・兄弟をはじめ、師匠にまでも権力者による難が必ず起こりくるであろう。このことを言わないでおけば、慈悲がないということになってしまう、と考えた。その時、『法華経』と『涅槃経《ねはんきょう》』などの経典に照らして、言うべきか、言わざるべきか、という二つのことを合わせて見てみた。そこには、言わなければ今の生涯においては何事もないかもしれないが、今生《こんじょう》が終わった後生《ごしょう》には必ず無間《むけん》地獄に堕《お》ちるだろうという。逆に、言っていくならば、三障四魔《さんしょうしま》という種々の障害や、難が競うようにして起こってくるだろうということを知った。そこで、この二つの選択のうちには『言わなければならない』と決断した。権力者による難が起こってきた時にも、退転するようであるならば、一度に思いとどまって〔初めから〕言わないほうがいいと、しばらくためらっているほどに、見宝塔品《けんほうとうぼん》の「六難九易《ろくなんくい》」——すなわち私たちのように力のない者が須弥山《しゅみせん》を放り投げること、乾草《ほしくさ》を背負って劫火《ごうか》の激しい炎の中を歩いても焼かれないこと、私たちのように無知の者がガンジス河の砂の数ほどの経典を暗記することなどの九つのことは、いずれも容易なことであって、『法華経』の一句でも一詩節でも末法において受持《じゅじ》することなどの六つのことこそ困難なものである——とあったのは、このことだったのだと思い当たり、この度、強盛な覚りを求める心を発《おこ》して、退転しないぞと誓願《せいがん》した。

ここまで自らの覚悟を定めた上での立教開宗と、その後の振る舞いであった。その『開目抄』の結びの言葉は、

日蓮が流罪は今生《こんじょう》の小苦なれば、なげ（嘆）かしからず。後生《ごしょう》には大楽をうくべければ、大《おおい》に悦《よろこ》ばし。

であった。

この手紙の「本よりご（期）して候へば、なげかず候」という一節は、この『開目抄』の引用文と全く軌《き》を一《いつ》にしている。

日蓮は、立教開宗の当初から受難は覚悟のことで、日ごろから難を受けるであろうと語っていた。太田金吾、すなわち太田乗明に与えられた『金吾殿御返事』がある。「文永七年十一月」の手紙とされているが、本文中に「去年《こぞ》、方方に申して候《そうら》ひしか

ども、いなせ（否応）の返事候はず候《そうろう》。今年十一月の比《ころ》、方方へ申して候《そうら》へば、少少返事あるかたも候《そうろう》」とあるのは、文永五年に出した『十一通御書』と、翌年の再度の書状送付のことなので、「文永六年十一月」の手紙と改めるべきである。それは日蓮が四十八歳で、五十歳を間近にした時のことであった。その『金吾殿御返事』の末尾に日蓮は、次のように記している。

すでに年五十に及びぬ。余命《よめい》いくばくならず。いたづらに曠野《こうや》にすてん身を、同じくは一乗法華《いちじょうほっけ》のかた（方）になげて、雪山童子《せっせんどうじ》・薬王菩薩《やくおうぼさつ》の跡をおひ、仙予《せんよ》・有徳《うとく》の名を後代に留めて、法華・涅槃経《ねはんきょう》に説き入れられまいらせんと願うところなり。南無妙法蓮華経。

日蓮は、身命をかけて法を護り、法を求めた仙予国王、有徳比丘《びく》、雪山童子、薬王菩薩の跡を追うことを願っていた。『開目抄』と同じく、ここにも『法華経』と『涅槃経』の名前が出てくる。

『法華経』が編纂されたのは、釈尊《しゃくそん》が入滅して五百年ほど経った紀元一世紀末から三世紀初頭のことであった。その五百年の間に、普遍的平等思想など原始仏教で言われていたことから大きく逸脱して、差別思想や権威主義に取って代わられる事態になっていた。さらには、①釈尊の神格化、それに伴う②男性出家者の権威主義化、③在家や女性の蔑視、④ストゥーパ信仰の隆盛、⑤国外の神格の取り込みによる一神教的絶対者のような如来の導入――『法華経』は、その一つひとつについて、ある場合は直接的に、ある場合は間接的な表現で、仏教の目指す理想は人間をかけはなれたものではなく、人間の平等と尊厳を説くものであり、原始仏教の原点に還れと主張した（詳細は、拙著『法華経とは何か――その思想と背景』を参照）。

その主張は、保守・権威主義的な教団にとって既得権益を侵すものであり、集中攻撃を受けることは必然であった。だから、勧持品《かんじぼん》には無知の大衆や、増上慢《ぞうじょうまん》の出家者たち、さらには彼らの働きかけで王権による難が『法華経』信奉者に及ぶだろうと記され、「不惜身命《ふしゃくしんみょう》」が強調された。それは、『法華経』編纂者や、その信奉者たちが被《こうむ》っていたことを、予言の形式で記したものだと考えられる。

次の『涅槃経』が編纂されたのは、釈尊滅後八百年の紀元四世紀のことであった。その『涅槃経』には次の一節がある。

若《も》し善比丘《ぜんびく》あつて、法を壊《やぶ》る者を見て置いて、呵責《かしやく》し、駈遣《くけん》し、挙処《こしょ》せずんば、当《まさ》に知るべし。是《こ》の人は仏法の中の怨《あだ》なり。若し能《よ》く駈遣し、呵責し、挙処せば、是れ我が弟子、真の声聞《しょうもん》なり。

そのころも、「法を壊る者」、すなわち「正法《しょうほう》」(saddharma) を亡きものにしたり、本来の仏教と似て非なる「像法《ぞうほう》」(saddharma-pratirūpaka) にすり替えようとすることがあったのであろう。それを見て見ぬふりをしてはならないと戒め、身命《しんみょう》を賭《と》して

「法」を護ることを訴えている。

日蓮は、この『涅槃経』の言葉を重視して、自らの行動規範としていた。その観点から見れば、念仏宗が、『法華経』などについて「理深解微《りじんげみ》」（理が深くて愚かな衆生には理解できない）とし、「千中無一」（極楽に往生《おうじょう》できるのは、千人の内に一人もいない）として、「捨《しゃ》・閉《へい》・閣《かく》・抛《ほう》」（阿弥陀仏以外の仏に対する功徳行を捨て、閉じ、自力を閣《さしお》き、抛《なげう》って念仏に帰せよ）と説いていることも、禅宗が、「教外別伝《きょうげべつでん》」「不立文字《ふりゅうもんじ》」として、釈尊《しゃくそん》の教えの文字化である経典を軽んじていることも、「法を壊る」ことであり、正法を誹謗することであった。

さらには、真言宗の空海（七七四〜八三五）が『秘密曼荼羅十住心論《ひみつまんだらじゅうじゅうしんろん》』で、『法華経』は『大日経《だいにちきょう》』『華厳経《けごんきょう》』よりも劣るもので、「第三の劣」と判じたり、『法華経』は『大日経』と理は同じだが、両手で示すジェスチャーに呪術的な意味を込めた印《いん》や真言を説く『大日経』のほうが勝れているとして「理同事勝《りどうじしょう》」を説いていることは、「法を壊《やぶ》る者」であった。

正しいもの、勝れたものを正当に評価せず、人々に誤った認識を持たせて、正法を破壊する行為を目の当たりにし、日蓮は、『法華経』と『涅槃経』に照らして、見て見ぬふりをすることができず、不惜身命で「駈遣し、呵責し、挙処」し続けたといえよう。

使命に生きる者に、難は避けられない。因習や、既得権益にしがみつく者による妨害は必然である。ましてや、国主への諫言である。諫言には、受難が伴う。中国、殷《いん》王朝（紀元前一六〇〇年頃～紀元前一〇〇〇年頃）の紂王《ちゅうおう》の悪虐を諫《いさ》めて怒りを買い胸を裂かれた比干《ひかん》、中国・夏《か》王朝（紀元前一九〇〇年頃～紀元前一六〇〇年頃）の桀王《けつおう》の暴虐を諫めて殺された龍逢《りゅうほう》、中国・唐王朝の皇帝・憲宗《けんそう》に気に入られ、しばしば意見書を上呈し、昇進を重ねたが、上奏文が原因で江州（江西省）の司馬に左遷された白《はく》居易《きょい》（白楽天《はくらくてん》、七七二～八四六）――いずれも主君を諫めて抑圧された人として、日蓮の著作に挙げられている名前である。

そこには、日蓮が愛読していた『貞観政要《じょうがんせいよう》』の諫言の精神も反映しているのであろう。『貞観政要』は、国をよく治めるためには、無私に努め、諫言に耳を傾けることが大事だとする為政者の心得を説いたものだが、日蓮は諫言するものの立場で座右の書にしていたのであろう。

ただ、門弟たちの中には、日蓮のその思いを理解できない者もいたようだ。いざ龍口の法難、佐渡流罪となったら、門弟の中には今初めて聞いたかのように動揺し、諸《しょ》天善神《てんぜんじん》の守護はどうなっているのか、「現世《げんせ》安穏《あんのん》・後生善処《ごしょうぜんしょ》」とあるのは嘘《うそ》かといった声があったようだ。

それに対する回答が、『開目抄』であり、次に取り上げる『佐渡御書』などであった。

『開目抄』の「詮《せん》ずるところは、天もすて給へ。諸難にもあへ、身命《しんみょう》を期《ご》とせん」には、諸天善神の守護がないから何なんだ。使命に生きる者は、諸天が守ろうが、守るまいが、悪口《あっく》罵詈《めり》されようが、なさねばならないことがある。そのためには、諸難も受けて立ちましょう。身命を惜しむことはないのだ——という確固たる意志の表明がなされていく。使命に生きる人には、依存心などの軟弱な思いは微塵《みじん》もないということであろう。

この九月十四日の手紙では、依智に四、五日留まるだろうと日蓮は記していたが、十月になっても移動することはなかった。日蓮の処遇をめぐって幕府内でも意見が分かれていたようで、十月三日に七日の出発と言い渡されたが、それも変更になり、実際に依智を発ったのは、十月十日だった。

その出発を前に故郷の清澄寺《せいちょうじ》の浄顕房《じょうけんぼう》・義浄房《ぎじょうぼう》に宛てた手紙『佐渡《さど》御《ご》勘気抄《かんきしょう》』には、

本《もと》より学文《がくもん》し候《そうらい》し事は、仏教をきはめて仏になり、恩ある人をもたすけんと思ふ。仏になる道は、必ず身命《しんみょう》をすつるほどの事ありてこそ、仏にはなり候《そうろう》らめと、をしはかる。

と記している。

佐渡御書（抄）

日蓮が、佐渡へ流罪となって四カ月以上経った文永九（一二七二）年三月二十日に弟子檀那一同あてに書かれた手紙である。弟子の中で、日蓮の態度があまりにも強情《ごうじょう》であることを批判するものがあったようで、それに対する回答である。（和文体、写本）

書籍の送付を依頼

此文《このふみ》は、富木殿のかた、三郎左衛門《さぶろうざえもん》殿、大蔵たうのつじ（塔辻）十郎入道殿等、さじき（桟敷）の尼御前、一一に見させ給《たま》ふべき人人の御《おん》中《ちゅう》へなり。京・鎌倉に軍《いくさ》*に死《し》る人人を書付てたび候《そうら》へ。外典抄《げてんしょう》*、文句《もんぐ》の二、*玄《げん》の四の本末《ほんまつ》*、勘文《かんもん》*、宣旨《せんじ》*等、これへの人人もちてわたらせ給へ。*

《京・鎌倉に軍》北条氏一門の内紛、北条時輔《ときすけ》の乱のこと。保元《ほうげん》元（一一五六）年の保元の乱に始まり、暦応《りやくおう》二（一三三九）年の後醍醐《ごだいご》天皇崩御《てんのうほうぎょ》までを記述した『保暦間記《ほうりやくかんき》』では、二月騒動と呼んでいる。文永九年二月十一日に鎌倉で北条時章《ときあきら》、教時《のりとき》、十五日に京都で北条時輔が討たれた。日蓮が『立正安国論』において、また龍口の法難の時に予言した自界叛逆《じかいほんぎやく》の難の的中したものとされる。《外典抄》唐の妙楽大師著『摩訶止観輔《まかしかんぶ》行伝弘決《ぎようでんぐけつ》』中に引用された外典を抄録し、注解を加えた具平親王《ともひらしんのう》著『弘決外典抄』（九九一年）のことか。《文句の二》天台三大部の一つ『法華文句《ほつけもんぐ》』第二巻。《玄の四の本末》天台三大部の一つ『法華玄義《ほつけげんぎ》』第四巻を「本」とし、その注釈書である『法華玄義釈籤《しやくせん》』第四巻を「末」としている。《勘文》朝廷や幕府の諮問に対する上申書。《宣旨》天皇の詔《みことのり》を伝える文書。《此文は……わたらせ給へ》この段落は、末尾の段落とともに本文を書き終えた後に書き足された「追って書き」である。

この手紙は、富木殿あてであり、中務三郎左衛門尉《なかつかささぶろうざえもんのじよう》（四条金吾）殿や、大蔵塔《おおくらとう》の辻《つじ》十郎入道《じゆうろうにゆうどう》殿、桟敷《さじき》の尼御前《あまごぜ》（妙一尼？）など、一人ひとりに見せるべき人々の中に送るものです。京と鎌倉の戦《いくさ》で亡くなった人々を書いて送ってください。『外典抄』や、『法華文句』の第二巻、『法華玄義』第四巻とその注釈書である『法華玄義釈籤』第四巻、幕府に上申する勘文《かんもん》、天皇の詔《みことのり》を伝える宣旨《せんじ》など、こちらへ来る人に持たせてください。

牛馬も人も身命を惜しむ

世間に人の恐るる者は、火炎《ほのお》の中と、刀剣《つるぎ》の影と、此身《このみ》の死するとなるべし。牛馬猶《なお》身を惜む。況《いわん》や人身《にんじん》をや。癩人《らいにん》*猶《なお》命を惜む。何《いか》に況や壮人《そうにん》をや。

《癩人》ハンセン病などの重い皮膚病に罹《かか》っている人。ハンセン病は、治療法が確立された現代では完治する病気だが、当時は不治の病として恐れられていた。

世の中で人が恐れるものは、火炎《ほのお》の中と、刀剣《つるぎ》の影と、この身が死することでありましょう。牛や馬でさえ身を惜しみます。人が身を惜しむのはなおさらのことです。重い皮膚病の人だけでなく、壮健な人もなお命を惜しむのです。

身命を布施として仏法を習へば必ず仏となる

仏説《とき》て云《いわ》く、「七宝*を以《もっ》て三千大千世界*に布《し》き満《み》つるとも、手の小指を以《もっ》て仏経に供養《くよう》せんには如《し》かず」取意。雪山童子《せっせんどうじ》*の身をなげし、楽法梵志《ぎょうぼうぼんじ》*が身の皮をはぎし、身命《しんみょう》に過《すぎ》たる惜《おし》き者のなければ、是《これ》を布施《ふせ》として仏法を習へば、必ず仏となる。身命を捨《すつ》る人、他の宝を仏法に惜《おし》むべしや。又《また》財宝を仏法におしまん物、まさる身命を捨つべきや。世間の法にも重恩をば命を捨て報ずるなるべし。又主君の為《ため》に命を捨る人は、すくなきやうなれども、其数《そのかず》多し。男子ははぢ（恥）に命をすて、女人は男の為に命をすつ。

《七宝》金、銀、瑠璃《るり》、水晶、赤色真珠、瑪瑙《めのう》、硨磲《しゃこ》の七種の貴金属と宝石。《三千大千世界》太陽と月を含み、九つの山と八つの海に囲まれて、須弥山《しゅみせん》の周りに四つの大陸を持つ「世界」（太陽系に相当）があって、その世界を千倍したのが「小千世界」、その小千世界を千倍したのが「中千世界」、その中千世界を千倍したのを「大千世界」という。それは、三回にわたって千倍した大千世界ということで、「三千大千世界《さんぜんだいせんせかい》」（十億個の太陽系に相当）という。《雪山童子》『涅槃経《ねはんきょう》』巻十四に説かれる釈尊の過去世の修行時代の名前。童子が雪山で修行中に『諸行無常《しょぎょうむじょう》、是生滅法《ぜしょうめっぽう》』の半偈《はんげ》を聞いた。童子は、そこにいた羅刹鬼《らせつき》にわが身を供養すると約束して残りの半偈『生滅滅已《しょうめつめっち》、寂滅為楽《じゃくめついらく》』を聞き終えると、その偈を書き留めて、樹上から身を投げた。羅刹鬼は帝釈天の姿に戻って童子の体を受け止めたという。《楽法梵志》『大智度論《だいちどろん》』巻四十九に説かれる釈尊の過去世の修行時代の名前で、梵志は宇宙の最高原理とされる梵（brahman）を志求《しぐ》するもの、すなわちバラモン（brāhmaṇa）を意味する。楽法が法を求めて得られなかったところへ、バラモンの姿をした魔が現われ、「身の皮を紙とし、骨を筆とし、骨髄を墨とし、血液を水として書写するならば教えよう」と言った。楽法が即座にその要求に従うと、魔は消えてしまった。そこへ、仏が現われて楽法のために法を説き、それを聞いた楽法は無生法忍《むしょうぼうにん》の覚りを得たという。

仏は『法華経』薬王菩薩本事品第二十三において、「七宝を三千大千世界に敷いて満たすとしても、手の小指をもって仏経に供養することには及ばない」（取意）と言われました。昔、雪山童子《せっせんどうじ》は半偈を聞くために羅刹に身を投げ与え、楽法梵志《ぎょうぼうぼんじ》が身の皮をはぎ、血で偈《げ》を書きとどめたように、身命以上に惜しむものがないので、この身命を布施として仏法を習えば、必ず仏となることができるのです。身命を捨てるという人が、他の宝を仏法に惜しむでありましょうか。また、財宝を仏法に供養することを惜しむような人が、財宝に勝《まさ》っている身命をどうして捨てることがありましょうか。世間の決まりでも、重なる恩義に対して命を捨てて報いるものです。また、主君のために命を捨てる人は、少ないようですが、その数は多いのです。男子は恥に命を捨て、女人は男のために命を捨てるものです。

世間の浅き事に身命を失へども仏法に捨る事難し

魚は命を惜む故に池にすむに、池の浅き事を歎《なげ》きて、池の底に穴をほりてすむ。しかれども、ゑ（餌）にばかされて釣《つりばり》をのむ。鳥は木にすむ。木のひき（低）き事をおぢて、木の上枝《ほつえ》にすむ。しかれども、ゑにばかされて網にかかる。*人も又是《か》くの如《ごと》し。世間の浅き事には身命《しんみょう》を失へども、大事の仏法なんどには捨る事難《かた》し。故に仏になる人もなかるべし。

《魚は命を惜む故に池にすむに……ゑにばかされて網にかかる》『貞観政要《じょうがんせいよう》』巻六の一節をアレンジした文章。

魚は命を惜しむ故に、池に棲《す》むのに、池が浅いことを嘆いて池の底に穴まで掘ってそこに隠れ棲みます。けれども、餌にばかされて釣り針をのんでしまいます。鳥は木に棲むが、木が低いことを恐れて、木の上のほうの枝に棲みます。けれども、餌にばかされて網にかかってしまいます。人もまたこのようなものです。世間の浅いことには身命を失っても、大事な仏法のためには身命を捨てることは難しいものです。だから、仏になる人もいないのです。

摂受・折伏時によるべし

仏法は摂受《しようじゆ》・折伏《しやくぶく》*時によるべし。譬《たと》へば世間の文・武二道の如し。されば昔の大聖は時によりて法を行ず。雪山童子《せつせんどうじ》*・薩埵《さつた》王子《おうじ》*は「身を布施《ふせ》とせば法を教へん。菩薩《ぼさつ》の行となるべし」と責めしかば身をすつ。肉をほしがらざる時、身を捨つ可きや。紙なからん世には身の皮を紙とし、筆なからん時は骨を筆とすべし。破戒《はかい》・無戒《むかい》を毀《そし》り持戒《じかい》・正法を用ひん世には、諸戒を堅く持《たも》つべし。儒教《じゆきよう》・道教を以《もつ》て釈教《しやくきよう》を制止せん日には、道安法師*・慧遠《えおん》法師*・法道三蔵*等の如く王と論じて命を軽《かろ》うすべし。釈教の中に小乗・大乗*、権経《ごんきよう》・実経*、雑乱《ぞうらん》して明珠《みょうじゅ》と瓦礫《がりゃく》と牛驢《ごろ》の二乳を弁《わきま》へざる時は、天台大師*・伝教大師*等の如く、大小・権実《ごんじつ》・顕密*を強盛《ごうじょう》に分別《ふんべつ》すべし。

《摂受・折伏》『勝鬘経《しょうまんきょう》』十受章に説かれている教化《きょうけ》方法で、相手を受け入れ、穏やかに説得して、正法に導くことが摂受で、相手の誤った見解を責め、迷いを覚まして、正法に導くことが折伏とされる。《薩埵王子》『金光明経《こんこうみょうきょう》』などに説かれる釈尊の過去世の修行時代の名前。王子は、飢えた虎とその七匹の子のためにその身を投げて虎の命を救ったという。法隆寺蔵の玉虫厨子《たまむしのずし》に描かれた捨身飼虎《しゃしんしこ》図に描かれているのが薩埵王子である。《道安法師》生没年不詳。中国・北周代の僧。北周の武帝が儒《じゅ》・仏《ぶつ》・道《どう》の三教の優劣を定めようとした時、『二教論』を武帝に奏し、仏教が儒・道の二教に勝れていることを説いた。南北朝初期の道安とは別人。《慧遠法師》慧遠には「廬山《ろざん》の慧遠」と、「浄《じょう》影寺《ようじ》の慧遠」の二人いるが、ここは後者。五二三～五九二年。中国・北周―隋《ずい》代の僧。北周の武帝が儒教を第一として廃仏を行なった際には、多くの僧が沈黙した中で独り武帝を諫めた。《法道三蔵》一〇八六～一一四七年。中国・宋代の僧。老・荘の思想を学んだ徽宗《きそう》皇帝が、仏教の称号を廃して道教の称名を用いることを決定した際に、徽宗を諫めて怒りを買い道州に流された。《小乗・大乗》釈尊滅後百年頃の教団分裂以前を原始仏教（初期仏教）というのに対して、教団分裂後に保守・権威主義化し自利《じり》のみを探求して在家や女性を差別していた説一切有部を小乗仏教と称し、紀元前後に小乗仏教を批判し菩薩の利他行《りたぎょう》を重視して興った仏教を大乗仏教という。《権経・実経》大乗教の中で「皆成仏道《かいじょうぶつどう》」を説く『法華経』を実大乗教、『法華経』以外を権大乗教《ごんだいじょうきょう》という。「権」とは「仮」という意味。《天台大師》五三八～五九八年。中国・南北朝～隋代の僧・智顗《ちぎ》のこと。天台教学の大成者であり、天台宗の開祖であるが、慧文《えもん》、慧思《えし》に次いで第三祖ともされる。『摩訶止観《まかしかん》』『法華文句《ほっけもんぐ》』『法華玄義《ほっけげんぎ》』などを著わした。《伝教大師》七六七～八二二年。平安時代の僧・最澄《さいちょう》のこと。日本における天台宗の開祖。比叡山に延暦寺《えんりやくじ》を開いた。《顕密》真言宗による仏教の教説の分類法で、明らかに説き示された教えを顕教と呼ぶのに対して、ヒンドゥー教の呪法《じゆほう》や、儀礼などに仏教的な装いを施した神秘的秘教を密教という。

仏法の実践には、摂受《しょうじゅ》と折伏《しゃくぶく》の二つの道があります。いずれであるべきかは時代情況によります。譬えば、世間の文武の二道のようなものです。だから、昔の偉大なる聖者は、時に応じて仏法を行じました。雪山童子《せっせんどうじ》と薩埵王子《さったおうじ》は、「身を布施とするならば法を教えよう。それは菩薩の行となるであろう」と責められて、その身を捨てました。肉を必要としない時に身を捨てるべきでしょうか。紙がない世には楽法梵志《ぎょうぼうぼんじ》のように身の皮をはいで紙の代わりとし、筆のない時には自らの骨を筆の代わりとするべきです。破戒や無戒を毀《そし》り、持戒と正法を用いる世においては、諸の戒を堅く持《たも》つべきです。

ところが、儒教や道教によって釈尊の教え（仏教）を制止するような時代には、道安法師・慧遠《えおん》法師・法道三蔵等のように王と論じて命を軽くすべきです。仏教の中に小乗・大乗、権経《ごんきょう》・実経が雑乱《ぞうらん》してしまい、明珠《みょうじゅ》と瓦礫《がりゃく》、牛の乳と驢馬《ろば》の乳の区別が分からなくなった時は、天台大師・伝教大師等のように、小乗と大乗、権大乗教《ごんだいじょうきょう》と実大乗経、顕教と密教の勝劣を強く明確に分別すべきです。

正法を惜む心の強盛なるべし

畜生《ちくしょう》の心は弱きをおどし、強きをおそる。当世《とうせい》の学者等は畜生の如し。智者の弱きをあなづり、王法の邪をおそる。諛臣《ゆしん》と申すは是《これ》なり。強敵《ごうてき》を伏《ふく》して始《はじめ》て力士をしる。悪王の正法《しょうほう》を破るに、邪法の僧等が方人《かたうど》をなして智者を失はん時は、師子王《ししおう》*の如くなる心をもてる者、必ず仏になるべし。例せば日蓮が如し。これおご（傲）れるにはあらず。正法を惜む心の強盛なるべし。おごれる者は強敵に値《あい》ておそるる心出来《しゅったい》するなり。例せば修羅《しゅら》*のおごり、帝釈《たいしゃく》*にせめられて、無熱池《むねっち》*の蓮《はちす》の中に小身と成て隠れしが如し。

《師子王》「師子」はサンスクリット語のシンハ（siṃha＝ライオン）を「師」と音写して、名詞であることを示す接尾辞「子」を付けたもの。後に動物であることが分かるようにと「師」に獣偏をつけて「獅」という漢字が作られた。《修羅》サンスクリット語のアスラ（asura）を音写した阿修羅《あしゅら》の略。闘争を好み、帝釈天との戦闘が『倶舎論《くしゃろん》』などに描かれている。《帝釈》サンスクリット語の Śakro devānām Indraḥ（神々の帝王であるシャクラ）を構成する śakra（釈）、deva（天）、indra（帝）を逐語的に漢訳した天帝釈、帝釈天の略。もとはインド最古の聖典『リグ・ヴェーダ』に登場するインドラ神（雷神）のこと。仏教に取り入れられて、梵天《ぼんてん》（brahman）と並ぶ仏法守護の神とされた。十二天の一つで、東方を守る。忉利天《とうりてん》の主で、須弥山《しゅみせん》山頂の喜見城に住み、阿修羅と闘って降《くだ》したとされる。《無熱池》無熱悩池《むねつのうち》、清涼池《しょうりょうち》とも言う。サンスクリット語のアナヴァタプタ・フラダ（anavatapta-hrada）の漢訳で、阿耨達池《あのくだっち》とも音写される。ヒマラヤ山脈の北にあるとする想像上の池で、金銀や宝石が岸をなし、アナヴァタプタ（阿耨達）という龍王が住む。その池から流れる水は澄んで冷たく、暑熱の苦しみがなく、ガンジス河などの四大河となって世界を潤しているとされる。

畜生の心は、弱いものを脅し、強いものを恐れるものです。今の世の学者たちは、畜生と同じであります。智者が弱いのを侮《あなど》って、王法のよこしまを恐れています。媚《こ》び諂《へつら》う臣下というのはこのことです。強敵を屈伏させてはじめて力の強い人だとわかります。悪王が正法を破ろうとするとき、邪法の僧侶たちが徒党を組んで智者を亡きものにしようとするときは、師子王のような心を持つ人が、必ず仏になるでありましょう。

例せば日蓮のようにです。これは、傲慢《ごうまん》になって言うのではありません。正法を惜しむ心が強盛なのです。傲慢なものは、強敵に遇《あ》えば恐れる心が出てくるものです。例えば傲《おご》り高ぶった阿修羅が、帝釈天に攻められると無熱池の蓮の中に小さくなって隠れたようにです。

時機に相違すれば叶ふ可らず

> 正法は一字一句なれども、時機に叶《かな》ひぬれば必ず得道な（成）るべし。千経・万論を習学すれども、時機に相違すれば叶ふ可《べか》らず。

《中略》

正法は、一字一句であっても、時機にかなって行ずれば必ず覚りを得ることになるでしょう。たとえ千経・万論を習学したとしても、時機に違《たが》えば覚りを得ることはかなわないでしょう。

《中略》

寄合て御覧じ心なぐさませ給へ

佐渡の国は紙候《そうら》はぬ上、面面に申せば煩《わずらい》あり。一人ももるれば恨《うら》みありぬべし。此文《このふみ》を心ざしあらん人人は寄合《よりあう》て御覧じ、料簡《りょうけんそうらい》候て、心なぐさませ給《たま》へ。世間にまさる歎《なげ》きだにも出来《しゅつたい》すれば、劣る歎《なげ》きは物ならず。当時の軍《いくさ》*に死する人人、実不実は置く。幾《いくばく》か悲しかるらん。いざは(伊沢)の入道、さかべ(酒部)の入道、いかになりぬらん。かはのべ(河辺)の山城、得行寺殿*等の事いかにと書付て給《た》ぶべし。外典書《げてんしょ》の貞《じょう》観政要《がんせいよう》*、すべて外典の物語、八宗*の相伝等、此等《これら》がなくしては、消息《しょうそく》もかかれ候《そうら》はぬに、かまへてかまへて給《た》び候《そうろう》べし。

《当時の軍》この手紙の冒頭にある「京・鎌倉に軍」のこと。《いざはの入道……得行寺殿》いずれの人物も詳細不明。《貞観政要》唐の太宗《たいそう》と家臣たちとの政治上の議論を集大成したもので、治国安民の政治理想を主旨とする帝王学・治道の規範の書。呉兢《ごきょう》撰。《八宗》奈良時代に行なわれていた倶舎《くしゃ》、成実《じょうじつ》、律《りつ》、法相《ほっそう》、三論《さんろん》、華厳《けごん》の南都六宗に、平安時代に興隆した真言宗、天台宗の平安二宗を加えた八宗。

佐渡の国は紙がない上に一人ひとりに書くのも煩わしいことで、一人でも漏《も》れたら恨みがあるでしょう。この手紙を、志ある人たちは、寄り合ってご覧になり、思いを巡らして、心をなぐさめてください。世間において、より大きな嘆きが出てきさえすれば、それに劣る嘆きは問題にならなくなります。文永九年の合戦で亡くなった人々のことは、真実であるか、真実でないかは措《お》くとして、どれほどか悲しいことでありましょう。伊沢の入道、酒部の入道は、どうなったでしょうか。河辺の山城、得行寺殿等のことはどうなったかを書いて送ってください。外典の書である『貞観政要《じょうがんせいよう》』、すべて外典の物語、八宗の相伝など、これらがなければ手紙も書くことができないので、必ず送ってください。

解説

日蓮は、文永八年十月十日に依智を発って、十一月一日に佐渡の配流《はいる》の地、塚原の三昧堂《さんまいどう》に着いた。これは、それから四カ月以上後の手紙である。

日蓮を流罪に処したのは、「遠国《おんごく》の島にすてをき（捨置）たるならば、いかにもなれかし。……道にても、又《また》国にても、若《も》しはころ（殺）すか、若しはかつえし（餓死）ぬるかにならんずらんと、あてがはれて有りし」（『中興入道消息《なかおきにゅうどうしょうそく》』）といった理由であった。佐渡にでも流しておけば、殺されるか、餓死するか、どうにでもなるだろうというのだから、佐渡での生活は過酷なものであった。その様子を日蓮は次のように記している。

塚原と申す山野の中に、洛陽の蓮台野《れんだいの》のやうに死人を捨つる所に、一間《いっけん》四面なる堂の仏もなし。上《うえ》は、いたま（板間）あはず、四壁はあばらに、雪ふりつもりて消ゆる事なし。かかる所にしきがは（敷皮）打ちしき、蓑《みの》うちきて、夜をあかし、日をくらす。夜は雪・雹《ひょう》・雷電《らいでん》ひまなし。昼は日の光もささせ給はず。心細かるべきすまゐ（住居）なり。（『種種御振舞御書《しゅじゅおんふるまいごしょ》』）

佐渡に来て初めて出した手紙は、十一月二十三日付の富木常忍あてであった。そこには、

四節の転変は、万国皆同じかるべしと存《ぞん》じ候《そうらい》し処《ところ》に、此《この》北国・佐渡の国に下著《げちやく》候《そうらい》て後、二月《ふたつき》は寒風頻《しきり》に吹《ふき》て、霜・雪更《さら》に降《ふら》ざる時はあれども、日の光をば見ることなし。八寒《はちかん》を現身に感ず。（『富木入道殿御返事』）

とあるほどに、二ヵ月は八寒地獄を思わせるほどの寒さが続くという時であった。

そのような中で、塚原問答（一月十六日）が行なわれ、京・鎌倉では日蓮が予言していた自界叛逆《じかいほんぎやく》の難として北条時輔の乱（二月十一、十五日）も勃発した。日蓮は、その極寒の二月に、防寒具といえば蓑《みの》だけで、火の気もないあばら家のような三昧堂《さんまいどう》で『開目抄《かいもくしょう》』を執筆した。四万六千文字近く、原稿用紙にして百十五枚を超す日蓮最大の長編である。そこで日蓮は、何度も繰り返し、繰り返し「我が身、法華経の行者にあらざるか」と自らを厳しく問い詰めている。徹底して我が身を諸経に照らし合わせた上で、さらに〝法華経の行者〟として身命を期《ご》とする決意を再確認している。日蓮は、そこで〝法華経の行者〟という言葉を三十一回も用いて自らを問い詰めた。

ところが、弟子たちの間から、日蓮の態度があまりにも強情《ごうじょう》すぎるという声が起こったのであろう。この『佐渡御書』の末尾（本書の中略部分）に「日蓮御房《ごぼう》は、師匠

にておはせども、余《あまり》にこは(剛)し。我等は、やはらかに法華経を弘むべし」という声が記されている。この『佐渡御書』は、その声に対する回答であった。

それは、次の言葉で始まっている。

世間に人の恐るる者は、火炎《ほのお》の中と、刀剣《つるぎ》の影と、此身《この》の死するとなるべし。牛馬猶《なお》身を惜む、況《いわん》や人身《にんじん》をや。癩人猶《らいにんなお》命を惜む。何《いか》に況や壮人《そうにん》をや。

これは、牛や馬などの動物ですら命が惜しく、ましてや人間はもっと惜しむ、その人間も難病の人でさえ命を惜しむのであり、ましてや健康な人はそれ以上であるという。

こうした考えは仏典の随所に見られる。原始仏典の『ダンマ・パダ』には、

すべての者は暴力におびえ、すべての者は死をおそれる……すべての者は暴力におびえる。すべての(生きもの)にとって生命は愛《いと》しい。己《おの》が身にひきくらべて、殺してはならぬ。殺さしめてはならぬ。(中村元訳『ブッダの真理のことば・感興のことば』、二八頁)

とある。また、『大智度論《だいちどろん》』巻第十三にも、

世間の中にて命を惜しむを第一となす。(大正蔵、巻二五、一五五頁下)

一切の命あるものは、乃《すなわ》ち昆虫に至るも、皆身を惜しむ。(同)

といった言葉が見られる。

この『佐渡御書』においても、日蓮は命を惜しむこと自体を「弱虫！」などと、決してとがめだてしていない。生きとし生けるものの本能的欲求として、誰もが命を惜しむものであるという事実を素直に、率直に認めた上で、話が展開されている。すなわち、一切の生きとし生けるものにとって、「生きたい」という欲求こそが、生きることの原動力となっているという事実を肯定している。われわれの名誉欲にしても、権力欲にしても、すべて生きていることの充実感、手ごたえを欲していることの表われであるということだ。裏を返せば、「死ぬことへの恐れ」が形を変えて、「生きたい」という表現となって表われたものにすぎない。

しかし、人は、往々にして自らの命を自らの手で絶つということがある。「生きたい」という根源的欲求からスタートしているにもかかわらず、「死」という全く逆の結論に至ってしまうというパラドックスが、ここに構造的にあるようだ。

日蓮は、この手紙で、

男子ははぢ（恥）に命をすて、女人は男の為に命をすつ。

と指摘し、「生きたい」という根源的欲求を何が「死」へと方向転換させるのか、そのパラドックスの構造を端的に示している。すなわち、男は名誉欲を満たすことで、生きる手ごたえを感じたいという欲求が本質的にあり、それが満たされない、すなわち、恥をかいたときに、自ら「死」を決断してしまうというのである。一方、女性は一般的に自らの存在感を男にかまわれることによって生きる手ごたえを満たし、そこにのめり込んでしまい、そのためには死ぬことさえあるというのだ。

ここでいう「恥」は、〝他者の眼〟を気にし、名聞《みようもん》・名利《みようり》の裏返しとして感ずるものであり、仏法で重視する「慚《ざん》」（慙とも書く）とは全く異なる。「慚」は、自らの信念に照らして自らの至らなさをはずかしく思うことであり、自らをよりよく改めようとするものである。

このように、『佐渡御書』では、「死にたくない」「生きたい」ということからすべての行動が出発しているにもかかわらず、結局は、「死」の結論に到ってしまうというパラドックスを簡潔に示している。そこでは、名誉と、その裏返しとしての恥、あるいは、他者依存的に確かな（?）存在感を得たいことと、それへの埋没――それによって、「生」への欲求が、「死」という結論にスリ替わってしまうという構造が見られる。

このほか、疑い深さ、愚かさ、欲深さ、傲慢さなどによっても、このスリ替え、逆転現象は起こるようである。特に、愚かさの場合について、日蓮は、この『佐渡御書』において、命が惜しいということを行動原理としながらも、「世間の浅き事には身命を失」ってしまう人間の愚かさを、エサにばかされて命を落としてしまう魚や鳥を例として、次のように述べている。

魚は命を惜む故に池にす（栖）むに、池の浅き事を歎きて、池の底に穴をほりてすむ。しかれども、ゑ（餌）にばかされて釣《つりばり》をのむ。鳥は木にすむ。木のひき（低）き事をおぢて、木の上枝《ほつえ》にすむ。しかれども、ゑにばかされて網にかかる。

ここに魚と鳥の例が出てくるが、これは日蓮が愛読していた『貞観政要《じょうがんせいよう》』貪鄙《たんぴ》篇《へん》の話を基にしたものである。それは、唐朝第二代皇帝の太宗《たいそう》（在位六二六～六四九年）が貞観十六（六四二）年、侍臣に語った次の言葉である。

古人云《いわ》く、「鳥は林に棲《す》むも、猶《なお》、其《そ》の高からざらんことを恐れて、復《また》、木末《こずえ》に巣《す》くう。魚は水に蔵《かく》るるも、猶、其の深からざらんことを恐れて、復、其の下に窟穴《くっけつ》す。然《しか》れども人の獲《と》る所と為《な》るは、皆、餌《えさ》を貪《むさぼ》るに由《よ》るが故なり」と。

太宗が語ったもともとの意味は、「人臣《じんしん》、任を受けて、高位に居《お》り、厚禄《こうろく》を食《は》む」としても、「財利を貪冒《たんぼう》するが為《ため》」、すなわち強引に金銭的利益を貪り求めることによってその地位を失ってしまうことを示す譬えとして、餌にだまされて生け捕りにされてしまう鳥や魚を挙げていた。

それに対して日蓮は、あらゆる生きものが命が惜しいという行動原理に基づいてあらゆる行動に打って出ているのに、つまらないことで命を落としてしまう具体例として用いている。日蓮は、いかに生きるか、何のために生きるのかという根本的な問題提起をしている。類似の逸話から導き出された結論は日蓮のほうが深いものがある。

人が身命を惜しむのは当然のこととして、その身命を惜しんで死の恐怖や不安を紛らわせるために、どこかに生きている手ごたえを求める。ところが、ほとんどの人がそれを「世間の浅き事」で満たそうとする。だから、仏になることもできない。自らの人格を磨き、自他ともに尊い存在であることに目覚める機会を失してしまう。せっかく、得難い人身を得たのだから、同じく身命を捨てるのなら、つまらないことに捨てるのではなく、勝れたもの、立派なことにかけるべきだ。

日蓮は、あらゆる人の尊さと、あらゆる人が差別なく成仏することができることを説いた『法華経』を自らも信受し、他者にも人間の尊さに目覚めさせるために、仏になって人々を救いたいと言った。文永七（一二七〇）年十一月二十八日付の『金吾殿御返事』では、

いたづらに曠野《こうや》にすてん身を、同じくは一乗法華《いちじょうほっけ》のかた（方）になげて、雪山童子《せっせんどうじ》・薬王菩薩の跡をおひ、仙予《せんよ》・有徳《うとく》の名を後代に留めて、法華・涅槃経《ねはんきょう》に説き入れられまいらせんと願うところなり。

と記し、文永八（一二七一）年十月十日付の『佐渡御勘気抄《さどごかんきしょう》』では、

日蓮は、日本国・東夷《とうい》・東条《とうじょう》・安房《あわ》の国・海辺の旃陀羅《せんだら》（筆者注＝カースト制度でも四姓以下とされた最下層の不可触民）が子なり。いたづらにくち（朽）ん身を法華経の御故《おんゆえ》に捨てまいらせん事、あに石に金《こがね》をかふるにあらずや。

建治二（一二七六）年の『種種御振舞御書』には、

さいわひなるかな、法華経のために身をすてん事よ。くさ（臭）きかうべ（頭）をはなたれば、沙《すな》に金《こがね》をかへ、石に珠《たま》をあきな（貿）へるがごとし。

仏法は身命をかけるに値するものである。身命をかけてはじめて人は仏となることができる。けれども、それは「時」をわきまえるべきだとして、日蓮は、

仏法は摂受・折伏時によるべし。譬へば世間の文・武二道の如し。

と論じている。

摂受と折伏は、『勝鬘経《しょうまんきょう》』十受章に説かれている教化《きょうけ》方法で、相手を受け入れ、穏やかに説得して、正法に導くことが摂受で、相手の誤った見解を責め、迷いを覚まして、正法に導くことが折伏とされる。

積極的に正法を攻撃し、亡きものにしようとする勢力がある時には、不惜身命《ふしゃくしんみょう》の覚悟で正法を護《まも》る折伏が必要だということである。日蓮は、仏教史を振り返り、次の具体例を挙げる。①求法《ぐほう》のために身を捧げた雪山童子・薩埵《さった》王子、②儒教や道教を重視して仏教を弾圧（廃仏）する皇帝を諫《いさ》めた道安法師・慧遠法師・法道三蔵、③仏教の中でも小乗教と大乗教、大乗教の中でも権大乗教と実大乗教の価値判断が誤っている時、その優劣を明らかにした天台大師・伝教大師――である。

悪王が正法を破ろうとするのに、邪法の僧たちが徒党を組んで智者を失わんとした

時は、師子王のごとき心をもって正法を護るものは必ず仏となる。日蓮もその例に漏《も》れないと言う。それは一見、自画自賛で、「おごれる者」に見えるが、日蓮は、「正法を惜む心の強盛なるべし」として、「おごれる者」であるかどうかの見分け方を、「おご(傲)れる者は強敵《ごうてき》に値《あい》ておそるる心出来《しゅったい》するなり」と強調する。

そこで日蓮があげる阿修羅と帝釈天の例が分かりやすい。『摩訶止観《まかしかん》』で阿修羅は、「其《そ》の心、念念《ねんねん》に常に彼に勝《まさ》らんことを欲し、耐へざれば人を下し、他を軽しめ、己《おのれ》を珍《たっと》ぶこと鵄《とび》の高く飛びて、下視《みおろす》が如し」とあり、常に他人に勝ろうとするのが修羅の本質だと言われる。『摩訶止観』では、これに続けて、「而《しか》も外には仁《じん》・義《ぎ》・礼《れい》・智《ち》・信《しん》を掲げて、下品《げぼん》の善心を起こし阿修羅の道を行ずるなり」とある。「仁・義・礼・智・信」は、中国において人格者の具《そな》えるべき五つの条件(五常《ごじょう》、五徳《ごとく》)で、修羅はいかにもそれを具えているかのように振る舞うという。

修羅は、自らを立派に思わせたい。けれども中身は空っぽである。だからこそ、外面を飾り立てようとするということであろう。日蓮は、そのような修羅の両極端、二面性を次のように指摘している。

例せば修羅のおごり、帝釈にせめられて、無熱池の蓮の中に小身と成て隠れしが如し。

『起《き》世経《せきょう》』によれば、阿修羅の身長は一由旬《ゆじゅん》(約一五キロメートル)で、ほかには八万四千由旬とするものもあるが、とにかく巨大であるとされる。その修羅が、帝釈天に責められると「蓮の中に小身と成て隠れ」るという。「巨大さ」と「微小さ」――これは同じものの裏と表にすぎない。

ある場合は、とてつもなく大きく見え（見せ）、ある時は、ケシ粒のように小さくなる。自分よりも力の弱い人というか、自分の中身が空っぽであることを見抜かれそうにない人の前では尊大になる。それが、「巨大さ」の意味するところだ。

ところが、自分の中身が空っぽである、「張子の虎」であることが見抜かれた時は、小さくしぼんでしまう。急にペコペコし始めたりする。「無熱池の蓮の中に小身と成て隠れ」るようなことになってしまう。あるいは、そのことを見抜かれそうな時は、前もって予防線を張って、いたずらに自らを卑下したりする。「仁・義・礼・智・信」を具えているかのように、いかにも謙虚そうに振る舞う。これからすると、尊大な心と卑下する心とは、同じ「おごり」という本質の両面ということになる。

それに比べて、日蓮はいかなる権威、権力にもひるむことなく主張すべきことを主張している。それは、傲りではないと言っているのだ。

どんなに勝れた正法であっても、時機にかなっていなければ、かなうものもかなわない。柔道の時間にダンスをしたり、ダンスの時間に柔道をしたりするのは、時機のはき違えである。日蓮の時代は、『法華経』を失わんとする時代であり、折伏を優先すべき時だと弟子たちに訴えた。

この後、この手紙の省略した部分では、文永八年九月十二日に予言していた同士討ち（自界叛逆の難）が六十日から百五十日の間に北条時輔の乱として的中したことを挙げて「日蓮、当世には……仏・阿羅漢の如し」と述べる。では、なぜ留難《るなん》に遭《あ》うのかという疑問に対して、過去世の罪の故であり、今世において日蓮が強く『法華経』の敵を責めたので重罪による果報が一時に集中して起こった。その難を受けることで滅罪となっているなどと記し、最後に「日蓮御房は、師匠にておはせども、余《あまり》にこは（剛）し」と教訓する愚癡《ぐち》の門下を戒めている。

このように、佐渡流罪を契機として門弟たちの間に疑問を抱く者、日蓮に教訓する者たちが現われていた。それは、佐渡への海が時化《しけ》て、順風になるのを待っていた寺《てら》泊《どまり》で書かれた富木常忍あての手紙『寺泊御書』によると、次の四つにまとめられる。

①日蓮は、人の機根《きこん》（受け入れる能力）を知らずに〝麤義《あらぎ》〟（粗暴な論議）を立てて難に遭ったのだ。

②日蓮は、『法華経』勧持品《かんじぼん》を身読すると言っているが、それは信仰の深い深位《じんい》の菩薩のための教えであり、安楽行品《あんらくぎょうぼん》に説かれることと相違している。

③日蓮の言っていることは、自分も知っていた。言わなかっただけだ。

④日蓮の主張は、「教相《きょうそう》」ばかりで、教えの比較を表面的に語っているだけで、

自己の心を対象として観察する「観心《かんじん》」がない。
といったものであった。

『佐渡御書』は、①と②に対して答えたものであり、『開目抄』と『観心本尊抄』は、この四つに答えたものである。特に『観心本尊抄』は、④に対する答えとして日蓮の一念三千観を詳細に論じたものである。

『佐渡御書』を書いた翌月に、日蓮は塚原三昧堂から一谷《いちのさわ》へと移された。その一年後に『観心本尊抄』をしたためている。この『佐渡御書』を挟んで『開目抄』と『観心本尊抄』の重要書が書かれたといえよう。

この『佐渡御書』は、本文の前後に追って書き（追伸）が書き加えてある。そこからも重要なメッセージが読み取れる。この手紙が書かれたのは、三月二十日、二月騒動とも呼ばれる北条時輔の乱から一カ月余のことである。日蓮は、その戦《いくさ》で亡くなった人のことを心配していることがうかがわれる。

慌ただしい突然の逮捕に始まり、その夜の斬首（未遂）、そして流罪であったので、書物や資料など手元にはなかったであろう。日蓮は、追って書きで書物の送付を依頼している。あの長篇の『開目抄』は、資料など何もないそのような情況で書かれていたのだ。

ここに挙げられた書籍は、『外典抄』『法華文句』第二巻、『法華玄義』第四巻とその注釈書『法華玄義釈籤』第四巻、さらには南都六宗に、真言・天台の平安二宗を加えた八宗の相伝をはじめ、幕府に上申する勘文、天皇の詔《みことのり》を伝える宣旨、外典（仏教以外の書）の物語など幅広い。

「すべて外典の物語、八宗の相伝等、此等がなくしては、消息もかかれ候はぬ」とあることも注目される。日蓮の手紙（消息）には、随分と仏教以外の説話などが、日蓮風にアレンジされて仏法を理解させる便法として用いられているが、ここにその秘密を見る思いである。

その中でも特に注目されるのが『貞観政要』であろう。この手紙で二度もその名前が挙げてあるし、既に指摘したように、この手紙には『貞観政要』の一文がもとになっている箇所まで含まれている。

『貞観政要』は、唐の太宗とその家臣との政治の在り方についてのやり取りをまとめた書で、国をよく治めようとするならば、無私を心がけ、特に諫言《かんげん》に耳を傾けるべきであることを強調している。例えば、太宗は「臣下が君主を諫めようとするならば、死の禍《わざわ》いを覚悟しなければならない。それは、鉄の釜《かま》で煮られたり、刀で処刑されたりするのと同じことである。けれども、私は胸襟《きょうきん》を開いて諫言を受け入れるようにしよう。心配せずに意見を述べるように」と語っている。日蓮の『立正安国論』に始まる諫暁《かんぎょう》は、『法華経』『涅槃経』だけでなく、『貞観政要』の諫言重視の思想にも基づくものであったのであろう。

『貞観政要』は、わが国でも歴代の天皇、政治家の必読書とされ、源実朝《みなもとのさねとも》も読み、北条時頼は書写して将軍・頼嗣《よりつぐ》に与え、平政子《たいらのまさこ》は和訳させて自ら読んだ。徳川家康が最も愛読した書であって、一六〇〇年に出版している。日蓮は、文永七（一二七〇）年に全文を書写していた。それが北山本門寺（静岡県富士宮市北山）に現存し、重要文化財となっている。

この手紙のように、日蓮はしばしば書籍の手配を依頼している。日蓮の読書量は相当なものであったことが推し量られる。それは、『法華経』『涅槃経』『華厳経』『金光明経』『般若経』『阿含経』『阿弥陀経』『大日経』をはじめとする一切経、『摩訶止観』などの天台三大部、妙楽大師によるその注釈書、『十住毘婆沙論《じゅうじゅうびばしゃろん》』『大智度論』『法華秀句』『選択本願念仏集《せんちゃくほんがんねんぶつしゅう》』『十住心論』などの論書は当然のこととして、『大唐西《だいとうさい》域記《いきき》』『高僧伝』『日本書紀』『貞永式目《じょうえいしきもく》』などの記録・伝記類、『白氏文集《はくしもんじゅう》』『史記』『論語』『孔子家語《こうしけご》』『孝経』『貞観政要』『今昔物語《こんじゃくものがたり》』『十訓抄《じっきんしょう》』『平家物語』などの歴史書や説話文学などと幅広い。

日蓮は、逆境にあっても向学、研鑽の姿勢を貫いていた。

富木尼御前御書

この手紙は、「富木尼御前御返事」とも呼ばれている。建治二（一二七六）年三月二十七日、日蓮が五十五歳の時、富木常忍が、その母の遺骨を持って身延の日蓮のもとを訪ねた際に、富木常忍に託した尼御前あての手紙である。（和文体、真跡）

夫《をとこ》のしわざは妻《め》の力なり

鵞目一貫《がもくいっかん》*、並びにつつ（筒）ひとつ給《たま》ひ候《そうら》ひ畢《おわ》んぬ。や（矢）のはしる事は弓のちから。くも（雲）のゆくことはりう（龍）のちから。をとこ（夫）のしわざはめ（妻）のちからなり。いま、ときどの（富木殿）のこれへ御わたりある事、尼ごぜんの御力なり。けぶり（煙）をみれば火をみる。あめをみればりう（龍）をみる。をとこをみれば女《め》をみる。今ときどのにけさん（見参）つかまつれば、尼ごぜんをみたてまつるとをぼう。

《鵞目一貫》鵞目一貫文の略。鵞目とは、鵞鳥《がちょう》の目のように丸く穴があいている銭の異称。一貫文は銭千枚のことで、当時の記録によれば、米一石《いっこく》（十斗《じっと》＝約一八〇リットル）を買えたという。

銭一貫文、ならびに酒一筒《ひとつつ》をいただきました。

矢が飛ぶのは、弓の力によります。雲が起こるのは、龍の力であり、夫のなすことは、妻の力によるのです。今、富木殿がこの身延の地へやって来られたのは、尼御前の力によります。煙を見れば、そこに火があることがわかります。雨を見ればその背後に龍がいることが分かります。夫を見れば、その妻のことが見えてきます。今、富木殿とお会いしていると、尼御前、あなたにお会いしているような思いになります。

尼御前への富木常忍の感謝

ときどのの御物がたり候《そうろう》は、このはわ（母）のなげきのなかに、りんずう（臨終）のよくをはせしと、尼がよくあたり、かんびやう（看病）せし事のうれしさ、いつのよ（世）にわするべしともをぼへずと、よろこばれ候なり。

富木殿が話しておられたことは、このたびの御母堂が亡くなられるという嘆きのなかにも、臨終の相がよかったことと、尼御前がよく対応して看病してくれたことの嬉しさであり、いつの世であれ忘れることはありませんと、喜んでおられました。

何よりも覚束なき事は御所労なり

なによりもおぼつか（覚束）なき事は御所労なり。かまえて*さもと*三年、はじめのごとくにきうじ（灸治）せさせ給へ。

病なき人も無常まぬがれがたし。但《ただ》しとしのはてにはあらず。法華経の行者なり。非業《ひごう》の死＊にはあるべからず。よも業病《ごうびょう》＊にては候《そうら》はじ。設《たと》ひ業病なりとも、法華経の御力たのもし。

《かまえて》気を付けて。きっと。必ず。何とかして。心して。《さもと》「さも」は「そのようにも」「確かに」といった意味があるが、「さもと」では意味不明。茂田井教亨《もたいきょうこう》氏は「少なくとも」と推測している。筆者は、「さもあらんと」の略と考えた。《非業の死》定められた寿命を全うせずに、事故や災害などで死ぬこと。《業病》悪業の報いとしてかかると考えられた難病。

ただ、何よりも気がかりなことは、尼御前の病のことです。気を付けて、〔日蓮の言うように〕「きっと、その通りでしょう」と三年間は、始めた時のままに〔途中で手を抜かずに〕灸《きゅう》の治療を続けてください。

病気がない人であっても、無常の道理を免れることはありません。ただし、尼御前は老齢の域にあるのではなく、〝法華経の行者〟です。寿命を全うしないで死ぬようなことは、あるはずがありません。いくらなんでも、業病ではないでありましょう。たとえ、業病であったとしても、『法華経』の力は頼もしいものです。

身を持し心に物を嘆かざれ

阿闍世王《あじゃせおう》*は法華経を持《たも》ちて四十年の命をのべ、陳臣《ちんしん》*は十五年の命をのべたり。尼ごぜん、又《また》法華経の行者なり。御信心、月のまさるがごとく、しを(潮)のみつるがごとし。いかでか病も失《う》せ、寿《とし》ものびざるべきと強盛《ごうじょう》にをぼしめし、身を持《じ》し、心に物をなげかざれ。

《阿闍世王》「敵を生じないもの」を意味するアジャータシャトル(Ajātaśatru)の音写。前五世紀ごろのインドのマガダ国王。父の頻婆《びんば》娑羅《しゃら》(Bimbisāra)王を殺して王位に就いたが、のち釈尊の教えに従い、仏教教団の保護者になった。《陳臣》天台大師智顗《ちぎ》の兄。張果《ちょうか》仙人から一カ月後に死ぬと予言されたが、天台大師から小止観《しょうしかん》の教えを受け、修行することによって十五年間寿命を延ばしたという。

阿闍世王は、『法華経』を受持して四十年も寿命を延ばし、天台大師の兄である陳臣は、十五年間寿命を延ばしました。尼御前は、〝法華経の行者〟です。そのご信心は、月の満ちるがごとく、潮の満ちるがごとくであります。どうして病が消え失せず、寿命も延びないことがあろうかと強盛に思って、身体に養生を心がけ、心にはものごとをくよくよと嘆いたりしないようにしてください。

壱岐・対馬の事、太宰府の事を思へ

なげき出来《いでく》る時は、ゆき（壱岐）・つしま（対馬）の事*、だざひふ（太宰府）*の事、かまくらの人人の天の楽《たのし》みのごとにありしが、当時つくし（築紫）*へむかへば、とどまる女《め》こ（妻子）、ゆくをとこ、はなるるときは、かわ（皮）をは（剝）ぐがごとく、かを（顔）とかを（顔）とをとりあわ（取合）せ、目と目とをあわせてなげきしが、次第にはなれて、ゆいのはま、いなぶら、こしごえ、さかわ、はこねさか（箱根坂）、一日二日すぐるほどに、あゆ（歩）みあゆみ、とをざかるあゆみを、かわ（川）も山もへだて、雲もへだつれば、うちそ（添）うものはなみだ（涙）なり。ともなうものはなげきなり。いかにかなしかるらむ。

《ゆき（壱岐）・つしま（対馬）の事》壱岐と対馬は、朝鮮半島と九州の間にある島で、文永の役《えき》（一二七四年）、弘安の役（一二八一年）の際には、島民が蒙古（元《げん》）軍によって蹂躙《じゅうりん》された。《だざいふ（太宰府）》七世紀後半に九州の筑前《ちくぜん》国に設置された地方行政機関。九州および壱岐・対馬を管轄し、外交・海防などに当たった。《つくし（筑紫）》今の九州全域をさす古い呼び名。大宝元（七〇一）年、西海道の設置により筑《ちく》前《ぜん》・筑後《ちくご》（福岡県）両国にわたる北九州地域をさす。国府は大宰府におかれた。

もしも、嘆き悲しみが出て来た時は、壱岐・対馬の事、太宰府の事を思ってください。あるいは、天上界の楽しみを受けているようであった鎌倉の人々が今、九州へ向かうことになり、留まる妻子と出征する夫とが、離れ離れになる時は、身の皮をはぐような思いであり、顔と顔を取り合って、目と目を合わせて嘆き悲しみ、次第に離れて由比《ゆい》ヶ浜、稲村ヶ崎、腰越《こしごえ》、酒匂《さかわ》、箱根峠と、一日、二日と過ぎゆくほどに、歩みに歩んで遠ざかりゆく歩みを重ね、川も山も隔てて、雲も隔てることになるので、身に添うものは涙であり、伴うものは嘆き悲しみであります。どれほど悲しいことでありましょうか。

蒙古のつわもの攻めきたらば憂きめにあはん

かくなげかんほどに、もうこ（蒙古）*のつわものせ（攻）めきたらば、山か海もいけどり（生捕）か、ふね（舟）の内か、かうらい（高麗*）かにて、う（憂）きめにあはん。

これ、ひとへに失《とが》もなくて、日本国の一切衆生の父母たる法華経の行者・日蓮をゆへ（謂）もなく、或《あるい》はのり、或は打ち、或はこうぢ（街路）をわたし、ものにくる（狂）いしが、十羅刹《じゅうらせつ》*のせめをかほ（被）りてなれる事なり。又又これより百千万億倍たへがたき事どもいで来るべし。かかる不思議を目の前に御らんあるぞかし。

《もうこ（蒙古）》蒙古は、Mongghol を音写したもの。モンゴル高原の遊牧民、あるいはその居住する地域を意味する。鎌倉時代には「むくり」とも呼ばれていた。《かうらい（高麗）》朝鮮の王朝（九一八～一三九二年）。王建が、新羅《しらぎ》末期の分裂状態を統一して建国し、十二世紀末に崔氏が政権を握り、十三世紀には蒙古／元に服属し、日本遠征に動員された。《十羅刹》十羅刹女の略。『法華経』陀羅尼品《だらにぼん》で、『法華経』を受持するものを守護すると誓った十人の羅刹女のこと。

このように嘆き悲しんでいるうちに、蒙古の軍勢が攻めて来たならば、山でも海でも生け捕りにされ、船の中か、高麗に連れていかれて、辛く悲しい目に遭うことでしょう。

これは、唯ひとえに世間の咎《とが》は何もないのに、日本国の一切衆生の父母である〝法華経の行者〟・日蓮を、何の理由もなく、あるいは罵《ののし》り、あるいは打ち、あるいは市中の街路で引き廻しの刑に処し、正気を失ったものたちが、十羅刹女の責めを受けたことでなったことであります。またまた、これよりも百千万億倍もの耐えがたいことが起こりくるでありましょう。あなたは、このような不思議を目の前に現実のこととしてご覧になっておられるのです。

龍女が跡を継ぎ摩訶波舎波堤の列に連なるべし

我れ等は仏に疑ひなしとをぼせば、なに（何）のなげきか有るべき。きさき（皇妃）になりても、なにかせん。天に生れても、ようし（由）なし。龍女*があとをつぎ、摩訶波舎波提比丘尼《まかはじゃはだいびくに》*のれち（列）につらなるべし。あらうれし。あらうれし。南無妙法蓮華経、南無妙法蓮華経と唱へさせ給へ。恐恐謹言。

三月二十七日　　　日蓮　花押

尼ごぜんへ

《龍女》『法華経』提婆達多品《だいばだったぼん》で成仏を遂げる八歳で畜身の女性。《摩訶波舎波提比丘尼》「摩訶波舎波提」は、マハープラジャーパティー（Mahāprajāpatī）を音写したもので、一般には「摩訶波闍波提」と書く。釈尊の叔母《おば》であり、義母にあたる。『法華経』勧持品《かんじぼん》で未来成仏の予言（授記《じゅき》）がなされた。「比丘尼」は、サンスクリット語のビクシュニー（bhikṣuṇī＝食べ物を乞う女性）を音写したもので、仏教以外の宗教で用いられていたが、女性出家者を意味する語として仏教に取り込まれた。

私たちは、仏になることは疑いがないと思えば、いかなる嘆き悲しみがありましょうか。皇妃になったとしても、何になりましょうか。天上界に生まれたとしても、たわいもないことです。〔『法華経』提婆達多品で成仏した〕龍女の跡を継ぎ、〔『法華経』勧持品で授記《じゅき》された〕摩訶波闍波堤の列に必ず連なるはずです。何と嬉しいことでしょう。何と嬉しいことでしょう。南無妙法蓮華経、南無妙法蓮華経と唱えてください。恐恐謹言。

三月二十七日　　　　日蓮　花押

尼ごぜんへ

解説

日蓮は、手紙の冒頭で受け取った供養の品々を必ず列挙している。この場合は、富木常忍が持参した鵞目一貫文《いっかんもん》と酒一筒である。多くの場合は、使いの者が持参するので、「確かに、何々をいただきました」という意味なのであろう。

この手紙は、富木常忍の九十歳を過ぎた母が亡くなり、その遺骨を納めるために身延の地を訪ねた際の帰りに、富木常忍に持たせた富木尼あての手紙である。

「をとこ（夫）のしわざはめ（妻）のちからなり」を見て、「夫が駄目になるのも、しっかりした人になるのも妻次第である」と解釈する人がいるようだ。それは、妻がしっかり者で、夫が駄目亭主だという前提での解釈である。ところが、この場合は逆である。文筆を主とする官僚として千葉氏に仕えるエリートの武士、富木常忍のもとに、子連れで再婚した富木尼は、病気がちで床《とこ》に臥《ふ》せることが多かった。しかも、気丈な九十歳近い姑《しゅうとめ》がいた。それだけに、肩身の狭い思いを常に抱き、「私がこんなだから、主人の足を引っ張ってしまって、申し訳ない」と自らを卑下していたのではないかと思われる。そのような背景を知って読むと、日蓮の言葉の温かさが身に染みる。

矢が勢いよく飛んでくるのは弓の力による。雲が立ち昇ることは龍の力によると日蓮は言う。飛んでくる矢は見えるが、弓は遥か向こうにあってよく見えない。降ってくる雨は見えるが、雨を降らせている龍は雲の中に居るので見ることができない。しかし、飛んでくる矢の勢いを見れば、弓の強さが分かる。雨の勢いを見れば龍の大きさも分かる。煙を見れば、そこに火があることも分かる。それと同じように、「私の目の前に富木尼、あなたはいませんが、富木殿を見れば、あなたが見えます。あなたがしっかりしているから、富木殿はここまで訪ねてくることができたんですよ」と言わんばかりの文章である。これは、自己卑下している富木尼を激励する言葉である。

それに続けて、日蓮は、富木常忍が身延の地までやって来て、自分に話していたことをわざとここに書いて富木尼に伝えている。『母が亡くなったことは嘆きではありましたが、臨終の相がよかったことと、妻がよく病床の母に対応してくれて、看病してくれたことは、いつまでも忘れることはありません』と語って、富木殿は喜んでいましたよ」ということをわざと書き記している。

日本の男性は、奥さんに感謝の言葉を述べることはあまりないようで、富木常忍もそうであったのであろう。日蓮は、その富木常忍の性格を見抜いて、「富木殿は、あなたに面と向かって、感謝の言葉を言わないかもしれませんが、私には、奥さん、あなたに感謝していると言っていましたよ」という思いやりに満ちた言葉に聞こえる。日蓮は、一人の人を激励する時、その人を取り巻く周囲の人間関係をすべて押さえて、その人間関係の中でどうすればその人が生きるのか、生かされるのか、やりやすくなるのかを深く考慮していることを、日蓮の手紙を読んでいて痛感する。それは、次章で触れる四条金吾に対する手紙でも同じである。

富木家の家族関係を見ても、富木尼は、子連れで富木常忍のもとに再婚してきた。その連れ子とは、後に六老僧の一人となる伊予房日頂《いよぼうにっちょう》である。この伊予房についても、富木家における居場所を確保できるようにという細心の配慮を巡らしていることが、富木家への手紙から読み取れる。その例を挙げよう。

仏の御開眼の御事《おんこと》は、いそぎいそぎ伊よ（予）房をもてはたしまいらせさせ給ひ候《そうら》へ。
（文永六年九月二十六日付『真間《まま》釈迦《しゃか》仏御《ぶつご》供養逐状《くようちくじょう》』）

伊予房は機量物にて候《そうろう》ぞ。
（文永十年七月六日付『土木殿御返事』）

〔伊予房は〕褒美《ほうび》に非ず実に器量者なり。
（文永十年十一月三日付『土木殿御返事』）

いよ（伊予）房は学生《がくしょう》になりて候ぞ。つねに法門きかせ給へ。

をも（思）いわするる事もやと、いよ（伊予）房に申しつけて候ぞ。たのもしとをぼしめせ。（弘安二年十一月二十五日付『富城殿女房尼御前』）

富木家で法事がある時、日蓮は敢えて伊予房を派遣している。（弘安三年十一月二十九日付『富木殿御返事』）

富木家で法事がある時、日蓮は敢えて伊予房を派遣している。また、富木家に手紙を出す時は、その冒頭に「伊予房は器量者（機量物）なり」といった誉め言葉を何度も書いている。また、「学生（学問修行を専門とする僧＝学僧）になりて候ぞ」と言って、伊予房から法門を聞くように仕向けている。こんなことは、他の弟子たちには皆無のことである。

やはり、富木家における伊予房の置かれた立場を考慮して、何とか居場所を確保できるようにという配慮に満ちているのだ。

富木尼に自信を持たせようとする文章に続いて、日蓮は、何よりも気がかりなこととして、富木尼の日ごろからの病について心配している。この手紙からすれば、富木尼は死の不安にとらわれていたのかもしれない。それに対して、日蓮は「病なき人も無常まぬがれがたし」と大枠を押さえた上で、富木尼は「としのはて」ではなく、若いし、しかも〝法華経の行者〟であるとして「非業の死」があるはずがなく、業病であることもない。仮にも業病であったとしても『法華経』は業病を転ずることができるので、頼りになるものであると言って、四十年の命を延ばした阿闍世王と、十五年の寿命を延ばした陳臣の例を挙げて、元気づけている。

そして、富木尼は〝法華経の行者〟であり、月が日に日に満ちて満月となり、潮が満ちて海が満潮になりゆくように、信心を着実に積み重ねている。だから、病が治らないことはなく、寿命が延びないこともない。あとは、富木尼の心がけるべきこととして、「身を持し、心に物をなげかざれ」と忠告している。

身体については、無理や不摂生《ふせっせい》なことをせず養生《ようじょう》に努め、心においては、くよくよと心配をせずにいることが大事だという。一般にも、「心配は身の毒」という言葉がある。くよくよしていると、食も細るし、消化も悪くなる。一夜で白髪《しらが》が増えることもあるし、胃に潰瘍《かいよう》ができることもある。嘆きや不安が病状を悪化させるものであることは、現代医学でも確認されていることである。

「身を持し、心に物をなげかざれ」とは、相次ぐ法難、極寒の佐渡の地での生活を乗り切った日蓮自身の体験に裏付けられた言葉であろう。日蓮は、身を持し、寸分もくよくよと不安にとらわれることはなかった。

それでも、富木尼に嘆き悲しみが出て来ることもあるだろう。その時は、蒙古に攻められた人たちのことを思い起こすように励ましている。この手紙が書かれたのは、文永の役（一二七四年）から一年五カ月後のことである。蒙古が壱岐・対馬でなしたことは、徐々に鎌倉や千葉にも伝わっていたであろう。

建治元（一二七五）年五月八日付の手紙『一谷入道御書《いちのさわにゅうどうごしょ》』に、日蓮は文永の役のもようを次のように記している。

去《いぬ》る文永十一年［太歳甲戌《たいさいきのえいぬ》］十月に蒙古国より筑紫《つくし》によせて有りしに、対馬《つしま》の者かた（固）めて有りしに、宗総馬尉《そうそうまのじょう》逃《にげ》ければ、百姓《ひゃくしょう》等は男をば或《あるい》は殺し、或は生取《いけどり》にし、女をば或は取り集めて手をとをして船に結《ゆ》い付け、或は生け取にす。一人も助かる者なし。壹岐《いき》によせても、又是《またか》くの如《ごと》し。

その後も日本の服属を迫る蒙古（元）の使者が来日し続けたので、鎌倉からも筑紫（九州）へ兵士が派遣された。その出征する兵士と妻との別れの場面がリアルに描写されている。顔と顔を突き合わせ、目と目を合わせて互いの無事を念じ、身の皮を剝《は》がれる思いで、涙して別れた後、鎌倉の由比ヶ浜に至り、稲村ヶ崎を過ぎ、腰越、酒匂（小田原）、箱根峠と地名を順次に挙げて、次第に遠く離れ離れになっていくにつれて、胸が張り裂ける思いになっていく様子が綴られている。

もう一度、蒙古（元）が攻めてきた時は、山でも海でも生け捕りにされ、船の中に引きずり込まれ、高麗にまで連行されて、憂き目に遭うことであろう。その時の嘆きに比べたら大したことはないと、自分の嘆きを克服するようにアドバイスしている。

そもそも蒙古が攻めてくることになったのは世間の咎《とが》は何もない〝法華経の行者〟・日蓮を罵り、打ち、市中引き廻しにする故に、『法華経』陀羅尼品《だらにぼん》で約束していたように十羅刹女《じゅうらせつにょ》たちが、蒙古に攻めさせているのだという。これは、日蓮の傲《おご》りの言葉ではない。日蓮は、自らを次のようにとらえていた。

日蓮、今生《こんじょう》には貧窮《びんぐ》下賤《げせん》の者と生れ、旃陀羅《せんだら》が家より出たり。心こそすこし法華経を信じたる様なれども、身は人身《にんじん》に似て畜身《ちくしん》なり。魚鳥《ぎょちょう》を混丸して赤白二渧《せきびゃくにたい》とせり。其中《そのなか》に識神《しきしん》をやどす。濁水《じょくすい》に月のうつれるが如し。糞嚢《ふんのう》に金《こがね》をつつめるなるべし。心は法華経を信ずる故に梵天《ぼんてん》・帝釈《たいしゃく》をも猶《なお》恐しと思はず。身は畜生の身なり。色心不相応《しきしんふそうおう》の故に愚者《ぐしゃ》のあなづる道理なり。心も又《また》身に対すればこそ月《つき》金《こがね》にもたと（譬）ふれ。（『佐渡御書』）

日蓮は、人間としての肉体（色《しき》）を見れば「畜生の身」であり、「三惑未断の凡夫」であるが、心には『法華経』を受持し、〝法華経の行者〟として振る舞っている。その落差を「色心不相応」「糞嚢に金を包めるなるべし」ととらえていた。「糞嚢」とは、人体を単純化すれば、口を入り口とする管か、袋である。口から「米」を食べて、胃袋や、腸を通過しながら変「異」して「糞」となる。その「糞」を入れた管か、袋にすぎないという意味で、「糞嚢」とは、人体を意味している。日蓮は糞袋かもしれないが、その袋には『法華経』という金《こがね》を入れたものだということだ。

その日蓮を罵り、打ち、市中引き廻しにすることは、『法華経』を罵り、打ち、市中引き廻しにすることになる。〝法華経の行者〟にそのようなことを及ぼすものを十羅刹女が戒め、〝法華経の行者〟を守護すると『法華経』陀羅尼品で約束している。『法華経』に説かれたことが、今、歴史的事実として起こっている。今、それを目の当たりに目撃しているのは不思議としか言いようがない。そこにおいて、富木尼は〝法華経の行者〟であるのだから、成仏は間違いない。だから、何を嘆く必要があるのか。皇妃になっても、天に生まれても何の意味があるのか。それよりも、『法華経』において女人成仏《にょにんじょうぶつ》を遂げた龍女《りゅうにょ》の後継者となり、未来成仏の予言（授記）を受けた摩訶波闍波提《まかはじゃはだい》（Mahāprajāpatī）の列に連なるのだから、何も恐れることはない。何と嬉しいことであろうか。

日蓮は、富木尼が取りつかれた不安を取り除くために、阿闍世王や、陳臣の例を挙げ、壱岐・対馬の人たちの嘆き、筑紫へ派遣される兵士の妻との別れの嘆きに思いを至らせ、十羅刹女の働きが歴史的事実として現われているということを示して、『法華経』の行者の成仏は間違いないと、いろいろな角度から語って聞かせている。この手紙には、何とかして富木尼を励まし、安心させようという日蓮の思いやりが満ち満ちている。

忘持経事

母の遺骨を納めるために身延の地を訪れた富木常忍は、日蓮の庵室のそばに遺骨を埋葬し、供養のための仏事をなし終えて帰路についた。ところが、その庵室に常に所持している『法華経』を置き忘れていた。そこで、日蓮はこの手紙をしたためると、修行者を派遣して追いかけさせ、持経に添えて届けさせた。先の「富木尼御前御書」が、平仮名を多用した和文体であったのに対して、この手紙は対句を駆使した漢文体で書かれていることが対照的である。(漢文体、真跡)

外典と内典の好く忘るる者

忘れ給ふ所の御持経《ごじきょう》*、追って修行者に持たせ、之《これ》を遣《つか》はす。魯《ろ》の哀公《あいこう》*云《いわ》く、人好《よ》く忘るる者有り。移宅《わたまし》に乃《すなわ》ち其《そ》の妻を忘れたり云云《うんぬん》。

孔子《こうし》*云く、又《また》好く忘るること此《こ》れより甚《はなは》だしき者有り。桀紂《けっちゅう》*の君は乃《すなわ》ち其《そ》の身を忘れたり等云云*。

夫《そ》れ槃特尊者《はんどくそんじゃ》*は名を忘る。此《こ》れ閻浮《えんぶ》*第一の好く忘るる者なり。今、常忍上人《じょうにん》は持経を忘る。日本第一の好く忘るるの仁《ひと》か。

大通結縁《だいつうけちえん》*の輩《やから》は衣珠《えじゅ》*を忘れ、三千塵劫《じんごう》*を経て貧路《ひんろ》に踟躕《ちちゅう》し、久遠下種《くおんげしゅ》の人*は良薬《ろうやく》*を忘れ、五百塵点《じんてん》*を送りて三途《さんず》*の嶮地《けんじ》に顚倒《てんどう》せり。

今、真言宗・念仏宗・禅宗・律宗等の学者等は仏陀の本意を忘失《もうしつ》し、未来無《む》数劫《しゅこう》を経歴《きょうりゃく》して阿鼻《あび》*の火坑《かきょう》に沈淪《ちんりん》せん。

此れより第一の好く忘るる者あり。所謂《いわゆる》今の世の天台宗の学者等と持経者等との日蓮を誹謗《ひぼう》し念仏者等を扶助する是《こ》れなり。親に背《そむ》いて敵《かたき》に付き、刀を持ちて自を破る。此等は且《しばら》く之《これ》を置く。

《持経》常に所持して読誦《どくじゅ》する経典。常用している経典。《魯の哀公》魯は、中国の周から春秋・戦国時代に、山東省にあった小国（前十一世紀～前二四九年）で、孔子の出身国である。哀公は、前四九四年から前四六八年まで王位にあった。《孔子》前五五一～前四七九年。中国・春秋時代の魯《ろ》の学者・思想家。儒教の祖。《桀紂》夏《か》の桀王と、殷《いん》の紂王のこと。古来、暴君の代表とされる。《魯の哀公云く……其の身を忘れたり等云云》『貞観政要』君臣鑒戒篇《くんしんかんかいへん》の話に基づいている。《槃特尊者》チューダパンタカ（Cūḍapanthaka）を音写した周利槃特《しゅりはんどく》（須梨槃特《すりはんどく》）の略称。愚鈍と言われていたが、釈尊から示された短い偈《げ》と戒めを持《たも》ち、一心に修行して阿羅漢果を得た。《閻浮》ジャンブ・ドゥヴィーパ（Jambu-dvīpa）を音写した閻浮提《えんぶだい》の略。ジャンブー樹の生い茂る大陸を意味し、インドの世界観で、須弥山《しゅみせん》を中心として人間世界を東西南北の四つの大陸（四大洲《しだいしゅう》）に分かったうちの、南の大陸のこととされる。古代インド（バラモン教・ジャイナ教・仏教等）の世界観における人間が住む大陸。《大通結縁》『法華経』化城喩品《けじょうゆぼん》に説かれる三千塵点劫《さんぜんじんてんごう》の昔の過去世物語で、大通智勝仏の十六番目の王子（釈尊の前身）が父王から聞いた『法華経』を改めて説いたことで、縁を結んだこと。《衣珠》衣《え》裏珠《りじゅ》の略。『法華経』五百弟子受記品《ごひゃくでしじゅきぼん》に説かれる衣裏珠の譬えに基づく。貧しい男の衣に縫い付けられた宝石のように、あらゆる人に仏性《ぶっしょう》が具わっていることを譬えている。《三千塵劫》三千塵点劫の略。太陽系に相当する「世界」の千の三乗倍（十億個の太陽系）に相当する三千大千世界を原子に磨《す》り潰《つぶ》して、東に千の世界を過ぎるたびに一個ずつ置いていって、すべてなくなったとして、そこに出てきたすべての国土にある原子の数だけの劫の年数だとされる。拙著『思想としての法華経』第十章参照。《久遠下種の人》『法華経』如来寿量品《にょらいじゅりょうほん》で明かされた釈尊の五百塵点劫の過去における成道《じょうどう》（久遠実《くおんじつ》成《じょう》）で成仏・得道の種子を下された人のこと。《良薬》『法華経』如来寿量品に説かれる譬喩で、毒を飲んで苦しむ子どもたちのために父の良医が残してくれた良薬のこと。《五百塵点》五百塵点劫の略だが、これも五百〔千万億那《せんまんのくな》由他《ゆた》阿《あ》僧祇《そうぎ》三千〕塵点劫の略で、三千塵点劫の十の百七十乗倍に当たる。拙著『思想としての法華経』第十章参照。《三途》地獄・餓鬼・畜生の三悪道のこと。《阿鼻》「波なき」「間断なき」を意味するアヴィーチ（avici）の音写で、阿鼻地獄のこと。無間《むけん》地獄とも漢訳される。間断なく責め苛《さいな》まれる地獄のことで、五逆罪《ごぎゃくざい》や謗法《ほうぼう》を犯した者が堕《お》ちるとされる。

お忘れになった御所持の経典を修行者に持たせて追いかけさせました。

魯の国の哀公が孔子に言いました。「大変に忘れやすい人がいて、引っ越しの際に旧宅に妻を忘れてきました」。それに対して、孔子が言いました。「大変に忘れやすい人としては、それよりもっとひどい人がいます。夏の桀《けつ》王と殷の紂《ちゅう》王です。彼らは、妻どころか、悪王となって、人間として在るべき自分の身でさえも忘れました」

　そもそも周利槃特という尊者は、自分の名前も忘れたといいます。これは、世界一のよく忘れる人ですが、今、常忍上人はご所持の経典をお忘れになりました。日本第一のよく忘れる人になりましょうか。

大通智勝仏の時代に血縁した者たちは、衣の裏に縫い付けられた宝珠を忘れてしまって、三千塵点劫という長きにわたって、貧しい生活にぐずぐずと立ち止まり、久遠において下種された人たちは、良医が残してくれた良薬のことを忘れてしまって、五百塵点劫の長きにわたって地獄・餓鬼・畜生の三悪道に堕ちて倒れています。

現在においては、真言宗・念仏宗・禅宗・律宗等の学者等が教主釈尊の本来の仏教(原始仏教)の意図を忘れ去り見失ってしまっているので、未来無数劫という長い間、無間地獄の火の穴に落ち込むでありましょう。

これよりも第一に教主釈尊の本意をよく忘れ去った人たちがいます。いわゆる、現在の天台宗の学者たちと、持経者たちのことで、彼らは『法華経』を持《たも》っていながら、〝法華経の行者〟である日蓮を誹謗《ひぼう》して、念仏者を助けている者たちです。それは、親に背いて敵につき、刀で自分自身を切り裂くようなものであります。これらのことは、しばらく措《お》いておきましょう。

見思未断の凡夫、存する所は孝心のみ

夫《そ》れ常啼菩薩《じょうたいぼさつ》*は東に向《むか》って般若《はんにゃ》*を求め、善財童子《ぜんざいどうじ》*は南に向って華厳《けごん》*を得る。雪山《せっせん》の小児*は半偈《はんげ》に身を投げ、楽法梵志《ぎょうぼうぼんじ》*は一偈に皮を剥《は》ぐ。此等《これら》は皆、

上聖大人なり。其の迹《あと》*を撿《かんが》ふれば地*《じ》・住《じゅう》*に居《こ》し、其《そ》の本《もと》*を尋ぬれば等《とう》・妙《みょう》*なるのみ。身は八熱*に入つて火坑三昧《かきょうざんまい》*を得、心は八寒*に入つて清涼《しょうりょう》三昧*を証し、身心共に苦無し。譬《たと》へば矢を放つて虚空《こくう》を射、石を握つて水に投ずるが如《ごと》し。

今、常忍、貴辺は末代の愚者にして見思未断《けんじみだん》の凡夫*なり。身は俗に非ず、道《どう》に非ず、禿居士《とくこじ》なり。*心は善に非ず、悪に非ず、羝羊《ていよう》のみ。然《しか》りと雖《いえど》も一人の悲母《ひぼ》、堂に有り。朝《あした》に出でて主君に詣《もう》で、夕《ゆうべ》に入て私宅に返る。営む所は悲母の為《ため》、存する所は孝心のみ。

《常啼菩薩》『道行般若経《どうぎょうはんにゃきょう》』などに登場する菩薩で、般若波羅蜜《はんにゃはらみつ》（prajñā-pāramitā ＝智慧の完成）を求めて身命を惜しまず、悪世にあって衆生の苦しむ姿を見て、常に啼《な》いている菩薩。《般若》サンスクリット語のプラジュニャー（prajñā）、パーリ語のパンニャー（paññā）の音写であり、智慧と漢訳される。ここでは、般若波羅蜜の略として用いられている。《善財童子》『華厳経』入法界品《にゅうほっかいぼん》に登場する菩薩で、発心して五十三人の善《ぜん》知識《ちしき》を歴訪し、最後に普賢《ふげん》菩薩に会って法界《ほうかい》に証入するに至る。《南に向って》「向南」は、これまで「南に向いて」と書き下されてきたが、筆者は、対句としての対応箇所

「東に向って」(向東)に合わせて改めた。《雪山の小児》雪山童子のこと。51頁の注を参照。《楽法梵志》52頁の注を参照。《迹》仏・菩薩が衆生救済のために示す仮の姿を意味する垂迹《すいじゃく》の略。《其の迹を撿ふれば》「撿其迹」は、これまで「其の迹を撿ふるに」と書き下されてきたが、筆者は、対句の対応箇所「其の本を尋ぬれば」(尋其本)に合わせて改めた。《地・住》『菩薩瓔珞本業経《ぼさつようらくほんごうきょう》』に説かれる十信《じっしん》・十住《じゅうじゅう》・十行《じゅうぎょう》・十回向《じゅうえこう》・十《じゅう》地《じ》・等覚《とうかく》・妙覚《みょうかく》からなる菩薩の修行の五十二段階(五十二《ごじゅうに》位《い》)のうちの十地と十住のこと。《本》垂迹に対して本来の姿を意味する本地《ほんち》の略。《等・妙》五十二位の最後の等覚位と妙覚位の二つ。《八熱》八熱地獄のこと。八大地獄ともいう。殺生《せっしょう》・偸盗《ちゅうとう》・邪淫《じゃいん》・飲酒《おんじゅ》・妄語《もうご》などを行なった者が死後に赴くとされる①等活《とうかつ》、②黒縄《こくじょう》、③衆合《しゅごう》、④叫喚《きょうかん》、⑤大叫喚《だいきょうかん》、⑥焦熱《しょうねつ》、⑦大焦熱《だいしょうねつ》、⑧阿鼻《あび》の八種の最も恐ろしい地獄をいう。《火坑三昧》火坑は猛火の穴の意で煩悩《ぼんのう》の恐ろしさの譬えであり、三昧は禅定を意味する。猛火の穴にあっても、煩悩の恐ろしさを超越した境地のこと。《八寒》極寒に責め苛《さいな》まれる八種の地獄のことで、『涅槃経《ねはんぎょう》』では、①阿波波《あはは》地獄、②阿吒吒《あたた》地獄、③阿羅羅《あらら》地獄、④阿《あ》婆婆《ばば》地獄、⑤優鉢羅《うはら》地獄、⑥波頭摩《はずま》地獄、⑦拘物頭《くもず》地獄、⑧芬陀利《ふんだり》地獄の八つが説かれている。《清涼三昧》心身ともに清らかで涼しい境地のこと。《見思未断の凡夫》見思とは、三惑《さんわく》(見思惑《けんじわく》・塵沙惑《じんじゃわく》・無明惑《むみょうわく》)の最初の見惑《けんわく》と思惑《しわく》のこと。見惑は、偏った見解にとらわれて起こす迷い、思惑はものごとに感覚的にとらわれて起こす迷いのこと。見愚夫断とは、三惑の第一段階すら断絶していないということで凡夫を意味する。《禿居士なり。》これまでの書き下しでは、「禿居士。」で文章が終わっていたが、文末の据わりが悪いので、筆者は「なり」を補った。「禿居士」とは、外見では頭髪を剃り落として出家者に見えるが、出家のための具足戒を受けていない在家者のこと。

そもそも、常啼菩薩は、東方に般若波羅蜜《はんにゃはらみつ》（智慧の完成）を求め、善財童子は、南に向かって巡歴して『華厳経』の教えを得ました。雪山童子は、「諸行無常《しょぎょうむじょう》 是生滅法《ぜしょうめつぽう》」（諸行は無常にして、是《こ》れ生滅《しょうめつ》の法たり）という半偈《はんげ》を聞いて、残りの「生滅滅已《しょうめつめっち》 寂滅為楽《じゃくめついらく》」（生滅の滅し已《おわ》れば、寂滅を楽と為《な》す）という半偈を聞くために身を投げ、楽法《ぎょうぼう》梵志は、仏法の教えを説いた一偈を聞いて書き留めるために身の皮をはいで紙の代わりとしました。これらの人たちは、すべて上人や聖人などの偉大な人です。その垂迹《すいじゃく》を調べると五十二位のうちの十地、あるいは十住の菩薩の位にあり、その本地《ほんち》を尋ねると五十二位の最後の位である等覚・妙覚の位におられるのみです。身は八熱地獄の苦しみの中にあっても煩悩《ぼんのう》の猛火の恐ろしさを超越した火坑三昧を得ていて、心は極寒に責め苛まれる八寒地獄にあっても清らかで涼しい境地の清涼三昧を証得していて、心身ともに苦悩を離れています。譬えば、矢を放って虚空《こくう》を射たり、石を握って水に投げ入れたりするように、容易なことなのです。

今、常忍殿、あなたは末代の愚者であって、三惑の最初の見思惑ですら未だに断じていない凡夫です。身は俗人でもなく、出家の僧でもない禿居士であり、心は善でもなく、悪でもなく、本能にまかせて生きる羝羊《ていよう》と変わりありません。けれども、一人の慈悲深い母が家にいて、朝には家を出て主君に仕え、夕べには家に帰って、怠ることなく励むのは母のためであり、そこにあるのは孝養の心のみでした。

舎利を頸に懸け下州より甲州に至る

而《しか》るに去月《いぬるつき》下旬の比《ころ》、生死《しょうじ》の理《ことわり》*を示さんが為に黄泉《こうせん》*の道に趣《おもむ》く。此《ここ》に貴辺と歎《なげ》いて言《いわ》く、齢《よわい》既に九旬《くじゅん》に及び、子を留めて親の去ること次第たりと雖《いえど》も、倩《つらつら》事の心を案ずるに、去つて後来る可《べ》からず。何《いず》れの月日をか期《ご》せん。二母《にぼ》国に無し。今より後、誰をか拝す可き。

離別忍び難きの間、舎利《しゃり》*を頸《くび》に懸《か》け、足に任せて大道に出で、下州《げしゅう》より甲《こう》州《しゅう》に至る。其《そ》の中間、往復千里に及ぶ。国国皆飢饉し、山野に盗賊充満し、宿宿《しゅくしゅく》に粮米乏少《*ろうまいぼうしょう》なり。我身羸弱《るいじゃく》、所従亡《な》きが若《ごと》く、牛馬合期《ごうご》*せず。峨峨《がが》たる大山《たいざん》重重《じゅうじゅう》として、漫漫《まんまん》たる大河《たいが》多多《たた》なり。高山に登れば頭天《こうべ》を捽《う》ち*、幽谷《ゆうこく》に下れば足雲を踏む。鳥に非《あらざ》れば渡り難く、鹿に非れば越え難し。眼眩《くら》み足冷《ここ》ゆ。羅什《らじゅう》三蔵*の葱嶺《そうれい》*、役《えん》の優婆塞《うばそく》*の大峰《おおみね》*も只今なりと云云《うんぬん》。

《生死の理》一切諸法は必ず生と死の相を繰り返すという道理。《黄泉》日本神話における死者の世界のこと。《舎利》サンスクリット語シャリーラ（śarīra）の音写。単数形で「身体」、複数形のシャリーラーニ（śarīrāṇi）で遺骨を意味する。《宿宿に》これまで「宿宿」と書かれてきたが、筆者は、対句の対応箇所が「山野に」となっているのに合わせて改めた。《合期》間に合うこと。思うようになること。《頭天を捽ち》「頭捽天」は、これまで「頭を天に捽ち」と書き下されてきたが、筆者は、対句としての対応箇所「足雲を踏む」（足踏雲）に合わせて改めた。《羅什三蔵》羅什は、サンスクリット語のクマーラジーヴァ（Kumārajīva）を音写した鳩摩羅什のこと。三四四〜四一三年。インドの名門貴族出身の鳩摩羅炎《くまらえん》（Kumārayāna）を父に、亀茲《きじ》国（現中華人民共和国ウイグル自治区クチャ県）の王族であった耆婆《ぎば》（Jīvā）を母とする亀茲国生まれの訳経僧。七歳で出家し、九歳でカシミールに遊学した。後秦の時代に長安に来て、『法華経』『維摩経』など約三百巻の仏典を漢訳した。三蔵は、経蔵・律蔵・論蔵からなる仏教の三種類の聖典のことだが、その三つに精通した人をも意味する。《葱嶺》タジキスタン・アフガニスタン・中国などにまたがるパミール高原（平均標高五〇〇〇メートル）のこと。中国では葱嶺と呼ばれた。「パミール」は、タジク語で「世界の屋根」を意味する。《役の優婆塞》飛鳥《あすか》時代の呪術者・役小角《えんのおづぬ》のこと。役行者《えんのぎょうじゃ》とも呼ばれる。修験道《しゅげんどう》の開祖とされる。《大峰》奈良県の南部にある大峰山《おおみねさん》のこと。役小角が足跡をしるした近畿一帯の高山として、二上山《にじょうさん》、高野山《こうやさん》とともに挙げられる。

ところが、その母は先月の下旬の頃に、生死《しょうじ》という道理を示すために黄泉《よみ》の国へと赴かれました。ここに、貴殿と嘆いて言うことは、既に年齢が九十歳に及び、子どもを残して親が逝《ゆ》くことは順序であるとは言っても、よくよくその意味するところを考えてみると、去ってしまった後には帰ってくることはありません。いずれの月日の再会を期待できましょうか。国に二人の母はいません。これより後は、誰を敬っていけばいいのでしょうか。

母との離別が忍びがたくて、その遺骨を首にかけ、足の向くのにまかせて大道に出て、下総から甲州にまでたどり着きました。その間の道のりは、往復で千里にも及びます。国々は皆飢饉に見舞われ、山野には盗賊が満ちあふれ、宿という宿では食糧としての米が乏しく不足しています。しかも我が身体は衰えて弱く、従者もいないのと同然であり、乗り物としての牛馬は思うように間に合いませんでした。峨峨として聳《そび》え立つ大山は重なり合っていて、漫々として水をたたえた大河が随所に多く流れています。高山に登れば頭が天にぶつかり、山の奥深くにある静かな谷に下れば足が雲を踏む思いでした。鳥でなければ渡るのは困難で、鹿でなければ越えることもできません。眼はくらみ、足は冷え切ってしまうほどです。鳩摩羅什が踏破したという葱嶺（パミール高原）、役小角が修験者の行を修したという大峰山も、ただ今のこのようなことであったかと思われます。

随分仏事を為し事故無く還り給ふ

然《しか》る後、深洞《じんどう》に尋ね入りて一菴室《あんしつ》を見る。法華読誦《どくじゅ》の音青天《こえせいてん》に響き、一《いち》乗《じよう》*談義の言《ことば》山中に聞《きこ》ゆ。案内《あない》*に触れて室に入り、教主釈尊の御宝前に母の骨を安置《あんち》し、五體《ごたい》を地に投げ、合掌して両眼を開き、尊容を拝して歓喜身に余り、心の苦み忽《たちま》ちに息《や》む。

我が頭《こうべ》は父母の頭、我が足は父母の足、我が十指は父母の十指、我が口は父母の口なり。譬へば種子《たね》と菓子《このみ》と身と影との如し。教主釈尊の成道《じようどう》は浄《じよう》飯《ぼん》・摩耶《まや》*の得道、吉占師子《きっせんしし》・青提女《しょうだいにょ》・目犍尊者《もつけんそんじゃ》*は同時の成仏なり。是《か》くの如く観ずる時、無始の業障《ごうしょう》*忽《たちま》ちに消え、心性《しんしょう》*の妙蓮忽《たちま》ちに開き給ふか。然《しか》して後に随分仏事を為《な》し、事故無く還《かえ》り給ふ云云《うんぬん》、恐恐謹言《きょうきょうきんげん》。

富城入道殿

《一乗》在家・出家、男・女の区別なくあらゆる人が成仏できるとする一仏乗の教えのことで、『法華経』のこと。《五體を地に投げ》五体投地《ごたいとうち》のこと。五体、すなわち両手・両膝・額を地面に投げ伏して、礼拝することで、対象への絶対的な帰依《きえ》を表わす。《浄飯・摩耶》浄飯（Śuddhodana の訳）は釈尊の父で、摩耶（Māyā）は釈尊を出産した直後に亡くなった母である。釈尊は成道後、天上界の忉利《とうり》天《てん》に昇り麻耶夫人に説法したとされる。《吉占師子・青提女・目犍尊者》目犍尊者は、釈尊の十大弟子の一人である神通第一の目犍連（Maudgalyāyana）のこと。吉占師子は目犍連の父で、青提女は目犍連の母である。《業障》悪しき行為（業）によって生じた障害。《心性》心の不変の本性。あらゆる人に具わる本性。

このような旅路を経て後、身延の深い洞《ほこら》に入って一つの庵室を見つけました。そこから、『法華経』を読誦《どくじゅ》する声が朗々と青天に響き渡り、一仏乗の法門を談義する言葉が山中に聞こえておりました。案内をお願いして室に入り、教主釈尊の御宝前に母の遺骨を安置し、五体を地に投じ、合掌して両眼を見開いて教主釈尊の尊いお姿を拝すると、歓喜が全身にみなぎり、心の苦しみはたちまちのうちに安らぎました。

私の頭は父母の頭であり、私の足は父母の足で、私の十本の指は父母の十本の指で、私の口は父母の口です。譬えば、種子と果実、体と影の関係のようなものです。教主釈尊の成道（覚りの達成）は、父・浄飯王と母・摩耶夫人《ぶにん》の得道（覚りの獲得）であり、吉占師子・青提女・目犍連の親子三人は同時の成仏でありました。このように観ずるとき、無始以来の業の障りもたちまちのうちに消え、心の本性に具わる妙法の蓮華がたちまちに開きました。このようにして、随分と母の供養のための仏事をなしおえて、無事にお帰りになりました。恐恐謹言。

富城入道殿

解説

富木常忍が帰路に就いた後、日蓮の庵室に富木常忍の持経が置かれたままになっていた。忘れ物に気づいた日蓮は、この手紙を書いて、その持経を届けるため修行者に跡を追わせた。この手紙には日蓮の署名も花押《かおう》もない。日付も書かれていない。急いで書き上げて、それらを書き入れる間もなく、修行者に持たせて追いかけさせたように思われる。

予期せぬことであったので、日蓮は、この手紙を何の準備もなく、思い付くままに書き出したのではないかと思われる。しかも漢文体である。それにしては、富木常忍の忘れ物の一件からの連想の展開が面白い。中国の古典をはじめ、釈尊の仏弟子や、『法華経』の三千塵点劫や、五百塵点劫もの久遠以来のストーリーに登場する〝物忘れ〟の人、さらには、インドの仏教から、鎌倉仏教に及ぶまで〝物忘れ〟の種々相を挙げ、最終的には本来の仏教を見失って、「仏陀の本意」、仏教の原点を忘れた現状を指摘するに至るという見事さである。それをアドリブで、ユーモアを交えて一気に書き上げたと思われるから、日蓮の学識と、文章力、諧謔《かいぎゃく》の心に驚かされる。文章を書き進むにつれて、日蓮は興《きょう》に乗ってきて楽しみながら執筆していることが分かる。

最初に挙げられた魯公と孔子の対話は、『貞観政要』に基づくものであり、その君臣鑒戒篇《しんかんかいへん》では次のようになっている。

魯の哀公、孔子に謂《い》ひて曰《いわ》く、「人好く忘るる者あり。移宅に乃《すなわ》ち其《そ》の妻を忘る」と。

日蓮の引用は、「孔子に謂ひて」がないだけで、ほとんど同じ文章である。引っ越しで自分の妻を忘れてくるという話に、「そんな人がいるのか？」と疑問を抱きたくなるが、プロ野球の長嶋茂雄選手（一九三六〜）が、幼い長男と野球を観戦しに行って、興奮のあまり息子を球場に残したまま帰ってしまったというエピソードがあるから、ないとも言えないのだろう。

この哀公の言葉を聞いて、孔子が応えた。『貞観政要』から引用すると、次の通りである。

孔子曰《いわ》く、「又好く忘るること此れより甚だしき者有り。丘《きゅう》（筆者注＝孔子の諱《いみな》）、桀紂《けっちゅう》の君を見るに、乃《すなわ》ち其《そ》の身を忘れたり」と。

日蓮は、記憶に基づいてこの箇所を引用したのであろう。引用文は、「丘」「見るに」がないだけで、桀紂についての記述は、ほとんど同じである。

この文章の「其の身を忘れたり」とは、いかなる意味であろうか。「桀紂の君」は、夏の桀王と殷の紂王のことで、『漢書《かんじょ》』によると、二人とも淫蕩奢侈《いんとうしゃし》の暴君であった。殷の紂王を忠臣の比干《ひかん》が諫《いさ》めても、聞く耳を持たず、「忠臣の胸には宝珠《ほうじゅ》が入っているそうだが、その宝珠を見せてもらおう」と胸を切り裂いて殺してしまった。夏の桀王の場合も、忠臣の龍逢《りゅうほう》が諫めると、その首を斬って処罰した。

その二人が「桀紂」と並び称され、「こうであってはならない暴君、悪王の典型」として教訓にされた。こうした背景を知ると、「其の身を忘れたり」とは「記憶に残らず、失念した」という意味ではない。「人間（王）として在るべき在り方を見失い、忘れてしまった」ということである。その結果、国を滅ぼすことになり、命を落とすことにも思いが至らなかった。

『貞観政要』では側近の者が、魯公と孔子のこの対話を踏まえて、唐の第二代皇帝・太宗《たいそう》に「自己を見失わないように」と忠告した。

日蓮は、この話に続けて仏教の話題に転じ、釈尊の弟子の中の自分の名前さえも忘れてしまう周利槃特を挙げた。愚鈍だとして人々に軽んじられていたが、釈尊から短い偈《げ》（詩句）と戒《かい》を教えられ、ただひたすらその実行に専念して阿羅漢に至った人である。

先の桀紂は、人間（王）としての在り方を踏み外すという忘れ方であったが、周利槃特の場合は愚かさの故に忘れてしまう人である。それを、「閻浮第一の好く忘るる者」とするならば、軽率や不注意で持経を忘れた富木常忍のことを、日蓮は「日本第一の好く忘るるの仁《ひと》か」とユーモアを込めてからかった。

ここからさらに、『法華経』のストーリーの中の〝物忘れ〟へと連想が広がる。『法華経』化城喩品第七に三千塵点劫という遥かな過去の大通智勝仏《だいつうちしょうぶつ》の時代のことが論じられている。その十六番目の王子であった釈尊の前身が『法華経』を説いた。その教えを聞いて結縁したのに、その後、長きにわたって自分が釈尊と過去世において結縁していたことを忘れてしまった者たちがいて、彼らにそれを思い出させるストーリーが『法華経』だというのだ。

五百弟子受記品《ごひゃくでしじゅきほん》第八には、「衣裏珠《えりじゅ》の譬《たと》え」が説かれる。貧しい男が裕福な旧友と出会い、家に招かれて酒食を御馳走《ごちそう》になり、酔っぱらって寝てしまった。旧友は所用で出かけなければならず、貧しい男の衣の裏に高価な宝石を縫い付けて出かけた。男は酔いから覚めてまた彷徨《さまよ》い歩くが、宝石のことには気づくことはなかった。その後、再会した旧友からその宝石のことを言われて初めてその宝石に気づいてその心が歓喜したという譬えである。この譬喩のように、衆生は過去において釈尊と結縁しているのにそれを忘れてしまって、貧しい生活にとどまっているという。

如来寿量品《にょらいじゅりょうほん》第十六には、三千塵点劫よりも桁違《けたちが》いに遥かな過去の五百千万億那由他《なゆた》阿僧祇《あそうぎ》三千塵点劫《さんぜんじんてんごう》、略して五百塵点劫の久遠《くおん》における釈尊の成道が明かされている。その時、成仏の種子を下種《げしゅ》されていたにもかかわらず、衆生はそれを忘れてしまって、地獄《じごく》・餓鬼《がき》・畜生《ちくしょう》の三途《さんず》（三悪道）の険しい道でひっくり返って苦悩している。如来寿量品には、せっかく父の良医《ろうい》が妙薬を作ってくれたのに、毒気《どっけ》が深く入って本心を失ってしまった子どもたちが、それを服用しようとしなかったという「良医病子《ろういびょうし》の譬《たと》え」も説かれている。本心を失い、本心を忘れてしまっていることを譬えたものだ。『法華経』が編纂《へんさん》されたのは釈尊滅後五百年ごろのことだが、そのあいだに本来の仏教からの逸脱が顕著になっていた。筆者は、原始仏教の思想やインド仏教史の概略を知るにつけ、『法華経』は当時の仏教界の思想情況に対して、「原始仏教に説かれた本来の仏教の精神に立ち還《かえ》れ」と主張する経典であるという思いが強くなった。それは、拙著『法華経とは何か——その思想と背景』（中公新書）で詳細に論じた通りである。

「原始仏教に説かれた本来の仏教の精神」とは何か。それは、釈尊の〝遺言〟とでも言うべき言葉に見ることができよう。釈尊は、原始仏典の『大パリニッバーナ経』において自らの滅後の実践の在り方を〝遺言〟のように言い残していた。釈尊の入滅《にゅうめつ》を間近にして不安になったアーナンダ（阿難）が、これから何をたよりにすればいいのかと尋ねたのに対して、釈尊は「今でも」「私の死後にでも」「誰でも」と前置きして、次のように語った。

　この世において自己という島に住せよ。自己という帰依処《きえしょ》は真の帰依処である。
　法という島に住せよ、法という帰依処は真の帰依処である。

これは、「自帰依《じきえ》」「法帰依《ほうきえ》」と言われるもので、よりどころとすべきは「自己」と「法」だという教示である。このようである修行者のことを、釈尊は「最高の境地にあるであろう」と語っていた。自己を離れて法を求めることはできない。自己に法を体現することが大事だということであろう。

ところが、滅後にはストゥーパ（卒塔婆《そとば》）信仰（＝仏舎利《ぶっしゃり》信仰）、聖地信仰が奨励されるようになった。弥勒《みろく》菩薩待望論も盛んになってくる。莫大《ばくだい》な布施《ふせ》を煽《あお》る傾向も著しくなる。それらは、釈尊の〝遺言〟であり、「釈尊の本意」ともいえる晩年の教え「自帰依」「法帰依」とは、ことごとくかけ離れたものである。

このほかにも、釈尊の神格化、修行の困難さの強調、男性・出家者中心主義、在家や女性に対する差別思想、人間主義を否定する一神教的絶対者の導入——など、釈尊の説いていたこととは正反対のことが、仏教の名のもとに説かれるようになっていたのである。

原始仏典に遡《さかのぼ》ると、その違いが歴然とする。釈尊自身は、「わが身は人間に生まれ、人間に長じ、人間において仏となることを得たり」（『増一阿含経《ぞういつあごんきょう》』）と、自らを人間と称していた。人間釈尊が、法を覚ってブッダ（覚者）となった。その法は、あらゆる人に開かれている。その法を「自己」に体現することが仏教の目指したことであり、一人ひとりを目覚めた人（ブッダ）とする教えであった。そこにおいては、在家であれ出家であれ、男性であれ女性であれ、「法の下《もと》の平等」でいかなる差別もなかった。

原始仏典の『ジャータカ』序には、「〔釈尊の父・浄飯王《じょうぼんのう》は〕〈聖者の最高の境地〉に到達した。王には森林中に住んで精励する必要はなかったのである」とあり、この一節について中村元《はじめ》博士は、「ここには世俗の生活のままで究極の境地に達し得るという思想が表明されている。おそらく伝統的な教義学者たちには、こういう思想を表明したくなかったであろう。しかし、こういう思想の存在したことを隠すことはできなかったのである」と論じている。

釈尊は、アーナンダ(阿難)の質問に答えて、「女人は、如来によって説かれた法(真理の教え)と律とにおいて、(中略)一切の煩悩を断じ尽くした位(阿羅漢果《あらかんか》)も証得することが可能なのです」(『ヴィナヤ・ピタカII』)と語っていた。その言葉を裏付けるように、尼僧たちの体験を綴った手記詩集『テーリー・ガーター——尼僧たちのいのちの讃歌』(植木訳、角川選書)には、「私は覚りました」「ブッダの教えをなし遂げました」「私は解脱《げだつ》しました」と、女性たちがみな口々に語っている。

その覚りも、後世に強調されるような天文学的な時間を要するものではなかった。最古の原始仏典『スッタニパータ』には、「彼(ゴータマ)は、目の当たりに、時間を要しない(で果報を得ることができる)法(真理の教え)を私に説き明かされました」といった言葉が四回も出てくる。

先の『テーリー・ガーター』には、出家して七日目に覚りを得たイシダーシーという尼僧の手記も出てくる。男性であれ、女性であれ、釈尊在世中から、〝今〟〝ここで〟〝この〝我が身〟に法を体現し、覚りを得ていたのだ。

智慧第一の舎利弗《しゃりほつ》など、日本には男性出家者のみの「十大弟子」しか伝わっていないが、原始仏典の『アングッタラ・ニカーヤ』には、多数の仏弟子の中から出家・在家、男・女の別なく代表的な人物が選び出されて列挙されている。女性の智慧第一や、説法第一、在家の男性の説法第一などが公認されていた。

原始仏典の中には、「智慧を具えた聖なる仏弟子である在家者」（gahaṭṭho… ariyasāvako sapañño）」という言葉も出てくる（『スッタニパータ』）。在家者が出家の修行僧に対して教義を説き聞かせたという話も記録されている（『サンユッタ・ニカーヤⅣ』）。それは、『維摩経《ゆいまきょう》』の主人公・ヴィマラキールティ（維摩詰《ゆいまきつ》）のモデルとされる資産家チッタ（質多羅《しったら》）のことである。チッタは、在家の男性として説法第一と公認されていた。女性でも、智慧第一のケーマー尼は、合理的思考を徹底して男性修行者たちにひけを取ることはなかったし、説法第一のダンマディンナー尼は、男性に対して法を説き聞かせては感動させていた。在家の女性では、禅定第一としてナンダの母ウッタラーという名前も挙がっている。慈心第一のシャマヴァティー、多聞第一のウッタラーという女性の名前を挙げる原始仏典もある。

教団が分裂する前の紀元前三世紀にセイロン（現スリランカ）に伝えられた原始仏典に代表的仏弟子の名前が、このように出家・在家、男・女を問わず記録されていたということは、原始仏教のころの男性出家者たちからも公認されていたことを意味する。それにもかかわらず、西北インドの小乗仏教では、女性と在家はすべて仏弟子（声聞《しょうもん》）から排除され、代表的仏弟子も出家の男性のみの十大弟子に限定されてしまった。ガンダーラ経由で中国、日本に伝わったのは、出家の男性に限定された「十大弟子」のみで、女性の智慧第一や、説法第一の存在など知るよしもなかった。

最古の原始仏典『スッタニパータ』には、「わが徒は、アタルヴァ・ヴェーダの呪《じゅ》法《ほう》と夢占いと相の占いと星占いとを行なってはならない」（中村元訳）とある。これを見ると、釈尊は、呪術や占い、迷信などを徹底的に排除していたことが分かる。

神通力についても、原始仏典『ディーガ・ニカーヤI』において釈尊は、「ケーヴァッタよ。わたしが神通力（iddhipāṭihāriya）を嫌い、恥じ、ぞっとしていやがるのは、神通力のうちに患い（adīnava）を見るからである」（中村元訳）と語っていた。

バラモン教で行なわれていたホーマ（護摩《ごま》）の儀式を釈尊は、「堕落した儀式」と呼んでいた。『ディーガ・ニカーヤ』には、そのホーマの術など、当時行なわれていた迷信が一つひとつ列挙され、それぞれの末尾で、「このような畜生の魔術から離れていること——これが、またその人（修行僧）の戒めである」（中村元訳）と結ばれている。それなのに、七世紀頃に盛んになる密教では、ホーマ（護摩《ごま》）の儀式が取り込まれた。

仏教では人間からかけ離れた絶対者的存在を立てない。特定の人を特別扱いすることもない。中村元博士は、「西洋においては絶対者としての神は人間から断絶しているが、仏教においては絶対者（＝仏）は人間の内に存し、いな、人間そのものなのである」（『原始仏教の社会思想』、二六一頁）と言われた。これが仏教なのだ。決して個々の人間から一歩も離れることはない。

それなのに、宇宙大のブッダ（法身仏《ほっしんぶつ》）などといった西洋的一神教の絶対者のような如来も考え出されていった。そうなると、それは本来の仏教から外れてしまっている。

釈尊の生《なま》の言葉に最も近いとされる原始仏教では、徹底して迷信やドグマを排除していたし、徹底した平等思想を説いていた。また、権威主義とは正反対の思想を説いていた。釈尊自身は、自らを人間と称し、神格化とは無縁の存在であったが、釈尊滅後に神格化されてしまった。また、迷信も徐々に忍び込んでいった。

釈尊滅後には、男性中心・出家者中心の権威主義を正当化するために、自分たちに都合の悪い箇所を削除し、都合のいい言葉を釈尊が語ったかのように書き換えるという改竄《かいざん》、改変も行なわれたのである。

釈尊滅後五百年の頃には、このように本来の仏教からの逸脱が顕著になっていた。『法華経』は、その一つひとつに対して本来の仏教からの逸脱を正し、本来の仏教に還ることを主張し、編纂されたと言っても過言ではない。

日蓮は、一切経の中で「釈尊の本意」「釈尊の原点」に還ることを主眼とする『法華経』の重要性に注目していた。それが、この手紙の「仏陀の本意」という言葉からうかがえる。日蓮にとって鎌倉時代の仏教界の実情も、釈尊の本意を逸脱し、忘失したものに見えていたのであろう。『法華経』に基づくべきことを日蓮は主張していた。

では、その『法華経』を読んでさえいればよいのか？　日蓮は、『法華経』に説かれる精神を読み取り、それを実践すべきだと言う。

『法華経』を文字として読んでいる人がいたとしても、その精神を見失ってしまっていて、『法華経』に則り、釈尊の本意に還ることを訴えている日蓮を批判している者がいるが、日蓮は、それも『法華経』の精神を忘れていることになると言っている。

以上の前半部分では、富木常忍が忘れ物をしたことをユーモアを込めて語ることに始まり、「仏陀の本意」を忘れ去った仏教の歴史と現状を語るという〝離れ業〟を日蓮はやってのけた。

ところが、日蓮は軽いユーモアで「日本第一の好く忘るるの仁《ひと》か」と言ったつもりであったと思われるが、忘れたものがほかでもない、大事な『法華経』であっただけに、まともに受け止めて富木常忍を深刻な思いにさせるのではないか、少し言い過ぎだったかなと思ったのではないか。

後半では、母への孝養のために、富木常忍が遠路はるばる身延の地まで訪ねてきたこと、真剣に供養のための仏事を遂行して帰ったことを追加している。それも、「此《ここ》に貴辺と歎《なげ》いて言《いわ》く」と前置きして綴っていることは、日蓮が富木常忍になりきっての文体になっていて、芝居の場面を見ているかのような錯覚を覚える。

そして、あれだけ母への供養を熱心に行ない、全身に歓喜が満ち溢れ、心の苦しみも安らいで、満足しておられたので、持経を忘れるのももっともなことだといった響きが感じられる。そこに日蓮のユーモアとともに、優しさ、思いやりがうかがわれよう。

それとともに、富木常忍が歓喜し、心の苦しみが安らいでいることは、そのまま母親の歓喜と、安らぎであると言う。すなわち、自分の頭も、足も、十本の指も、口もすべて父母の血肉を分かったものである。それは、植物の種子が発芽し、生長し、花を咲かせ、実を結んで、種子を生じて、生命が受け継がれるようなものであり、親と子の関係は身と影のように切っても切れない関係にあるという。だから、釈尊の成道は、『ジャータカ』に言及されていたように父王の覚りにつながるとともに、釈尊を出産した直後に亡くなった摩耶夫人の得道ともなり、目犍連の成仏も両親の成仏を意味していると語った。

富木常忍は、文筆を主とする官僚であった。漢文の素養があり、和漢の典籍を読み込んでいた。その富木常忍に、日蓮は漢文体で手紙を書いた。この手紙もそうである。相手に応じて、文体も、内容も、表現も自在に変える日蓮の手紙からは、文章表現力の豊かさを味わうことができる。何よりも、この手紙で日蓮は、対句を駆使した名文を即興で書いている。その対句となっているところは、次の十カ所である（厳密に言えば、三番目は対句に準ずるものである)。

常啼菩薩向東求般若　常啼菩薩《じょうたいぼさつ》は東に向《むか》って般若《はんにゃ》を求め、
善財童子向南得華厳　善財童子《ぜんざいどうじ》は南に向って華厳《けごん》を得る。

雪山小児半偈投身　雪山《せっせん》の小児は半偈《はんげ》に身を投げ、
楽法梵志一偈剝皮　楽法梵志《ぎょうぼうぼんじ》は一偈に皮を剝《は》ぐ。

撿其迹居地住　其《そ》の迹《あと》を撿《かんが》ふれば地《じ》・住《じゅう》に居《こ》し、
尋其本等妙耳　其の本《もと》を尋ぬれば等《とう》・妙《みょう》なるのみ。

身入八熱得火坑三昧　身は八熱に入って火坑三昧《かきょうざんまい》を得、
心入八寒証清涼三昧　心は八寒に入って清涼《しょうりょう》三昧を証す。

朝出詣主君　朝《あした》に出でて主君に詣《もう》で、
夕入返私宅　夕《ゆうべ》に入て私宅に返る。

山野充満盗賊
宿宿乏少粮米
峨峨大山重重
漫漫大河多多
登高山頭捽天
下幽谷足踏雲
非鳥難渡
非鹿難越
法華読誦音響青天
一乗談義言聞山中

山野に盗賊充満し、
宿 宿《しゅくしゅく》に粮米乏少《ろうまいぼうしょう》なり。
峨峨《がが》たる大山重重《たいざんじゅうじゅう》として、
漫漫《まんまん》たる大河多多《たいがたた》なり。
高山に登れば頭《こうべ》天を捽《う》ち、
幽谷《ゆうこく》に下れば足雲を踏む。
鳥に非《あらざ》れば渡り難く、
鹿に非れば越え難し。
法華読誦《どくじゅ》の音《こえ》青天に響き、
一乗談義の言《ことば》山中に聞《きこ》ゆ。

この十個の対句は、手紙文の中に含まれたものだが、こうやって拾い出して並べてみると、一まとまりの漢詩のように見えてくる。日蓮は詩人でもあったようだ。

ここには含めなかったが、次も対句に準ずるものと言えよう。

大通結縁輩忘衣珠、経三千塵劫踟躕貧路

大通結縁《だいつうけちえん》の輩《やから》は衣珠《えじゅ》を忘れ、三千塵劫《じんごう》を経て貧路《ひんろ》に踟躕《ちちゅう》し、

久遠下種人忘良薬、送五百塵点顚倒三途嶮地

久遠下種《くおんげしゅ》の人は良薬《ろうやく》を忘れ、五百塵点《じんてん》を送りて三途《さんず》の嶮《けん》地《じ》に顚倒《てんどう》せり。

ここでは、「良薬」に対応させるために「衣裏珠《えりじゅ》」を「衣珠《えじゅ》」に約《つづ》め、「三千塵点劫」を「三千塵劫」に、「五百塵点劫」を「五百塵点」としたのは、対句を意識しての操作であったのだろう。ただ、惜しむらくは、後半の文章が二文字多すぎる。後半の文章では、「嶮地」の二文字はなくても十分に意を尽くしている。この二文字さえなければ、立派な対句になっていたが、それは時間に追われて一気に書かれたものだから、推敲する暇《いとま》もなかったということであろう。

第二章　四条金吾への手紙

四条金吾について

四条金吾《しじょうきんご》（一二三〇頃～一三〇〇）は、日蓮の代表的な在家信徒の一人である四条中務《なかつかさ》三郎左衛門尉頼基《さぶろうざえもんのじょうよりもと》のこと。父は、中務省《なかつかさしょう》の官職であった頼員《よりかず》で、兄一人、弟三人の五人兄弟であったようだ（四人兄弟説もある）。左衛門尉は武官の職で、唐では金吾と言うので、四条金吾と呼ばれた。北条氏の一族であった江馬光時《えまみつとき》、親時《ちかとき》の二代にわたって仕えた。父の頼員は、主君の江馬光時が執権《しっけん》・北条時頼《ときより》（一二二七～一二六三）の嫌疑を受けた時、多くの家臣たちが離反したけれども、流罪先の伊豆の江馬に同行して、主君に忠誠を尽くした。主君の北条光時・親時を江馬氏と称するのは、光時が伊豆の江馬に流されたことにちなむ。

日蓮が、「善医あり中務三郎左衛門尉殿」（『可延定業書《かえんじょうごうしょ》』）と記しているように、医術の心得があり、主君の病を何度も治療しただけでなく、身延滞在中の日蓮のために治療と薬の処方も行なった。

建長八（一二五六）年に工藤吉隆《くどうよしたか》、池上宗仲《いけがみむねなか》らの武士が日蓮の信徒となっていて、四条金吾もそのころに帰依《きえ》したようだ。鎌倉在住時の日蓮の庵室から一里（約四キロメートル）程のところに住んでいた四条金吾は、しばしば日蓮を訪ねたと思われる。

日蓮の手紙は、真跡、写本等が三百四十通ほど残っているが、四条家に送られたものは、妻の懐妊を知って、祝福と激励のために送った文永八（一二七一）年五月七日付の手紙に始まり三十九通に及ぶ。

文永八年九月十二日の龍口《たつのくち》の法難の際は、殉死《じゅんし》の覚悟で日蓮の供をし、佐渡に流罪となった後も、自ら佐渡の日蓮を訪ね、しばしば使者に供養の品々を届けさせた。日蓮を親のように慕い、生まれた子どもの命名（月満御前《つきまろごぜ》）を頼むなど、生活のあらゆる面で相談し、指導を仰いだ。特に、主君の江馬氏との主従関係、四条金吾を嫉《ねた》む同僚とのかかわり方など〝職場〟での人間関係についての詳細な注意事項を教示されている。プロの武士に対して、武士顔負けとも言える日蓮の周到さに驚かされる。

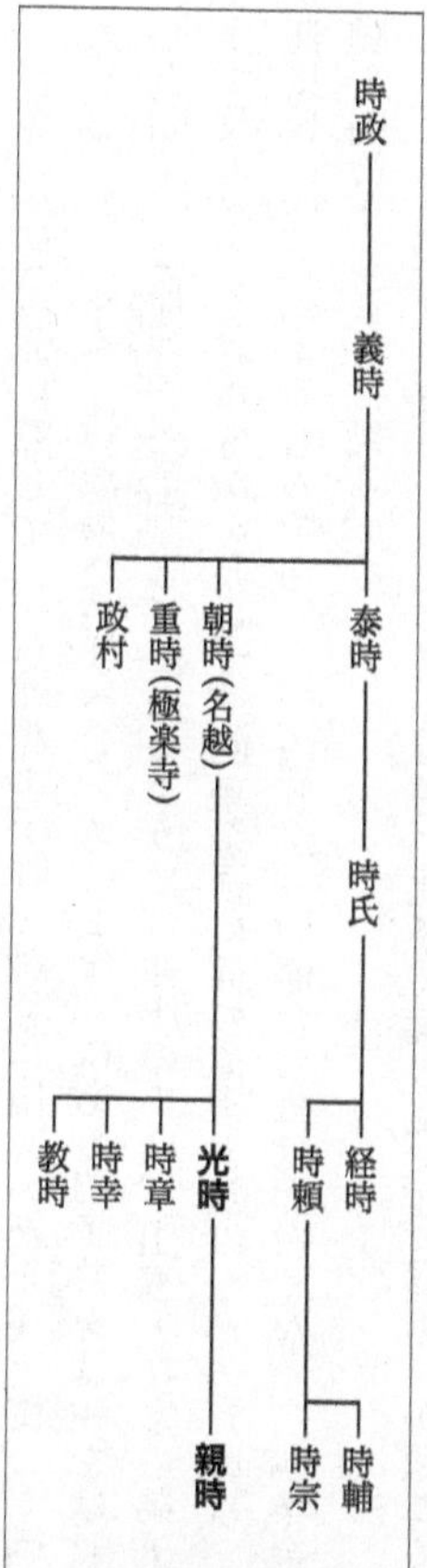

北条一門の中の
江馬光時と親時

日蓮の佐渡流罪に際して、「日蓮が弟子等を鎌倉に置くべからずとて、二百六十余人しる（記）さる。皆遠島《おんとう》へ遣《つかわ》すべし。ろう（牢）にある弟子共《ども》をば頸《くび》をはねらるべしと聞《きこ》ふ」（『種種御振舞御書《しゅじゅおんふるまいごしょ》』）とあるように、弾圧の手は、出家・在家の弟子たちにまで及んだ。それにもかかわらず、四条金吾に何の危害も及ばなかったのは、主君・江馬氏の庇護《ひご》によるものであった。それが、同僚たちには面白くなく、四条金吾の失脚を画策することになる。

ところが、文永九（一二七二）年二月に北条時輔《ときすけ》の乱（二月騒動）が起こる。北条時頼の後、長時、政村を経て執権となっていた北条時宗《ときむね》に対して、京都六波羅探題《ろくはらたんだい》であった異母兄・時輔が謀叛《むほん》を企てた。江馬光時・親時親子もその謀叛に加担したという嫌疑をかけられ窮地に陥った。その時、四条金吾は伊豆にいたが、「十日の申《さる》の時（筆者注＝午後四時ごろ）に承りて唯《ただ》一人、筥根山《はこねやま》を一時に馳《は》せ越えて、御前《ごぜん》に自害すべき八人の内に候《そうら》いき」（『頼基陳状《よりもとちんじょう》』）とある通り、急報を聞いて、馬で馳せ参じ、主君とともに自害しようとした。幸い、江馬光時、親時親子の嫌疑は晴れた。

このように四条金吾の父の代から親子二代にわたって、主君を命がけで守ってきた。それだけに江馬氏の覚えがよかった。それは、同僚たちの嫉妬心の炎に油を注ぐものでもあった。

そこへ桑《くわが》ヶ谷《やつ》問答をきっかけとして四条金吾の立場が一転する。建治三（一二七七）年六月、日蓮門下の三位房《さんみぼう》が桑ヶ谷で龍象房《りゅうぞうぼう》を論破したことで、随行していた四条金吾が狼藉《ろうぜき》を働いたと讒言《ざんげん》され、日蓮と『法華経』信仰から退転する旨の起請文《きしょうもん》を書くように命じられた。四条金吾は、領地没収覚悟の不退転の決意と、一部始終を身延の日蓮に知らせた。日蓮は即座に、四条金吾に代わって江馬氏に提出する『頼基陳状《よりもとちんじょう》』をしたため、身辺の用心を詳細にわたって指示した。四条金吾は、その言いつけをしっかりと守った。

年が明けた建治四（一二七八）年一月には、主君の勘気も解け、出仕を許された。さらに、その年（弘安元年と改元）の十月には、所領も加増され、没収された所領も返された。それを嫉《ねた》んでのことであろう。一年後の弘安二年十月二十三日の手紙に「先度、強敵《ごうてき》ととりあひ（取合）について御文《おんふみ》給ひき。委《くわ》しく見まいらせ候。さてもさても、敵人にねらはれさせ給ひしか」（『四条金吾殿御返事』）とあるように、日蓮が最も心配していたことが現実となった。四条金吾は、日蓮の言いつけを健気《けなげ》に守り通し、約七十年の生涯を全うした。

四条金吾は、まっすぐな性分であったのであろう。主君の一大事だけでなく、日蓮が龍口の刑場で首を斬られることになった時も、真っ先に駆けつけて、もしもの場合はともに腹を切ろうとした。

そのまっすぐな性格は、裏を返せば、「殿は一定《いちじょう》、腹あしき相かを（面）に顕《あらわ》れたり」（『崇峻《すしゅん》天皇御書』）とあるように、頑固で短気な直情径行の人ということでもあった。日蓮としては、四条金吾が、同僚や、妻などの女性たち、あるいは弟たちに言わなくていいことをカッとなって、つい言ってしまうことを最も心配していたようだ。その一言で、取り返しのつかない状況に陥ることが、心配で心配でならなかった。日蓮は、再三にわたって、事細かに注意を促した。それも、歯に衣《きぬ》着せず、ズケズケと言い聞かせている。日蓮より八歳ほど年下であった四条金吾に与えた手紙は、兄が弟に言って聞かせるといった趣に満ちている。

四条金吾殿御返事

日蓮が佐渡流罪を許された文永十一（一二七四）年、四条金吾は主君に『法華経』の法門を説いて聞かせた。それを聞いて日蓮は、日ごろから四条金吾に嫉妬の炎を燃やしている同僚たちの存在を心配し、四条金吾によくよく用心するように身延から手紙を送った。それから一年九カ月後の建治二（一二七六）年六月二十七日に書かれたのがこの手紙である。その間、四条金吾にとって緊迫した状況は変わることはなく、その後も続くことになるが、それを予見したかのような励ましと、注意の手紙となっている。

（和文体、写本）

法華経を持ち奉るより外に遊楽なし

一切衆生、南無妙法蓮華経《なむみょうほうれんげきょう》と唱ふるより外《ほか》の遊楽なきなり。経に云《いわ》く「衆《しゅ》生所遊楽《じょうしょゆうらく》*」云云《うんぬん》。此《こ》の文《もん》、あに自《じ》受法楽《じゅほうらく》*にあらずや。「衆生」のうちに貴殿もれ給ふべきや。「所」とは一閻浮提《いちえんぶだい》*なり。日本国は閻浮提の内なり。「遊楽」とは、我等が色心《しきしん》*・依正《えしょう》*ともに一念三千《いちねんさんぜん》*・自《じ》受用身《じゅゆうしん》の仏にあらずや。法華経を持《たも》ち奉《たてまつ》るより外に遊楽はなし。「現世安穏《げんせあんのん》・後生善処《ごしょうぜんしょ》*」とは是《これ》なり。

《衆生所遊楽》『法華経』如来寿量品に「我が此《こ》の土は安穏《あんのん》にして、天人《てんにん》常に充満せり。園林《おんりん》、諸《もろもろ》の堂閣、種種の宝をもって荘厳《しょうごん》し、宝樹、華果《けか》多くして、衆生の遊楽する所なり」とある。《自受法楽》広大な覚りの境地にひたり、自ら楽しむこと。《一閻浮提》96頁の「閻浮」の注を参照。ここでは、一閻浮提で全世界を意味している。《色心》色法と心法のこと。物と心。肉体と精神。《依正》依報と正報のこと。「報」とは果報のこと。過去の行為の果報として受けている現在の心身（主体）を正報、その心身のよりどころとなる環境世界を依報という。《一念三千》中国の天台大師智顗《ちぎ》が『摩訶止観《まかしかん》』で『法華経』の思想を基に体系化したもので、瞬間の一念に十界《じっかい》・十如是《じゅうにょぜ》・三世間《さんせけん》からなる三千の在り方を内包しているということ。詳細は解説を参照。《現世安穏・後生善処》『法華経』薬草喩品《やくそうゆぼん》に「是《こ》の諸《もろもろ》の衆生、是の法を聞き已《おわ》って、現世《げんせ》安穏にして、後に善処に生じ、道《どう》を以《もっ》て楽を受け、亦《また》、法を聞くことを得《う》」とある。

一切衆生にとって、南無妙法蓮華経と唱えるよりほかには真実の「遊楽」はありません。『法華経』の如来寿量品《にょらいじゅりょうほん》に「衆生の遊楽する所」とあります。この文の意味するところは、まさに「自受法楽」、すなわち自らに広大な覚りを開いて、自らがその境地を楽しむということではないでしょうか。「衆生」のうちにあなたが漏《も》れることがありましょうか。「所」とは、人間の住む大地である一閻浮提のことであり、日本国は一閻浮提に含まれています。「遊楽」とは、私たちの身体（色法《しきほう》）と心（心法《しんぽう》）、主体（正報《しょうほう》）と環境（依報《えほう》）のすべてにわたって一念三千の当体であって、私たちが、自ら法の楽しみを受け用いる身としての仏であるということではないでしょうか。だから、『法華経』を受持《じゅじ》することよりほかに真の遊楽はありません。「現世は安穏にして、後には善処に生まれる」というのは、このことであります。

苦楽ともに思い合せて南無妙法蓮華経

ただ世間の留難来《るなんきた》るとも、とりあへ給ふべからず。賢人・聖人《しょうにん》も此の事はのがれず。ただ女房と酒うちのみて、南無妙法蓮華経ととなへ給へ。苦をば苦とさとり、楽をば楽とひらき、苦楽ともに思ひ合せて南無妙法蓮華経とうちとなへゐさせ給へ。これ、あに自受法楽にあらずや。いよいよ強盛《ごうじょう》の信力をいたし給へ。恐恐謹言《きょうきょうきんげん》*。

建治二年〔丙子《ひのえね》〕六月二十七日　日蓮　花押

四条金吾殿御返事

《恐恐謹言》23頁の注を参照。

ただ、世間の種々の難が起こってきたとしても、まともに取り合ってはなりません。どんなに賢人・聖人と言われる人であったとしても、それを逃れることはないのです。ただ、女房と酒を飲んで、南無妙法蓮華経と唱えていてください。苦をば苦と覚り、楽をば楽とひらき、苦しい時も、楽しい時も、ともに思い合わせて南無妙法蓮華経と唱えていてください。

これこそが、まさに「自受法楽」ではないでしょうか。ますます強盛の信力をいたしてください。恐恐謹言。

建治二年六月二十七日　日蓮　花押

四条金吾殿御返事

解説

佐渡流罪が許された日蓮は、文永十一（一二七四）年三月末に鎌倉に戻り、五月に身延に入山した。日蓮の流罪赦免《しやめん》がよほど嬉しかったと見えて、四条金吾はその年の九月に、主君に『法華経』の法門を説いて聞かせ、信仰を勧めた。その報告を受けた日蓮は、九月二十六日付の手紙『主君耳入此法門免与同罪事《しゆくんにじにゆうしほうもんめんよどうざいじ》』で、「主君に此《こ》の法門を耳にふれさせ進《まい》らせけるこそ、ありがたく候《そうら》へ」と、『法華経』弘通《ぐつう》の行為を誉《ほ》める一方で、「此《こ》れより後には、口をつつみておはすべし」と用心するように注意した。

それは、主君が機嫌を損ねているこの機会を利用して、日ごろから四条金吾のことを嫉《ねた》んでいる同僚たちが、命を狙ってくることを日蓮は心配したからだ。具体的に次のことを指示していた。

此《こ》れよりも申すなり。かまへて、かまへて御用心候《そうろう》べし。いよいよ、にくむ人人ねら（狙）ひ候らん。御《おん》さかもり（酒宴）、夜《や》は一向に止め給へ。只《ただ》女房と酒うち飲んで、なにの御不足あるべき。他人のひる（昼）の御さかもり、おこたる（油断）べからず。酒を離れてねらうひま（隙）有るべからず。

（『主君耳入此法門免与同罪事』）

それから一年九ヵ月経ってのこの手紙である。ここにも「ただ女房と酒うちのみて」とあるということは、状況はほとんど変わっていないということであろう。そのように困難な状況にあって、いかに自粛して過ごすのかが示されている。ここから、南無妙法蓮華経という題目を唱えることに日蓮がどのような意義を込めていたのかが読み取れる。

「南無妙法蓮華経」の「南無」とは、サンスクリット語のナマス(namas)、あるいはその変化形ナモー(namo)を音写したもので、「敬礼《きょうらい》」「帰依《きえ》」「帰命《きみょう》」と漢訳された。「妙法蓮華経」は、『法華経』という経典の正式名称である。従って、「南無妙法蓮華経」とは、『法華経』に「南無」(帰依/帰命)するということだ。「南無阿弥陀仏《なむあみだぶつ》」が、「阿弥陀仏」という「人《にん》」に「南無」することであるのに対して、「南無妙法蓮華経」は、「妙法蓮華経」という「法」に帰依することという対照を示している。

釈尊亡き後、何をよりどころとすべきか不安になっているアーナンダ(阿難)に対して、釈尊は、「自帰依《じきえ》」「法帰依《ほうきえ》」と言われる教えを説いていた。それは、「今でも」「わたしの死後にでも」「誰でも」という三つの条件を付けて語られた次の言葉であった。『忘持経事』では拙訳を挙げたが、ここでは中村元先生の訳を引用する。

自らを島とし、自らをたよりとし、他人をたよりとせず、法を島とし、法をよりどころとし、他のものをよりどころとしないでいる人々がいるならば、かれらはわが修行僧として最高の境地にあるであろう。

（中村元訳『ブッダ最後の旅』、六四頁）

これは、「自己」と「法」の関係として仏教が説かれていたことを意味している。釈尊自身が「法」を体現したように、その「法」を「自己」の生き方に体現することが仏教の目指したことであったのだ。

「南無妙法蓮華経」も、この「自己」と「法」の関係としてとらえることができる。「自己」の「南無」すべき対象が「妙法蓮華経」（法華経）という「法」である。それは、あらゆる人をブッダたらしめる『法華経』の普遍的平等思想と人間尊重の思想、寛容の思想などに帰依することであり、『法華経』に展開される尊く豊かな生命の世界に帰入《きにゅう》するということである。

日蓮は、その豊かな生命の世界を「衆生所遊楽」という言葉で示した。それは、次の寿量品の一節に出てくる言葉だ。

衆生、劫《こう》尽きて、大火に焼かるると見る時も、我が此《こ》の土は安穏にして、天人《てんにん》常に充満せり。園林《おんりん》、諸《もろもろ》の堂閣、種種の宝をもって荘厳《しょうごん》し、宝樹、華果《けか》多くして、衆生の遊楽する所なり。

衆生には娑婆《しゃば》世界が大火で焼かれているように見えても、久遠《くおん》以来、ブッダであり続け永遠の菩薩道を貫く釈尊にとって、「我が此の土は安穏にして」「衆生の遊楽する所」として永遠・常住なものであるということだ。

日蓮は、このように「遊楽」していることが、色法《しきほう》（肉体）と心法《しんぽう》（精神）、また依《え》報《ほう》（環境）と正報《しょうほう》（主体）の両面にわたって一念三千を体現した自受用身の仏ではないかと言う。

一念三千とは、瞬間瞬間の心（一念）に地獄《じごく》・餓鬼《がき》・畜生《ちくしょう》・修羅《しゅら》・人《にん》・天《てん》の六道《ろくどう》と、声聞《しょうもん》・独覚《どっかく》・菩薩《ぼさつ》・仏《ぶつ》からなる十種の働き（十界《じっかい》）を具《そな》えていて、その十界がそれぞれに、また十界を具《そな》えている（十界互具《ごぐ》）ので百界となり、さらに存在の在り方や因果の理法としての十如是《じゅうによぜ》が具わって千如是となり、一念の広がりの三段階を示す三世間を加味して三千世間となるということだ。

我々は、一念に三千世間という最大限の生命空間を持っていながら、地獄の苦しみにさいなまれたり、有頂天《うちょうてん》になったり、心が委縮したり、尊大になったりして、狭い生命空間の中であくせくと生きている。それに対して、最大の生命空間の中で何ものも恐れることなく、動揺することもない、不動で、心豊かで、雄大な境地としてあるのが一念に三千を具現した状態である。

その境地を、日蓮は『観心本尊抄』で次のように表現している。

今、本時《ほんじ》の娑婆《しゃば》世界は、三災を離れ、四劫《しこう》を出でたる常住の浄土なり。仏《ほとけ》既に過去にも滅せず、未来にも生ぜず、所化《しょけ》以《もっ》て同体なり。此《こ》れ即ち己心《こしん》の三千具足・三種の世間なり。

これを現代語訳すると、次のようになる。

本門寿量品が開顕された今、教主釈尊が久遠《くおん》以来、常に説法教化《せっぽうきょうけ》してこられたこの娑婆世界は、衆生の眼には大火に焼かれているように見えたとしても、仏の眼には火災・水災・風災の三災にも損なわれず、成《じょう》・住《じゅう》・壊《え》・空《くう》の四劫《しこう》をも超越した常住の浄土である。仏は過去に入滅したこともなく、未来に生ずることもない永遠の存在であって、その化導《けどう》されるべき九界の衆生もまた仏と同体である。従って、この境地は、『法華経』を受持する人の己心《こしん》の一念における三千の具足であり、個人レベルの五陰《ごおん》世間から衆生世間・国土世間までの三世間にわたるものである。

日蓮が、「南無」すべき対象としていたのは、この境地であった。そこに「三災を離れ、四劫《しこう》を出でたる常住の浄土」が立ち現われる。「四劫」とは、世界の成立から破滅に至るまでの四つの期間のことである。そこには、何ものにも揺るぐことのない常住の浄土とともに、永遠の自己が確立する。それが、一念に具わる三千のすべての働きを自在に自ら受け用いることができる身（自受用身）としてのブッダ（覚者）である。

『法華経』に説かれた永遠・常住の境地に「南無」することによって、「自己」に永遠・常住の境地を体現するところに「衆生所遊楽」がある。それがまた、「自受法楽」（自ら法の楽を受ける）ということである。それは、「現世安穏・後生善処」とも表現される。

日蓮は、そのような意味を込めて、一切衆生にとって南無妙法蓮華経と唱うるよりほかに真実の「遊楽」はないと言っている。哲学者の梅原猛《うめはらたけし》氏（一九二五～二〇一九）の表現を借りれば、「『南無妙法蓮華経』ととなえる題目は、いわば永遠を、今において、直感する方法」（紀野一義・梅原猛著『仏教の思想12 永遠のいのち〈日蓮〉』）であった。

「衆生所遊楽」の「衆生」という言葉には当然、四条金吾も含まれている。「所」というのは、どこか別世界のことではなく、人間が住む国土である一閻浮提のことであって、日本国はその一閻浮提に含まれているのである。日蓮は、仏典の言葉を一般論として論ずることはなく、「それは、あなたのことです」と具体的に語る。ここも、その例に漏れない。永遠は、決して死後の世界にあるのではなく、「今」「ここ」で、この「我が身」を離れることはないのである。

先の『観心本尊抄』は、日蓮が龍口《たつのくち》の刑場で死に直面した後、流罪先の佐渡でしたためられた。日蓮は、苦難の中で永遠を見ていたのだ。中村元先生が、「道元の時間論は永遠性を見ているが、歴史性がない。それに対して、日蓮の時間論には歴史性がありますね」と話されたことがあった。確かに日蓮の場合は、永遠性に根ざしつつも

「法華経の行者」として現実へのかかわりを重視する歴史的な時間意識があったといえよう。「衆生所遊楽」も「自受法楽」も、日蓮自身が、体現していたものであった。その上で、四条金吾に教示しているのだ。

「世間の留難」は、賢人や聖人も免れることはない。だから、いちいちそれにとらわれることなく、南無妙法蓮華経と唱えているように諭している。それも、一方では「女房と酒うちのみて」であり、他方では「苦をば苦とさとり、楽をば楽とひらき、苦楽ともに思ひ合せて」と言う。

我々は、苦しいことが続くと、極端に落ち込んでしまったり、逆に楽しいことや、いいことがあると極端に有頂天になってしまって、自分を見失いがちである。自分の一念の置きどころは不動であるべきで、自分の進むべき道は客観情況が変動しようが、ぶれてはならない。困難な苦境にあれば、冷静に「苦しい」ことを認め、舞い上がるほどの楽境《らっきょう》にあっても、平静を保って「楽しい」と達観して、我が道を行く。それは、永遠のものを見据えて、不動の境地に立っているからこそできることであり、日蓮は、そこに南無妙法蓮華経と唱えることの意義を説いている。

例えば、独楽《こま》の中心軸がずれていれば、回転が速いほど、不安定に独楽は躍る。軸が中心にぴったりと合っていれば、回転が速くなればなるほど、全くぶれることなく安定して回転する。客観情況のあわただしさが、回転に相当し、中心軸が自己の心と考えればいい。

日蓮は、このように生真面目《きまじめ》なことを語るだけでなく、「女房と酒うちのみて」というユーモアも見せている。

日蓮は、四条金吾に対して毀誉褒貶《きよほうへん》にとらわれて、大事な「自己」と「法」を見失うことがないように注意し続けた。『八風抄《はっぷうしょう》』の別名を持つ次の『四条金吾殿御返事』(建治三年五月十五日付)の一節も、同じ趣旨である。

賢人は、八風《はっぷう》と申して八《やっつ》のかぜにをかされぬを賢人と申すなり。利・衰《うるおい》・毀《おとろえ》・誉《やぶれ》・称《ほまれ》・譏《たたえ》・苦《そしり》・楽《くるしみ》なり《たのしみ》。をを心《むね》は、利あるによろこばず。をとろうるになげかず等の事なり。此の八風にをかされぬ人をば、必ず天はまほらせ給ふなり。

筆者は、仏教学を長年独学で学び、四十歳過ぎて東京大学名誉教授の中村元先生が設立された東方学院でサンスクリット語を学び、中村先生のインド仏教・思想論の講義に亡くなられるまでの十年近く参加させていただいた。さらに東洋大学大学院で仏教学を学んだ。ところが、拙著『今を生きるための仏教100話』の第十二話に書いたように、晩学であったことで、岩波書店から出版した複数の本などについて〝盗作だ〟などと根拠のないひどいデマを流された。そのたびに落ち込むこともあったが、この手紙の「ただ世間の留難来《るなんきた》るとも、とりあへ給ふべからず。賢人・聖人《しょうにん》も此の事はのがれず」「苦をば苦とさとり、楽をば楽とひらき、苦楽ともに思ひ合せて」自らを見失わないことの大切さを知った。拙著『仏教学者 中村元』（角川選書）にも書いたが、中村先生ですら、名著『東洋人の思惟方法』を出された時、先輩教授たちから「専門外に触れているのがよくない」などといった非難を受けておられたことを思い出した。「中村は気でも狂ったのか」というひどい言葉まで浴びせられていた。

四条金吾殿御返事（抄）

桑ケ谷《くわがやつ》問答をめぐっての讒言《ざんげん》で、主君の江馬光時《みつとき》から「日蓮への帰依と『法華経』への信仰をやめなければ、二カ所の所領を没収する」との下し文《くだしぶみ》が、建治三（一二七七）年六月二十五日に四条金吾のもとに届いた。四条金吾は、『法華経』を捨てないという日蓮に対する誓状を書き、江馬氏からの下し文と一緒に身延の日蓮に届けた。日蓮は、二十七日にそれを受け取ると、すぐに六月二十五日付で『頼基陳状《よりもとちんじょう》』を代筆した。その『陳状』に添えて、四条金吾に与えられたのが、この七月の手紙である。（和文体、真跡は断簡）

起請書くまじきよしの誓状は珍し芳し

去月《いぬるつき》二十五日の御文《おんふみ》、同月《おなじつき》の二十七日の酉《とり》の時に来りて候《そうろう》。仰《おお》せ下さるる状と、又起請《またきしょう》かくまじきよしの御せいじやう（誓状）とを見候《そうら》へば、優曇《うどん》華《げ》*のさきたるをみるか、赤栴檀《あかせんだん》のふたばになるをえたるか、めづらし、かうばし。*

《中略》

《優曇華》19頁の注を参照。ここでは、「めづらし」とあるように、極めてまれなことの譬えとして用いられている。《赤栴檀のふたばになる……かうばし》「栴檀は双葉より芳《かんば》し」にちなむ。「かうばし」は「芳し」で、「香りがいい」「立派である」の二つの意味がある。栴檀は、サンスクリット語チャンダナ（candana）の音写。

先月（六月）二十五日の手紙は、同じ月の二十七日の午後六時ごろに届きました。江馬氏の命令を言い渡す文書（下《くだ》し文《ぶみ》）と、「『法華経』をすてる」という主君への起請文は書きません——との日蓮に対する誓状を拝見すると、三千年に一度しか花を咲かせないという優曇華の花が咲いたのを見るように稀有なことであり、赤栴檀が双葉になることを得たかのように芳《かんば》しく、立派なことです。

《中略》

上行菩薩、貴辺の御身に入りかはらせ給へるか

舎利弗《しゃりほつ》・目連《もくれん》・迦葉《かしょう》*等だにも、娑婆《しゃば》世界の末法*に法華経を弘通《ぐつう》せん事の大難こらへかねければ、かなふまじき由《よし》、辞退候《そうら》ひき。まして三惑《さんわく》*未断《みだん》の末代の凡夫、争《いかで》か此経《このきょう》の行者となるべき。設《たと》ひ日蓮一人は杖木《じょうもく》・瓦石《がしゃく》・悪口《あっく》・王難をも忍ぶとも、妻子を帯せる無智の俗なんどは争《いかで》か叶《かな》ふべき。中中《なかなか》、信ぜざらんはよかりなん。すへとをら（末通）ず、しばし（暫時）ならば人にわらはれなんと不便《ふびん》にをもひ候ひしに、度度《たびたび》の難*、二箇度の御勘気《ごかんき》*に心ざしをあらはし給ふだにも不思議なるに、かくおどさるるに、二所の所領をすてて、法華経を信じとをすべしと御起請候事《ごきしょうそうろうこと》、いかにとも申す計《ばか》りなし。普《ふ》賢《げん》・文殊《もんじゅ》*等なを末代はいかんがと仏思《おぼ》し食《め》して妙法蓮華経の五字をば地涌千《じゆせん》界《がい》*の上首《じょうしゅ》・上行《じょうぎょう》等の四人*にこそ仰《おお》せつけられて候へ。只《ただ》、事の心を案ずるに、日蓮が道をたすけんと、上行菩薩、貴辺の御身《おんみ》に入りかはらせ給へるか。又《また》教主釈尊の御計《おんはから》ひか。

《中略》

《舎利弗・目連・迦葉》釈尊の代表的仏弟子で、舎利弗は智慧第一、目連は神通力第一、迦葉はあらゆる煩悩を振り払って仏道を求める頭陀行《ずだぎょう》第一とされた。《末法》釈尊滅後、正法が存続している時代を経て、正法が似て非なる教え（像法）にとって代わられる時代となり、教えが形骸化して、正しく行ずる者も、覚りを得る者もいない、荒廃した時代。日本では、一〇五二年以後が末法と考えられていた。《三惑》①見思惑《けんじわく》（理智と情意における迷い）、②塵沙惑《じんじゃわく》（塵や沙《すな》のように無数にある現実における迷い）、③無明惑《むみょうわく》（成仏を妨げる一切の煩悩の根本となる惑）の三つの惑のこと。《度度の難》『立正安国論』上呈後の文応元（一二六〇）年、鎌倉・名越《なごえ》の日蓮の草庵が襲撃された松葉《まつば》ケ《が》谷《やつ》法難と、文永元（一二六四）年、日蓮一行が小松原（現千葉県鴨川市）で地頭の東条景信に襲撃された小松原法難のこと。《二箇度の御勘気》勘気とは、主君・主人・父親などの怒りに触れ、とがめを受けることで、弘長元（一二六一）年の伊豆流罪と、文永八（一二七一）年の佐渡流罪のこと。《普賢・文殊》釈迦如来の脇侍《わきじ》とされる普賢菩薩と文殊師利菩薩のこと。《地涌千界》地から涌《わ》き出た千世界の微塵《みじん》（原子）の数ほどの菩薩のこと。《上首・上行等の四人》『法華経』従地涌出品《じゅうじゆじゅっぽん》において大地の下から登場した地《じ》涌《ゆ》の菩薩の四人の中心的指導者のことで、上行《じょうぎょう》・無辺行《むへんぎょう》・浄行《じょうぎょう》・安立行《あんりゅうぎょう》の四人の菩薩のこと。

舎利弗・目連・迦葉たちでさえも、娑婆世界における末法という時代に『法華経』を弘通することに伴う大難に耐えられなくて、できませんと言って辞退しました。ましてや、見思惑、塵沙惑、無明惑の三惑を未だ断じていない末法の凡夫が、どうしてこの『法華経』の行者になることができるでしょうか。たとえ日蓮一人は、杖木《じょうもく》・瓦《が》石《しゃく》・悪口《あっく》・王難を耐え忍ぶとしても、妻子を抱えた仏法に無智の俗人などがどうして可能でしょうか。むしろ、信じなかったほうがよかったでしょう。最後までやり通せなくて、一時的なことであるならば、人から笑われるだろうにと、気の毒に思っておりましたが、（日蓮が）たびたびの難（小松原法難、松葉ヶ谷法難）、二度にわたるご勘気（伊豆流罪、佐渡流罪）にあった時も、志を表明されるだけでも不思議なことであるのに、このように主君から威嚇《いかく》されたことに対して、二カ所の所領を捨てて、『法華経』を信じ通しますと誓いを立てられるということは、何とも申し上げることができないほどです。普賢《ふげん》菩薩や、文殊師利《もんじゅしり》菩薩もやはり末世にはいかがなものであろうかと仏は考えられて、千の世界を構成する原子の数の地涌《じゆ》の菩薩の上首である上行《じょうぎょう》などの四人の菩薩に妙法蓮華経の五文字を滅後に弘教《ぐきょう》することを付嘱《ふぞく》されました。ただ、このたびのことの意味を考えると、日蓮の行く道を助けようと上行菩薩が貴殿の身に入れ代わっておられるか、あるいは教主釈尊の配慮でありましょうか。

《中略》

乞食にはなるとも法華経にきずをつけ給ふべからず

との（殿）は子なし。*たのもしき兄弟なし。*わづかの二所の所領なり。一生はゆめ（夢）の上、明日《あす》をご（期）せず。いかなる乞食《こつじき》にはなるとも、法華経にきずをつけ給ふべからず。されば、同《おな》じくはなげきたるけしき（気色）なくて、此《こ》の状にかきたるがごとく、すこしもへつらはず振舞《ふるまい》仰《おお》せあるべし。中中へつらふならば、あしかりなん。設《たと》ひ所領をめされ、追い出し給ふとも、十羅刹女《じゅうらせつにょ》*の御計《おんはから》ひにてぞあるらむと、ふかくたのませ給ふべし。日蓮はなが（流罪）されずして、かまくら（鎌倉）にだにもありしかば、有りしいくさに*一定《いちじょう》打ち殺されなん。此《こ》れも又御内《みうち》にては、あしかりぬべければ、釈迦仏の御計《おんはから》ひにてやあるらむ。

《との（殿）は子なし》四条金吾には二人の娘がいたが、これは後を継ぐ男の子がいないということであろう。《たのもしき兄弟なし》四条金吾は、弟二人と、敵対勢力の側に立つ兄一人の四人兄弟であった。ここは、頼りになる兄弟がいないという意味。《十羅刹女》83頁の注を参照。《有りしいくさ》日蓮が佐渡に配流された三ヵ月後、文永九年二月に起きた北条時輔の乱（二月騒動）のこと。

貴殿には後を継ぐべき子はいません。頼りになる兄弟もいません。わずか二ヵ所の所領です。一生は夢のようにはかないもので、明日の身の上のことはわかりません。どのような乞食になったとしても、『法華経』にきずをつけてはなりません。だから、同じことであるならば、嘆いている素振りをすることなく、この誓状に書いておられるように少しも媚《こ》び諂《へつら》わず振る舞っているべきです。なまじっか媚び諂うならば、不都合なことになるでありましょう。たとえ、所領を没収され、追い出されることになろうとも、十羅刹女のはからいであるのだろうと、深く信じて、頼りにするべきです。日蓮は、佐渡に流罪にならずに鎌倉にいたならば、文永九年二月にあった戦（北条時輔の乱）に便乗して間違いなく打ち殺されていたことでしょう。このたびのことも、貴殿が主君の御内にいては、悪《あ》しきことになるので、釈迦仏のはからいでこうなったのでしょう。

陳状は暇に随ひて書かせて上げ給ふべし

陳状*は申して候へども、〔中略〕だいがく（大学）の三郎殿*か、たき（滝）の太郎殿*か、とき（富木）殿*かに、いとまに随《したが》ひてかかせて、あげさせ給ふべし。これは、あげなば事きれなむ。いたう、いそがずとも、内内うちをしたため*、又ほかのかつばら（彼奴原）にも、あまねくさはがせて、さしいだしたらば、若《も》しや此《こ》の文《ふみ》、かまくら内にもひろう（披露）し、上《かみ》へもまいる事もやあるらん。わざはひの幸《さいわい》はこれなり。法華経の御事《おんこと》は已前《いぜん》に申しふりぬ。しかれども、小事《しょうじ》こそ善よりはをこて候へ。大事《だいじ》になりぬれば、必ず大《おおい》なるさはぎが大なる幸《さいわい》となるなり。此の陳状、人ごとにみるならば、彼等がはぢ（恥）あらわるべし。

《陳状》中世の訴訟で、訴人（原告）の訴状に対して、論人（被告）が提出する反論の申し状。ここでは、四条金吾に代わって日蓮が執筆した『頼基陳状《よりもとちんじょう》』のこと。《だいがく（大学）の三郎殿》比企《ひき》能員《よしかず》の子と伝えられる比企大学三郎能本《よしもと》のこと。能書家であった。詳細は445頁参照。《たき（滝）の太郎殿》詳細不明。《とき（富木）殿》富木常忍のこと。《したため》「したためる」には、①文章を書く、②食事をする、③しかるべく処置する、④用意／支度する——といった意味があり、ここでは④であろう。①の意味は、既に「かかせて」と言及済みである。

陳状は書いておきましたけれども、〔中略〕大学三郎殿か、滝太郎殿か、富木常忍殿かに、時間がある時に清書してもらって、主君に提出してください。これを提出したならば、話は落着するでありましょう。そんなに急がなくても、内々に御内《みうち》を根回ししておいて、ほかの者どもにも広く騒ぐだけ騒がせておいて提出したならば、もしかしたら、この陳状の内容が鎌倉中に知れ渡り、執権《しっけん》に伝わることもあるでしょう。わざわいが転じて幸いとなるというのは、このことです。『法華経』については、これまで何度も申し上げましたが、小さな幸いであれば、小さな善から起こりますが、重大な局面においては、必ず大いなる騒ぎが起こり、それが大いなる幸いとなるのです。この陳状を、人ごとに見るならば、彼らの恥が明らかになるでありましょう。

我とは御内《みうち》を出て、所領をあぐべからず

只《ただ》一口に申し給へ。「我とは御内《みうち》を出て、所領をあぐべからず。上《かみ》よりめされいださむは、法華経の御布施《おんふせ》、幸《さいわい》と思ふべし」と、ののしらせ給へ。かへすがへす奉行人《ぶぎようにん》*にへつらうけしき（気色）なかれ。「此《こ》の所領は上より給《たび》たるにはあらず。大事の御所労《ごしよろう》を法華経の薬をもつてたすけまいらせて給《たまい》候《そうろう》所領なれば、召すならば御所労こそ又かへり候《そうら》はむずれ。爾時《そのとき》は頼基《よりもと》に御たいじやう（怠状）*候《そうろう》とも用ひまいらせ候まじく候」と、うちあて、にくさうげ（憎体気）にてかへるべし。あなかしこ、あなかしこ。

《奉行人》20頁の注を参照。《たいじやう（怠状）》平安後期から鎌倉時代にかけて、罪人に提出させた謝罪状。自分の過失をわびる旨を書いて人に渡す文書。わび状。

貴殿は、ただ一口に言いきりなさい。「自分から主君の御内を出て、所領を返上するわけにはまいりません。主君から召し上げられ、御内を出されることは、それは『法華経』に布施することであり、幸いなことだと思っております」と声高《こわだか》に言って下さい。くれぐれも奉行人に媚《こ》び諂《へつら》うような素振りがあってはなりません。「この所領は、主君から頂いたのではありません。主君の重い病を『法華経』という妙薬によって助けたことで頂いた所領ですから、それを召し上げるならば、その病が再び戻ってくることになるでしょう。その時になって、頼基に詫《わ》び状を書かれても、受け入れることはないでしょう」と当てつけて、憎々しげに帰りなさい。あなかしこ、あなかしこ。

御寄合あるべからず

御よりあひ（寄合）あるべからず。よるは用心きびしく、夜廻《よまわり》の殿原《とのばら》＊かたらひて用ひ、常にはよりあはるべし。今度《このたび》御内をだにもいだされずば、十に九は内のものねらひなむ。かまへて、きたなきし（死）にすべからず。

建治三年〔丁丑《ひのとうし》〕七月　日蓮　花押

四条金吾殿　御返事

《夜廻の殿原》警備のために夜廻りをする人たちのこと。「殿ばら」は「殿たち」という意味で、身分の高い男性たち、あるいは武士たちに対する尊敬語。

寄合に行くようなことがあってはなりません。夜は用心を厳しくして、夜廻りの殿ばらと親しく語り合って、日ごろから互いに近づいて親しくしていきなさい。このたび、主君の御内を出されることがなく、御内に居続けていれば、十に九は、御内の者が命を狙うでありましょう。決して見苦しい死に方をしてはなりません。

建治三年〔丁丑〕七月　　日蓮　花押

四条金吾殿　御返事

解説

文永八（一二七一）年九月十二日の深夜に日蓮の首を龍口《たつのくち》刑場で斬ろうとしたが、かなわず、佐渡流罪が決まるまでの二十余日間、日蓮は相模《さがみ》の依智《えち》（現神奈川県厚木市内）に滞在した。その間には、日蓮の弟子・檀那《だんな》たちにも弾圧の手が及んだ。『種《しゅ》種御振舞御書《じゅおんふるまいごしょ》』には、

依智《えち》にして二十余日。其《そ》の間、鎌倉に或《あるい》は火をつくる事、七八度《しちはちど》、或は人をころす事ひまなし。讒言《ざんげん》の者共《ども》の云《いわ》く、日蓮が弟子共の火をつくるなりと。さもあらんとて、日蓮が弟子等を鎌倉に置くべからずとて、二百六十余人しる（記）さる。皆遠島《おんとう》へ遣《つかわ》すべし、ろう（牢）にある弟子共をば頸《くび》をはねらるべしと聞《きこ》ふ。

とある。讒言によって二百六十人余りがブラックリストに載せられ、御内を追放される者や、所領を没収される者もあったようだ。日朗ら五人の弟子たちも土籠《つちろう》に入れられた。その結果、退転者、背信者が相次ぎ、教団は壊滅状態となった。それは、日蓮の「御勘気の時、千が九百九十九人は堕《お》ちて候」(『新尼御前御返事《にいあまごぜごへんじ》』)という言葉からも推察されよう。

そのような中でも四条金吾は、主君の覚えがよくて庇護《ひご》されていたので、何も影響を受けることはなかった。それは、主君二代が窮地に陥った時、親子二代にわたって命がけで主君を守ったことがあったことによるものだ。同僚たちには、それが面白くなくて、憎しみと嫉みは募るばかりであった。けれども、主君の覚えがよかったことで、手出しをすることもできなかった。

ところが、文永十一(一二七四)年九月、主君に『法華経』の法門を語り、信仰を勧めたことで、主君の不機嫌を買い、同僚たちに狙われるようになり始めた。建治二(一二七六)年七月十五日付の『四条金吾殿御返事』で日蓮は、

此《こ》の文《ふみ》御覧ありて後は、けっして百日が間、をぼろげならでは、どうれい(同隷)並《ならび》に他人と我が宅《いえ》ならで夜中の御さかもり(酒宴)あるべからず。主の召《め》さん時は、昼ならば、いそぎ参らせ給ふべし。夜ならば三度までは頓病《とんびょう》の由《よし》を申させ給ひて、三度にすぎば、下人《げにん》、又《また》他人をかたらひて、つじを見せなんどして御

出仕あるべし。

と指示した。

八月には、主君と四条金吾とを離間させる策謀も図られ、越後（新潟）への所領替えの命が下った。日蓮は、その報を受けて、九月六日付の『四条金吾殿御返事』で、

只今の心は、いかなる事も出来候《しゅったいそうら》はば、入道殿（筆者注＝江馬光時）の御前にして命をすてんと存じ候《そうろう》。若《も》しやの事候ならば、越後よりはせ上《のぼ》らんは、はるかなる上、不定《ふじょう》なるべし。たとひ所領をめさるるなりとも、今年はきみ（君）をはなれまいらせ候べからず。是《これ》より外《ほか》は、いかに仰《おお》せ蒙《こうむ》るとも、をそれまいらせ候べからず。

と、言い切るようにアドバイスしている。四条金吾は、その指示に従った。

それに対して、同僚たちから「所領替えを嫌って、主君を軽んじている。このようにわがままな者に恩をかける必要はない」と非難の声が上がった。

そこへ、さらに四条金吾を危機に追い詰める出来事が起きた。それが、建治三（一二七七）年六月九日の桑ヶ谷《くわがやつ》問答であった。そのころ、龍象房《りゅうぞうぼう》（?〜一二七七）という僧が京都より下ってきて、桑ヶ谷に住み、「仏法に不審のある者は来りて問答をしよう」と説法していた。日蓮門下の三位房《さんみぼう》は、四条金吾を伴って桑ヶ谷を訪ね、問答を行なった。龍象房は三位房に論破され、逃げ出して行方をくらますということがあ

った。それについて、随行していた四条金吾が徒党を組んで説法の場で狼藉《ろうぜき》を働いたと讒言《ざんげん》する者があった。幕府は、主君の江馬氏に金吾を糾明する下知《げち》を下した。江馬光時《みつとき》は、六月二十三日、日蓮の信徒たることをやめるという起請文《きしょうもん》を書かなければ、所領二カ所を没収すると迫るが、四条金吾は日蓮に「起請文は書きません」と誓う手紙を書いた。

その二十五日付の手紙は、二十七日に身延の日蓮のもとに届いた。普通、五、六日かかる道のりを二日で到達したのだから、どれほど緊急であったかがしのばれる。

日蓮は、四条金吾のこの決意を仏教史上画期的なことだと誉めた。『法華経』において、娑婆世界での滅後の弘教には舎利弗・目連・迦葉らの大声聞も辞退し、普賢・文殊師利の大菩薩ですら任されなかったのに、無智の俗人である四条金吾が、所領をも惜しまずに『法華経』の信仰を貫こうとしている。滅後の弘教を託された上行菩薩が四条金吾に入れかわってきたのか、釈尊のはからいかと、最大の讃辞を寄せた。

ところが、この下し文が出されたのを機に、主君の覚えがよかった四条金吾に対して、日ごろから憎嫉《ぞうしつ》の思いを抱いていた同僚たちは、これ幸いと命を狙い始める。日蓮は、六月二十五日付で四条金吾に代わってその冤罪《えんざい》であることを訴える八千六百字余の『頼基陳状《よりもとちんじょう》』をしたためるとともに、身辺の用心を詳細にわたって指示した。

『頼基陳状』の内容は、初めに三位房と龍象房との問答のやり取りを記述し、讒言した者たちの主張が虚言であることを論じている。さらに良観房と龍象房の行状について記し、真相究明のために讒言した者たちと四条金吾を召し合わせることを要請している。

さらに、主君・江間光時《みつとき》が北条時頼に嫌疑をかけられた時、ただ四条金吾の父一人が伊豆まで同行して仕え続けたこと、さらには四条金吾自身も、二月騒動（北条時輔の乱）の際、謀叛の疑いをかけられた主君の江馬親時《ちかとき》を守るために伊豆から駆けつけてきたことなどを詳述するとともに、主君の不義には身命を賭《と》して諫《いさ》めるのが忠臣であることを述べ、事件の真相を究明することを要望して結んでいる。

約八千六百字からなる以上の内容を、日蓮は身延にいてまとめた。それを書き上げて、この手紙を添えて四条金吾に届けた。その間、四条金吾は鎌倉にいた。人を激励し、指導する際の日蓮の日ごろからの人間理解と、際立った状況把握能力と対応能力の高さに驚かされる。

日蓮は、不正や間違ったことを見て、黙っておれない人であったのだろう。これまでも、郷里の両親を世話し、日蓮自身をも支援していた安房国の東条郷の領家（荘園制度の領主）の尼が、地頭の東条景信に領地を横領されようとしたのを聞きつけ、裁判でそれを阻止したこともあった。領家の尼は、三代執権・北条泰時の弟・名越朝時《なごえともとき》の妻であったので名越の尼とも呼ばれる。

地頭は、平安・鎌倉時代に荘園を管理し、税金を取り立てる役人であったが、「泣く子と地頭には勝てぬ」という諺《ことわざ》が生まれるほどに、権力を振りかざして横暴を働いていた。地頭による荘園の略奪に対抗する手段として、「半分あげるから、残り半分は勘弁を」(下地中分《したじちゅうぶん》)といった妥協策がとられるほど全国的な問題であった。

日蓮は、そのような地頭・東条景信を相手に、一年近くにわたって裁判の場に臨んで完全勝訴に導き、領家の尼の荘園をそっくり守りきった。

このように裁判闘争にも勝利する日蓮は、『頼基陳状』の最も効果的な提出の仕方まで四条金吾に指示している。騒ぎに騒がせておいて、「陳状は書き上げてあって、いつでも提出できる」と知人たちに語らせ、公開の陳状の形にするように指示したようだ。

ただ、陳状の結果が出るまでには時間がかかる。直ちに対応すべきことは、御内からの追放と、所領の没収という問題である。まず、押さえておくべき心構えとして、①わずかの二カ所の所領に執着しない、②たとえ乞食にはなったとしても『法華経』にはきずをつけない——の二点であった。『法華経』にきずをつけないということは、自らの生き方の原点、よりどころ、信条としての『法華経』を放棄しないということである。この二つの姿勢に立てば、たとえ所領を没収され、御内を追い出されたとしても、それは十羅刹女の計らいであって、その時は悪い結果に見えても、後になってそれがよかったと分かることがある——という大きな視点に立つことを押さえさせた。

その上で、結果的に御内を追い出され、所領を没収されることになるとしても、自分からそのことを認めるようなことを言い出してはならないと忠告した。日蓮は、所領の問題を担当する奉行人《ぶぎょうにん》との交渉で、決して後手の守りになることなく、先手の攻めに徹するように話の進め方を教示しているのが読み取れる。そのためには、少しも相手に媚び諂う態度を取らない。毅然としていることが大事であり、絶対にこちらから所領はいりませんと言ってはならないということだ。日蓮は、四条金吾の短気な性格から、「そこまで言われてまで、そんな所領なんかいるもんか」と口にしてしまうことを最も心配している。所領に執着心を持たないことはいいとしても、それをこちらから言ってしまったら、向こうのペースで話が進められてしまうからだ。

その先手の第一手が、「自分から御内を出て、所領を返上するわけにはまいりません」であった。第二手が「『法華経』信仰の故に主君に没収されるのだから、それは『法華経』に対する布施になることであり、幸いなことです」と声高に言い切ること。その時、決して奉行人に諂《へつら》ってはならない。第三手が「この所領は、主君にもらったのではなく、主君の重い病を『法華経』という妙薬によって助けたことでいただいた所領です。その所領を没収するならば、その病が再び戻ってくることでしょう。その時、私に詫《わ》び状を書かれても、私の知ったことではありません」と当てつけるように、憎々《にくにく》しげに捨て台詞《ぜりふ》を吐《は》いて帰ってくることであった。先手の連続である。

何も悪いことをしていないのだから、悪びれる必要もなければ、媚び諂う必要もない。「当てつけるように、憎々しげに捨て台詞を吐いて帰ってこい」という言葉に正しいことを信念をもって堂々と主張する日蓮の誇り高い精神が垣間見《かいまみ》られて共感を覚える。

このように読んでくると、日蓮は世間知らずの僧侶などとは程遠く、正義感に燃える〝戦略家〟としての一面も見えてくる。その台詞《せりふ》の言い方、口ぶり、態度など、目に見えるように具体的な指示の仕方を見ると、名演出家にも思えてきて、自分もいつか、誰かにこう言ってやりたくなってくるほどだ。

崇峻天皇御書

桑ヶ谷《くわがやつ》問答から三カ月、『頼基陳状《よりもとちんじょう》』を四条金吾に送ってから二カ月が経過した。その年は、春から疫病が流行していたが、九月になって龍象房が病死し、主君も病に倒れて、医術の心得のある四条金吾は再び主君に召された。四条金吾にとって状況が好転したとはいえ、ますます嫉妬の炎を燃やす敵の存在を危惧して、日蓮は九月十一日、この手紙で崇峻天皇が殺害されたことを教訓として、さらに用心に用心を重ねるように指示した。（和文体、真跡曾存《そうぞん》）

何よりも上の御所労なげき入つて候

白小袖《しろこそで》一領、銭《ぜに》一ゆひ、又富木殿の御文《おんふみ》のみ（果）、なにによりもかき（柿）、なし（梨）、なまひじき、ひる（干）ひじき、やうやうの物うけ取り、しなじな御使《おんつかい》にたび候《そうら》ひぬ。

さては、なによりも上《かみ》*の御いたはり（所労）なげき入つて候《そうろう》。たとひ、上は御信用なき様に候《そうら》へども、との（殿）其《そ》の内にをはして、其《そ》の御恩のかげ（陰）にて法華経をやしなひまいらせ給ひ候へば、偏《ひとえ》に上の御祈《おんいのり》とぞなり候《そうろう》らん。大木の下の小木、大河の辺《ほとり》の草は正しく其の雨にあたらず、其の水をえずといへども、露をつたへ、いき（気）をえて、さかうる事に候。此《こ》れもかくのごとし。

阿闍世《あじゃせ》王*は仏の御かたきなれども、其の内にありし耆婆《ぎば》*大臣、仏に志ありて常に供養《くよう》ありしかば、其の功、大王に帰《き》すとこそ見へて候《そうら》へ。仏法の中に内薫外護《ないくんげご》*と申す大なる大事ありて、宗論にて候《そうろう》。法華経には「我深く汝等《なんだち》を敬ふ」、涅槃経《ねはんきょう》には「一切衆生悉《ことごと》く仏性《ぶっしょう》有り」、馬鳴《めみょう》*菩薩の起信論《きしんろん》*には「真如《しんにょ》の法、常に薫習《くんじゅう》するを以《もっ》ての故に、妄心《もうしん》即滅して、法身《ほっしん》顕現す」。弥勒《みろく》*菩薩の瑜伽論《ゆがろん》*には見えたり。かくれたる事のあらはれたる徳となり候なり。

《上》ここでは、北条親時《ちかとき》のこと。四条金吾の主君・江馬光時の子で江馬四郎と呼ばれた。《阿闍世王》80頁の注を参照。《耆婆》ジーヴァカ（Jivaka）の音写。釈尊在世当時のインドの名医で頻婆娑羅《びんばしゃら》・阿闍世の二王に仕えた。阿闍世とは異母兄弟といわれる。仏法に帰依し、多くの仏弟子の病気を治し、父王を殺したことを悔やむ阿闍世を仏に帰依せしめた。《内薫外護》衆生に内在する真如《しんにょ》が無明《むみょう》に薫習《くんじゅう》して、覚りを求めるようになり、さらに種々の障害が除かれること。《馬鳴》八〇～一五〇年頃。アシュヴァゴーシャ（Aśvaghoṣa）の漢訳。仏陀の生涯を描いた詩『仏所行讃《ぶっしょぎょうさん》』（Buddhacarita）を著わした。《起信論》『大乗起信論《だいじょうきしんろん》』のこと。著者は馬鳴と伝えられているが、中国撰述説もある。大乗に対する正しい信心を起こさせることを目的とし、心を本来の面（心真如《しんしんにょ》門《もん》）と活動の面（心生滅門《しんしょうめつもん》）の二面から考察する。《弥勒》マイトレーヤ（Maitreya）の音写。四世紀頃のインドの僧。大乗仏教の学派の一つ瑜伽行唯識学派《ゆがぎょうゆいしきがくは》の開祖とされる。五十六億七千万年後に出現するとされる弥勒菩薩とは別人。《瑜伽論》『瑜伽師地論《ゆがしじろん》』一〇〇巻のこと。四世紀頃、弥勒《みろく》、または無着《むじゃく》の著。唐の玄奘《げんじょう》によって完訳された。瑜伽行者（ヨーガの実践者）の修行や悟りの境地などを説き、唯識中道の道理を宣揚している。

白小袖《しろこそで》を一枚、銭《ぜに》を一結《ひとゆい》、また富木殿の手紙にある果《このみ》、何よりも柿、梨、そして生《なま》ひじき、干《ほし》ひじきなど、種々の物を受け取り、品々を使いの者から頂きました。

さて、何よりも主君・江馬四郎（北条親時《ちかとき》）氏の病気のことを嘆いております。たとえ、主君は『法華経』を信仰しておられないようであっても、貴殿がその主君の御《み》内《うち》にいて、主君のご恩のおかげで『法華経』を供養《くよう》しておられるので、その功徳は一途に主君のための祈りとなるでありましょう。大木の下に生えた小さな木や、大河のほとりに生えた草は、雨や水に当たることがなく、その水を直接得ることがないけれども、露を伝え、水蒸気を得て、栄えることになります。貴殿と主君の関係も、これと同じです。

阿闍世王は、釈迦仏の敵対者でありましたが、その身内にいた耆婆《ぎば》大臣が、釈迦仏に帰依《きえ》して常に供養していたので、その功徳が阿闍世《あじゃせ》王にも及んだのだと見受けられます。仏法の中には「内薫外護《ないくんげご》」という重要な法門があって、仏法の根幹の理論であります。

『法華経』には、あらゆる人に仏性《ぶっしょう》が具《そな》わっているとして「我深く汝等《なんだち》を敬う」と語りかけた常不軽菩薩《じょうふきょう》の言葉があり、『涅槃経《ねはんきょう》』には、「一切衆生は悉《ことごと》く仏性を具えている」とあります。馬鳴《めみょう》菩薩の『大乗起信論』には、「真如《しんにょ》の法が、常に薫習《くんじゅう》することによって、妄心《もうしん》が即座に滅して、法身《ほっしん》が顕現するのである」と説かれていて、弥勒《みろく》菩薩の『瑜伽師地論《ゆがしじろん》』にも見られます。内在していたものが、目に見えて顕在化した徳となるということです。

十羅刹の助けでこの病は起これるか

されば御内《みうち》*の人人には天魔*ついて、前《さき》より此《こ》の事を知りて殿の此の法門を供養するをささ（支）えんがために、今度《このたび》の大妄語《だいもうご》をば造り出だしたりしを、御信心深ければ十羅刹《じゅうらせつ》*たすけ奉《たてまつ》らんがために、此の病はをこれるか。上《かみ》は我がかたきとはをぼさねども、一《いっ》たん、かれらが申す事を用ひ給《たま》ひぬるによりて、御しようらう（所労）の大事になりて、ながしら（長引）せ給ふか。彼等が柱とたのむ龍象*すでにたうれぬ。和讒《わざん》*せし人も又其《またそ》の病*にをかされぬ。良観は又一重の大科の者なれば、大事に値《お》ふて大事をひきをこして、いかにもなり候はんずらん。よもただは候はじ。

《御内》貴人の屋敷の内部。家臣。家来。《天魔》欲界の第六天に住む他化自在天《たけじざいてん》の魔王で、人の善行を妨害するので魔と名づける。《十羅刹》83頁の注を参照。《龍象》京都から鎌倉へ下向していた龍象房のこと。建治三年六月九日、桑ヶ谷の龍象房の道場で日蓮の門下・三位房に論破され、逐電《ちくでん》した。《和讒》一方に取り入るために他方を悪くいうこと。讒言。《其の病》建治三年の春ごろから、翌年の弘安元年七月ごろまで続いた疫病のこと。

だから、江馬家の御内の人々に天魔がついて、以前から内薫外護のことを知って、主君のための祈りとなる貴殿の『法華経』への供養を妨害するために、このたびの龍象房に対する狼藉といった大妄語を作り出したのであります。ところが、貴殿の信心が深かったので、十羅刹女《じゅうらせつにょ》が貴殿を助けるために主君のこの病気を発《おこ》したのでありましょうか。主君は、貴殿のことを自分の敵《かたき》だとは思っておられないけれども、ひとたび彼らの讒言《ざんげん》を受け入れたことで、病が重くなって、長引いているのでしょうか。彼らが柱として頼りにしていた龍象房も、既に〔疫病で〕たおれてしまいました。龍象房に取り入り、貴殿のことを讒言した人もその疫病に侵されてしまいました。良観は、さらに一層の大罪あるものなので、重大なことに直面して重大なことを引き起こし、どのようにでもなるでありましょう。もはやただでは済まないでしょう。

敵に対する用心を諭す

此《こ》れにつけても、殿の御身《おんみ》もあぶなく思ひまいらせ候《そうろう》ぞ。一定《いちじょう》かたきにね

らはれさせ給《たま》ひなん。すぐろく（雙六）の石は二つ並びぬればかけられず。*車の輪は二《ふたつ》あれば道にかたぶかず。敵も二人ある者をば、いぶせ（悒）がり候ぞ。いかにとが（科）ありとも、弟ども、且《しばら》くも身をはなち給《たま》ふな。殿は一定、腹あしき相《そう》かを（面）に顕《あらわ》れたり。いかに大事と思へども、腹あしき者をば天は守らせ給はぬと知らせ給へ。殿の人にあやまたれてをはさば、設《たと》ひ仏にはなり給ふとも、彼等が悦《よろこ》びと云《い》ひ、此れよりの歎《なげ》きと申し、口惜《くちお》しかるべし。

彼等がいかにもせんとはげみつるに、古《いにしえ》よりも上《かみ》に引き付けられまいらせてをはすれば、外のすがた（姿）はしづまりたる様にあれども、内の胸はもふ（燃）る計《ばか》りにや有らん。常には彼等に見へぬ様にて、古《いにしえ》よりも家のこ（子）を敬ひ、きうだち（公達）*まいらせ給ひてをはさんには、上の召しありとも、且《しばら》くつつしむべし。

入道殿*いかにもならせ給はば、彼《か》の人人は、まどひ者になるべきをばかへりみず、物をぼへぬ心に、との（殿）のいよいよ来るを見ては、一定ほのをを胸にたき、いき（気）をさかさまにつ（吐）くらん。

若《も》し、きうだち、きり（権）者《もの》*の女房たち、「いかに上《かみ》の御《ご》そらう（所労）は」と問い申されば、いかなる人にても候《そうら》へ、膝をかがめて、手を合せ、「某《それがし》が力の及ぶべき御所労には候はず候《そうろう》を、いかに辞退申せども、ただと仰《おお》せ候《そうら》へば、御内《みうち》の者にて候間《そうろうあいだ》、かくて候」とて、びむ（鬢）をもかかず、ひたたれ（直垂）こはからず、さはやかなる小袖《こそで》、色ある物なんどもきずして、且《しばら》くねう（忍）じて御覧あれ。

《すごろく（雙六）の石は二つ並びぬればかけられず》絵雙六《えすごろく》ではなく、盤雙六《ばんすごろく》のルールでは、自分の石が一つしかないマス目に相手の石が入ってきたら、自分の石は一時的に取り除かれるが、二つ以上あれば、相手の石はそのマス目には進めないし、自分の石が取り除かれることもない。《きうだち（公達）》親王・貴族など身分の高い家柄の青少年。ここでは北条一門の子弟。《入道殿》江馬光時のこと。《きり（権）者》主君のお気に入りで，権勢をふるう人。切り者。切れ者。きりうど。

このことを見ても、貴殿の身の上も危ないと思っております。必ず敵に命を狙われるでありましょう。双六《すごろく》ではマス目に二つの石が並んでいれば、その石は相手に取り除かれることはありません。車は、左右の両輪があれば道で傾くことはありません。敵も二人でいる者をうっとうしく思うものです。だから、どんなに過失があったとしても、わずかの間でも弟たちをそばから離れさせてはなりません。貴殿は、確かに短気で怒りっぽい相が顔に表われています。どんなに大事なことだと思っても、短気な人を諸天は守らないと知ってください。貴殿が、人に殺害されることになれば、たとえ成仏するとしても、彼らの喜びといい、こちらの嘆きといい、口惜《くちお》しいことでありましょう。

彼らが、貴殿を何とか陥れようと懸命になっていたのに、以前にも増して貴殿が主君に信頼されて近くなったので、彼らは、外見は冷静であるように見えても、心の中は嫉妬《しっと》の炎が燃え盛るほどでありましょう。だから、いつもは彼らと遭遇しないようにして、以前にも増して江馬家の家人《けにん》を敬い、公達《きんだち》がおいでになって、主君のお召しがあったとしても、しばらく慎んでいるべきです。

江馬入道殿にもしものことがあれば、彼らは、落ち着くところのない浮浪人になってしまうでしょう。そんなことも顧みず、物事の道理もわきまえないで、貴殿がついにやって来るのを見ては、必ず嫉妬の炎を胸に燃え上がらせ、息を荒らげることでありましょう。

もしも公達や、権勢をふるう人の女房たちが、「主君の病はいかがでしょうか？」

と問うたならば、それがどんな人であれ、膝をかがめ、掌を合わせて、「私の力の及ぶ病ではないのに、どんなにご辞退申しましても、敢《あ》えてと仰《おお》せられるので、主君の御内の者である間は、このように治療に当たらせていただいております」と言って、耳の脇の鬢《びん》も梳《くしけず》らず、直垂《ひたたれ》も糊付《のりづ》けして張りをもたせることなく、すがすがしい小袖や、美しい着物も着ないで、しばらくは人目につかないようにして様子をご覧になっていてください。

夜廻りの殿原とかたらひ、常に睦ばせ給へ

返す返す御心《おんこころ》へ（得）の上《うえ》なれども、末代のありさまを仏の説かせ給ひて候《そうろう》には、濁世《じよくせ》には聖人《しようにん》も居《こ》しがたし。大火の中の石の如《ごと》し。且《しばら》くはこらふるやうなれども、終《つい》にはやけくだけて灰となる。賢人も五常《ごじよう》*は口に説きて、身には振舞ひがたしと見へて候ぞ。かう（甲）の座をば去れと申すぞかし。*

そこばくの人の殿を造り落さんとしつるに、をとされずして、はやかち（勝）ぬる身が穏便ならずして、造り落《おと》されなば、世間に申すこぎこひ（漕漕）での船こぼれ、又食《じき》の後に湯の無き*が如《ごと》し。上《かみ》よりへやを給ひて、居《こ》してをはせば、其処《そこ》にては何事無くとも、日ぐれ、暁《あかつき》なんど、入り返りなんどに、定めてねらうらん。又我が家の妻戸《つまど》*の脇、持仏堂、家の内の板敷の下か、天井なんどをば、あながちに心えて振舞ひ給へ。

今度《このたび》は、さきよりも彼等は、たばかり賢《かしこ》かるらん。いかに申すとも、鎌倉のえがら（荏柄）*夜廻りの殿原にはすぎじ。いかに心にあはぬ事有りとも、かたらひ給へ。

義経《よしつね》*は、いかにも平家《へいけ》をばせめおとしがたかりしかども、成良《しげよし》*をかたらひて平家をほろぼし、大将殿*は、おさだ（長田）*を親のかたきとをぼせしかども、平家を落さざりしには頸《くび》を切り給はず。

況《いわん》や此《こ》の四人*は、遠くは法華経のゆへ、近くは日蓮がゆへに、命を懸《か》けたるやしき（屋敷）を上《かみ》へ召されたり。日蓮と法華経とを信ずる人人をば、前《さき》前《ざき》、彼の人人いかなる事ありとも、かへりみ給ふべし。其《そ》の上、殿の家へ此の人人、常にかよ（通）うならば、かたきはよる行きあはじと、をぢるべし。させる親のかたきならねば、顕《あら》われてとはよも思はじ。かくれん者は、是《こ》れ程の兵士《つわもの》はなきなり。常にむつ（睦）ばせ給へ。殿は腹悪《あし》き人にて、よも用ひさせ給はじ。若《も》しさるならば、日蓮が祈りの力及びがたし。

《五常》儒教で説く仁《じん》・義《ぎ》・礼《れい》・智《ち》・信《しん》の五つの徳目。《かう（甲）の座》いちばんの上席。もっともよい場所。《食の後に湯》「食後の湯は三里行きても帰って飲め」という諺《ことわざ》があり、健康のため、食後にお湯を飲むことが推奨されていた。《妻戸》家の端に設けた両開きの戸。《えがら（荏柄）》現在の鎌倉市二階堂にある地名。鎌倉幕府の館も鶴岡八幡宮の若宮大路もこの地域にあった。《義経》源 義経《みなもとのよしつね》（一一五九〜一一八九）のこと。《成良》阿波《あわ》（徳島県）の豪族・田口成能のこと。生没年不詳。平安後期〜鎌倉時代の武将。平氏の都落ちの際、四国に平家の根拠地をかためるため尽力した。元暦《げんりゃく》二（一一八五）年の壇ノ浦の戦いでは水軍を率いて戦ったとも、戦いの途中で裏切ったともいわれる。《大将殿》源 頼朝《みなもとのよりとも》（一一四七〜一一九九）のこと。鎌倉幕府の創設者。《おさだ（長田）》長田忠致《ただむね》のこと。平安末期の武将。生没年不詳。尾張《おわり》（愛知県）野間内海荘と駿河《するが》（静岡県）長田荘の在地領主。平治の乱（一一五九年）に敗れて東下する源義朝《よしとも》を一旦かくまいながら殺害。古活字本『平治物語』は挙兵した頼朝に従ったのち処刑されたとする。《此の四人》兜木正亨《かぶときしょうこう》校注『日蓮文集』（岩波文庫、一〇五頁）の注釈では「頼基の兄弟四人」としているが、一見して唐突に見える。この文章の流れからは、既出の「夜廻りの殿原」のこととするのが自然に思える。そして、この後、兄弟のことが論じられていることを考慮すると、「夜廻りの殿原」の四人が四条金吾の兄弟であって、彼らは屋敷を没収されていたと理解したほうがよさそうである。

よくよく心得ておられることではありましょうが、末世のありさまを仏が説かれたことには、「濁悪《じょくあく》の世には聖人《しょうにん》でさえも住みがたい。大火の中の石のようなもので、しばらくは耐えているようではあっても、最終的には焼けて砕けて灰となります。賢人も、仁《じん》・義《ぎ》・礼《れい》・智《ち》・信《しん》の五常《ごじょう》を口で説くけれども、身で振る舞うことは難しい」とあります。世の習いでも「最も高い座についたら、長くとどまるな」と言っています。

多くの人たちが貴殿を陥れようとしたのに、貴殿は、陥れられることなく、既に勝利を収めています。その身の貴殿が、穏やかでなく直情径行になって、敵に陥れられるようなことになるならば、世間で言われる「漕《こ》ぎに漕いで、岸に着く直前に船が転覆する」ようなものであり、また「食後には必ず飲め」と言われる湯がないようなものです。

主君から部屋をいただいて、そこに滞在しているので、そこでは何ごともなくても、日暮れ時の帰宅、明け方の出仕などの際には、必ず彼らは命を狙うでありましょう。また、自分の家の妻戸の脇、持仏堂、家の中の板の間の下、天井などには、よくよく用心して振る舞ってください。

この度《たび》は、以前よりも彼らの計略が巧妙になっているでありましょう。何といっても、鎌倉の荏柄《えがら》の夜廻りの人たちに勝る人はいません。どんなに気が合わないことがあっても、親しく語り合うようにしてください。

源　義経《みなもとのよしつね》は、どう考えても平家《へいけ》を攻め落とすのは困難でありましたが、平家方の阿《あ》波《わ》の豪族・田口成良《しげよし》（成能）を説得し、味方に引き入れて平家を滅ぼしました。源《みなもとの》頼朝《よりとも》は、長田忠致《おさだただむね》のことを父・義朝《よしとも》のかたきと思っていましたが、平家を攻め落とすまでは首を斬ることはありませんでした。

ましてや、この夜廻りの殿ばらの四人は、遠くは『法華経』のために、近くは日蓮のために、命を懸けるに等しい屋敷をお上に召し上げられています。日蓮と『法華経』を信ずる人々を、以前にその人々にどのようなことがあったとしても、気にかけ心を配ってやるべきです。その上、貴殿の家へこの人たちが常に通ってくるならば、敵は、夜に出くわさないようにと恐れるでありましょう。これといった親の仇《かたき》でもないので、よもや表ざたになってまでとは思わないでしょう。身を潜《ひそ》める者にとっては、これほど心強い兵士はありません。常日頃から仲睦まじくしてください。こんなことを言っても、貴殿は短気で直情的な人だから、よもや用いないでありましょう。もし、そうであるなら、日蓮がどんなに祈っても、その祈りの力は及ぶことはないでありましょう。

主の殿を思食《おぼしめ》されたるは、法華経の助けにあらずや

龍象と殿の兄*とは、殿の御ためにはあし（悪）かりつる人ぞかし。天の御《おん》計《はから》いに殿の御心の如くなるぞかし。いかに天の御心に背かんとはをぼするぞ。設《たと》ひ千万の財をみちたりとも、上《かみ》にすてられまいらせ給ひては、何の詮《せん》かあるべき。已《すで》に上《かみ》にはをや（親）の様に思はれまいらせ、水の器に随《したが》ふが如く、こうし（犢）の母を思ひ、老者の杖をたのむが如く、主のとの（殿）を思食《おぼしめ》されたるは、法華経の御たすけにあらずや。あらうらやましやとこそ、御内《みうち》の人人は思はるるらめ。とくとく此《こ》の四人、かたらひて、日蓮にきかせ給へ。さるならば、強盛《ごうじょう》に

天に申すべし。
又殿の故御父・御母の御事も、左衛門《さえもん》の尉《じょう》があまりに歎《なげ》き候《そうろう》ぞと天にも申し入れて候なり。定めて釈迦仏の御前《ごぜん》に子細《しさい》候らん。

《殿の兄》四条金吾は五人兄弟で、兄と弟三人がいたようだ。弟三人は、四条金吾についていたようだが、兄は龍象房に心をよせていたように思われる。

龍象房と、貴殿の兄は、貴殿のためには悪い人でありました。ところが、諸天のはからいによって貴殿の心のままになるのです。どうして諸天の心に背こうと思われるのでしょうか。たとえ千万の財宝を満たしたとしても、主君に捨てられてしまっては、何の意味があるのでしょう。何もありません。

既に貴殿は、主君からは親のように思われています。水が器に従うように、仔牛《こうし》が母牛を慕い、老人が杖を頼りとするように、主君が貴殿を信頼されているのは、『法華経』の力によって助けられているからではないでしょうか。「ああ、羨《うらや》ましいことだ」と同僚の人たちは思っていることでしょう。

急いでこの兄弟四人と語り合って親睦を深め、その旨を日蓮にお聞かせ下さい。そのようになされば、日蓮も強盛《ごうじょう》に諸天にご加護《かご》を申し上げましょう。

また、貴殿の亡き父と母のことも、「左衛門尉《さえもんのじょう》が大変に嘆いております」と、諸天にも申し入れております。確かに、釈迦仏のもとに詳細に伝わっていることでしょう。

日蓮と殿と同じく地獄なるべし

返す返す、今に忘れぬ事は、頸切《くびきら》れんとせし時、*殿はとも（供）して馬の口に付きて、なきかなしみ給ひしをば、いかなる世にか忘れなん。設《たと》ひ殿の罪ふかくして地獄に入り給はば、日蓮をいかに仏になれと釈迦仏こしら（誘）へさせ給ふとも、用ひまいらせ候《そうろう》べからず。同じく地獄なるべし。日蓮と殿と共に地獄に入るならば、釈迦仏・法華経も地獄にこそをはしまさずらめ。暗《やみ》に月の入るがごとく、湯に水を入るるがごとく、氷《こおり》に火をたくがごとく、日輪《にちりん》にやみ（暗）をなぐるが如くこそ候《そうら》はんずれ。若《も》しすこしも此の事をたがへさせ給ふならば、日蓮うらみさせ給ふな。

此の世間の疫病は、とののまう（申）すがごとく、年帰りなば上へあがりぬとをぼえ候《そうろう》ぞ。十羅刹《じゅうらせつ》の御計《おんはから》ひか、今且《しばら》く世にをはして、物を御覧あれかし。

《頸切れんとせし時》文永八年九月十二日、日蓮が龍口で首をはねられることになった夜のこと。

何度思い返しても、今でも忘れられないことは、文永八（一二七一）年九月十二日、龍口で日蓮が首を斬られようとした時、貴殿が私のお供をして馬の口にとりついて、泣き悲しまれたことです。そのことをいかなる世に忘れることがありましょうか。もしも貴殿の罪が深くて地獄に堕《お》ちるようなことがあれば、日蓮を仏に成れと釈迦仏がどれだけ勧めたとしても、受け入れることはありません。貴殿と同じく地獄に堕ちるでありましょう。日蓮と貴殿とがともに地獄に堕ちるならば、釈迦仏も『法華経』も地獄にいらっしゃるに違いありません。闇に月が入って照らすように、湯に水を入れて冷ますように、氷に火を焚《た》いて解かすように、太陽に闇を投げて闇が消滅するよう〔に、地獄が寂光《じゃっこう》の浄土となる〕でありましょう。

もしも、日蓮の言うことを少しでも違《たが》えて、〔悪い結果になったとしても、〕日蓮を恨《うら》んではなりません。

今、世間に蔓延《まんえん》している疫病《えきびょう》は、貴殿のおっしゃる通り、年が改まれば幕府の高位の人たちにも及ぶだろうと思います。これも十羅刹女《じゅうらせつにょ》のはからいでありましょうか。今しばらくは、世間にあって、ものごとの推移をご覧になってください。

これよりは心の財を積ませ給へ

又世間のすぎえぬやうばし、歎《なげ》ひて人に聞かせ給ふな。若《も》しさるならば、賢人にははづ（外）れたる事なり。若しさるならば、妻子があと（後）にとどまりて、はぢ（恥）を云《い》ふとは思はねども、男のわかれのおしさに、他人に向《むか》ひて我が夫のはぢをみなかたるなり。此《こ》れ偏《ひとえ》に、かれが失《とが》にはあらず。我がふるまひ（振舞）のあしかりつる故なり。

人身《にんじん》は受けがたし、爪の上の土。人身は持《たも》ちがたし、草の上の露。百二十まで持《たも》ちて、名をくた（腐）して死せんよりは、生きて一日なりとも名をあげん事こそ大切なれ。中務三郎左衛門尉《なかつかささぶろうざえもんのじょう》は主の御ためにも、仏法の御ためにも、世間の心ねも、よかりけり、よかりけりと、鎌倉の人人の口にうたはれ給へ。穴賢《あなかしこ》*、穴賢。

蔵《くら》の財《たから》よりも身の財すぐれたり。身の財より心の財第一なり。此《こ》の御文《おんふみ》を御覧あらんよりは、心の財をつませ給ふべし。

《穴賢》「恐れ多いことですが」の意、書状の終わりにおく挨拶《あいさつ》の語。

また、世間が過ごしにくいというようなことを嘆いて人に聞かせてはなりません。もしも、そのようなことをするならば、賢人から外《はず》れていることであります。もしも、そんなことをするならば、(貴殿が命を落とした後に) 残された妻子が、故人の恥を言っているとの自覚がないまま、夫との別れの心残りに、「夫はこんなことを語っていました」と他人に向かって自分の夫の恥をみな語ることになるでありましょう。これは、ひとえに妻の失《とが》ではありません。自分の振る舞いが悪かったからです。

人間の身を受けることは難しいことであり、爪の上の土のように稀有《けう》なことです。人間として生まれてきたとしても、その身を維持することは難しく、日の出とともに消えてしまう草の上の露のようにはかないものです。百二十歳まで生きながらえて、名を汚して死ぬよりも、生きて一日でも名を上げることこそ大切です。「中務三郎左衛門尉《なかつかささぶろうざえもんのじょう》は主君のためにも、仏法のためにも、世間における心の在り方も、立派であった、立派であった」と鎌倉の人たちの口々に讃えられるようになってください。穴賢《あなかしこ》、穴賢。

蔵を満たす財宝よりも、身の財《たから》のほうが勝れています。身の財よりも、心の財が第一です。この手紙をご覧になって後は、心の財を積むようにしてください。

崇峻天皇殺害の教訓

第一秘蔵の物語あり。書きてまいらせん。日本始りて、国王二人、人に殺され給ふ。其《そ》の一人は崇峻《すしゅん》天皇*なり。此《こ》の王は欽明《きんめい》天皇*の御太子、聖徳《しょうとく》太子*の伯父《おじ》なり。人王第三十三代*の皇《みかど》にてをはせしが、聖徳太子を召して勅宣《ちょくせん》下さる。「汝《なんじ》は聖智の者と聞く、朕《ちん》を相《そう》してまいらせよ」と云云《うんぬん》。太子三度まで辞退申させ給ひしかども、頻《しき》りの勅宣なれば止《や》みがたくして敬ひて相しまいらせ給ふ。「君は人に殺され給《たま》ふべき相《そう》まします」と。王の御気色《みけしき》かはらせ給ひて、「なにと云《い》う証拠を以《もっ》て此の事を信ずべき」。太子申させ給はく、「御眼に赤き筋とをりて候。人にあだまるる相なり」。

皇帝《みかど》勅宣を重ねて下し、「いかにしてか此の難を脱《まぬか》れん」。太子の云《いわ》く、

「免脱《のがれ》がたし。但《ただ》し五常《ごじょう》と申すつはもの（兵）あり。此れを身に離し給はずば、害を脱れ給はん。此のつはものをば内典には忍波羅蜜《にんはらみつ》*と申して、六波羅蜜の其《そ》の一《ひとつ》なり」と云云。

且《しばら》くは此れを持《たも》ち給ひてをはせしが、ややもすれば腹あしき王にて、是《これ》を破らせ給ひき。有る時、人、猪《い》の子をまいらせたりしかば、こうがい（笄*）をぬきて、猪の子の眼をづぶづぶとささせ給ひて、「いつか（何日）にくしと思うやつ（奴）をかくせん」と仰《おお》せありしかば、太子、其の座にをはせしが、「あらあさましや、あさましや、君は一定《いちじょう》、人にあだまれ給ひなん。此の御言《みことば》は身を害する剣《つるぎ》なり」とて、太子多くの財を取り寄せて、御前《ごぜん》に此の言《ことば》を聞きし者に御ひきで物ありしかども、或人《あるひと》、蘇我《そが》の大臣《おおおみ》・馬子《うまこ》*と申せし人に語りしかば、馬子「我が事なり」とて、東漢直駒《あずまのあやのあたいこま》*・直磐井《あたいいわい》*と申す者の子をかたらひて、王を害しまいらせつ。

されば王位の身なれども、思ふ事をばたやすく申さぬぞ。孔子《こうし》*と申せし賢人は九思一言《くしいちごん》*とて、ここのたび（九度）おもひて一度申す。周公旦《しゅうこうたん》*と申せし人は、沐《もく》*する時は三度《みたび》握り、食する時は三度はき給ひき。*

たしかにきこしめせ、我ばし恨みさせ給ふな。仏法と申すは是《これ》にて候ぞ。

《崇峻天皇》?～五九二年。飛鳥時代の天皇。欽明《きんめい》天皇を父とし、蘇我稲目《そがのいなめ》の娘を母とする。《欽明天皇》五一〇～五七一年。第二十九代の天皇。継体天皇の皇子。《聖徳太子》五七四～六二二年。用明天皇の皇子。叔母推古《すいこ》天皇の摂政《せっしょう》として内政・外交に尽力。冠位十二階・憲法十七条を制定したとされ、集権的官僚国家の基礎をつくり、遣隋使《けんずいし》を派遣して大陸文化の導入に努めた。また、三経義疏《さんぎょうぎしょ》を著わし、法隆寺・四天王寺などを建立して仏教の興隆に尽くした。《人王第三十三代》通常、崇峻天皇は第三十二代とするが、第十四代仲哀《ちゅうあい》天皇の后《きさき》・神功《じんぐう》皇后を第十五代に数えると第三十三代となる。《忍波羅蜜》大乗仏教の求道者が実践すべき布施《ふせ》・持戒《じかい》・忍辱《にんにく》・精進《しょうじん》・禅定《ぜんじょう》・智慧《ちえ》からなる六種の完全な徳目（六波羅蜜《ろくはらみつ》）の一つで、どんな辱めや苦難をも耐え忍ぶ忍辱波羅蜜のこと。《こうがい（笄）》髪の乱れを整えるのに用いた箸《はし》に似た細長い道具。女子は懐にし、男子は短刀の鞘《さや》に差していた。《蘇我の大臣・馬子》飛鳥《あすか》時代の大臣《おおおみ》・蘇我馬子のこと。?～六二六年。用明天皇が崩御《ほうぎょ》すると大連《おおむらじ》・物部守屋《もののべのもりや》を攻め滅ぼし、朝廷の実権を握って崇峻天皇を擁立するが、やがて、崇峻天皇と対立関係となって、東漢氏の直駒に命じて崇峻天皇を暗殺させた。《東漢直駒》東漢《あずまのあや》は飛鳥時代の有力な渡来系氏族の名前で、直《あたい》が姓、駒《こま》が名である。《直磐井》直駒《あたいこま》の父。《孔子》前五五一～前四七九年頃。

中国、春秋時代の魯《ろ》の思想家。儒教の祖。《九思一言》出典不明。九度考えて初めてひとこと言うこと。熟慮して発言せよという意。《周公旦》中国周王朝の政治家で、周邑の君主。魯《ろ》の初代の公である伯禽《はくきん》の父。呂尚《りょしょう》（太公望《たいこうぼう》）や召公奭《しょうこうせき》と並ぶ周建国の功臣の一人。《沐》体を洗う「浴」に対して、髪を洗うことを「沐」という。《沐する時は三度握り、食する時は三度はき給ひき》『史記』の「周公、伯禽《はくきん》を戒めて曰《いわ》く、我れは文王《ぶんおう》の子、武王《ぶおう》の弟、成王《せいおう》の叔父なり。我れ天下において亦《また》賤しからず。然《しか》るに我れ一沐《いちもく》に三たび髪を捉《にぎ》り、一飯《いっぱん》に三たび哺《ほ》を吐く。起って以《もっ》て士を待つ。猶《なお》天下の賢人を失わんことを恐る。子《し》、魯《ろ》にゆく。慎みて国を以《もっ》て人に驕《おご》るなかれ」による。

最も大切な秘蔵の物語があります。書いて差し上げましょう。日本国が始まって以来、国王二人が家臣に殺されました。その一人は、崇峻《すしゅん》天皇です。この崇峻天皇は、欽明《きんめい》天皇の太子であり、聖徳《しょうとく》太子の伯父でありました。人の代の第三十三代の天皇であったが、聖徳太子を召して勅命を下し、「汝《なんじ》は、聖なる智慧を具《そな》えた者と聞いている。朕《ちん》の相を占ってみよ」とおっしゃいました。太子は、三度までも辞退されましたが、再三の勅命だったので止むを得ず、敬意をもって相を占われました。「陛下《へいか》は人に殺されるという相があります」と。すると、天皇の表情が変わって「どのような証拠によって、このことを信ずればよいのか」と仰せになり、太子は「眼に赤い筋が通っています。人に憎まれる相でございます」と答えました。

天皇は、重ねて勅命を下され、「どのようにしてこの難を免れようか」と仰せられました。太子は「逃れることは困難です。ただし、仁・義・礼・智・信の五常という〝兵《つわもの》〟があります。これを身から離されることがなければ、危害を免れるでありましょう。この〝兵〟のことを、仏典ではどんな辱《はずかし》めや苦難をも耐え忍ぶ忍辱波羅蜜《にんにくはらみつ》と言って、六波羅蜜《ろくはらみつ》の一つでございます」と申されました。

天皇は、しばらくの間は、忍辱波羅蜜を心がけておられましたが、どうかすると短気な王であったので、この心がけを破られました。ある時、人が猪《いのしし》の子を献上したところ、天皇は笄《こうがい》を抜いて、猪の子の眼をずぶずぶと突き刺し、「いつか憎い奴をこのようにしてやる」と仰せられました。太子はその座におられたが、「ああ、嘆かわしいことです。嘆かわしいことです。陛下は必ず人から憎まれるでしょう。今おっしゃった言葉は、ご自分の身を害する剣《つるぎ》です」と言って、太子は多くの財宝を取り寄せて、天皇の前でこの言葉を聞いた者たちに、口外《こうがい》しないようにと、引き出物を渡されました。けれども、ある人が大臣の蘇我馬子《そがのうまこ》という人に語ったところ、馬子は自分のことだと思って、東漢《あずまのあや》直磐井《あたいいわい》というものの子、直駒《あたいこま》に命じて天皇を殺害させました。

だから、天皇の身であっても、心に思っていることをたやすく言わないものです。周公《しゅうこう》孔子という賢人は、「九思《くし》一言《いちごん》」と言って、九回考えて後に一言《ひとこと》を語りました。

旦《たん》という人は、髪を洗っている時、客人があれば、待たせることなく、髪を握って迎え、食事中であっても口の中の物を三度吐き出して出迎えました。慎重で、驕《おご》ることがなかったのです。
私の忠言を、しっかりと聞き入れなさい。私の忠言を聞き入れず、苦境に陥っても、私を恨んではなりません。仏法というのは、このようなことなのです。

教主釈尊の出世の本懐は人の振舞

一代の肝心は法華経、法華経の修行の肝心は不軽品《ふきょうぼん》にて候《そうろう》なり。不軽菩薩*の人を敬ひしは、いかなる事ぞ。教主釈尊の出世の本懐は、人の振舞にて候《そうら》いけるぞ。穴賢《あなかしこ》、穴賢。賢きを人《にん》と云《い》ひ、はかなきを畜《ちく》といふ。

建治三年〔丁丑《ひのとうし》〕九月十一日　日蓮　花押

四条左衛門尉殿　御返事

《不軽菩薩》『法華経』常不軽菩薩品《じょうふきょう》に説かれる菩薩。悪口《あっく》・罵詈《めり》されてもあらゆる人を軽んじることがなかった。植木訳『サンスクリット版縮訳　法華経　現代語訳』第十九章を参照。

教主釈尊が一代かけて説かれた教えの肝心は、『法華経』です。その『法華経』の修行の肝心が説かれているのは常不軽品です。常不軽菩薩が、どんなに悪口《あっく》・罵詈《めり》されても誰人をも敬い続けたのは、どういうことでしょうか。教主釈尊の出世の本懐は、人間としていかに振る舞うのかということだったのです。穴賢《あなかしこ》、穴賢。賢くあることを「人」といい、愚かであることを「畜」と言います。

建治三年〔丁丑〕九月十一日　　　　日蓮　花押

四条左衛門尉殿　御返事

解説

ほんの二ヵ月前の手紙で、日蓮は四条金吾に、「たとえ、所領を没収され、追い出されることになろうとも、十羅刹女《じゅうらせつにょ》のはからいであると深く信じて、頼りにするべきです」と諭し、「この所領は、主君から頂いたのではありません。主君の重い病を『法華経』という妙薬によって助けたことで頂いた所領です。それを召し上げるならば、その病が再び主君に戻ってくることになるでしょう」と奉行人《ぶぎょうにん》に対して言い切るように指示していた。

それが、本当にそうなった。主君が病となり、龍象房が春からの疫病で亡くなり、讒言をした者たちも発病したという。日蓮は、主君が病となったことを心配した。そして、四条金吾が『法華経』を信ずることができるのは、主君の恩を受けているからであり、たとえ主君が『法華経』を信ずることがなくても、四条金吾の祈りは、そのまま主君の祈りにもなると言って聞かせた。

それは、一年二ヵ月前の手紙『四条金吾釈迦仏供養事』にも綴られている。相模殿《さがみどの》（北条時宗）が故なく日蓮をあだ（仇）んでいるので、国中の人も日蓮をあだんでいる。それは、初めから覚悟のことだったので、人をあだむ心があってはならないと思ったら、この心が祈りとなったのであろうか、多くの難を免れ、今は事なきに至っていると自らの体験を綴っている。

その上で、日蓮がこれまで身延の山中で『法華経』を読んでこられたのは、ひとえに四条金吾の助けによるものであり、その四条金吾の助けは入道殿（江馬光時）のご恩によるものである。だから、目に見えて自覚することはなくても、入道殿の祈りとなり、また四条金吾の祈りともなるであろう――といったことが書かれている。

ここからは、憎むことのない心や、報恩感謝の心が自然に祈りとなるという意味が読み取れる。それとともに、直接的でなく、間接的であったとしても『法華経』読誦《どくじゅ》を助けていることが祈りになっているという意味で、祈りには、意識的にする祈りのほかに、自覚していなくても結果的に『法華経』信奉者を助けている行為に伴う無自覚の祈りがあるということであろう。

主君に病が再発し、再び四条金吾に頼らざるをえなくなった。主君は、四条金吾のことを敵《かたき》などとは思っていない。彼らの讒言を信じてしまったことで、この病が起こったのであり、その病は、十羅刹女が四条金吾を助けるために起こしたものであり、主君が四条金吾を頼りにしているのは、『法華経』の助けによるものであると、日蓮は言う。

日蓮は、一貫して主君の立場に理解を示している。これまで四条金吾自身も、その父親も、親類も世話になった主君である。その上、日蓮が佐渡に流罪となった時、弟子たちが所領を没収されたり、追放されたりした中で、四条金吾に何ごともなかったのは、主君の庇護《ひご》によるものであり、極めて大恩ある人である。日蓮は、こうしたことを踏まえて、建治三年五月十五日付の『四条金吾殿御返事』で、「このうへは、たとひ一分の御恩なくとも、うらみまいらせ給ふべき主にはあらず」と言い聞かせていた。日蓮のその姿勢は変わることがなかった。

日蓮は、「仏法を学せん人、知恩・報恩なかるべしや。仏弟子は、必ず四恩《しおん》をしって知恩・報恩をいたすべし」「畜生《ちくしょう》すら猶《なお》、恩をほうず。何《いか》に況《いわん》や大聖をや」（『開目抄』）と記しているように、恩を大事にする人であった。四恩とは、父母の恩、一切衆生の恩、国主の恩、三宝の恩の四つである。

四条金吾を嫉む同僚たちは、これまでいろいろと画策して四条金吾の失脚を図ったにもかかわらず、主君が病になったことで、逆に主君と四条金吾が以前よりも近くなった。そこで日蓮は、同僚たちがますます憎嫉の炎を燃やしているに違いないとして、四条金吾にさらなる用心を促した。

主君の病のことで、召し出されても容易に出仕せず、出仕した時には、主君の病状を尋ねられても、同僚たちの嫉みを買わないように「私の力の及ぶところではないと辞退したのに、敢《あ》えてと頼まれたので家臣として治療に当たらせていただいています」と、鬢《びん》をも整えず、やつれて、目立たない服装をして、膝をかがめ、掌を合わせて答えるように指示している。先の手紙でもそうであったが、身振り、手振りから言葉遣いに至るまで詳細な指示を出していて、まるで演出家である。

そして、常に弟を側に置いて、独りでいることがないように注意し、四人の夜廻りの殿ばらと親しくして家に通ってきてもらえば、敵も近づき難くなると指導した。夜廻りの殿ばらは、日蓮に帰依していたようで、日蓮は面識があったのであろう。佐渡流罪の時、『法華経』のゆえに、また日蓮のゆえに屋敷を没収されたと記されている。夜廻りの殿ばらと語り合い親しくすることは、彼らに対する配慮であり、四条金吾の身辺を守るための最も有効な措置であった。

微に入り細を穿《うが》つ激励だが、四条金吾は職場では孤立無援に近く、不安がないと言えばうそであろう。それに対して日蓮は、龍口の刑場で首を斬られようとした時、四条金吾が同行し、泣き悲しんで殉死《じゅんし》しようとしていたことを忘れることなく、「仮にも貴殿が地獄に入るようなことがあったならば、日蓮も地獄に入りましょう。二人が地獄に入るならば、釈迦仏も『法華経』も地獄にこそおられるに違いない」と断言し、四条金吾に寄り添って励ました。

そして、社会人としての『法華経』信奉者の在り方を語った。人間として生まれてくることは稀有《けう》なことである。せっかく人間として生まれてきたのだから、下らぬ汚名を垂れ流して生き長らえるよりも、一日でも名を上げて生きることが大切だ。それは、「主君のため」「仏法のため」「世間に対する心根」の三つにおいて立派な生き方を貫くことだという。

「世間法」と「仏法」という立て分け方がある。「主君のため」と「世間に対する心根」は、前者に当たる。日蓮は、両者の関係を次のように記している。

まことのみちは、世間の事法にて候《そうろう》。金光明経《こんこうみょうきょう》には「若《も》し深く世法《せほう》を識《し》らば、即《すなわ》ち是《こ》れ仏法なり」ととかれ、涅槃経《ねはんきょう》には「一切世間の外道《げどう》の経書は、皆是《こ》れ仏説にして外道《げどう》の説に非《あら》ず」と仰《おお》せられて候を、妙楽大師《みょうらくだいし》は法華経の第六の巻の

「一切世間の治生産業《じしようさんごう》は、皆実相と相ひ違背《あいはい》せず」との経文《きようもん》に引き合せて心をあらわされて候には、彼《か》れ彼《が》れの二経は深心《じんしん》の経経《きようぎよう》なれども、彼の経経は、いまだ心あさくして法華経に及ばざれば、世間の法を仏法に依《よ》せてしらせて候。法華経はしからず。やがて世間の法が、仏法の全体と釈せられて候。(『白米一俵御書《はくまいいつぴようごしよ》』)

世間法《せけんほう》(世法《せほう》)と仏法《ぶつぽう》に二分して、世間法としての世俗生活が汚れたもの、価値の劣るものとして、日本仏教の多くは世間を離脱して山林に隠棲《いんせい》して禅定《ぜんじよう》や読経《どきよう》に専念する傾向が強かった。世間法は仏法のためには手段であるかのように言われているが、世間法は目的なのであり、それが『法華経』の思想なのだと、日蓮は言っている。仏法は、世間の法と切り離されてあるのではなく、仏法と世間法は不即不離である。

日蓮は、さらに次のように言っている。

智者とは、世間の法より外《ほか》に仏法を行《おこなわ》ず。世間の治世の法を能《よ》く能く心えて候《そうろう》を智者とは申すなり。(『減劫御書《げんごうごしよ》』)

智者と言われる人は、仏法を世間の法とかけ離れたものとしてとらえることはない。世間における一切の生産・創造の活動は、仏の覚られた真実の在り方と矛盾・対立するものではないのだ。

『法華経』や、日蓮のこのような思想に由来して、京都の法華衆《ほつけしゆう》の中から、狩野元信《かのうもとのぶ》(一四七六〜一五五九)、長谷川等伯《はせがわとうはく》(一五三九〜一六一〇)、本阿弥光悦《ほんあみこうえつ》(一五五八〜一六三七）、尾形光琳《おがたこうりん》（一六五八～一七一六）、松永貞徳《まつながていとく》（一五七一～一六五四）、山本春正《やまもとしゅんしょう》（一六一〇～一六八二）、元政上人《げんせい》（一六二三～一六六八）、俵屋宗達《たわらやそうたつ》（？～一六四〇頃）、宝井其角《たからいきかく》（一六六一～一七〇七）、尾形乾山《おがたけんざん》（一六六三～一七四三）、葛飾北斎《かつしかほくさい》（一七六〇～一八四九）など、多くの芸術家や文学者たちが輩出したことは、特筆すべきことであろう（元政上人については、拙著『江戸の大詩人　元政上人』、中公叢書を参照）。

彼らにとって、文学や芸術の創作という世間法そのものが、仏法であった。世間の治生産業《じしょうさんごう》の法をよく心得る智慧と、仏法の智慧とは矛盾しない。『法華経』の信仰は、現実とかけ離れてあるのではない。現実世界、各人の日常生活の場面を通して現われるものなのだ。

その現実生活、日常生活の一端として、四条金吾にとっては喫緊《きっきん》の課題となっている「主君のため」ということが挙げられている。それをさらに一般論化すれば、「世間に対する心根」ということであろう。

以上のような考えから、弘安元年四月十一日付の『四条金吾殿御返事』（『檀越某御《だんのつぼうご》返事《へんじ》』の別名あり）では、

御《お》みやづかい（仕官）を法華経とをぼしめせ、「一切世間の治生産業は皆実相と相違背《あいいはい》せず」とは此《こ》れなり。

という表現も出てくる。ここに「御みやづかい」を挙げていることについて、日蓮は、

封建制度を容認していると論ずるものがあるが、それは前後関係の読み落としである。ここは、当時の社会における「一切世間の治生産業」の一つとして挙げられたものである。

『法華経』の説く実相というものは、「主のため」や、「御みやづかい」をはじめとする「一切世間の治生産業」における「世間の心根」のよい、社会人としての立派な振る舞いを離れて存在することはないのだ。

「仏法」は、人間として在るべき理法に基づき、真の自己に目覚めることによって人格の完成を目指すものである。その人格の完成を通して世間、すなわち社会に貢献することが「仏法」だというのだ。拙訳『サンスクリット版縮訳　法華経　現代語訳』(角川ソフィア文庫)でも、『法華経』を受持・読誦・解説・書写する人たちのことを「衆生を憐れむために、このジャンブー洲《しゅう》(閻浮提《えんぶだい》)の人間の中に再び生まれてきたものたち」(一七八頁)だと釈尊は語り、「ブッダの国土への勝れた誕生も自発的に放棄して、衆生の幸福と、憐れみのために、この法門を顕示するという動機でこの世に生まれてきた」(一八〇頁)人たちだと説いた。そして、その人たちのことを「如来の使者」「如来によってなされるべきことをなす人」「如来によって派遣された人」と呼んでいる。

仏法と世間法の関係を三種の財宝からも論じている。そこにおいて重要な視点として、「蔵の財」「身の財」「心の財」の三種の財宝を挙げている。「蔵の財」とは、財物の豊かさを言うのであろう。「身の財」とは、身体に具わる健康や技能に代表されよう。この二つは、世間法に入るであろう。「心の財」とは、人間性の豊かさや人格の輝きなど人間を人間らしくあらしめるものと言えよう。「仏法」の説き示すものが「心の財」であり、日蓮は、「心の財第一」として「心の財」を積むように四条金吾に説いた。「心の財」があって、他の二つも活かされる。

　日蓮は、『法華経』を一人ひとりの生き方に体現させることによって、社会に貢献する人となることを願っていたことがうかがい知れよう。日蓮が『南条殿御返事』に引用した天台大師の「法、妙なるが故に人貴し。人貴きが故に所尊し」（『法華文句』）という言葉も、仏法を体現した人による世のため、人のための社会貢献を言ったものであろう。それは、下心があって、スキあらば利用してやろうといった見せかけの親切のことでは決してない。他者を手段化するのではなく、他者のためを目的とする利他行の実践である。

　この手紙には、「腹あしき相」「殿は腹悪《あし》き人」という二つの類似した表現が出てくる。日蓮は、四条金吾の短気で直情的な性格を知《ち》悉《しっ》していて、心配で心配でならなかった。売り言葉に買い言葉で、ついカッとなって、言わなくてもいいことを言って、自ら窮地に陥ってしまうことを心配していたのであろう。

このように読んでくると、主君をはじめ、同僚、夜廻りの殿ばらである兄弟たち、身内の女性たちなど――四条金吾を取り巻くあらゆる人間関係を把握して、どうしたらそこにおいて四条金吾が生きてくるのか、生かされるのか、やりやすくなるのか――といった視点から日蓮が教示していることは明らかである。お題目さえ唱えていればいいといった安易さは微塵もない。極めて現実的で具体的なアドバイスである。精神論の欠片《かけら》もない。

その最大の心配の種子《たね》であった失言について、日蓮は、聖徳太子《しょうとくたいし》の忠告に背き、失言で非業《ひごう》の死を遂げた崇峻天皇《すしゅんてんのう》の事例を通して戒めた。

また、「吾《われ》、日に吾《わ》が身を三省《さんせい》す」（『論語』学而《がくじ》）と語って、過失を犯さないように何度も自分の言行を振り返っていた孔子《こうし》を例に挙げ、出典不明だが、「九思一言」や『史記』の周公旦の故事を示して、慎重さと、驕《おご》りなきことを教示した。

以上のことを述べてきて、最後の締めくくりとして、『法華経』で重要なことは人の振る舞いだと日蓮は結論する。釈尊一代の肝心は『法華経』であり、その『法華経』の修行の肝心は常不軽品だという。その常不軽品には、次のような話が展開されている。常不軽菩薩はあらゆる人に「私はあなたがたを軽んじません」「あなたがたは、正しく完全に覚った尊敬されるべき如来になるでありましょう」（植木訳『サンスクリット版縮訳　法華経　現代語訳』、三一〇頁）と告げて礼拝した。それに対して、悪《あっ》口罵詈《くめり》され、危害を加えられるが、決して感情的にもならず、報復することもなく、人間尊重の振る舞いを生涯にわたって貫いた。その結果、理解をかちとり、信伏随従《しんぷくずいじゅう》されるようになり、ともどもに覚りを得ることになる。

ここには、毀誉《きよ》褒貶《ほうへん》にもとらわれず、慈悲の心と、忍耐・寛容の精神にのっとって自他ともに人間完成を目指す実践・振る舞いが示されていると言えよう。

人間として生まれてくることは稀有なことだと言った。せっかく人間に生まれてきても、短気で、頑固で、思慮分別のないはかない振る舞いをしていては、畜生と同じである。賢く振る舞ってはじめて人間と言えるのである。

このような日蓮の言葉は、日蓮自らの振る舞いの裏付けがあってのものであろう。裁判事務を担当する問注所《もんちゅうじょ》に日蓮が呼び出された時、日蓮の立派な立ち居振る舞いを見た人たちが、「人ごとに、問注は法門にはに（似）ず、いみじうしたりと申し候」（『十章抄』）という評判が広がったという。法門は、理詰めで書かれるから、その人柄や人間性は表われにくい。直接会ってみると、意外と人間味あふれる人であったということはよくあることである。それは、日蓮の手紙を読んで感じる意外さとも同じであろう。フランスの社会学者で哲学者のラファエル・リオジエ氏も、日蓮の手紙を読んで、国家主義者・国粋主義者という評とのあまりの違いに驚かれたという。

四条金吾に対する用意周到なアドバイスも、日蓮自らが安房《あわ》国東条小松原《とうじょうこまつばら》で襲撃されたり、佐渡流罪中に何度も刺客《しかく》に狙《ねら》われたりしたという体験の裏付けがあってのことであろう。

それとともに、日蓮は大変な読書家であった。一切経や、その論書は当然のことで、『史記』『貞観政要《じょうがんせいよう》』『大唐西域記《だいとうさいいきき》』『日本書紀』『白氏文集《はくしもんじゅう》』『論語』『孔子家語《こうしけご》』『今昔物語《こんじやくものがたり》』など幅広い読書を通して、深い人間洞察力を身に付け、身延山にいながらにして、敵の動きや、人の心、状況の推移を読み取ることができたのであろう。

四条金吾殿御書（抄）

桑ヶ谷問答の事件から七カ月、『崇峻天皇御書』の執筆から四カ月経った建治四（一二七八）年一月二十五日の手紙である。主君の勘気も解けて、四条金吾の置かれた情況が一変した。その知らせを聞いた日蓮は喜ぶとともに、さらなる警戒を呼び掛けている。（和文体、写本）

『法華経』でなければ仏に成る道はない

鷹取《たかとり》のたけ（嶽）、身延《みのぶ》のたけ、なないた（七面）がれのたけ、*いいだに（飯谷）*と申し、木のもと、かや（萱）のね（根）、いわ（巌）の上、土の上、いかにたづね候《そうら》へども、を（生）ひて候《そうろう》ところなし。されば、海にあらざれば、わかめ（海藻）なし。山にあらざれば、くさびら（茸）なし。法華経にあらざれば、仏になる道なかりけるか。これは、さてをき候《そうら》ひぬ。

《鷹取のたけ（嶽）、身延のたけ、なないた（七面）がれのたけ》日蓮の草庵から見て南の鷹取山（標高一〇三七メートル）、北の身延山（同一一五三メートル）、西の七面山《しちめんざん》（同一九八九メートル）のこと。東には天子《てんし》ヶ岳（同一三三〇メートル）がそびえ、草庵を結んだ身延の沢は、「四山の中に深き谷あり、はこ（箱）のそこ（底）のごとし」（『九郎太郎殿御返事』）であった。《いいだに（飯谷）》山梨県南巨摩郡身延町大字大野のこと。

鷹取山、身延山、七面山、飯谷と言い、木の根もと、萱《かや》の根もと、岩の上、土の上をいくら探し求めても、生えているところはありません。そもそも、海でなければ海藻はありません。山でなければ茸《きのこ》はありません。そのように『法華経』でなければ、仏に成る道はないのです。このことは、措《お》いておきましょう。

天の計《はから》ひ、法華経の力にあらずや

なによりも承りて、すずしく候《そうろう》事は、いくばくの御にくまれの人の御出仕に、人かずにめしぐせ（召具）られさせ給ひて、一日、二日ならず、御ひまもなきよし、うれしさ申すばかりなし。えもんのたいう（右衛門大夫）*のをや（親）に立ちあひて、上《かみ》の御一言にてかへりてゆり（許）たると、殿のすねん（数年）が間のにくまれ、去年《こぞ》のふゆ（冬）はかうとききき（聞）しに、かへりて日日の御出仕の御とも、いかなる事ぞ。ひとへに天の御計《おんはから》ひ、法華経の御力にあらずや。

其《そ》の上、円教房《えんきょうぼう》*の来りて候《そうら》ひしが申し候《そうろう》は、えま（江馬）の四郎殿*の御出仕に御とものさぶらひ（侍）二十四、五、其の中にしう（主）*はさてをきたてまつりぬ。ぬし（主）*のせい（身長）といひ、かをたましひ（面魂）、むま（馬）、下人までも、「中務《なかつかさ》のさえもんのじやう（左衛門尉）*第一なり。あはれ（天晴）をとこ（男）や、をとこや」と、かまくら（鎌倉）わらはべ（童）は、つじち（辻）にて申しあひて候《そうらい》しとかたり候《そうろう》。

《えもんのたいう（右衛門大夫）》池上右衛門《えもん》大夫《たゆう》宗仲《むねなか》のこと。《円教房》日蓮の弟子と思われるが、詳細不明。《えま（江馬）の四郎》江馬光時（北条光時）の子で、北条親時のこと。《しう（主）》主君、主人のこと。「主」を日蓮が「しう」と書いている。既に焼失してしまった『開目抄』の写本に「したし父母」となっていることから、「親し父母」と解釈されているが、「しうし父母」、すなわち「主師父母」の可能性も否定できない。《ぬし（主）》ここでは、二人称代名詞。《中務のさえもんのじやう（左衛門尉）》四条金吾のこと。

話を伺って、何よりもすがすがしいことは、貴殿をどれほどか憎まれていた人の出仕に、貴殿を人員として呼んでお連れになられて、一日や二日ではなく、暇もないということは、その嬉しさは言葉では言い尽くせません。池上右衛門大夫宗仲が親に背いて勘当に遭いましたが、その親に立ち会ってお上《かみ》の一言でかえって許されたことと、貴殿がこの数年の間、主君の江馬氏に憎まれ、去年の冬には断絶かと聞いておりましたが、かえって毎日の出仕のお供をなさるとは、どうしたことでございましょうか。ただただ、諸天のはからいであり、『法華経』の力ではないでしょうか。

その上、鎌倉からこちらへ来ていた円教房が申すことには、江馬四郎殿の御出仕にお供をする侍《さむらい》は二十四、五人、その中で、主君はさておいて、貴殿の背丈といい、面《つら》魂《だましい》といい、馬や下人までも「中務左衛門尉こそ第一である。天晴《あっぱ》れ、男の中の男だ」と鎌倉の子どもたちは、街頭で言い合っていたと話しておりました。

心に深き用心あるべし

これにつけても、あまりにあやしく候《そうろう》。孔子《こうし》*は九思一言《くしいちごん》*、周公旦《しゅうこうたん》*は浴する時は三度にぎり、食《じき》する時は三度はかせ給う。古《いにしえ》の賢人なり。今の人のかがみなり。

されば今度《このたび》は、ことに身をつつしませ給ふべし。よるはいかなる事ありとも、一人そとへ出でさせ給ふべからず。たとひ上《かみ》の御めし有りとも、まづ下人をこそ（御所）へつかわして、なひなひ（内々）一定《いちじょう》をききさだめて、はらまき*（腹巻）をきて、はちまき（鉢巻）し、先後左右に人をたてて出仕し、御所のかたわらに、心よせのやかたか、又我がやかたかにぬぎをきて、まいらせ給ふべし。家へかへらんには、さきに人を入れて、と（戸）のわき（側）、はし（橋）のした（下）、むまや（廏）のしり、たかどの（高殿）、一切くらきところをみせて入るべし。

せうまう（焼亡）には、我が家よりも、人の家よりもあれ、たから（財）

をしみて、あわてて火をけすところへづつとよるべからず。まして走り出る事なかれ。

出仕より主の御ともして御かへりの時は、みかど（御門）より、馬よりをりて、いとまのさしあうよし、はうくわん（判官《ほうがん》）＊に申して、いそぎかへるべし。上のをせなりとも、よ（夜）に入りて御ともして、御所にひさしかるべからず。かへらむには、第一、心にふかきえうじん（用心）あるべし。ここをば、かならずかたきのうかがうところなり。

人のさけ（酒）たば（賜）んと申すとも、あやしみて、あるひは言をいだし、あるひは用いることなかれ。

《孔子》95、183頁の注を参照。《九思一言》184頁の注を参照。《周公旦》184頁の注を参照。《はらまき（腹巻）》徒歩戦用《かちいくさ》の簡便な鎧《よろい》。腹に巻き、背で引き合わせて着用する。《はうくわん（判官）》裁判官、法官、検非違使《けびいし》庁の武士などの意味があるが、ここでは、主君の側用人のこと。

これらのことについても、あまりにも気がかりなことに思えます。孔子《こうし》は九思《くし》して一言《いちごん》し、周公旦《しゅうこうたん》は、賢人の来訪には、髪を洗っている時でも髪を三度握って出迎え、食事中であっても口の中のものを三度吐き出して即座に対応しました。これは、いにしえの賢人のことですが、現在の人にとっての鑑《かがみ》であります。

それゆえ、この度は特に身を慎んでください。夜はどんなことがあっても、一人で外出してはなりません。たとえ主君の呼び出しがあっても、まず下人を主君の館《やかた》に派遣して、内々に呼び出しが確かなことなのかを確かめてから、腹巻（鎧《よろい》）を着て、鉢巻をして、前後左右に人を立たせて出仕し、主君の館の近くで懇意にしている人の館か、または自分の館かに、それを脱いで置いて、参上するべきです。自宅へ帰る時は、人を先に宅地内に入らせて、戸の脇、橋の下、廐《うまや》の後ろ、高殿など、一切の暗がりを確認させてから入るべきです。

火事の時には、我が家であれ、他人の家であれ、財産を惜しんで慌てて火を消しているところへ近寄ってはなりません。ましてや、走って飛び出すようなことがあってはなりません

出仕から主君のお供をして主君の館に帰る時は、御門のところで馬から下りて、所要の時間がおしつまっている旨、主君の側用人である判官《ほうがん》に伝えて、急いで帰るべきです。主君の仰せられることであっても、夜になってお供して御所に長い時間いるべきではありません。帰る時には、第一に心に深く用心をするべきです。こういうとこ

ろを、必ず敵は狙っているのです。

人が酒をご馳走しようと言ってきても、怪しんで、あるいははっきりと断り、あるいは受け入れてはなりません。

弟どもに常は不憫のよしあるべし

又御をとと（舎弟）どもには、常はふびん（不憫）のよしあるべし。つねにゆせに（湯銭）、ざうり（草履）のあたい（価）なんど心あるべし。もしやの事のあらむには、かたきはゆるさじ。我がために、いのち（命）をうしなはんずる者ぞかしとをぼして、とがありとも、せうせうの失をば、しらぬやうにてあるべし。

また、弟たちには、不憫《ふびん》の思いをかけてやるべきです。常に温泉の入浴料と、旅路の草履《ぞうり》代《だい》などに配慮してやるべきです。もしものことがあった時には、敵は弟であっても容赦《ようしゃ》はしないでしょう。自分のために命を失うかもしれない人であると思って、落ち度があっても、少々の落ち度は、知らぬふりをしているべきです。

女類とは争うことなかれ

又女るひは、いかなる失《とが》ありとも、一向に御けうくん（教訓）までもあるべからず。ましていさか（争）うことなかれ。涅槃経《ねはんきょう》に云《いわ》く、「罪極《きわめ》て重しと雖《いえど》も女人に及ぼさず」等云云《うんぬん》。文《もん》の心は、いかなる失ありとも、女のとがをゝこなはざれ。此れ賢人なり、此れ仏弟子なりと申す文《もん》なり。此の文は、阿闍世王《あじゃせおう》*、父を殺すのみならず、母をあやまたむとせし時、耆婆《ぎば》*・月光の両臣がいさめたる経文なり。我が母、心ぐるしくをもひて、臨終までも心にかけし、いもうとどもなれば、失をめん（免）じて不便というならば、母の心やすみて孝養となるべしと、ふかくおぼすべし。

《阿闍世王》80頁の注を参照。《耆婆》162頁の注を参照。

また、女性たちは、どのような失敗があっても、一向に教訓するまでもありません。

ましてや、争うようなことがあってはなりません。『涅槃経』に「罪が極めて重いといっても、女人には及ぼさない」とあります。その意味は、「どのような欠点があっても女の欠点を追及してはならない。これが賢人である。これが仏弟子である」という経文であります。この文は、阿闍世《あじゃせ》王《おう》が父王を殺しただけでなく、母をも殺害しようとしていた時、耆婆《ぎば》と月光という二人の家臣が阿闍世王を諫《いさ》めた経文です。「わが母は、心苦しくて臨終の最後まで心にかけていた妹たちであるので、欠点を免じて不憫と言うならば、母の心も安らいで母への孝養になるであろう」と、深く思うべきです。

舎弟等を子とも、郎等とも頼みてをはせ

他人をも不便《ふびん》というぞかし。いわうや、をとをと（弟）どもをや。もしやの事の有るには、一所*にていかにもなるべし*。此等こそ、とどまりゐてなげ（嘆）かんずれば、をもひで（思出）にと、ふかくをぼすべし。かやう申すは、他事はさてをきぬ。雙六《すごろく》は二《ふたつ》ある石はかけられず*。鳥の一《ひとつ》の羽にてとぶことなし。将門《まさかど》*、さだたふ（貞任）*がやうなりしいふしやう（勇将）も、一人は叶《かな》はず。されば舎弟等を、子とも、郎等《ろうどう》*ともうちたのみてをはせば、もしや、法華経もひろまらせ給ひて、世にもあらせ給はば、一《ひと》方《かた》のかたうど（方人）たるべし。

《後略》

《一所》①同じ場所、②「ひとり」を敬って言う語で「おひとり」。ここでは、②。《いかにもなる》亡くなる。あの世へ行く。《雙六は二ある石はかけられず》168頁の注を参照。《将門》?～九四〇年。平将門《たいらのまさかど》のこと。下総《しもうさ》を本拠として伯父国香《くにか》を殺し、関東最強の豪族となった。下総猿《さ》島《しま》に王城を築き、文武百官を置いて新皇と称したが、平貞盛・藤原秀郷《ひでさと》に攻められて敗死。《さだたふ（貞任）》一〇一九～一〇六二年。安倍貞任《あべのさだとう》のこと。陸奥《むつ》の豪族、安倍頼時の子。厨川次郎《くりやがわじろう》ともいう。前九《ぜんく》年《ねん》の役《えき》で源頼義・義家父子と戦い、敗死した。《郎等》主人に付き従う従者。

他人のことでさえも不憫に思うものであり、弟たちのことは言うまでもないことです。万が一のことがあった場合、貴殿が一人で亡くなることもあるでしょう。もしも、貴殿が先立つことになった時、この弟たちこそ、後に残って嘆いてくれるのであるから、その時の思い出として深く不憫に思うべきです。

このように言うのは、他のことはさておいて、双六《すごろく》ではマス目に二つの石が並んでいれば、その石は相手に取り除かれることはありません。鳥は片方の羽だけでは飛ぶこともできません。平将門、安倍貞任のような勇将も一人では願いをかなえることはできませんでした。だから、弟たちを自分の子どもとも、郎党とも思って頼りにしていれば、もしや『法華経』が弘まって、貴殿がこの世に健在であれば、『法華経』と貴殿の一通りの味方になるでありましょう。

《後略》

解説

桑ヶ谷問答が建治三（一二七七）年六月のことで、それから七カ月後の手紙である。四条金吾の治療と薬の処方によって主君の病は快癒した。四条金吾は、主君の出仕にもお供をするまでになった。それも一日や二日のことではなく、暇もないほどであったという。文永十一（一二七四）年に『法華経』の法門を主君に勧めて以来この数年の間、主君の機嫌を損ね、昨年の冬は断絶かというところまで至っていたようだが、起死回生の逆転劇であった。

鎌倉からやって来た円教房の語ったところでは、二十数人の供奉者《ぐぶしゃ》の中でも四条金吾がひときわ抜きん出ていて、「中務左衛門尉こそ第一である。天晴《あっぱ》れ、男の中の男だ」と鎌倉の子どもたちの間で評判であったという。それは、日蓮が四ヵ月前に書いた『崇峻天皇御書』で「中務三郎左衛門尉は主の御ためにも、仏法の御ためにも、世間の心ねも、よかりけり、よかりけりと、鎌倉の人人の口にうたはれ給へ」と示していたことが現実となったと言えよう。日蓮は、世間法と仏法の両面における四条金吾の勝利を何よりもすがすがしいことだと喜んだ。

その上で日蓮は、さらに身を慎むように忠告した。夜は決して一人で外出しない。夜、主君から呼び出された時は、まず下人を派遣して用件を確認した上で、簡便な鎧《よろい》を着用し、前後左右に人を立たせて出向く。敵は家に火をつけて、どさくさの中で命を狙ってくるから、慌てて火を消したり、火事の家から飛び出したりしない。主君の出仕のお供が終わったら、馬から下りて、用事があると言って急いで帰る。夜、主君のお供をした時は御所に長居はしない。帰り道も用心を怠らない。酒を御馳走《ごちそう》しようと言われた時は、怪しんできっぱりと断る——などと指示した。

そして、弟たち、女性たちに対して心を配るようにアドバイスした。

もしもの時は、敵も弟だからと言って容赦《ようしゃ》することはないであろうから、弟たちが命を失うことになるかもしれない。だから、弟たちのことを不憫に思って、多少の落ち度があっても大目にみてやるように諭した。そして、「湯銭」と「草履の価」、すなわち温泉旅行の費用を工面《くめん》してやるぐらいの配慮をするようにアドバイスした。『種種御振舞御書』に「左衛門尉、兄弟四人、馬の口にとりつきて、こしごへ（腰越）、たつの口（龍口）にゆきぬ」とあることからすると、四条金吾の兄は、龍口の法難の時点（一二七一年）で弟たちと同じ心であったようだ。ところが、桑ヶ谷問答の時点（一二七七年）では、四条金吾に離反して敵方に加担している。余計なことを言ってしまって、弟たちが四条金吾に離反して、兄につくことも考えられる。日蓮は、そのことも心配しているのであろう。

この手紙で「女るひ」についても言及されていることからすると、四条金吾の妻のほかに、妹たちも同居していたように見える。それらの女性たちに教訓を垂れて諫めるようなことも、言い争いになるようなこともあってはならないと戒めた。それが、『涅槃経』に照らしても仏弟子の在り方であり、母への孝養にもなると諭した。

このころは、まだ領地が没収されたままであろうから収入は激減していたであろう。妻や女性たちは口には出さないが、家計を預かるものとして不安や不満があったのではないかと推察される。そこへ、言わなくてもいいことを言って、弟たちだけでなく、妻たちからも見放されることにでもなれば、四条金吾は孤立してしまう。ここでも、双六の石、鳥の翼などの例を挙げて、日蓮は、そうなることがないように配慮している。

この手紙で、見逃してはならないのが、四条金吾の情況が好転したのと、池上右衛門大夫が親からの勘当を許されたのが同時期であったということである。四条金吾に対する主君からの圧力がかかったのと、池上兄弟の兄が親から勘当されたのが、ほぼ同時であり、解決したのもほぼ同時であった。日蓮は、その背後に良観房の影を見ていた。それについては、次の第三章で見ることになる。

四条金吾殿御返事（抄）

建治四（一二七八）年は、二月二十九日に弘安元年と改元された。この年の一月頃までに主君の勘気が解けたのに続き、十月には所領も給わった。これは、その知らせを聞いた日蓮の驚きと喜びを伝える手紙である。（和文体、写本）

所領を給はりし事、不思議に覚へ候

《前略》

御所領、上《かみ》より給はらせ給ひて候《そうろう》なる事、まこととも覚へず候。夢かと、あまりに不思議に覚へ候。御返事なんどもいかやうに申すべしとも覚へず候。其《そ》の故は、とのの御身《おんみ》は日蓮が法門の御ゆへに、日本国、並《ならび》にかまくら中《じゅう》、御内《みうち》の人人、きうだち（公達《きんだち》）＊までうけず、ふしぎにをもはれて候《そうら》へば、其《そ》の御内にをはせむだにも不思議に候《そうろう》に、御恩をかうほらせ給へば、うちかへし、又うちかへしせさせ給へば、いかばかり同れい（同隷）＊どもも、ふしぎとをもひ、上《かみ》もあまりなりとをぼすらむ。

されば、このたびは、いかんが有るべかるらんと、うたがひ思ひ候《そうらい》つる上、御内の数十人の人人、うつたへて候《そうら》へば、さればこそいかにも、かなひがたかるべし。あまりなる事なりと、疑《うたが》ひ候ひつる上、兄弟にもすてられてをはするに、かかる御をん（恩）、面目《めんもく》申すばかりなし。

《きうだち（公達）》168頁の注を参照。《同れい（同隷）》同じ主人につき従う者。同じ仲間。同輩。同僚。

《前略》

所領を主君から給わられたとのこと、まことのこととも思えずにいます。夢ではないかと、あまりにも不思議なことだと思っております。返事をするにも何と言えばいいのか分からずにおります。その理由は、貴殿の身は日蓮の法門を信奉している故に、日本国、ならびに鎌倉中の人々や、江馬家の御内《みうち》の人々、公達《きんだち》にまで快く受け入れられず、理解できないことだと思われていました。だから、その江馬家の御内にいるだけでも不思議なことなのに、主君から恩をこうむっても、その度《たび》に繰り返し返上してきたのであるから、どれほど、同僚たちも考えられないことと思い、主君も度《ど》が過ぎると思われていたでありましょう。

だから、このたびのことは、どうなることかと不審に思っていました。その上、江馬家の御内の数十人の人たちが、讒言して訴えていたので、それだけにどんなことがあっても所領を給わることなど、かない難いことであり、あまりのことだと危ぶんでおりました。その上、兄弟にも見放されておられるのに、主君からこのようなご恩を受けられたということは、その面目は言葉で言いつくすことができません。

いかに悪くとも、悪きよし申させ給ふべからず

かの処《ところ》は、とのをか（殿岡）*の三倍とあそばして候《そうろう》上、さど（佐渡）の国のものこれに候が、よくよく其《そ》の処をしりて候が申し候は、三箇《さんか》郷《ごう》の内にいかだ*と申すは第一の処なり。田畠はすくなく候《そうら》へども、とく（徳）はは

かり（量）なしと申し候《そうろう》ぞ。二所はみねんぐ（御年貢）千貫《せんがん》、一所は三百貫と云云《うんぬん》。かかる処なりと承《うけたま》はる。なにとなくとも、どうれい（同隷）といひ、したしき人人と申し、すて（捨）てはてられて、わらひよろこびつるに、とのをかにをと（劣）りて候《そうろう》処なりとも、御下《おんくだ》し文《ぶみ*》は給《たび》たく候《そうらい》つるぞかし。まして三倍の処なりと候。いかにわろくとも、わろきよし人にも、又上《かみ》へも申させ給ふべからず候。よきところ、よきところと申し給はば、又かさねて給はらせ給ふべし。わろき処、徳分*なしなむど候《そうら》はば、天にも、人にもすてられ給ひ候はむずるに候《そうろう》ぞ。御心へあるべし。

《後略》

《とのをか（殿岡）》四条金吾の所領であった信濃《しなの》国下伊那《しもいな》郡伊賀良《いがら》村の殿岡のこと。現在の長野県飯田市に当たる。《三箇郷の内にいかだ》四条金吾が主君から出仕を許された後に三箇郷の所領をたまわったが、「いかだ」は、そのうちの一つ。この手紙からすると、佐渡の地名のようだが、詳細は不明。《下し文》平安時代末期から室町時代にかけて、院庁・摂関家・将軍家・政所《まんどころ》などから、それぞれの支配下にある役所や人民などに出された公文書。「下《くだす》」の文字で書き出された。《徳分》自分のもらう分。取り分。分け前。自分の得になること。

新たに給わるその所領は、殿岡の三倍の広さがあるとのことです。その上、佐渡の国の出身で、今この身延にいて、その土地のことをよく知っている者が言っているのは、「三箇郷《さんかごう》の内で、いかだは第一の所です。田畑は少ないけれども収穫量は無量と言われています。二ヵ所は年貢が千貫、一ヵ所は三百貫です」と、このような所だと聞いています。

これといったことがなくても、同僚や、親しい人たちに見捨てられ、彼らはあざけり笑って喜んでいるのだから、殿岡に比べて劣っている所であったとしても、その下し文はいただきたかったものであります。ましてや、三倍の所だとあります。たとえ、どんなに悪い所であったとしても、悪いということを他人にも、主君にも言ってはなりません。良い所、良い所と申し上げれば、さらにまた重ねて所領を給わることになるでしょう。悪い所で、得るものがないなどと口にするようなことがあれば、天にも、人にも見捨てられることになるでありましょう。心得ておいてください。

《後略》

解説

この手紙には、「御所領、上より給はらせ給ひて候」「かの処は、とのをか（殿岡）の三倍とあそばして候」とあるのみで、没収されていた信濃国・殿岡の所領が返還されたとは明記されていない。殿岡ではなく、「とのをかにをと（劣）りて候処」を所領として給わったようだ。四条金吾は、その所領について不満を抱いていたのであろう。

日蓮は、佐渡から日蓮のもとに来ていた人にその土地についての評判を確認して、殿岡の三倍の広さで、二ヵ所は年貢が千貫、一ヵ所は三百貫と具体的数字を挙げて、喜んで受け入れるように促している。佐渡出身者に評価を尋ねたということは、佐渡の所領であったと推測される。

日蓮は、不満を抱く四条金吾に対して、「いかにわろくとも、わろきよし人にも、又上《かみ》へも申させ給ふべからず」と忠告した。不平・不満を心に抱いていると、それが口からつい出てしまう。それを他人にも、主君にも決して言ってはならない。主君に直接言うことがなくても、桑ヶ谷問答の時の讒言のように、それを聞きつけた同僚らが、尾ひれ背びれをつけて主君に告げ口することは目に見えている。せっかく、好転した主君との関係がまた悪化しかねない。

「わろき処」「徳分なし」などと不満ばかり言っていると、天にも見捨てられ、人にも見放されてしまう。人に何かしてやって不満を言われたら、いい気がしない。わずかなことでも喜ばれたら、もっと何かしてあげようとなるのが人情であろう。だから、「よきところ、よきところ」と言っていくように指示した。そのように言っていると、また重ねて所領を給わることになるであろうとも付け加えた。

　すると、それが現実となった。この手紙のすぐ後にしたためられた同月二十二日付の『四条金吾殿御返事』を見ると、「信濃より贈られ候ひし物の日記《にき》、銭三貫文《ぜにさんかんもん》、白米・能米俵一《のうまいたわらひとつ》」とある。信濃国・殿岡から贈られてきた物を日をおって記した記録とともに、白米などが日蓮のもとに届けられている。これまでの四条金吾への手紙を見ても、日蓮が身延に入山した後は、遠く離れた鎌倉の地からは、重荷となる米よりも銭《ぜに》を供養することが多かった。米を供養したことはなかったようだ。ところが、弘安元年十月二十二日付の手紙に「白米・能米《のうまい》（筆者注＝玄米）」とあり、弘安二（一二八〇）年十月の手紙にも「殿岡より米送り給び《た》候」とある。

　このような記述からすると、「よきところ、よきところと申し給はば、又かさねて給はらせ給ふべし」と日蓮が言ったとおり、弘安元年の十月に入って佐渡の所領を給わったのに続き、十月二十二日までには、殿岡の所領が返還されたということが読み取れる。

殿岡の所領を返してもらったことが、よほど嬉しかったのであろう。十月二十二日付の手紙によると、殿岡の米などを四条金吾が直々に身延まで届けにきた。ところが、日蓮は、その旅支度の不用心さを見て、鎌倉への帰り道に襲撃されやしないかと心配でならなかった。

返す返す今度《このたび》の道は、あまりにおぼつかなく候《そうら》ひつるなり。敵《かたき》と申す者は、わすれさせてねら（狙）ふものなり。是《これ》より後に、若《も》しやの御旅《おんたび》には、御馬《おんうま》をおしませ給ふべからず。よき馬にのらせ給へ。

と注意した。日蓮は、どんなに喜ばしいことがあっても決して油断する人ではなかった。

これまで読んできた手紙でも、日蓮は繰り返して用心するように言い聞かせてきたが、日蓮の心配が現実となったことにも触れておこう。敵に襲撃されたのだ。弘安二（一二七九）年十月二十三日付の手紙（『四条金吾殿御返事』）に、

先度強敵《ごうてき》ととりあひ（取合）について御文《おんふみ》給ひき、委《くわし》く見まいらせ候。さても、敵人にねらはれさせ給ひしか。前前《さきざき》の用心といひ、又けなげといひ、又法華経の信心つよき故に難なく存命せさせ給ひ、目出《めで》たし、目出たし。

とある。心配していたことが現実になったのである。日蓮は、その手紙の末尾に次のように記している。

ただ心こそ大切なれ。いかに日蓮いのり申すとも、不信ならば、ぬれ（濡）たるほくち（火口）に火をうちかくるがごとくなるべし。はげみをなして強盛《ごうじょう》に信力をいだし給ふべし。すぎし存命、不思議とおもはせ給へ。なにの兵法《ひょうほう》よりも、法華経の兵法をもちひ給ふべし。

この文面からすると、四条金吾は、「強敵とのとりあひ（取合）」を、武勇伝として自慢気に報告したのではないかと思われる。その傲《おご》りを見抜いた日蓮は、命が助かったのは不思議なことだと思いなさい。剣術の腕前におぼれて、「法華経の信心」という原点を見失ってはならない。「心こそ大切なれ」と諭している。

その「心」の在り方について、日蓮は、妙楽大師の「必ず心の固《かた》きに仮《よ》りて、神の守り則《すなわ》ち強し」（『摩訶止《まかし》観輔行伝弘《かんぶぎようでんぐ》決《けつ》』第八）という一節を踏まえて、

神の護《まも》ると申すも、人の心つよきによるとみえて候。法華経は、よきつるぎ（剣）なれども、つかう人によりて物をきり候か。

（弘安元年十月二十二日付『四条金吾殿御返事』）

と教えた。

日蓮の説く信仰は、単なる〝神頼み〟ではない。『法華経』さえ読誦《どくじゅ》していれば、いいことがあるだろうというような安易さはない。依存心や、甘えとは対極にある。あくまでも自らの言動、立ち居振る舞い、行為に対して自覚し、責任をもつことであ

った。

どんなに勝れた『法華経』の教えを信奉するといっても、自らがいい加減な生き方をしていたら、『法華経』が活かされることはない。一人の人間として、また社会人として立派であろうとするところに『法華経』の人間観、人生観が活かされるのである。そのことを、武士である四条金吾に、『法華経』を〝兵法〟や〝剣〟に譬え、それを用いる人の心こそが大切だと諭した。

それは、日蓮自身が心がけていたことであろう。先の引用文に「日蓮いのり申すとも」とあった。日蓮も祈っていた。それが〝神頼み〟でないことは、これまでの四条金吾に対する微《び》に入り細《さい》を穿《うが》つ具体的な指示を見れば分かる。四条金吾にとって何が大事なことか、どうしたら四条金吾がうまくいくのか――といったことを祈っていたのであろう。本書で取り上げた手紙を見ただけでも、プロの武士である四条金吾も気づけないような詳細かつ具体的な指示を与えている。それができたのは、祈りに裏付けられた智慧に基づいていたからであろう。

また、日蓮は「あなたの宿業《しゅくごう》だから……」といったことは一言も言っていないことも注目される。

四条金吾への日蓮の手紙を通して読んできて、四条金吾という一人の人間が、宮仕えという場にあって、主君や同僚と、自己との間の葛藤と奮闘している姿が目に浮かぶ。

人は、社会の一員であるとともに、個という存在として生きている。それぞれの社会には一定の価値観が定着しており、差別や偏見もある。社会の一員であることで、社会の制度や因習という型にはめられて生きざるを得ない。そこにおいては、個を圧殺して盲従させようとする力が働く。それによって、個が埋没させられてしまいがちである。ところが、仏教は一人ひとりの個の存在の重さ、尊さに目覚めさせるものである。中村元先生の表現を借りれば、〝真の自己に目覚めること〟であり、〝失われた自己の回復〟であり、〝人格の完成〟であった。

仏教が個の尊厳を主張していることは、一見すると、社会の目指す方向性と逆行しているように見える。だからと言って、仏教は反社会的な行為を推奨しているのではない。個を埋没させることではなく、一人ひとりが個の尊厳性に目覚めた上で、社会に貢献することを目指している。

仏教は、エゴや、自分中心などの心を改めて、人格を磨くことによって、自己の尊厳性に目覚めさせるものだ。それは、他者の尊厳性に目覚めることにもつながる。一人ひとりが目覚めて、高い次元でより以上に社会のために貢献することが、仏教の目指したことであった。

そのような意味を込めて、日蓮は四条金吾に次の目標を示していた。

中務三郎左衛門尉《なかつかささぶろうざえもんのじょう》は主の御《おん》ためにも、仏法の御ためにも、世間の心ねも、よかりけり、よかりけりと、鎌倉の人人の口にうたはれ給へ。

『法華経』信奉者として人格を陶冶《とうや》し、主君のためだけでなく、社会（世間）に対する心根も立派であれということだ。

以上、概観してきた四条金吾に対する日蓮の手紙から、『法華経』信仰を通しての主君（社会）や同僚たち、身の回りの人たちとの人間関係の在り方を学ぶことができよう。

四条金吾は、日蓮の教示をけなげに守り通した。晩年は甲府（山梨）の地に隠棲して、約七十年の生涯を終えたと言われる。

第三章　池上兄弟への手紙

池上兄弟について

池上兄弟の父親は、池上左衛門大夫康光《さえもんたゆうやすみつ》といった。鎌倉時代に編纂された歴史書『吾妻鏡《あずまかがみ》』には暦仁《りやくにん》元（一二三八）年六月の記述に本来の藤原姓を反映した「池上籐《とうの》兵衛《ひょうえ》の尉《じょう》康光」とあり、『兵衛志殿御返事《ひょうえさかんどのごへんじ》』が書かれた建治三（一二七七）年の時点では「さゑもんの大夫殿」となっているので、三十九年の間に兵衛府《ひょうえふ》から衛門府《えもんふ》に転じたのであろう。兄は右衛門大夫志宗仲《うえもんたゆうさかんむねなか》、弟は兵衛志宗長《ひょうえさかんむねなが》といった。

当時の警備などを担当する部署に「衛門府」「兵衛府」「近衛府《このえふ》」があり、役職は上から順に、「督《かみ》」「佐《すけ》」「尉《じょう》」「志《さかん》」の四ランク（四等官《しとうかん》）に分かれていた。「大夫」は、五位以上の男性官吏を指す爵位《しゃくい》なので、父の康光も、兄の宗仲も五位であるが、左衛門府の父が、右衛門府の兄よりも上位に位置している。弟の宗長は、兵衛府の第四等の官（志《さかん》）であり六位である。執権ですら、四位、五位であったことを考慮しても、鎌倉幕府における池上家は財力も家格も高い名門の家柄であったことが推察される。

池上家は、作事《さくじ》奉行《ぶぎょう》を務めていたようで、弘安三（一二八〇）年の『兵衛志殿御返事』に「二人同心して大御所・守殿《こうどの》・法華堂・八幡等つくりまいらせ給ふならば」とあり、将軍家の居所《きょしょ》、北条時宗の館《やかた》、法華堂、鶴岡八幡宮の造営にかかわっていたようだ。

池上家には、兄弟の妻たち、その子息、下人の亀王、鶴王がいて、一族として「右《う》近尉《こんのじょう》」「次郎」の名前も手紙に見られる。

宗仲は、武蔵国《むさしのくに》（現東京）池上の地頭で、鎌倉在住であった。建長八（一二五六）年ごろ、日蓮に帰依している。それは、叔父の弁阿《べんあ》闍梨《じゃり》日昭《にっしょう》の影響もあったのであろう。その後に、弟の宗長と、兄弟の妻たちも続いた。このころ、安房《あわ》の工藤吉隆《くどうよしたか》、武蔵の荏原義宗《えばらよしむね》、鎌倉の四条金吾、進士《しんじ》太《た》郎善春《ろうよしはる》ら青年武士たちが相次いで日蓮に帰依したようだ。

池上兄弟への日蓮の手紙は、十九通が現存しているが、その最初の手紙は文永十二（一二七五）年四月の『兄弟抄』である。それは、父親と兄弟との間での信仰をめぐる対立から、兄を勘当し、家督を弟に譲るという緊迫した情況下での兄弟に対する手紙であった。もともと、父・康光は極楽寺良観の信奉者であった。兄弟が日蓮に帰依して十九年余が経過している。その間にも、これほどの重大事は起こっていなかった。

池上家の親子の対立は、文永十二（一二七五）年四月の兄・宗仲の勘当に始まった。翌年、建治二年七月二十一日付の『辨殿御消息《べんどのごしょうそく》』に「ゑもんのたいうどの（衛門大夫殿）のかへせに（改心）」という言葉があるように、勘当を取り下げたようだ。ところが、建治三（一二七七）年十一月に再び勘当されている。建治四（一二七八）年一月二十五日付の『四条金吾殿御書』に「えもんのたいう（右衛門大夫）のをや（親）に立ちあひて、上《かみ》の御《ご》一言《いちごん》にてかへりてゆり（許）たる」とあるように、お上《かみ》の一言で、許されることになり、その年（二月に弘安と改元）九月に、父は『法華経』を信奉するに至っている。

日蓮はこの三年間、真実の報恩は『法華経』によるものであること、一切は親には随《したが》うべきであるが、仏になる道は随わないのが孝養の本であること、父親の反対を受けているのは、過去の謗法《ほうぼう》の罪を現在の『法華経』の実践によって軽く受け、消滅させていることである――と指導した上で、親子・兄弟の在り方、夫を支える妻の在り方を説き続け、兄弟・夫婦一丸となって乗り越えることを説いた。

池上兄弟への手紙は、ほとんどが「兵衛志殿」と表記され、弟・宗長に対するものになっているが、父親との葛藤という共通の問題を抱えていたことから、内容的には兄弟、それぞれの妻たちに与えられたものであった。この問題では、動揺しがちな弟がキー・パーソンであり、日蓮は弟を集中的に激励し、訓戒した。

こうして、兄弟・夫妻が一丸となって父に対応し、父を『法華経』につかせたその孝心を弘安元年（建治四年二月に改元）十一月二十九日に日蓮は、「なによりも、ゑもん（衛門）の大夫志と、との（殿）との御事、ちち（父）の御中《おんなか》と申し、上《かみ》のをぼへと申し、面にあらずば申しつくしがたし」と讃嘆した。

四条金吾の主君・江馬氏との葛藤の時期と、池上宗仲の親からの勘当の時期が、ほぼ重なっている。特に、先に挙げた建治四年一月付の『四条金吾殿御書』で、お上の一言で父親が許したとあるのに続けて、「殿のすねん（数年）が間のにくまれ、去年《こぞ》のふゆ（冬）はかうとききしに、かへりて日日の御出仕の御とも、いかなる事ぞ。ひとへに天の御計《おんはから》ひ、法華経の御力にあらずや」と、四条金吾に対する主君の勘気も解けて、出仕を許されたことを、日蓮は併記している。こうしたことから、日蓮は、二つの事件の背後に共通するものを読み取っていた。すなわち、極楽寺良観の策動である。

四条金吾に対する手紙は、『法華経』信仰をめぐっての主君との在り方が課題であったが、池上兄弟への手紙は、『法華経』信仰をめぐっての親子・兄弟・夫婦の在り方が問われていると言えよう。いずれも、現実社会での葛藤を乗り越えるものとして注目される。

父・康光は弘安二（一二七九）年二月に亡くなった。その訃報《ふほう》に接して、日蓮は父に対する兄弟の孝養を称え、「兄弟の御中《おんなか》、不和にわたらせ給ふべからず」と兄弟仲良くしていくように戒めた。

日蓮が六十歳の時（弘安四年）、池上宗仲に送った『八幡宮造営事』の冒頭に、
此《こ》の法門申し候《そうろう》事、すでに廿九年《にじゅうく》なり。日日の論義、月月の難、両度の流罪に身つかれ、心いたみ候《そうら》ひし故にや、此の七八年間が間、年年に衰病をこり候ひつれども、なのめ（筆者注＝平穏なこと）にて候ひつるが、今年は正月より其《そ》の気分出来《しゅったい》して、既に一期《いちご》をわり（終）になりぬべし。其の上、齢《よわい》既に六十にみちぬ。たとひ十に一、今年はすぎ候《そうろう》とも、一二をばいかでか、すぎ候べき。

とあるように、自らの死を自覚するようになった。こうして、弘安五年九月八日、常陸《ひたち》の湯での療養を勧められて、身延を九月八日に出山し、九月十八日に池上邸に到着、そこに一カ月近く滞在して、十月十三日に亡くなった。兄・宗仲は七回忌に日蓮の等身大の御影像《みえいぞう》を造立した（重要文化財）。その池上邸が現在の池上本門寺である。兄弟の生年は不詳だが、兄・宗仲は、永仁元（一二九三）年に、弟・宗長は永仁二（一二九四）年に没したとされる。

兄弟抄（抄）

文永十二（一二七五）年四月十六日に池上宗仲・宗長兄弟に与えられた手紙。兄弟の父・左衛門大夫《さえもんたゆう》康光《やすみつ》は、極楽寺良観の信者であったことから、息子たちの日蓮への帰依を喜ばず、兄を勘当して弟に家督を譲ろうとした。その挙に動揺する兄弟とその妻たち。心配する日蓮は、この問題に対する心構えを『法華経』などの仏典や、インド、中国の説話・故事などを引用して激励し、真の孝養について説いた。よほど重要なことと思ったのであろう。日蓮は、九千三百文字余からなる長文の手紙をしたためた。ここでは文永十二年の手紙としたが、建治二年説もある。（和文体、断簡）

未来の大苦を招き越して少苦に値ふなり

《前略》

法華経には「如来の現在にすら猶怨嫉《なおおんしつ》多し。況《いわん》や滅度の後をや」、又云《いわ》く「一切世間怨《あだ》多くして信じ難し」、涅槃経《ねはんきょう》に云く「横《よこしま》に死殃《しおう》*に羅《かか》り、呵嘖《かしゃく》*・罵《め》辱《にく》・鞭杖《べんじょう》・閉繋《へいけい》*・飢餓《きが》・困苦《こんく》、是《か》くの如《ごと》き等の現世の軽報《けいほう》を受けて地獄に堕《お》ちず」等云云《うんぬん》。般泥洹経《はつないおんきょう》*に云く「衣服《えぶく》不足にして飲食《おんじき》麤疎《そそ》なり。財を求めるに利あらず。貧賤《ひんせん》の家及び邪見の家に生れ、或《ある》いは王難、及び余の種種の人間の苦報に遭ふ。現世に軽く受くるは、斯《こ》れ護法の功徳力《くどくりき》に由《よ》る故なり」等云云。

文《もん》の心は、我等過去に正法を行じける者にあだをなしてありけるが、今かへりて信受すれば、過去に人を障《さえ》ける罪にて、未来に大地獄に堕つべきが、今生《こんじょう》に正法を行ずる功徳、強盛《ごうじょう》なれば、未来の大苦をまねきこ（招越）して少苦に値《あ》ふなり。

《殃》わざわい。災害。《呵嘖》厳しくとがめてしかること。責めさいなむこと。《閉繋》牢屋に入れること。《般泥洹経》釈尊が涅槃《ねはん》に至るまでの記録である小乗の『涅槃経』に対して、大乗の『涅槃経』は釈尊が涅槃した後の如来の常住を説く経典である。後者には、曇無《どんむ》讖《しん》（Dharmakṣema）訳の『大般涅槃経《だいはつねはんきょう》』と、法顕《ほっけん》三蔵が自らインドで入手したものを漢訳した『大般泥洹経《だいはつないおんきょう》』がある。いずれも、マハー・パリ・ニルヴァーナ・スートラ（mahā-pari-nirvāṇa-sūtra）の音写である。

《前略》

『法華経』法師品《ほっしぼん》には「如来が在世の現在ですら猶《なお》、怨《うら》みや嫉《ねた》みが多い。ましてや滅度された後にはなおさらのことである」、また安楽行品《あんらくぎょうぼん》には「一切世間の人々は、仏陀に対する怨《あだ》多くして、正法を信じ難い」とあります。『涅槃経《ねはんきょう》』には「横死《おうし》・横難《おうなん》に遭い、呵責《かしゃく》され、罵《のの》しり辱《はずかし》められ、鞭《むち》や杖で打たれ、牢《ろう》に入れられ、飢餓《きが》や困苦《こんく》を受ける。このような現世の軽い報いを受けることによって未来に地獄に堕《お》ちることがない」と説かれています。『般泥洹経《はつないおんきょう》』には「衣服が不足し、飲食は粗末でわずかである。財を求めても利を得られず。貧賤《ひんせん》の家、あるいは邪見の家に生まれ、或《あるい》いは王難、および他の種々の人間の苦報に遭う。現世において軽く受けるのは、これは仏法を護る功徳力《くどくりき》による故である」とあります。

これらの経文の意味するところは、私たちは過去において正法を行じている人に害を及ぼしていたのだが、今は逆に正法を信受している。過去に人を妨害した罪によって、未来に大地獄に堕ちるはずであったのだが、今生に正法を行ずる功徳が強盛なので、未来に受けるべき大苦を今、招き寄せて小苦を受けているということです。

我身は過去に謗法の者なりける事、疑ふことなかれ

この経文に過去の誹謗《ひぼう》によりて、やうやう（様様）の果報をうくるなかに、或《あるい》は貧家に生れ、或は邪見の家に生れ、或は王難に値《あ》ふ等云云。この中に邪見の家と申すは、誹謗正法《ひぼうしょうほう》の家なり。王難等と申すは悪王に生れあうなり。此《この》二つの大難は各各《おのおの》の身に当つてをぼへつべし。過去の謗法《ほうぼう》の罪を滅せんとて、邪見の父母にせめられさせ給ふ。又法華経の行者をあだむ国主にあへり。経文明明《めいめい》たり、経文赫赫《かくかく》たり。我身は過去に謗法の者なりける事、疑ひ給ふことなかれ。此れを疑つて現世の軽苦忍びがたくて、慈父《じふ》のせめに随ひて存外に法華経をすつるよしあるならば、我身《わがみ》地獄に堕《お》つるのみならず、悲母《ひぼ》も、慈父も大阿鼻地獄《だいあびじごく》*に堕ちて、ともにかなしまん事疑ひなかるべし。

《中略》

《大阿鼻地獄》97頁の注「阿鼻」を参照。

この経文には、過去の誹謗によって受けるさまざまな果報の中に、あるいは貧しい家に生まれ、あるいは邪見の家に生まれ、あるいは王難に遭うなどとあります。この中で「邪見の家」というのは、正法を誹謗する家のことです。「王難」というのは悪王に生まれ合わせることです。この二つの大難は、各々の身に当たって自覚できることでしょう。各々は、過去の謗法の罪を滅しようとして邪見の父母に責められているのです。また、〝法華経の行者〟を迫害する国主に遭っているのです。経文は明明《めいめい》赫《かく》赫《かく》です。わが身が過去において謗法の者であったことを疑ってはなりません。このことを疑って、現世の軽い苦しみを耐え忍ぶことができなくて、慈父の責めに随って、思いのほかに『法華経』を捨てるようなことがあるならば、我が身が地獄に堕ちるだけでなく、悲母も慈父も大阿鼻地獄に堕ちて、一緒に悲しむことは疑いないでしょう。

《中略》

鉄をよくよく鍛へば疵《きず》のあらわるるがごとし

各各、随分に法華経を信ぜられつるゆへに、過去の重罪をせめいだし給ひて候。たとへば、くろがね（鉄）をよくよくきた（鍛）へば、きず（疵）のあらわるるがごとし。石はやけばはい（灰）となる。金はやけば真金《しんきん》となる。此《こ》の度《たび》こそ、まことの御信用*はあらわれて、法華経の十羅刹《じゅうらせつ》*も、守護せさせ給ふべきにて候らめ。雪山《せっせん》童子*の前に現ぜし羅刹《らせつ》*は帝釈《たいしゃく》*なり。尸《し》毘《び》王《おう》のはと（鳩）*は毘沙門天《びしゃもんてん》*ぞかし。十羅刹《じゅうらせつ》、心み給はんがために父母の身に入らせ給ひてせめ給ふこともやあるらん。

それにつけても、心あさからん事は後悔あるべし。又前車のくつがへ（覆）すは、後車のいまし（誡）めぞかし。

《信用》信じ認めて証明すること。真実であって偽りなきことを証明すること。《十羅刹》83頁の注を参照。《雪山童子》51頁の注を参照。《羅刹》サンスクリット語のラークシャサ（rākṣasa）の音写。人を惑わし、また食うという悪鬼。仏教で守護神として取り入れられた。《帝釈》58頁の注を参照。《尸毘王のはと（鳩）》鷹に追われた鳩を救うために、尸毘（Śivi）王が鳩と同じ重さの自分の肉を切り取って鷹に与えた。帝釈天が鷹に、毘《び》首羯磨《しゅかつま》天《てん》（Viśvakarman）が鳩になって王の慈悲心を試したという話。《毘沙門天》サンスクリット語のヴァイシュラヴァナ（Vaiśravaṇa）の音写である。仏教における天部の神で、持国天《じこくてん》・増長天《ぞうじょうてん》・広目天《こうもくてん》とともに四天王の一人に数えられる武神で、多聞天《たもんてん》と称される。ただし、ここは毘首羯磨天を日蓮が勘違いしたようだ。

各々は、随分と『法華経』を信じておられる故に、過去の重罪を今、責めだしておられるのです。例えば、鉄《くろがね》はよくよく鍛えれば、中の疵《きず》が外に現われてくるようなものです。石は焼けば灰となります。金は焼けば純金となります。このたびにこそ、真《まこと》の信心の証明が現われて、『法華経』の十羅刹女《じゅうらせつにょ》も守護してくださるはずでありましょう。雪山童子《せっせん》の前に現われた羅刹は帝釈でした。尸毘王《しびおう》が助けた鳩は毘沙門天《びしゃもんてん》（毘首羯磨天の誤り）でした。十羅刹女が、二人の信心を試みようとして父母の身に入って二人を責めていることもあるかもしれません。

それにつけても、心が浅はかであることは後悔することになるでしょう。また、「前車の覆《くつがえ》るは後車の戒《いまし》め」です。

日本の人人、定めて大苦に値ひぬと見へて候

今の世には、なにとなくとも道心をこりぬべし。此の世のありさま、厭《いと》ふともよも厭はれじ。日本の人人、定めて大苦に値《あ》ひぬと見へて候《そうろう》。眼前の事ぞかし。文永九年二月の十一日*に、さかんなりし花の大風にをるるがごとく、清絹《すずし》*の大火にやかるるがごとくなりしに、世をいとう人のいかでかなかるらん。

文永十一年の十月*、ゆき（壱岐）・つしま（対馬）のものども、一時に死人となりし事は、いかに人の上とをおぼすか。当時も、かのうて（討手）*に向かいたる人人のなげき、老《おい》たるをや（親）、をさなき子、わか（若）き妻、めづら（珍重）しかりしすみか（住宅）うちすてて、よしなき海をまほり、雲のみうれば、はた（旗）かと疑ひ、つりぶね（釣船）のみゆれば、兵《へい》船《せん》かと肝心《きもこころ》をけ（消）す。日に一二度山えのぼり、夜に三四度馬にくら（鞍）ををく。現身に修羅道*をかん（感）ぜり。

《文永九年二月の十一日》日蓮が予言していた自界叛逆の難として、執権・北条時宗の異母兄・時輔が謀叛を起こした日。時輔は十五日に討たれた。《清絹》生絹とも書く。生糸の織物で練っていないもの。軽くて薄く、紗《しゃ》に似ている。《文永十一年の十月》蒙古襲来（文永の役）の年月。《うて（討手）》「うて」は「討手《うって》」のこと。敵や罪人などを殺したり、とらえたりするために向かう人。《修羅道》阿修羅（asura）の住む、争いや怒りの絶えない世界。また、そういう境地。

今の世情では、何か特別なことがなくても自然と覚りを求める心（菩提心《ぼだいしん》）が発《おこ》るでありましょう。この世のありさまは、嫌がったとしても、よもや嫌がることはできません。日本の人々は、必ず大いなる苦しみに遭うと思われます。それは、眼前のことです。

文永九年二月十一日に北条時輔の乱が勃発《ぼっぱつ》したことは、美しい盛りの花が大風で折られるかのように、また美しく涼やかな清絹《すずし》（生絹）が大火で焼かれるかのようになったことなので、世の中を厭《いと》う人がどうしていないことがありましょうか。

文永十一年の十月に蒙古《もうこ》が攻めてきて、壱岐《いき》・対馬《つしま》の人たちが一時に死人となったことは、どうして他人事と思えるでしょうか。その当時も、蒙古と戦うために九州に向かっていった人々の嘆き悲しみは、どれほどであったことでしょう。年老いた親、幼い子、若い妻、大切な住居を打ち捨てて、いつ、どこに攻めてくるかも分からない海を守り、雲が見えれば蒙古の旗かと疑い、釣り船が見えれば蒙古の兵船かと思って、肝をつぶしました。日に一、二度は監視のために山に登り、夜に三、四度は蒙古が攻めて来たかと馬に鞍《くら》を置きました。生きながらにして身に修羅道を感じました。

今度、忍《ねう》し暮らして法華経の御利生心みさせ給へ

各各のせめられさせ給ふ事も、詮《せん》するところは国主の法華経のかたきとなれるゆへなり。国主のかたきとなる事は、持斎《じさい》*等・念仏者等・真言師等が謗《ぼう》法《ぼう》よりをこれり。今度《このたび》、ねう（忍）しくらして法華経の御利生《ごりしょう》*心みさせ給へ。日蓮も又強盛に天に申し上げ候《そうろう》なり。いよいよ、をづ（畏）る心ね、すがた（姿）をはすべからず。定めて女人は、心よはくをはすれば、ごぜ（御前）たちは心ひるがへりてやをはすらん。がうじやう（強盛）にはがみ（切歯）をして、たゆむ心なかれ。例せば、日蓮が平左衛門《へいのさえもん》の尉《じょう》*がもとにてうちふるま（振舞）い、いゐしがごとく、すこしもをづる心なかれ。

わだ（和田）*が子となりしもの、わかさのかみ（若狭守）*が子となりしもの、将門《まさかど》・貞当《さだとう》（貞任）*が郎従《ろうじゅう》等となりし者、仏になる道にはあらねども、はぢををもへば命をしまぬ習ひなり。なにとなくとも、一度の死は一定《いちじょう》なり。いろ（色）ばしあしくて、人にわらはれさせ給ふなよ。

《中略》

《持斎》一般に、精進潔斎《しょうじんけっさい》に励むことだが、ここでは律宗の僧のこと。《利生》「利《り》益衆《やくしゅ》生《じょう》」の略で、衆生に利益をもたらすこと。あるいは、その利益のこと。《平左衛門の尉》北条氏得宗家《とくそうけ》の御内人《みうちにん》である平頼綱《たいらのよりつな》（一二四一〜一二九三）のこと。八代執権・北条時宗、九代執権・北条貞時の執事を務めた。御内人の筆頭格として時宗の専制体制を補佐し、侍所所司《さむらいどころしょし》として軍事・警察・政務を統轄していた。時宗の死後、対立した有力御家人の安達泰盛《あだちやすもり》を滅ぼし、御内人の代表である内管領《ないかんれい》（執権の後見役）として時宗の嫡子《ちゃくし》貞時を擁して絶大な権勢を振るったが、正応六（一二九三）年、頼綱の恐怖政治に不安を抱いた貞時の命で誅殺《ちゅうさつ》された。《わだ（和田）》和田義盛（一一四七〜一二一三）のこと。源頼朝の挙兵以来軍功を重ね、幕府初代の侍所別当《さむらいどころべっとう》となった。その後、建保元（一二一三）年に北条氏の謀計《ぼうけい》によって挙兵したが、義盛以下一族はことごとく北条氏に滅ぼされた。《わかさのかみ（若狭守）》三浦泰村（？〜一二四七）のこと。執権北条氏と有力御家人三浦氏の対立から宝治元（一二四七）年に鎌倉で武力衝突（宝治《ほうじ》合戦《かっせん》）が起こり、北条氏と外戚《がいせき》・安達氏らによって追い詰められ、泰村とその一族郎党は自害して滅んだ。《将門・貞当（貞任）》209頁の注を参照。

各々が責められていることも、要するに国主が『法華経』の敵《かたき》となったからです。国主が敵となることは、持斎・念仏者・真言師等の謗法《ほうぼう》によって起こっています。このたび、責めを耐え忍んで過ごして、『法華経』のご利益を試みてください。日蓮も、強盛に天に申し上げましょう。これまで以上に怖れる心や態度があってはなりません。きっと女人は、心が弱いものであるから、奥方たちは心を翻《ひるがえ》しておられることでしょう。強盛に歯を食いしばり、弛《たゆ》む心があってはなりません。例えば日蓮が、平左衛門尉《へいのさえもんのじょう》のところでうち振る舞い、言い放ったように、少しも怖れる心があってはなりません。

北条氏との戦《いくさ》で滅んだ和田義盛の子どもたち、北条時頼に滅ぼされた若狭守《わかさのかみ》（三浦泰村）の子どもたち、天慶《てんぎょう》の乱を起こして敗死した平将門《たいらのまさかど》、前九年の役で源頼義・義家父子と戦って敗死した安倍貞任《あべのさだとう》の家来たちは、仏の道ではなかったかもしれませんが、恥を思えば命を惜しまないものであります。何もなくても、だれでも一度死ぬことは決まっていることです。死相が悪くて、人から笑われないようにしてください。

《中略》

仏になる道は親に随はぬが孝養の本にて候か

釈迦如来は、太子にてをはせし時、父の浄飯王《じようぼんのう》*、太子ををしみたてまつりて、出家をゆるし給はず。四門に二千人のつわもの（兵）をすへて、まほらせ給ひしかども、終《つい》にをや（親）の御心をたがへて家をいでさせ給ひき。一切は、をやに随ふべきにてこそ候《そうら》へども、仏になる道は随はぬが孝養の本にて候《そうろう》か。

されば心地観経《しんじかんぎよう》*には孝養の本《もと》をとかせ給ふには、「棄恩入無為《きおんにゆうむい》・真実報恩者《しんじつほうおんしや》*」等云云。言《いうこころ》は、まことの道に入るには、父母の心に随はずして、家を出て仏になるが、まことの恩をほう（報）ずるにてはあるなり。世間の法にも、父母の謀反《むほん》なんどををこすには随はぬが孝養とみへて候ぞかし。孝経*と申す経にみへて候。

《中略》

《浄飯王》106頁の注を参照。《心地観経》唐の般若《はんにや》訳『大乗本生心地観経《だいじようほんじようしんじかんぎよう》』八巻のこと。

父母・衆生・国王・三宝の四恩がいかに重いかを示し、報恩の要義を説く。《棄恩入無為・真実報恩者》このままではなく、類似の文章が『心地観経』にある。《孝経》中国古代の孝道について、孔子と曾子《そうし》の間で交わされた問答を曾子の門人が筆録したもの。

釈迦如来が太子であった時、父の浄飯王は太子のことを惜しんで、太子が出家することを許されませんでした。東西南北にある四つの門に二千人の兵士を配置して見張らせましたが、ついに親の心に背いて出家されました。一切のことは親に随うべきことではありますが、仏になる道は、親に随わないのが孝養の基本でありましょうか。だから『心地観経』には、孝養の基本を説いて、「恩愛の情を棄《す》て、世俗の執着を断ち切って、覚りの道に入る者が、真実に恩を報いる者である」という趣旨の言葉があります。その意味するところは、真実の道に入るには、父母の心に随わず、家を出て仏になることが真実の恩を報ずることになるということです。世間の決まりでも、父母が謀叛を起こす時には随わないのが孝養であると『孝経』という経書にあります。

《中略》

浄蔵・浄眼の生れ変はりてをはするか

賢王のなかにも兄弟をだやかならぬれい（例）もあるぞかし。いかなるちぎり（契）にて兄弟、かくはをはするぞ。浄蔵《じょうぞう》・浄眼《じょうげん》＊の二人の太子の生れかはりてをはするか。薬王《やくおう》・薬上《やくじょう》＊の二人か。

大夫志《たゆうさかん》殿の御をや（親父）の御勘気《ごかんき》＊は、うけ給はりしかども、ひやうへ（兵衛）の志《さかん》殿の事は、今度《このたび》はよも、あに（兄）にはつかせ給はじ。さるにては、いよいよ大夫志殿のをや（親）の御不審は、をぼろげにては、ゆり（許）じなんどをもいて候《そうら》へば、このわらわ・鶴王の申し候《そうろう》は、まことにてや候らん。「御同心」と申し候《そうら》へば、あまりのふしぎさに、別の御文《ふみ》をまいらせ候《そうろう》。未来までのものがたり、なに事かこれにすぎ候べき。

《浄蔵・浄眼》『法華経』妙荘厳王品《みょうしょうごんのうぼん》で異教の父を仏教に帰依させた兄弟。《薬王・薬上》妙荘厳王品で語られた兄弟である浄蔵・浄眼の後身とされる菩薩。《御勘気》34頁の注を参照。

賢王と言われる人の中にも兄弟の仲が穏やかでない例もあります。どのような宿縁で、二人は兄弟としてこのように仲良くしておられるのでしょうか。浄蔵・浄眼という二人の太子の生まれ変わりでいらっしゃるのでしょうか。あるいは、その二人の太子の後身である薬王・薬上という二人の菩薩の生まれ変わりなのでしょうか。

大夫志《たゆうさかん》殿（兄、宗仲）が父親から勘当されたことは承りましたが、兵衛志《ひょうえのさかん》殿（弟、宗長）は、このたびは、きっと兄につくことはないでありましょう。そうであるならば、いよいよ大夫志殿への親の不審は強まり、生半可《なまはんか》なことで勘当を許されることはないだろうと思っておりました。ところが、この〔使いの〕少年・鶴王の申したことは、まことでありましょうか。「二人とも同じ心です」と、申しましたので、あまりにも不思議なことで、別の手紙を差し上げました。後々まで語り継ぐ物語として、これにすぎるものがあるでしょうか。

隠士と烈士の故事

西域《さいいき》＊と申す文《ふみ》にかきて候《そうろう》は、月氏《げっし》＊は婆羅痆斯《ばらなつし》国＊・施鹿林《せろくりん》＊と申すところに一《ひとり》の隠士＊あり。仙の法を成《じょう》ぜんとをもう。すでに瓦礫《がりやく》を変じて宝となし、人畜の形をかえ（変）けれども、いまだ風雲にの（乗）つて仙宮《せんぐう》にはあそ（遊）ばざりけり。此《こ》の事を成ぜんがために、一《ひとり》の烈士*をかたらひ、長刀《ちょうとう》をもたせて壇*の隅《すみ》に立てて息をかくし、言《ことば》をたつ。「よひ（宵）よりあした（朝）にいたるまで、ものいはずば、仙の法成《じょう》ずべし」。仙を求《もとむ》る隠士は、壇の中に坐して、手に長刀をとつて、口に神呪《しんじゅ》をずう（誦）す。約束して云《いわ》く「設《たと》ひ死なんとする事ありとも、物言ふ事なかれ」。烈士云く「死すとも物いはじ」。此《かく》の如くして既に夜中を過ぎて、夜まさにあけ（明）んとする時、如何《いかん》が思ひけん、烈士大《おおい》に声をあげて呼《よば》はる。既に仙の法成ぜず。

隠士、烈士に言つて云く「何《いか》に約束をばたがふるぞ。口惜《くちお》しき事なり」と云《い》ふ。烈士歎《なげ》いて云く「少し眠つてありつれば、昔し仕へし主人自ら来りて責めつれども、師の恩厚ければ忍《しのん》で物いはず。彼の主人怒つて頸《くび》をはねんと云ふ。然而《されど》又ものいはず。遂《つい》に頸を切りつ。中陰《ちゅういん》*に趣く我が屍《しかばね》を見れば惜く歎かし。然而《されど》物いはず。遂に南印度の婆羅門《ばらもん》の家に生れぬ。入胎出胎するに大苦忍びがたし。然而《されど》息を出さず。又物いはず。已《すで》に冠者《かんじゃ》*となりて妻をとつ（娶）ぎぬ。又親死にぬ。又子をまうけたり。かなしくもあり、よろこばしくもあれども、物いはず。
此《か》くの如《ごと》くして年六十有五《ろくじゅうゆうご》になりぬ。我が妻かたりて云く、『汝《なんじ》若《も》し物いはずば、汝がいとを（愛）しみの子を殺さん』と云ふ。時に我思はく、我已《すで》に年衰へぬ。此の子を若し殺されなば、又子をまうけがたしと思ひつる程に、声をおこ（発）すとをもへば、をどろきぬ」と云ひければ、師が云く「力及ばず。我も汝も魔にたぼらかされぬ。終《つい》に此の事成ぜず」と云ひければ、烈士大に歎きけり。「我心《わがこころ》よはくして師の仙の法を成ぜず」と云ひければ、隠士が云く「我が失《とが》なり。兼て誡《いまし》めざりける事を」と悔ゆ。然《しか》れども烈士、師の恩を報ぜざりける事を歎きて、遂に思ひ死に、し（死）しぬとかかれて候。

《中略》

《西域》玄奘《げんじょう》三蔵の『大唐西域記《だいとうさいいきき》』のこと。《月氏》月支とも書く。中国・日本でのインドの古称。月氏は、もともと中央アジアの遊牧民族であったが、匈奴《きょうど》に追われて移動し、ガンダーラを中心に大月氏国を築いた。インドの仏教がこの地を経由して中国に伝わったことから、中国ではインド全土を月氏と呼んだ。《婆羅痆斯国》ヴァーラーナシー（Vārāṇasī）の音写で、波羅奈《はらな》国とも書かれる。ベナレスのこと。《施鹿林》釈尊が初転法輪《しょてんぼうりん》を行なったヴァーラーナシー近郊の鹿野苑《ろくやおん》のこと。古来、仙人や修行者が集まっていた所で、仙人住処（ṛṣi-patana）と呼ばれた。現在はサールナートと呼ばれている。《隠士》俗世を離れて静かな生活をしている人。隠者。《烈士》信念を貫きとおす男子。義のためならば、命も惜しまぬほどの「烈しさ」を持つ人。《壇》祭祀《さいし》などの儀式を行うために一段高くしつらえた場所。《中陰》前世の死の瞬間から次の世に生を受ける刹那《せつな》までの期間。中有《ちゅうう》ともいう。《冠者》元服して冠《かんむり》をつけた男子。成人のこと。

『大唐西域記』という書に次のことが書かれています。

インドのヴァーラーナシー（ベナレス）という国の施鹿林《せろくりん》（鹿野苑《ろくやおん》）というところに、一人の隠士がいて、仙人の法を成就しようと思っていた。既に瓦礫《がれき》を宝石に変え、人畜の姿を変えることをなしたけれども、いまだに風雲に乗って仙人の宮殿に遊ぶことはできなかった。このことを成就するために、一人の烈士を説得し、長刀を持たせて壇の隅《すみ》に立たせて、息を殺し、言葉を発することを禁じた。「宵《よい》から朝に至るまで何も言わなければ、仙人の法を成就することができるであろう」と。仙人の法を求める隠士は、壇の中に坐り、手に長刀を執《と》って、口に神呪《しんじゅ》を唱えた。互いに約束して言った。「たとえ死ぬようなことがあっても、何も言ってはならない」と。烈士が言った。

た。「死んでも、何も言いません」。こうして既に夜中が過ぎて、夜がまさに明けようとする時、何を思ったのか、烈士が大きな声をあげて叫んだ。そのため、もはや仙人の法は成就しなくなった。

隠士が、烈士に言った。「どうして約束を違えたのか。口惜《くちお》しいことである」と。

烈士が嘆いて言った。「少し眠っていたところ、昔仕えていた主人が自らやってきて、私を責めました。けれども、師（隠士）の恩が厚いので、耐え忍んで何も言いませんでした。その主人は怒って、『お前の首を刎《は》ねる』と言いました。それでも、また何も言いませんでした。そして、ついに私の首を斬りました。中陰《ちゅういん》に赴く自分の屍《しかばね》を見ると、口惜しく、嘆かわしいことでありました。それでも、何も言いませんでした。とうとう、南インドのバラモンの家に生まれました。母胎に入る時も、母胎を出る時も大いなる苦しみは耐えがたいものでした。それでも息を出さず、何も言いませんでした。既に成人となって、妻を娶《めと》りました。そして、親が死に、また子どもをもうけました。悲しくもあり、喜ばしいことでもありましたが、何も言いませんでした。

このように過ごして、年齢が六十五歳となりました。我が妻が言いました。『あなたが、もしも何も言わなければ、あなたの愛おしい子どもを殺します』と。その時、私は思いました。私は既に年老いて衰えている。この子をもしも殺されたなら、再び子どもをもうけることはできないと思っているうちに、声を発したと思ったら、はっと目が覚めました」と。

師の隠士が言った。「力が及ばなかった。私もあなたも魔にたぶらかされたのだ。とうとう、このことは達成できなかった」と言ったので、烈士は大いに嘆いた。「私の心が弱かったので、師の仙人の法を成就することができませんでした」と言ったので、隠士は「私の過《あやま》ちである。前もって戒めておかなかったことが残念である」と悔しがった。けれども烈士は、師の恩に報いることができなかったことを嘆いて、とうとう思いつめて死んでしまったと書かれています。

《中略》

今、二人は隠士と烈士とのごとし

今、二人の人人は、隠士と烈士とのごとし。一《ひとり》もかけなば成ずべからず。譬へば鳥の二つの羽、人の両眼の如し。又二人の御前《ごぜ》達《たち》は此《こ》の人人の檀那《だんな》＊ぞかし。女人《にょにん》となる事は、物に随って物を随へる身なり。夫《おとこ》たのしくば妻もさかふべし。夫盗人ならば妻も盗人なるべし。是《こ》れ偏《ひとえ》に今生《こんじょう》計《ばか》りの事にはあらず。世世生生《せぜしょうじょう》に影と身と、華《はな》と果《このみ》と、根と葉との如くにておはするぞかし。木にすむ虫は木をは（食）む。水にある魚は水をくらふ。芝かるれば蘭な（泣）く。*松さかうれば柏よろこぶ。*草木すら是《か》くの如《ごと》し。比翼《ひよく》*と申す鳥は、身は一つにて頭《かしら》二つあり。二つの口より入る物、一身を養ふ。ひほく（比目）*と申す魚は、一目づつある故に一生が間はなるる事なし。夫と妻とは是《か》くの如《ごと》し。

此の法門のゆへには、設《たと》ひ夫《おとこ》に害せらるるとも悔ゆる事なかれ。一同して夫の心をいさ（諫）めば、龍女《りゅうにょ》*が跡をつぎ、末代悪世の女人の成仏の手本と成り給ふべし。此《か》くの如くおはさば、設ひいかなる事ありとも、日蓮が二《に》聖《しょう》・二天・十羅刹《じゅうらせつ》*・釈迦・多宝*に申して、順次生《じゅんじしょう》に仏になしたてまつるべし。

《檀那》23頁の注を参照。《芝かるれば蘭な（泣）く》芝（霊芝《れいし》）と蘭（藤袴《ふじばかま》）は、いずれも香りが高く、善人や賢者を譬えていて、賢者として互いに良い影響を与え合うものとされた。《松さかうれば柏よろこぶ》松と柏（側柏《このてかしわ》）は、四季を通じて青々と緑を保つことから、互いに変節しないもの、変わらずに永く栄えるものとされた。《比翼》古代中国の伝説上の鳥で、一つの翼と一つの眼しか持たないため、雄鳥と雌鳥が一体となって互いに協力しなければ飛ぶことができない。男女の仲の深いことの譬え。《ひほく（比目）》「比目魚《ひもくぎょ》」の略。目が一つの魚で、二匹並んではじめて泳ぐことができるという中国の伝説上の魚。仲のよい夫婦の譬え。《龍女》85頁の注を参照。《二聖・二天・十羅刹》『法華経』陀羅尼品《だらにぼん》で『法華経』を受持するものを守護すると約束した薬王菩薩・勇施《ゆぜ》菩薩の二聖と、持国《じこく》・多聞《たもん》の二天、十羅刹女のこと。《釈迦・多宝》『法華経』見宝塔品で出現し、虚空《こくう》に浮かぶ宝塔の中で並んで坐った二仏。

今、二人は隠士と烈士のようなものです。一人でも欠けたら目的を成就することができません。譬えば、鳥の二つの羽や、人の両目のようなものです。また、二人の奥方たちは、貴殿たち二人の信奉者です。女人というものは、ものに随ってものを随わせる身です。夫が楽しければ、妻も栄えるものです。夫が盗人ならば、妻も盗人となるでしょう。これは、ただただ今生ばかりのことではありません。何度も何度も生まれ変わりを繰り返して、影と身と、華と果《このみ》と、根と葉のように相添うものです。木に棲《す》む虫は木を食べます。水の中にいる魚は水を飲みます。芝（霊芝）が枯れれば蘭（藤袴《ふじばかま》）が泣きます。松が栄えれば柏（側柏《このてかしわ》）は喜びます。草木ですらこのようであります。比翼の鳥は、体は一つで頭は二つあります。二つの口から入った物が一つの体を養います。比目魚《ひもくぎょ》は、雌雄で片目ずつあるゆえに一生涯、離れることはありません。夫と妻とは、このようなものです。

この『法華経』の法門のゆえであるならば、たとえ夫に殺害されるようなことがあったとしても悔いてはなりません。奥方同士で、ともどもに心を一つにして夫の心を諫めるならば、龍女の跡を継いで、末代悪世における女性の成仏の手本となられることでしょう。このように過ごしておられるならば、たとえどんなことがあったとしても、日蓮は、『法華経』を受持する人を守護すると誓った薬王菩薩・勇施《ゆぜ》菩薩の二聖《にしょう》、持国《じこく》・多聞《たもん》の二天、十羅刹女、釈迦・多宝の二仏に申して、次に生まれてくるときは仏になしてあげましょう。

此の御文は別して兵衛の志殿へまいらせ候

「心の師とはなるとも、心を師とせざれ」とは六波羅蜜経《ろくはらみつきょう》*の文《もん》なり。設《たと》ひいかなるわづらはしき事ありとも夢になして、只《ただ》法華経の事のみさはぐ（思索）らせ給ふべし。中にも日蓮が法門は、古《いにし》へこそ信じかたかりしが、今は前前《さきざき》いひをきし事、既にあひぬれば、*よし（由）なく謗ぜし人人も悔《くゆ》る心あるべし。設《たと》ひこれより後に、信ずる男女ありとも、各各《おのおの》にはか（替）へ思ふべからず。始《はじめ》は信じてありしかども、世間のをそろ（怖）しさにすつ（捨）る人人かず（数）をしらず。其《そ》の中に返つて本《もと》より謗ずる人々よりも強盛《ごうじょう》にそしる人人又あまたあり。在世にも善星比丘《ぜんしょうびく》*等は、始は信じてありしかども、後にすつるのみならず、返つて仏をはう（謗）じ奉りしゆへに、仏も叶《かな》ひ給はず、無間《むけん》地獄*におちにき。

此の御文《おんふみ》は、別してひやうへの志殿へまいらせ候。又大夫志殿の女房、兵衛志殿の女房によくよく申しきかせさせ給ふべし。きかせさせ給ふべし。南無妙法蓮華経。南無妙法蓮華経。

文永十二年四月十六日　　　　日蓮　花押

《六波羅蜜経》唐の般若《はんにゃ》訳『大乗理趣六波羅蜜多経《だいじょうりしゅろくはらみったきょう》』十巻のこと。大乗の菩薩が修すべき六種の行（六波羅蜜）のそれぞれについて詳説している。《前前いひをきし事、既にあひぬれば》『立正安国論』（一二六〇年）以来、日蓮がたびたび主張し続けてきた自界《じかい》叛逆《ほんぎゃく》の難と、他国侵逼《たこくしんぴつ》の難が、それぞれ北条時輔《ときすけ》の乱（一二七二年）、文永の役（一二七四年）として的中したこと。《善星比丘》サンスクリット語のスナクシャトラ

(Sunakṣatra)の漢訳。釈尊の弟子だとも、釈尊の出家前の実子だとも言われる。四禅定を得たと思い込んで、悪知識に親近し、仏も法も涅槃もないとの悪邪見を起こし、さらに釈尊にも違背して阿鼻《あび》地獄に堕《だ》したといわれる。《無間地獄》阿鼻地獄のこと。97頁の注を参照。

「心の師となることがあっても、心を師とすることがあってはならない」というのは、『六波羅蜜経』の文《もん》であります。たとえ、どのような煩《わずら》わしいことがあったとしても、夢だと思って、ただ『法華経』のことだけを思いめぐらしてください。中でも日蓮の法門は、以前には信じがたかったけれども、今は先々に予言しておいたことが既に符合しているので、理由もなく日蓮を謗っていた人たちも後悔する心があるに違いありません。たとえ、これから後に信ずる男女があったとしても、初めから信じてきた各々方に代わるものと思うことはありません。初めは信じていたけれども、世間の怖ろしさに捨てた人たちは数えきれないほどです。その中には、最初から謗っていた人たちよりも、かえって強盛に謗る人たちがたくさんいます。釈尊の在世にも善星比丘らは、初めは信じていたけれども、後になって信仰を捨てただけでなく、逆に仏を謗ったので、仏の力もかなうことなく無間地獄に堕ちてしまいました。

この手紙は、特に兵衛志殿に対して送ります。また大夫志殿の女房、兵衛志殿の女房によくよく話して聞かせてください。聞かせてください。南無妙法蓮華経。南無妙法蓮華経。

文永十二年四月十六日　　日蓮　花押

解説

池上兄弟が日蓮に帰依し始めたのは、建長八（一二五六）年ごろのことであった。この『兄弟抄』は、それから十九年経った文永十二（一二七五）年四月の手紙である。この間、兄弟は極楽寺良観の信奉者である父に『法華経』への帰依を勧めたこともあったであろうが、大して波風が立つこともなかったのであろう。ところが、文永九年二月に自《じ》界《かい》叛逆《ほんぎゃく》の難として北条時輔《ほうじょうときすけ》の乱（二月騒動）が起こったのに続き、文永十一年十月に蒙古襲来《もうこしゅうらい》（文永の役）という他《た》国侵逼《こくしんぴつ》の難が現実となり、日蓮の予言が符合した。日蓮の言う予言とは、いわゆる卜占《ぼくせん》による神がかり的な予言と混同してはならない。経典に基づく人間観と世界観、さらには『史記』などの歴史書、『貞観政要《じょうがんせいよう》』などの政治論、インド・中国・日本の説話・故事などに精通した洞察と、勘文《かんもん》・宣旨《せんじ》などの行政文書にも目を配るほどの時勢を見る眼によってなされていた。それは、予見と言ってもいいもので、その一端は、この『日蓮の手紙』の随所に表われている。

いずれにしても、予言の的中と、蒙古の再度の襲来への不安もあって、日蓮に関心を寄せる人や、信奉する人が増える勢いとなった。その動きを恐れ、その対抗策として幕府は、北条氏の家臣の中の有力な日蓮信奉者に圧力を加え始めた。その第一弾が池上兄弟であったといえよう。兄弟の父・康光が、良観の信奉者であったことから、手をつけやすかったのであろう。兄・宗仲に改宗を迫り、ついには勘当、その家督を弟・宗長に譲った。

『法華経』への帰依を捨てるように迫ったのは兄に対してだけで、弟には迫っていない。兄が従えばそれでよし、従わなければ家督を譲ると言って弟を従わせることができるだろうという計算だったのであろう。それも入れ知恵したものがあったのだろう。

それに対して、四条金吾の場合は、佐渡流罪の時と同様、主君・江馬氏の覚えがよく、かわいがられていたので、手を出すのが簡単ではなかった。ところが、『兄弟抄』から二年二ヵ月後に、桑《くわが》ヶ谷《やつ》問答（155頁を参照）の騒ぎが起こり、四条金吾が説法の場で狼藉《ろうぜき》を働いたと讒言《ざんげん》された。それを口実に江馬氏から四条金吾に圧力を加えさせた。

日蓮と良観との対立が、池上家の親と子との間に移し替えられ、また主君・江馬氏と家臣・四条金吾との関係に移されたという構図である。

同時進行ともいえるこの二つの出来事に身延の地から手紙で対応していた日蓮は、その裏に極楽寺良観の策謀を見ていた。

良観については、ハンセン病患者の救済事業をやったり、各地に道路や橋を造ったりするという慈善事業をやっていたことで知られる。日蓮は、同時代人として良観の社会事業に偽善の影がつきまとっていることを見ていた。

> 飯嶋の津にて六浦《むつら》の関米《せきまい》を取っては、諸国の道を作り、七道に木戸をかまへて人《にん》別《べつ》の銭《ぜに》を取っては諸河に橋を渡す……今の律僧の振舞を見るに、布絹・財宝をたくはへ、利銭《りせん》・借請《かりうけ》を業《なりわい》とす。教行既《すで》に相違せり。（『聖愚問答抄《しょうぐもんどうしょう》』）

道を造ると言っても農民から米を収奪し、旅人から金銭を取りたてて橋を造ったりしていた。社会事業を営みながら、布絹・財宝をたくわえ、高利貸しまで行なっていた。歴史家は、この日蓮の視点を無視しておられるようだが、湯浅治久博士は、その著『戦国仏教』で、「港湾の管理維持を幕府から委ねられた存在でもあった彼らは商業や貿易にも携わる社会事業家の一面ももっており、難民に対する救済事業すら、彼らに対する支配を意味している、とする見解もある」（三五〜三六頁）と記している。

勘当と聞くと、現代人には「うるさい親の束縛から解放されて、せいせいした」という人もあるかもしれない。しかし、当時の勘当はそんなに甘いものではなかった。勘当には、「悔返《くいかえ》し」といって子孫に譲与した所領を取り戻すことも伴っていた。鎌倉幕府の法律を定めた「御成敗式目《ごせいばいしきもく》」の第二十六条に、父祖が子孫に与えた財産や所領は、父祖が自由にこれを悔返しできると定められていて、鎌倉時代における父祖権の最も重要なものの一つと見なされていた。しかも、この父祖の悔返し権は極めて強力で、幕府によって土地の所有権が安堵《あんど》（公認）された後であっても、父祖は、幕府の安堵の決定を覆《くつがえ》し、取り戻すことができた。従って、当時の勘当は、収入源を絶たれることで経済的基盤を失い、社会的立場も喪失するということを意味していた。

当時としては、信仰の相違を理由とする勘当はまれなことであったようだ。信仰のことで、それほど重大な親の権限を振りかざすということは、よほどの裏事情があったのであろう。日蓮は、そこに国主と良観の姿を見ていた。だから、『般泥洹経《はつないおんきょう》』に説かれる八難のうちの「王難に遭う」「邪見の家に生まれる」の二つを挙げて、池上兄弟の身に該当するものとして示している。それは、次の文脈において出てくる。

本書では省略したが、この手紙の冒頭の部分では、『法華経』が八万法蔵の肝心であり、一代聖教《しょうぎょう》の骨髄であることが強調される。その中でも化城喩品《けじょうゆぼん》に説かれる三《さん》千塵点劫《ぜんじんてんごう》、如来寿量品《にょらいじゅりょうぼん》の五百塵点劫という久遠《くおん》以来の釈尊、および『法華経』と我々との因縁を説き起こし、多くが悪縁にすかされて『法華経』を捨てる心を起こして長期にわたって悪道に堕ちていることが示される。そして、「されば、法華経を信ずる人の怖るべきものは、賊人・強盗・夜打ち・虎狼《ころう》・師子《しし》等よりも、現在の蒙古の攻めよりも、法華経の行者を悩ます人人です」と、悪知識《あくちしき》（悪しき友）を最も怖れるべきだとした。

仏道修行を妨げる働きは、擬人化されて「魔」（māra）と呼ばれる。古代インドでは、娑婆世界の上方に三十三の層からなる神々の世界（天界）があるとされ、下から六番目を第六天といった。そこに他化自在天《たけじざいてん》という魔王がいて、最も恐るべき魔とされた。これが第六天の魔王であり、仏道修行を妨げる働きの象徴とされた。その魔の働きは妻子、夫、親、国主を通じてなされるという。

その具体例として、釈尊が太子の時に位を捨てて出家しようとした時の話を日蓮は挙げている。その時、息子のラーフラ（羅睺羅《らごら》）が孕《はら》まれた。父の浄飯王《じょうぼんのう》は、子どもが生まれた後に出家するように言った。すると、魔はラーフラを胎内に六年間留めて出家を妨害したという。

以上が、本書で省略した部分の概略である。

それに対して、日蓮の弟子檀那の場合は、過去に『法華経』を実践する人に害を及ぼした罪で、『般泥洹経《はつないおんきょう》』に説かれる「衣服不足《えぶくふそく》」「飲食麤疎《おんじきそそ》」「求財不利《ぐざいふり》」などの八難を受けているのであり、池上兄弟の場合は先に挙げた「王難に遭う」「邪見の家に生まれる」の二難の故に親から勘当されているという。そして日蓮は、兄弟に対して「我身は過去に謗法の者なりける事、疑ひ給ふことなかれ」と言い聞かせる。今、『法華経』を行ずることによって未来に受けるべき大きな苦しみを『法華経』の功力《くりき》によって軽く受けているのだ。それは、鉄を鍛えれば内部の疵《きず》が出てきて強度を増すようなものだと説いて聞かせた。

この時代の勘当が、いかに重大なものであったかは、既に述べた通りである。その重大性を踏まえなければ、「過去に謗法の者」という厳しい言い方は、理解できない。この重大な局面で日蓮は、安易な気休めは言わない。生半可《なまはんか》な姿勢ではなく、どんなことがあったとしても、その現実を受けて立ち、それを乗り越えようとする決意を兄弟に促そうとしている。最悪の状況を主体的に受け止めて、覚悟して取り組むことを自覚させようとしているのだ。

日蓮は、敢えて困難な情況を徹底し、そこを突き抜けさせようとするところがあるようだ。それは、佐渡流罪中に自らに課したことであり、日蓮独特のやり方と言っても過言ではない。

今、まさに苦難に遭っていることには、どういう意味があるのかを自覚させ、「現世の軽苦」から逃避することなく、まっ正面から取り組む覚悟をもたせようとするものである。その覚悟に立っての「いよいよ、をづ（畏）る心ね、すがた（姿）をはすべからず」という言葉である。

これは、日蓮ほどの人間愛があってはじめてそのやり方に意味がある。池上兄弟のことを最後まで面倒を見るという覚悟の上での日蓮の言葉であることに注意しなければならない。これを表面的にまねて、「お前は、過去に謗法の者だ」とレッテルを貼るようなこととは、全く異なるのである。それでは、バラモン教のカースト制度で「お前は、過去世の行ないが悪かったから、シュードラ（隷民）に生まれたのだ」と一方的に押し付けたのと変わりなくなってしまう。

日蓮は、以上のように池上兄弟の身の上に起こっていることの意味を仏教的（『法華経』的）な観点から理解させることに努めている。その上で、次に「仏になる道」における心がけを論じている。

「仏になる道」とは、普遍的な真理としての法（dharma）を求めて、個としての自己の人格の完成、人間としての在るべき在り方を探求することと言い換えることができよう。「成仏」とは、「失われた自己の回復」「真の自己に目覚めること」であり、中村元博士の表現を借りれば「人格の完成」ということである。

その真理探究においては、その時代・社会の求めるものと必ずしも一致することはない。既成の価値観と、その枠を超えざるを得ないことによる葛藤がつきものである。その葛藤は、父母、師匠、国主といった具体的な人間関係において表われる。それらは、仏典では恩に報いるべき対象とされるものでもあった。報恩の対象であるとともに、「仏になる道」の障害にもなるという二面性――ここ

に、「魔」と呼ばれる所以《ゆえん》があろう。だから、日蓮は『報恩抄』の冒頭で、

仏教をならはん者、父母・師匠・国恩をわするべしや。此《こ》の大恩をほうぜんには、必ず仏法をならひきはめ、智者とならで叶《かな》ふべきか。

と言いつつも、

是非につけて出離《しゅつり》の道をわきまへざらんほどは、父母・師匠等の心に随ふべからず。

とも付け加えた。

この手紙においても、池上兄弟に対して、「一切は、をやに随ふべきにてこそ候へども、仏になる道は随はぬが孝養の本にて候か」と教え、その大道を歩んだ人として、教主釈尊の例を示した。

釈尊は、父・浄飯王の反対を押し切って出家した。それは、父親を見捨てたのではなかった。成道後に釈尊は何度か故郷に帰り、故郷の人々を教化《きょうけ》した。父王は、出家することなく、在家のままで最高の覚りを得たと原始仏典に記されている（113頁）。

釈尊は、原始仏典の『大パリニッバーナ経』（中村元訳『ブッダ最後の旅』）において、八十歳の死を間近にして、自らの出家について回想している。

スバッダよ。わたしは二十九歳で、何かしら善を求めて出家した。スバッダよ。わたしは出家してから五十年余となった。

この一節について中村元博士は、仏陀の出家は、「いかに生きるか」が最大関心事であったと言われた。自分にとっても、人々にとっても善なる生き方を探求するために出家したということであろう。父王の言うことに随っていたら、それなりに立派な王の後継者になっていたであろう。けれども、出家したことにより、父だけでなく、後世の人々にまで善なる生き方を示すことになった。小さな善で終わるのか、大いなる善に展開するのかという違いがある。

短期的には一見、恩に背いているように見えるが、長い目で見れば、一切衆生にまで及ぶ大きな意味をもって恩に報いているのである。

鎌倉時代は、武士道として「君に忠、親に孝」が強調された時代である。正法の探究を貫こうとすれば、「忠」「孝」と逆行することにならざるを得ないところが出てくる。池上兄弟は、その葛藤にさらされたのである。それに対して日蓮は、小さな報恩・孝養に対して、大いなる報恩・孝養に生きるように諭していると言えよう。

そこで日蓮は、「賢いと言われる王の中にも、兄弟の仲が悪い例もあるのに、いかなる宿縁で、二人は兄弟としてこのように仲良くしているのであろうか」と讃嘆し、『法華経』妙荘厳王品《みょうしょうごんのうぼん》に説かれる浄蔵《じょうぞう》・浄眼《じょうげん》という兄弟の生まれ変わりであろうか、あるいはその後身《こうしん》である薬王《やくおう》・薬上《やくじょう》という二人の菩薩であろうかと讃える。浄蔵・浄眼とは、バラモン教を信奉していた父・妙荘厳王を仏教に帰依させた兄弟である（植木訳『サンスクリット版縮訳　法華経　現代語訳』第二十五章を参照）。

このように浄蔵・浄眼に二人をなぞらえ、兄弟の不思議さを讃えたかと思えば、次に「兄・宗仲殿が父親から勘当されたとうかがいましたが、弟・宗長殿は、このたびは、きっと兄につくことはないであろうと思っておりました」と突き放す。そうかと思ったら、使いの少年・鶴王から聞いた「二人とも同じ心です」という言葉を挙げて、あまりにも不思議なことで、これにすぎるものはないと、どんでん返しを行なってほめる。上げたり、下げたりである。

これは、動揺していろんな思いが錯綜《さくそう》している弟の精神状態を汲《く》んだ上での日蓮の言葉であるように筆者には思われる。弟の内心には、自分で認めたくなくても〝魔〟のささやきが言葉にならない言葉としてあるであろう。日蓮は、それを敢《あ》えて「このたびは、きっと兄につくことはないであろう」と言葉で表現して、内心に潜んでいる思いを弟に自覚させているように思える。最終的には、本人の己心《こしん》との闘いである。その己心の〝魔〟を自覚していなければ闘えるわけがない。父にも申し訳ないし、兄にも悪い。一方を立てれば、他方に悪い。家督を譲られるのは悪いことではない。『法華経』も捨てがたい――といったことが、ない交ぜになって、何をどう考えればいいのか分からない状態で動揺していたのであろう。日蓮は、〝心理学者〟のようにそれを察して、言葉になっていない、あるいは言葉にしたくない無自覚的な思いを日蓮が代わりに表現して自覚させているように筆者には思われる。

さらに、兄弟二人の在り方として、『法華経』からだけでなく、中国の故事と、インドの説話を用いて諄々《じゅんじゅん》と説得する。

まず、中国の故事とは、古代中国・殷《いん》代末期の兄弟の話で、本書では省略したが、その概略を紹介すると、父王が弟の叔斉《しゅくせい》に王位を譲ると言って亡くなったが、弟は兄の伯夷《はくい》が王になるべきだと言って互いに譲り合い、結局二人して国を捨てて、他国に行った。他国でも、筋を通して飢え死にしそうになるが、天は賢人を捨てないというならいで、白い鹿が現われ乳で二人を養った。ところが弟が、「乳でさえこんなに美味だから、肉はもっと……」と口にした。兄はそれを制したが、それ以後、鹿は二人の前に現われず、二人は飢え死にしたという。この話を挙げて、日蓮は「一生が間、賢なりし人も一言に身をほろぼすにや」と教訓している。

ここで、王位が譲られたのも弟、「鹿の肉を食べたら……」と言い出すのも弟であることを意識して日蓮はこの故事を引用したのであろう。

続いて、玄奘三蔵の『大唐西域記』に出てくるインドの隠士と烈士の話を通して、二人そろっていることが大事で、どちらか一方が欠けただけで目的は達成されなくなることを諭《さと》す。これ以後の手紙でも、常に二人が心を一つにしていくことを指示している。

さらにここで日蓮は、それぞれの夫婦の相互の在り方にも言及して、「女人《にょにん》となる事は、物に随って物を随へる身なり。夫《おとこ》たのしくば妻もさかふべし。夫盗人ならば妻も盗人なるべし」と言う。この一節で、夫が盗人ならば、妻も盗人であるという表現に引っかかる女性がいるかもしれない。ここは、「物に随って」の面から、夫が盗人だったら、妻もそのように見られてしまう。だから、「夫はしっかりしろ」と夫の在り方を述べた文脈である。妻の在り方について述べたのは、この後の「夫の心を諫めば」というところであり、ここで、随うだけでなく「随へる身」ということが完結する。

「物に随って物を随へる」とは、相手には随っていると思わせているが、実は相手を随わせているという一枚も二枚も上手《うわて》の高度な対応の仕方である。相手を立てながら、うまくコントロールするという智慧の表われである。

最後に日蓮は、池上兄弟に対して「心の師とはなるとも、心を師とせざれ」という初期大乗仏典の一つである『六波羅蜜経《ろくはらみつきょう》』の一節を示した。心というものは、喜怒哀《きどあい》楽《らく》などの感情や、煩悩からなるものである。移ろいやすく、はかないもので、迷妄にとらわれやすい。そのような心を師とすることは、判断を誤りかねない。『六波羅蜜経』は、そのような心を師とすることなく、そのような心の師となるべきだという。そこにおいて、心の師に相当するものは、何であるのかが問われる。それは、原始仏典で言うところの「自己の主《あるじ》」のことであり、「真の自己」とも言うべきものである。心も自己の一部ではあるが、「自己の主」とも、「真の自己」とも言い難い。原始仏典では、その「自己の主」を得るために「自己を調えよ」ということを強調している。その代表的なものが、次の『ダンマ・パダ』の一節である。

もしも自己を愛しいものと知るならば、自己をよく守れ〔中略〕先ず自己を正しく確立し、次いで他人に教えるならば、賢明な人は、汚れに染まることがないであろう。他人に教える通りに自分も行なうがよい。〔自分を〕よく調えた人こそ、〔他人を〕調えるであろう。〔ところが、〕自己は実に調え難い。自己こそ自分の主《あるじ》である。他人がどうして〔自分の〕主であるはずがあろうか？　自己をよく調えることによって、人は得難き主を得るのだ。

ここでは、「自己を調えること」「自己を自分の主たらしめること」の大切さが強調されている。「真の自己」を覚知（確立）することの重要性を、仏教がいかに強調していたかということがよく分かる。『サンユッタ・ニカーヤⅠ』には、「よく調えられた自己は人間の光明である」という言葉も見られる。また、『ウダーナ・ヴァルガ』には「自己の主」について次のように述べている。

まさに自己を調えよ。御者が名馬を〔調教する〕ように。実によく調えられた自己によって、念《おも》いを正し、苦しみの向こう岸へと到るのである。実に自己こそ自己の主《あるじ》であり、自己が自己のよりどころである。それ故に、自己を調えよ。御者《ぎょしゃ》が名馬を〔調教する〕ように。

仏典では、「自己の主」、あるいは「真の自己」について論ずる際に、このように馬と御者の関係の譬喩を用いることがしばしば見られる。感情や煩悩は放っておくと暴走し始め、どこへ突っ走るのか分からない。それを制御するのが「真の自己」であるということであろう。感情や煩悩も自己と言えるが「真の自己」とは言えない。このような両者の関係を馬と御者でとらえているのだ。

先ほどの『六波羅蜜経』の「心の師とはなるとも、心を師とせざれ」と比較すれば、「心」が馬に当たり、「心の師」が御者《ぎょしゃ》に相当すると言えよう。「心を師」とすることは、御者不在の馬任せという状態を意味している。仏教は、このように自らを制することを強調していたのである。

心に振り回されるのではなく、心を制御する〝真の自己〟をよりどころとして、たとえ、どのような煩わしいことが心に去来するとしても、夢だと思って、ただ『法華経』に説かれる永遠にして不動の境地のことだけを思いめぐらしてくださいと、池上兄弟に教示した。

この手紙は、後世に『兄弟抄』と名付けられたように、兄弟二人にあてて書かれたものである。けれども、この手紙の末文に、此の御文《おんふみ》は、別してひやうへの志殿へまいらせ候。又大夫志殿の女房、兵衛志殿の女房によくよく申しきかせさせ給ふべし。

とあるように、特に父と兄との間で板挟みになって、動揺しがちな弟に言い聞かせる手紙だということである。兄を勘当し、弟に家督を譲るというのだから、弟にとって大きな誘惑でもあったはずである。この後の手紙の多くが弟あてであるのも、最も心配な人に激励の手を差し伸べたということであろう。

さらには、勘当で収入源を絶たれて困っている兄の妻に対して、また動揺する弟を支えるその妻に対して書かれたものだという。その妻たちには、「此の法門のゆへには、設《たと》ひ夫《おとこ》に害せらるるとも悔ゆる事なかれ。一同して夫の心をいさ（諌）めば、龍《りゅう》女《にょ》が跡をつぎ、末代悪世の女人の成仏の手本と成り給ふべし」と説いた。ここにも、「設ひ夫に害せらるるとも」という極限状況を挙げて、どんなことがあっても怯《ひる》まない覚悟を促している。

龍女の成仏は、『法華経』提婆《だいば》達多《だった》品《ぼん》に説かれている。インドで『法華経』が編纂《へんさん》される頃（紀元一世紀末〜三世紀初頭）、女性は、①梵天王、②帝釈天、③魔王、④転輪聖王、⑤仏陀——の五つになれないとする「五障」説と、女性は、①子どもの頃は親に従い、②結婚したら夫に従い、③老いたら息子に従う——という「三従《さんしょう》」説が、小乗仏教において、まことしやかに言われていた。そのような考えもあって、「女は穢れていて成仏できない」とされていた。そのような小乗仏教の女性観と、成仏観にとらわれて、女性を蔑視する智積《ちしゃく》菩薩と、舎利弗《しゃりほつ》は、龍女の成仏を頭ごなしに否定してかかった。それに対して龍女は、彼らの言う成仏の仕方に則って、男性の身体に変じて成仏して見せ、多くの人に説法して大歓喜させる姿を智積菩薩と舎利弗に見せつけて沈黙させた。

その「変成男子《へんじょうなんし》」は女性の成仏のための必須条件であったのではなく、分からず屋の二人を説得するための手段であった（詳細は、拙著『差別の超克――原始仏教と法華経の人間観』第六章を参照）。ここは、龍女が智積菩薩と舎利弗の二人の成仏観に〝随って〟成仏して見せ、説法によって人々が歓喜する姿を見せつけて二人を沈黙させた。ここで、二人は女性も成仏できるとする龍女の主張を認めざるを得なくなった。龍女は、智積と舎利弗の二人を〝随わせた〟のである。

龍女自身の振る舞いが、〝随って随わせる〟ものであった。智慧第一と言われながらも、龍女を蔑《さげす》む舎利弗を、龍女は自らの信念を明確に意思表示して沈黙させた。日蓮は、その龍女の主体的女性像の跡を継ぐように池上兄弟の妻たちに教示した。

日本仏教では、天平十三（七四一）年の聖武《しょうむ》天皇の詔《みことのり》によって創建された国分尼《こくぶんに》寺《じ》で「法華滅罪之寺《ほっけめつざいのてら》」として、『法華経』が講じられた。菅原孝標女《すがわらのたかすえのむすめ》（一〇〇八～？）の『更級日記《さらしなにっき》』には、夢に現われた「いと清げなる僧」から「法華経五の巻を、

と く習へ」と告げられたとある。第五の巻には、龍女の成仏を説いた提婆《だいば》達多《だった》品《ぼん》が含まれているからだ。このように日本仏教では、女人成仏の説かれた法華経を文字として〝読む〟ことが行なわれてきた。

けれども龍女は、智積菩薩や舎利弗の女性に対する態度に表われた、その時代の偏見と闘っている。その偏見を乗り越えてこそ女人成仏（女性の人格の完成）がある。日蓮は、経典を文字として読むだけではなく、時代・社会に生きる人格として、その時代・社会との葛藤と闘い乗り越えるところに「仏となる道」が開かれると主張しているのだ。その際の、方法論が、「随って随わせる」である。このたびの兄・宗仲の勘当をめぐって夫たちの心が揺らぐようなことがあれば、妻たちが心を合わせて、夫たちを諌め、父の偏見を乗り越え、それによって、龍女の跡を継ぐようにと教えている。

ここには、中世の封建社会における個の自覚がある。四条金吾の手紙からも、個の自覚に立つ四条金吾の格闘が読み取れた。個の自覚の前には、時代・社会の偏見、価値観、先入観などとの葛藤にさいなまれる。それを〝魔〟と表現していた。

〝魔〟という表現は、古代インドの神話的表現である。あらゆる人が、何らかの既成の価値観、偏見に取り囲まれていて、個の自覚、失われた自己の回復、真の自己に目覚め、人格の完成を遂げる際には、必ず直面しなければならない障害といえよう。

ここで、中村元博士が強調されていた「自己との対決」の必要性ということを思い出す。それについて、拙著『今を生きるための仏教100話』（平凡社新書）の第十六話に書いたことがあるので、長くなるが引用する。

中村先生は、戦争の記憶も生々しい一九四九年に、戦争に対する深刻な反省を踏まえて『宗教における思索と実践』を毎日新聞社から出版された。その中で、「日本人はあまりにも権威に屈従し隷属する傾向が顕著」「仏教は思想体系としては理解されていない」と断じ、仏教はわが国で「儀礼的呪術的な形態」でしか民衆と結びついていないとして、「思想的指導性は極めて乏しい」と論じた。三十六歳の若々しい力強さが文章にみなぎっていた。

こうした情況《じょうきょう》に対して、中村先生は「自己との対決」を通して仏教を捉《とら》えなおすことが必要だと訴えておられた。

筆者の生まれる前の出版であり、この本の存在を知ることはなかったが、中村先生の没後十年目に当たる二〇〇九年にサンガという出版社から復刊された。今読み直しても、初版から七十年になるが、残念ながら中村先生の嘆いておられたことは今なお何も変わっていないのではないか。中村先生は、日本の仏教受容の仕方について、所詮はシャーマニズムの域を出ることがなかったとも指摘されていた（決定版『日本人の思惟方法』、四五五～四七〇頁）。

本来の仏教は、過去の因習や、習慣、迷信、先入観、ドグマを徹底的に排除し、今生きている人間をありのままに見すえて、「人間いかに生きるべきか？」を説いたものであった。日本において、仏教を思想として現代に蘇らせるためには、今なお「自己との対決」を通して仏教を問い直す作業が不可欠である。

仏教用語の一つひとつを、最初から有り難い教えとして鵜呑《うの》みにするのではなく、「だから何だろう？」「それを言って何がすごいのか？」「何でそんなことを言わなければならなかったのか？」……といったことを自らの生き方を通して検証することだ。そうやって一つひとつ納得していくことによって、仏教が現代において普遍的意味を取り戻すことになるのではないだろうか。釈尊自身もそのようなアプローチをされていた（拙著『仏教学者　中村元』、一一一頁）。

日蓮は、それぞれの弟子檀那たちの置かれた情況において直面する葛藤を通して、仏法の意義を自らの生き方を通して検証させていたと言えよう。それは、中村博士がおっしゃっていた「自己との対決」に通ずるものである。

姉崎正治《あねさきまさはる》著『法華経の行者　日蓮』（講談社学術文庫、四三七頁）によると、この『兄弟抄』は、真跡の大部分が残っていて、漢字には多くの振り仮名が加えられ、難解な句には解釈が書き加えられていて、その大部分が一人でない女性の筆跡であるという。兄弟、その妻たちが、この手紙を読み合い、一丸となって、この問題に対応していたことがうかがえる。

付記

『兄弟抄』の真跡は、池上本門寺の霊寶殿に保管されている。本書の表紙カバーにその第四紙があしらわれている。タイトルの「蓮」の字の左側に「習ける」とあり、「習」の字に「ならい」とルビが振られ、「習ける」の左側に「法華経」という文字があって、「ほくゐきやう」というルビも確認できる。いずれも日蓮以外の筆跡である。

兵衛志殿御返事

文永十二（一二七五）年四月に兄・宗仲が父から勘当されたことは、一年三カ月後の建治二（一二七六）年七月ごろ、父・康光の改心があって許された。ところが、建治三（一二七七）年十一月になって、再度兄が勘当された。弟の宗長が、再び父と兄の板挟みとなり、苦慮し、動揺していることに対する訓戒の手紙である。この手紙は、建治三年ではなく、建治元年とするものもある。（和文体、真跡）

末法になり候へば、人の貪欲すぎ候て諍論ひまなし

かたがたのもの、ふ（夫）二人*をもつて、をくりたびて候《そうろう》。その心ざし、弁殿《べんどの》*の御ふみに申すげに候。さてはなによりも、御ために第一の大事を申し候なり。正法《しょうほう》・像法《ぞうほう》*の時は、世もいまだをとろへず、聖人《しょうにん》・

賢人もつづき生れ候《そうらい》き。天も人をまほり給ひき。末法《まつぽう》*になり候《そうら》へば、人のとんよく（貪欲）、やうやくすぎ候《そうらい》て、主と臣と、親と子と、兄と弟と諍論《じようろん》ひまなし。まして、他人は申すに及ばず。
これによりて天もその国をすつれば、三災七難*乃至《ないし》一二三四五六七の日いでて、草木か（枯）れうせ、小大河もつ（尽）き、大地はすみ（炭）のごとくをこり、大海はあぶら（油）のごとくになり、けつくは無間《むけん》地獄*より炎いでて、上《かみ》梵*天まで火炎充満すべし。これてい（是体）の事いでんとて、やうやく世間はをと（衰）へ候なり。

《ふ（夫）二人》池上家の下人である亀王と鶴王のことか。《弁殿》六老僧の一人、弁阿《べんあ》闍梨《じやり》日昭《につしよう》のこと。池上兄弟の叔父に当たる。《正法・像法》「正法」は正しい教えのことで、釈尊滅後、時とともに教団が形骸化し、「像法」（正法に似ている教え）に取って代わられると考えられた。それぞれの存続期間は当初、正法五百年・像法千年とされたが、平安時代以後は正法千年・像法千年が一般化した。《末法》145頁の注を参照。《三災七難》「大の三災」は、①火災、②風災、③水災、「小の三災」は、①穀貴《こつき》、②兵革《ひようかく》、③疫病《えきびよう》。「七難」は、『薬師経』では、①人衆疾疫《にんしゆしつやく》の難、②他国侵逼《たこくしんぴつ》の難、③自界叛逆《じかいほんぎやく》の難、

④星宿変怪《せいしゅくへんげ》の難、⑤日月薄蝕《にちがつはくしょく》の難、⑥非時風雨《ひじふうう》の難、⑦過時不雨《かじふう》の難――のこと。《無間地獄》97頁の注「阿鼻」を参照。《梵天》世界の上方に順番に欲界の六つの天、色界の十七天が重なっているが、十七天の最初が梵天だとされる。

種々の物を使いの者二人によって送っていただきました。

貴殿の意志は、弁阿闍梨日昭の手紙に申されているように思いました。さて、何よりも貴殿のために第一の大事なことを申しましょう。正法・像法の時には、世の中もいまだ衰えることなく、聖人・賢人も続いて生まれました。天も人を守っていました。ところが末法になったら、人の貪欲さが次第に過剰になって、主君と家臣、親と子、兄と弟の間で論争が止むことがありません。ましてや他人との争いは言うに及びません。

これによって、天もその国を見捨てるので、三災七難、あるいは一、二、三、四、五、六、七の日が出て、草木は枯れ果て、大小の河も水が涸《か》れはて、大地は炭の熾火《おきび》のように燃え、大海は煮え立つ油のようになり、最終的には無間地獄から炎が噴き出して、上はブラフマー神（梵天）の世界まで火炎が充満するでありましょう。これほどのことが出現することで、次第に世の中は衰えていきます。

師と主と親とに随ひて、悪しき事を諌めば孝養となる

皆人のをもひて候《そうろう》は、「父には子したがひ、臣は君にかなひ、弟子は師にゐ（違）すべからず」と云云。かしこき人も、いやしき者もしれる事なり。しかれども貪欲《とんよく》・瞋恚《しんに》・愚癡《ぐち》*と申すさけ（酒）にゑひて、主に敵し、親をかろしめ、師をあなづる、つねにみへて候。但《ただ》、師と主と親とに随ひて、あしき事を諌《いさめ》ば孝養となる事は、さきの御ふみ*にかきつけて候《そうら》ひしかば、つねに御らむ（覧）あるべし。

《貪欲・瞋恚・愚癡》貪欲（貪り）・瞋恚（憎悪）・愚癡（愚かさ）の三つは、人の心を汚し、毒する根本的な煩悩として三毒とされる。《さきの御ふみ》文永十二年の手紙『兄弟抄』のこと。

あらゆる人が思っていることは、「子は父に随い、家臣は主君の思い通りになり、弟子は師匠に背いてはならない」ということです。賢い人も、賤しい人も知っていることです。けれども貪欲《とんよく》・瞋恚《しんに》・愚癡《ぐち》の三毒という酒に酔って主君に敵対し、親を軽

んじ、師匠を侮《あなど》ることは、常に目にすることです。ただし、師匠と主君と親に随っても、悪しきことには随わずに諫めるならば孝養となることは、先の手紙（『兄弟抄』）に書きつけておりますので、常にご覧になってください。

右衛門の志殿、かさねて親の勘当あり

ただこのたび、ゑもん（右衛門）の志《さかん》どの（殿）、かさねて親のかんだう（勘当）*あり。とのの御前《ごぜん》にこれにて申せしがごとく、「一定《いちじょう》かんだうあるべし。ひやうへ（兵衛）の志《さかん》殿をぼつかなし。ごぜん（御前）、かまへて御心へあるべし」と申して候《そうらい》しなり。
今度《このたび》は、とのは一定をち給ひぬとをぼうるなり。をち給はんをいかにと申す事はゆめゆめ候《そうら》はず。但《ただ》、地獄にて日蓮をうらみ給ふ事なかれ。しり候《そうろう》まじきなり。千年のかるかや（苅茅）も一時にはひ（灰）となる。百年の功も一言にやぶれ候は、法のことわりなり。

《かさねて親のかんだう（勘当）》文永十二年に父・康光に勘当されたのに続く再度の勘

当。

ただ、このたび右衛門大夫志殿《うえもんたゆうのさかん》（兄・宗仲）が、重ねて親から勘当されたとのこと。貴殿の女房に、この身延の地で言ったように、「必ず勘当があるでしょう。兵衛志殿《ひょうえのさかん》は心もとないから、御前《ごぜん》、あなたが前もって心構えをしておきなさい」と言っておきました。

このたびは、貴殿は必ず『法華経』の信心から脱落されると思われます。脱落されることを、どうしてと言うつもりは決してありません。ただ、地獄に堕ちて日蓮を恨まないでください。私のあずかり知らないことです。千年も栄えてきた苅茅《かるかや》であっても、火を点《つ》ければ一時に灰となります。百年かけて築いてきた功績も一言で崩壊するということは、法の道理です。

一筋に思ひ切つて兄と同じく仏道を成り給へ

さゑもんの大夫《たゆう》殿は、今度《このたび》法華経のかたきになりさだまり給ふとみへて候《そうろう》。ゑもんのたいうの志殿《さかん》は、今度法華経の行者になり候《そうら》はんずらん。とのは現前の計《はからい》なれば、親につき給はんずらむ。ものぐるわしき人々は、これをほめ候《そうろう》べし。宗盛が親父入道《しんぷにゅうどう》の悪事*に随ひて、しのわら（篠原）にて頸《くび》を切られし、重盛が随はずして先に死せし、いづれか親の孝人なる。法華経のかたきになる親に随ひて、一乗《いちじょう》の行者なる兄をすてば、親の孝養となりなんや。せんするところ、ひとすぢにをもひ切つて、兄と同じく仏道をな（成）り給へ。親父は妙荘厳王《みょうしょうごんのう》*のごとし、兄弟は浄蔵《じょうぞう》・浄眼《じょうげん》*なるべし。昔と今はかわるとも、法華経のことわりはたがうべからず。当時も武蔵《むさし》の入道*、そこばくの所領・所従等をすてて遁世《とんせい》あり。まして、わどの（和殿）ばらがわづかの事をへつらひて、心うすくて悪道に堕《お》ちて、日蓮をうらみさせ給ふな。かへすがへす今度《このたび》とのは堕《おつ》べしとをぼうるなり。

《親父入道の悪事》親父入道とは平清盛《たいらのきよもり》（一一一八～一一八一）のことで、悪事とは後白河法皇を幽閉し、院政をとどめたこと。清盛の長子・重盛に諫められて当初は思いとどまったが、重盛が死ぬと、清盛は法皇を幽閉し独裁権を獲得、第三子の宗盛は清盛の跡を継いだが、壇ノ浦で捕虜となり、斬殺され、首は獄門にさらされた。《妙荘厳王》『法華経』妙荘厳王品に出てくる王。《浄蔵・浄眼》妙荘厳王の二人の息子。兄弟でバラモン教を信奉している父を仏教に帰依させた。《武蔵の入道》北条義政のこと。鎌倉幕府の第六代連署(在位、文永十年六月〜建治三年四月)で、建治三年四月に出家遁世しているので、「武蔵の入道」と書かれたこの手紙が、建治元年に書かれたとは考え難い。

父の左衛門大夫殿は、このたび『法華経』の敵《かたき》となることが定まったと思われます。兄の右衛門大夫志殿は、このたび〝法華経の行者〟になられるでしょう。貴殿は、〔家督相続という〕目先のことのみを考えておられるので、親の側につかれることでしょう。物事の道理が分からない人たちは、それを誉めるでしょう。三男の平宗盛が、父の清盛入道の悪事に随って近江《おうみ》の篠原で頸《くび》を斬られ獄門にさらされたのと、長兄の平重盛が、先に亡くなったとはいえ、父に随わなかったのとでは、いずれが親にとっての孝養の人でしょうか。

『法華経』の敵になる親に随って、一仏乗(法華経)の行者である兄を棄てれば、親の孝養になるのでしょうか。結局のところ、一途に思い切って兄と同じように仏道を成就してください。父親は妙荘厳王のようなものであり、兄弟はその父を諌めた浄蔵・浄眼であるに違いありません。昔と今の違いはあっても、『法華経』の道理に違いはありません。現在においても、武蔵の入道(北条義政)は、多くの所領や家臣らを捨てて遁世《とんせい》しました。ましてや、貴殿たちがわずかなことをめぐって父に諂《へつら》って、信心が薄くて悪道に堕ちたとしても、日蓮を恨んではなりません。重ね重ねこのたび貴殿は脱落するだろうと思っています。

「兄を捨てられ候はば、兄と一同」と申し切り給へ

此の程、心ざしありつるが、ひきかへて悪道*に堕《お》ち給はん事がふびんなればば申すなり。百に一つ、千に一つも日蓮が義につかんとをぼさば、親に向っていゐ切り給へ。「親なれば、いかにも順《したが》ひまいらせ候《そうろう》べきが、法華経の御かたきになり給へば、つきまいらせては不孝の身となりぬべく候《そうら》へば、すてまいらせて兄につき候《そうろう》なり。兄をすてられ候《そうら》はば、兄と一同とをぼすべし」と申し切り給へ。すこしもをそるる心なかれ。

《悪道》悪行によって赴くべき所。六道のうち地獄道・餓鬼道・畜生道を三悪道という。

これまで信心の志があったのに、このたび引き返して悪道に堕ちられることが不憫《ふびん》なので申すのです。百に一つ、千に一つでも日蓮の教えに随おうと思われるならば、

親に向かって言い切りなさい。「親であるので確かに順《したが》うべきではありますが、〝法華経の敵〟になられたので、随ったならば不孝の身になってしまいます。だから、父上を捨てて兄につくことにします。兄を捨てて勘当されるならば、私も兄と一緒だと思ってください」と言い切りなさい。少しも怖れる心があってはなりません。

三障四魔いできたれば、賢者は喜び、愚者は退く

過去遠遠劫《おんのんごう》より法華経を信ぜしかども、仏にならぬ事これなり。しを（潮）のひるとみつと、月の出づるといると、夏と秋と、冬と春とのさかひ（境）には必ず相違する事あり。凡夫《ぼんぷ》の仏になる、又かくのごとし。必ず三《さん》障四魔《しょうしま》＊と申す障《さわり》いできたれば、賢者はよろこび、愚者は退く、これなり。此の事はわざとも申し、又びんぎ（便宜）にとをもひつるに、御使《おんつかい》ありがたし。堕ち給ふならば、よもこの御使はあらじとをもひ候《そうら》へば、もしやと申すなり。

《三障四魔》仏道修行を妨げ、悪道に赴かせる三種の障害と四種の魔。三障とは、①煩《ぼん》

悩障《のうしょう》（貪《とん》・瞋《じん》・癡《ち》などの煩悩による障《さわ》り）、②業障《ごうしょう》（業によって起こる障り）、③報障《ほうしょう》（過去の悪業の報いとして、国王・父母などから受ける障り）、四魔とは、①煩悩魔《ぼんのうま》（心身を悩ます貪・瞋・癡などの煩悩）、②陰魔《おんま》（種々の苦悩を生じる五陰《ごおん》）、③死魔（死）、④天魔（人の善行を妨げる欲界の第六天、すなわち他化自在天《たけじざいてん》の魔王）。

はるかな遠い過去から『法華経』を信じていても、仏になることができないのはこの場合のことです。海が干潮になる時と満潮になる時、月が出る時と沈む時、夏と秋、冬と春といった、ものごとの変わり目には必ずいつもと変わったことが起こります。凡夫が仏になる時もそれと同じことです。必ず三障四魔《さんしょうしま》という妨げが、現われます。その時、賢者は喜び、愚者は退くというのは、このことです。このことは、改めて正式に申し上げるか、あるいは便宜があればついでに申し上げようと思っていたところに、使いの者をよこされました。ありがたいことです。脱落されるならば、よもやこの使いはないだろうと思えば、もしかしたらと思って、申し上げています。

仏になり候事は、いよいよかたき事ぞかし

仏になり候事は、此《こ》の須弥山《しゆみせん》*にはり（針）をたてて、彼《か》の須弥山よりいと（糸）をはなちて、そのいとのすぐ（直）にわたりて、はりのあな（穴）に入るよりもかたし。いわうや、さかさまに大風のふきむかへたらんは、いよいよかたき事ぞかし。経に云く「億億万劫より不可議に至って、時に乃《すなわ》ち是の法華経を聞くことを得。億億万劫より不可議に至って、諸仏世尊、時に是の経を説きたまふ。是の故に行者、仏の滅後に於《おい》て是《か》くの如き経を聞いて疑惑を生ずること勿《なか》れ」等云云。

此の経文は、法華経二十八品の中にことにめづらし。序品《じよぼん》より法師品《ほつしぼん》にいたるまでは等覚《とうかく》*已下《いげ》の人・天・四衆・八部*、そのかずありしかども、仏は但《ただ》釈迦如来一仏なり。重くてかろきへんもあり。宝塔品《ほうとうぼん》より嘱累品《ぞくるいぼん》にいたるまでの十二品は、殊《こと》に重きが中の重きなり。其の故は釈迦仏の御前に多宝の宝塔涌現《ゆげん》*せり。月の前に日の出でたるがごとし。又十方の諸仏は樹下に御はします。十方世界の草木の上に火をともせるがごとし。此の御前にてせん

（選）せられたる文《もん》なり。

《須弥山》サンスクリット語スメール（Sumeru）の音写。仏教やヒンドゥー教で、世界の中心にあると考えられた想像上の山。《等覚》等正覚のこと。修行が満ちて、妙覚《みょうかく》の仏と等しくなった位。菩薩の最高位。《八部》仏法を守護する八つの種族。『法華経』などでは、①天衆《てんしゅ》、②龍衆《りゅうしゅ》、③夜叉衆《やしゃしゅ》、④乾闥婆衆《けんだつばしゅ》、⑤阿修羅衆《あしゅらしゅ》、⑥迦楼羅衆《かるらしゅ》、⑦緊那羅《きんなら》衆《しゅ》、⑧摩睺羅伽衆《まごらかしゅ》の八つを指す。《多宝の宝塔》『法華経』見宝塔品で登場する過去仏の多宝如来のために七宝で造られたストゥーパ（宝塔）のこと。

仏になるということは、こちらの須弥山に針を立てて、向こうの須弥山から糸を投げ、その糸が真っ直ぐに到達して針の穴に入ることよりも困難なことです。ましてや、逆向きに吹く大風に向かって投げる時は、ますます難しいことです。『法華経』常不《じょうふ》軽菩薩品《きょうぼさつぼん》に「億・億万という劫の遥かな過去から、考えることもできない長い時間を経て、この『法華経』の教えを聞くことができるのだ。億・億万という劫の遥かな過去から、考えることもできない長い時間を経て、諸々の仏・世尊たちは、この経を説かれるのである。それゆえに修行者は、仏の入滅の後にこのような経を聞いて、疑惑を生じてはならない」とあります。

この経文は、『法華経』二十八品の中で特に珍しい経文です。序品《じょぼん》第一から法師品《ほっしぼん》第十に至るまでは、等覚の位以下の人・天・四衆・八部衆が数多くいたけれども、仏はただ釈迦如来一人でありました。重要そうに見えて、軽々しいところもあります。見宝塔品《けんほうとうぼん》第十一から嘱累品《ぞくるいぼん》第二十二に至るまでの十二品は、特に重要の中の重要なものであります。そのわけは、釈迦仏の前に多宝如来の宝塔が涌《わ》き出して現われ、月の前に日が出たようでした。また、十方から参集した諸仏が樹下にいらっしゃって、十方世界の草木の上に火を灯したようでした。この二仏の前で選ばれた経文なのです。

父母は儲けやすし、法華経はあひがたし

涅槃経《ねはんきょう》に云く「昔、無数無量劫《むしゅむりょうこう》より来《このかた》常に苦悩を受く。一一の衆生、一*劫の中に積む所の骨は、王舎城《おうしゃじょう》の毘富羅山《びふらせん》*の如く、飲む所の乳汁は四海*の水の如く、身より出す所の血は四海の水より多く、父母・兄弟・妻子・眷属《けんぞく》の命終《みょうじゅう》に哭泣《こくきゅう》して出す所の目涙《なみだ》は四大海より多く。地の草木を尽くして四寸の籌《かずとり》*と為《な》し、以《もっ》て父母を数ふも亦《また》尽くすこと能《あた》はじ」云云。

此の経文は、仏最後に雙林《そうりん》*の本に臥《ふし》てかたり給ひし御言《おことば》なり。もつとも心をとどむべし。無量劫より已来《いらい》、生《うむ》ところの父母は十方世界の大地の草木を四寸に切りて、あてかぞ（推算）うとも、たるべからずと申す経文なり。此《これ》等《ら》の父母にはあ（値）ひしかども、法華経にはいまだあはず。されば父母はまうけやす（易儲）し、法華経はあひがたし。

今度《このたび》あひやすき父母のことばをそむきて、あひがたき法華経のとも（友）にはなれずば、我が身、仏になるのみならず、そむきしをや（親）をもみちびきなん。例せば、悉達《しつた》太子は浄飯王《じようぼんのう》*の嫡子《ちやくし》なり。国をもゆづり、位にもつけんとをぼして、すでに御位《おんくらい》につけまいらせたりしを、御心《おんこころ》をやぶりて、夜中城をにげ出でさせ給ひしかば、不孝の者なりとうらみさせ給ひしかども、仏にならせ給ふては、まづ浄飯王《じようぼんのう》・麻耶夫人《まやぶにん》*をこそみちびかせ給ひしか。

《一劫》筆者の計算では、十の二十四乗年（植木雅俊・橋爪大三郎著『ほんとうの法華経』、三二〇頁）。《王舎城の毘富羅山》王舎城は、古代インドのマガダ国の首都ラージャグリハ（Rājagṛha）のこと。rāja が王、gṛha が家を意味するので、王舎と漢訳された。毘富羅山はサンスクリット語のヴィプラ（Vipula）の音写。インドのマガダ国にある山の名。《四海》須弥山を囲む四方の外海のこと。《籌》多数のものを数えるのに使う棒。《雙林》沙羅双樹《さらそうじゅ》の林。釈尊は、この木の下で入滅した。《悉達太子》悉達は、シッダ（siddha＝達成された）とアルタ（artha＝目的）の複合語シッダールタ（Siddhārtha）を意味も含めて音写した語。釈尊の名前である。《浄飯王・麻耶夫人》106頁の注を参照。

『涅槃経』に「無数無量の劫の昔からこれまで、衆生は常に苦悩を受けてきた。一人ひとりの衆生が、その一劫の間だけでも、何度も生まれ変わり、その度に亡くなって残した骨を積み重ねれば、王舎城のヴィプラ山ほどである。また、飲んだ母乳の量は四海の水のようであり、身体から流した血は四海の水よりも多く、父母・兄弟・妻子・眷属《けんぞく》の死に際して、悲しみ泣き叫んで流した涙は、四大海の水より多いのだ。大地の草木をことごとく四寸に切って籌《かずとり》として、それを用いて父母の数を数えたとしても、数え尽くすことができない」とあります。

この経文は、仏が最後に沙羅双樹《さらそうじゅ》の根もとで横になって語られた言葉であり、最も心を留めるべきです。無量劫の過去からこのかた、自分を生んでくれた父母は十方世界の大地に生える草木を四寸に切って、一対一で対応させて数えたとしても、足りることはないという経文です。これらの多くの父母には出会ったけれども、『法華経』

にはいまだ遭遇していません。それゆえ、父母は得ることが容易であり、『法華経』は出会うことが困難です。

このたび、遇《あ》いやすい父母の言葉に背いて、遇い難い『法華経』の友（善知識《ぜんちしき》）から離れることがないならば、我が身が仏となるだけではなく、背いた親をも導くことになるでしょう。例を挙げれば、悉達《しった》太子は浄飯王《じょうぼんのう》の嫡子《ちゃくし》でした。王は、太子に国を譲り、位にもつけようと思って、既に位にもつけておられましたが、王の心に背いて夜中に城を脱け出されたので、王は、太子を不孝のものであると恨まれましたが、仏となられたら先ず浄飯王《じょうぼんのう》・麻耶夫人《まやぶにん》を導かれました。

両火房を御信用ある人は、いみじきと御覧あるか

をや（親）というをやの、世をすてて仏になれと申すをやは一人もなきなり。これは、とにによせ、かくによせて、わどの（和殿）ばらを持斎《じさい》＊・念仏者等がつくりをとさんために、をやをすすめをとすなり。両火房《りょうかぼう》＊は、百万反《べん》の念仏をすすめて、人人の内をせき（塞）て、法華経のたね（種）をたたんと、はかるときくなり。

極楽寺殿*は、いみじかりし人ぞかし。念仏者等にたぼらかされて、日蓮を怨《あだ》ませ給ひしかば、我が身といゐ、其の一門皆ほろびさせ給ふ。ただいまは、えちご（越後）の守殿《こうどの》*一人計《ばか》*りなり。

両火房*を御信用ある人は、いみじきと御らむ（覧）あるか。なごへ（名越）の一門の善光寺*・長楽寺・大仏殿立てさせ給ひて、其の一門のならせ給ふ事をみよ。又守殿は日本国の主にてをはするが、一閻浮提《いちえんぶだい》*のごとくなるかたきをえ（得）させ給へり。


《持斎》243頁の注を参照。《両火房》真言律宗の僧・極楽寺良観のこと。雨乞いをやって、雨は降らず、ますます日照りが続いて二カ所で火災が起こったことで、「良観《りょうかん》」を「両《りょう》火《か》」と皮肉ったもの。《極楽寺殿》北条重時のこと。《守殿》「守」を「こう」と読むのは、「かみ」が転訛したもの。四等官《しとうかん》（督《かみ》・佐《すけ》・尉《じょう》・志《さかん》）のうちのトップの尊称。日蓮が「守殿」のみで用いる時は、「相模の」を省略したもので、北条時宗のことだが、「越後の守殿」は、北条重時の五男、業時《なりとき》のこと。《一人計り》北条重時の五人の息子の内、五男・業時以外の四人の息子たちは、長男が夭逝《ようせい》し、次男が文永元（一二六四）年に、三男が文永七（一二七〇）年に亡くなり、四男・義政が病のために建治三年四月に連署を辞任し引退しているので、残るのは越後の守殿（業時）一人だけということ。《なごへ（名越）の一門》北条朝時《ともとき》の一門のこと。朝時の長男・北条光時は、寛元四（一二四六）年に起きた、宮騒動《みやそうどう》（寛元の政変）で出家、伊豆へ流罪となり、次男・北条時章は二月騒動（北条時輔の乱）で誅殺《ちゅうさつ》（後に無実と判明）、四男・北条時幸は宮騒動で自害、五男・北条教時は二月騒動で誅殺された。《善光寺》真跡で「善光寺」か「善覚寺」か紛らわしいが、『論談敵対御書』にならった。《一閻浮提》96頁の注「閻浮」を参照。

親という親で、子どもに世を捨てて仏になれと言う親は一人もいません。今の場合も、あれにつけ、これにつけてと、貴殿たちを持斎・念仏者たちが意図的に脱落させるために、親をそそのかして、脱落させようとしているのです。両火房《りょうかぼう》（良観房）は、百万遍の念仏を勧めて、人人の内心をさえぎって、『法華経』の種子を断絶させようと企てていると聞いています。

極楽寺殿（北条重時）は立派な人でありました。けれども念仏者らにたぶらかされて、日蓮を憎んで弾圧したので、我が身だけでなく、その一門は皆、滅んでしまいました。現在は、越後の守殿（北条業時）一人だけになりました。

両火房を信仰している人は、立派になっていると思っておられますか。名越の一門が善光寺・長楽寺・大仏殿を建立された後、その一門がどうなったかを見て下さい。また、守殿（北条時宗）は日本国の主であられますが、一閻浮提を相手にするような蒙古という敵の攻めに遭っています。

よくよく思ひ切つて一向に後世をたのまるべし

わどの兄をすてて、あにがあとをゆづられたりとも、千万年のさかへかたかるべし。しらず、又わづかの程にや。いかんがこのよ（此世）ならんずらん。よくよくをもひ切つて、一向に後世《ごせ》をたのまるべし。かう申すとも、いたづらのふみ（文）なるべしとをもへば、かくもものう（懶）けれども、のちのをもひでに、しるし申すなり。恐恐謹言。

十一月二十日　　日蓮　花押

兵衛志殿御返事

今、貴殿が兄を捨てて、兄の跡を譲られたとしても、千万年も栄えることは困難でしょう。私には分かりませんが、また束の間のことではないでしょうか。どうして、この世のことに執着しなければならないのでしょうか。よくよく思い切って、ひたすら後世《ごせ》を願うべきです。このように申しても、無駄な手紙であるだろうと思えば、書くのも物憂いけれども、後々に思い出すこともあろうかと記します。恐恐謹言。

十一月二十日　　　　　　　　　日蓮　花押

兵衛志殿御返事

解説

文永十二（一二七五）年四月の一回目の勘当は、その一年三カ月後の建治二（一二七六）年七月ごろには、父親（衛門大夫殿）が、兄弟と和解して許したようだ。それは、池上兄弟の叔父である弁阿闍梨日昭に与えた手紙『辨《べん》殿御消息』に、「ゑもんのたいうどの（衛門大夫殿）のかへせに（改心）の事は大進の阿闍梨《あじやり》のふみに候《そうろう》らん」とあることから推測される。

それから一年四カ月して、父は再び宗仲を勘当した。その時の手紙がこれである。

この手紙が書かれたのは、建治元年と建治三年とする二つの説があるが、本文中に「ただいまは、えちご（越後）の守殿《こうどの》一人計《ばか》りなり」とあり、この表現が成立するためには、越後の守殿（業時《なりとき》）の三人の兄たちの死亡に続く、建治三年四月の四男・義政の病による連署の辞任・引退の後である必要がある。従って、この手紙が書かれたのは、建治元年ではあり得ないので、建治三年とした。

弟・宗長の妻は、先の手紙で「女人となる事は、物に随って物を随へる身なり」と教えられて、それを実践していたのであろう。この手紙より先に身延の日蓮のもとを訪ねて、指導を仰いでいた。その時点では、まだ兄・宗仲は勘当されていなかったが、その兆候のようなものを感じて日蓮を訪ねたのであろう。日蓮は、話を聞いて、「必ず勘当があるでしょう。兵衛志殿は心もとないから、御前《ごぜん》、あなたが前もって心構えをしておきなさい」と答えていた。

そして再び、兄・宗仲が勘当された。その情況下で、弟・宗長が使いの者二人を日蓮のもとに派遣した。おそらく、賢い妻の薦めもあったのであろう。使いの者は、後に六老僧の一人に任じられる弁阿闍梨日昭の手紙も持参していた。そこには、兄・宗仲が二度目の勘当を受けたこと、弟・宗長が相当に苦慮していることなどが詳細に書かれていたのであろう。弟・宗長の動揺ぶりを読み取った日蓮は、この手紙をしたためた。

この手紙のキーワードは、貪欲《とんよく》（rāga ＝貪り）・瞋恚《しんに》（dveṣa ＝憎悪）・愚癡《ぐち》（moha ＝愚かさ）の三毒と言えよう。仏教では、人間の心は時代とともに悪くなっていくものと考えていた。そのプロセスを、①正しい教え（正法《しょうぼう》）が正しく存続している時代、

②その正法が似て非なる教え（像法《ぞうほう》）にとって代わられる時代、③正法が完全に見失われる（末法《まっぽう》）時代――の三つに分けて考えた。末法になれば、次のように三毒が著しく強盛になるという。

末代濁世《まつだいじょくせ》の心の貪欲・瞋恚・愚癡のかしこさは、いかなる賢人・聖人《しょうにん》も治めがたき事なり。其《そ》の故は、貪欲をば仏、不浄観の薬をもて治《じ》し、瞋恚をば慈悲観をもて治し、愚癡をば十二因縁観をもてこそ治し給ふに、いまは此《こ》の法門をと（説）ひて、人をとして、貪欲・瞋恚・愚癡をますなり。譬へば、火をば水をもつてけす。悪をば善をもつて打つ。しかるに、かへりて水より出ぬる火をば、水をかくればあぶら（油）になりていよいよ大火となるなり。（『滅劫御書《げんこうごしょ》』）

日蓮は、弟・宗長に教示するのに貪欲・瞋恚・愚癡の三毒の観点から諭している。その中でも特に貪欲について、「末法になったら、人の貪欲さが次第に過剰になって、主君と家臣、親と子、兄と弟の間で論争が止むことがありません」と論じ、主君と親と師匠に対する人の在り方は、賢い人も身分の低い人も皆、分かっていることでありながら、破滅へと向かっていく。それは、三毒という酒に酔ってしまっているからだという。

兄・宗仲の勘当には、この三毒が根底にある。父・康光には瞋恚と愚癡があり、弟・宗長の迷いには子の父に対する孝養の問題とともに、貪欲の誘惑、ささやきがないとは言えないであろう。日蓮は、その思いを察して、「あなたは、目先のことにとらわれているから、親の言うことに随われることでしょう。道理の分からない人は、それを誉めるでしょう」と述べ、それが近視眼的な判断であるとして、「兄を捨てて、兄の家督を譲られたとしても、それは一時的なことで、千万年の繁栄にはなりません」と諭す。

このたびのことで、父・康光が〝法華経の敵《かたき》〟に定まり、兄・宗仲は〝法華経の行者〟になったと、白か黒かを明確にして、「（家督程度の）わずかのことで親に諂《へつら》って悪道に堕ちたとしても、日蓮を恨んではならない」と語る。

〝法華経の敵〟に随って、〝法華経の行者〟を捨てることが、親への孝養になるのかと問いかけ、妙荘厳王《みょうしょうごんのう》を仏教に帰依させた浄蔵《じょうぞう》・浄眼《じょうげん》兄弟のように孝養を遂げるように促す。

兄と一緒に仏道を成就するように諭し、父に向かって「親であるので確かに順《したが》うべきではありますが、〝法華経の敵〟になられたので、随ったならば不孝の身になってしまいます。だから、父上を捨てて兄につくことにします。兄を捨てて勘当されるならば、私も兄と一緒だと思ってください」と、少しも怖れることなく、言い切るように指示した。この話のもっていき方には、付け入る隙がない。ここに有能なネゴシエーター（交渉人）としての日蓮の一面がうかがわれる。

そして、重大なことの起こる前には必ず三障四魔が競い起こること、その時、賢者はいよいよその時が来たと喜ぶが、それが分からない愚者は退くのだと諭す。

そして、仏になることの困難さを、一方の須弥山に立って他方の須弥山の頂上に立てた針の穴めがけて糸を投げて通すという例で示す。さらに仏の教えに出会うことの困難さを説いた『法華経』常不軽品を挙げ、父母に遇うことは数えきれないほどであるとする『涅槃経』を挙げて、遇いやすい父母よりも、遇い難い『法華経』を重視すべきだと説き、この世の一時の利害にとらわれず、末長い繁栄を願うべきだとした。

以上のことを書き連ねて、日蓮は「どうせ私の言うことは、聞かないだろうから、無駄なことだけれども、後に思い出すこともあろうかと思って書きました」と結んでいる。言うべきことは言った上で、「最終的に判断をするのは、あなたです」と相手の自主性に任せる。これが、人にアドバイスをするときの日蓮の一貫した姿勢である。

一見して、冷たく突き放したかのようでありながら、宗長の動揺する心のひだに寄り添って、兄と心を一つにして〝法華経の行者〟として、今こそ覚悟を決めよと叫び、宗長の迷いを断とうとする日蓮の声が聞こえてくるようだ。

以上の内容とは、直接的には関係しないが、「貪欲」の行きついた先として日蓮が冒頭に挙げたことにも注目しておきたい。貪欲のままに快適さを追求するあまり、その国土を守る働きは衰え、三災七難が起こるという。「大の三災」とは、①火災、②

風災、③水災、「小の三災」とは、①穀貴《こっき》（五穀の高騰、物価上昇）、②兵革《ひょうかく》（戦争）、③疫病《やくびょう》（感染症の流行）であり、「七難」とは、『薬師経』に説かれた、①人衆疾疫《にんしゅしつやく》の難（感染症の流行）、②他国侵逼《たこくしんぴつ》の難（他国からの侵略）、③自界叛逆《じかいほんぎゃく》の難（同士討ち）、④星宿変怪《せいしゅくへんげ》の難（天体の運行の異変）、⑤日月薄蝕《にちがつはくしょく》の難（日蝕と月蝕）、⑥非時風雨《ひじふうう》の難（季節外れの暴風雨）、⑦過時不雨《かじふう》の難（雨季になっても雨が降らない）――といったものである。

多くの太陽が出るということは、高温にさらされることととらえられ、その結果草木が枯れ、河川が乾涸《ひから》び、大地は炭が燃えるように熱く焼かれ、大海の水温が上昇し、大地の底から炎が燃え上がり、天高く炎に包まれるという。

これは近年、既に顕著になり始めた温暖化、気候変動の様相そのままである。われわれは空気中に生息しているから、その深刻さを感じにくい。サウナで空気の九〇度には耐えられるが、水の九〇度では身体は煮えて死んでしまう。気温が一度や、二度上昇しても大したことないと思うかもしれないが、海水の一度、二度の上昇は、風呂の設定温度で考えてみればいい。熱くてたまらない。海の生きものは生息困難で、魚介類は死滅する。温度上昇で水蒸気の量が増え、台風のエネルギーが強化され、トラックも宙に浮くほどの風速六〇メートル級の暴風が当たり前になり、一時間降水量一〇〇ミリ以上といった大水害も常態化する。

例年の四倍という昨年（二〇二〇年）来の大雪も、日本海の水温上昇で水蒸気が増加したことによるものである。一昨年から昨年にかけて何カ月も燃え続けたオーストラリアの森林火災は、気温の上昇と乾燥によるもので、大都市の空を真っ赤に染め、煙と煤《すす》で呼吸も大変だったと報じられた。地表の草木が燃え尽きた後も、根っこが炭化し熾火《おきび》となって燃え続け、大地は熱かったという。まさに「大地はすみ（炭）のごとくをこり」「無間《むけん》地獄より炎いでて、上《かみ》梵天まで火炎充満す」そのままであった。これは、対岸の火事ではない。

シベリアのベルホヤンスクでは昨年、温暖化で最高気温が三八度を記録し、永久凍土が解けて、露出した土壌から強烈な感染力を持つ未知のウイルスが発見された。何万年もかけて永久凍土に閉じ込められてきた大量の温室効果ガスが、大気中に放出されれば、温暖化は一気に加速する。

昨年来、新型コロナウイルス感染症によって人類が脅かされているが、感染から発症するまでの一～十二・五日の時間差に悩まされてきた。ところが、温暖化のツケは数十年ほど後に顕在化する。それも取り返しのつかない状態でだ。核廃棄物は、ものによっては何万年という単位で放射性を維持し続ける。そのツケの損害をこうむるのは若い人たち、これから生まれてくる人たちである。今、政治の世界で権威をふるい、利権をほしいままにして、権力闘争に明け暮れているのは老人の政治家で、そのツケが顕著になる頃には、この世の人ではない。

温暖化への対応は、この十年が勝負の分かれ目だと言われている。ところが、老人の政治家たちは、全く無頓着なようである。

この理不尽さに黙っておれなくて、声を上げたのが、若きスウェーデンの環境活動家であるグレタ・トゥーンベリ氏（二〇〇三〜）であった。その叫びは、真実であり、切実である。

日蓮が、『法華経』をはじめとして、『金光明最勝《こんこうみょうさいしょう》王経《おうきょう》』『薬師経』などの仏典を踏まえて、『立正安国論』（一二六〇年）で、
汝《なんじ》須《すべから》く一身の安堵《あんど》を思はば、先《ま》ず四表《しひょう》の静謐《せいひつ》を禱《いの》らん者か。

と叫んでいたことは、このような人類的危機を前にして、国主は責任ある政治を行なうべきだと警告していたように思える。賢い人も、身分の低い人も皆、分かっていることでありながら、三毒という酒に酔ってズルズルと破滅に向かうことを危惧していたのであろう。それは、七百六十年後の今日のために書かれていたのではないかとすら思えてくる。

兵衛志殿御書（抄）

兄・宗仲の二度目の勘当から二カ月後の弘安元（一二七八）年一月には、父・康光の許しを得た。その五カ月後に弟・宗長は味噌桶《みそおけ》一つを身延の日蓮に届けていた。それから二カ月半後、日蓮のもとに届いたのは、父・康光が『法華経』に帰依することになったという朗報であった。これは、その知らせに対する手紙である。末尾に「九月九日」とあるだけで、年号が書かれていない。建治三（一二七七）年とするものもあるが、問題がすべて解決したことが書かれていることから、他の手紙との順序の整合性を考えて、弘安元（一二七八）年説を採用した。（和文体、断簡）

大夫志殿と殿との御事、不思議に候

久しくうけ給はり候《そうら》はねば、よくおぼつかなく候《そうろう》。何よりもあはれ（天晴）に、ふしぎ（不思議）なる事は、大夫志《たゆうさかん》殿と、とのとの御事、不思議に候。

久しい間、便りをいただきませんでしたので、大変に気がかりになっておりました。何よりも天晴《あつぱ》れであり、不思議であることは、大夫志殿（兄、宗仲）と貴殿（弟、宗長）の二人のことであり、考えもおよびません。

代末になり候へば聖人・賢人も皆かくれ讒人のみ国に充満すべし

つね（常）さまには、代《よ》すえになり候《そうら》へば聖人《しょうにん》・賢人もみなかくれ、ただざんじむ（讒人）、ねいじん（佞人）、わざん（和讒）、きよくり（曲理）の者のみこそ国には充満すべきと見へて候へば、喩《たと》へば水すくなくなれば池さはがしく、風ふけば大海しづかならず。代《よ》の末になり候へば、かんばち（旱魃*）、えきれい（疫癘*）、大雨、大風ふきかさなり候へば、広き心もせばくなり、道心ある人も邪見になるとこそ見へて候へ。

《かんばち（旱魃）》日照りが続くことによる長期間の水不足。《えきれい（疫癘）》悪性の流行病。疫病。

通常は、世も末になれば、聖人や賢人は皆、隠れてしまって、ただ、事実を曲げて他人をあしざまに訴える「讒人《ざんじん》」や、口先だけ巧みに媚《こ》びへつらう「佞人《ねいじん》」や、一方にお世辞を言って取り入り、他方を誹《そし》って陥れる「和讒《わざん》の者」や、道理を捻《ね》じ曲げる「曲理《きよくり》の者」のみが国に充満するだろうと記されています。例えば、水が少なくなれば池は騒がしくなり、風が吹けば大海は静かではありません。世も末になれば旱魃《かんばつ》や、悪性の流行病、大雨に見舞われ、大風が吹き重なるので、心の広い人も心が狭くなり、道を求める人も邪見にとらわれるようになるものです。

兄弟の力にて親父を法華経に入れまいらせさせ給ひぬ

されば他人はさてをきぬ、父母と、夫妻と、兄弟と諍《あらそ》ふ事れつし（猟師）としか（鹿）と、ねこ（猫）とねずみ（鼠）と、たか（鷹）ときじ（雉）との如しと見へて候《そうろう》。良観*等の天魔*の法師らが、親父《しんぷ》左衛門の大夫《たゆう》殿をすかし、わどの（和殿）*ばら二人を失はんとせしに、殿の御心賢くして、日蓮がいさめを御《おん》もちゐ有りしゆへに、二《ふたつ》のわ（輪）の車をたすけ、二《ふたつ》の足の人をになへるが如く、二《ふたつ》の羽のとぶが如く、日月《にちがつ》の一切衆生を助くるが如く、兄弟の御力《おんちから》にて親父を法華経に入れまいらせさせ給ひぬる御計《おんはか》らひ、偏《ひとえ》に貴辺の御身《おんみ》にあり。

《後略》

《良観》296頁の注「両火房」を参照。《天魔》165頁の注を参照。《わどの（和殿）》相手が対等か、それ以下の場合に、親愛の気持ちを込めて用いられる二人称代名詞。

だから、他人のことはさておいて、父母と、夫妻と、兄弟の肉親同士が争い合うことは、あたかも猟師と鹿、猫と鼠《ねずみ》、鷹《たか》と雉《きじ》との闘いのようなものだと見られます。極楽寺良観らの天魔の法師が、父親の左衛門の大夫殿を欺いて、貴殿ら二人の『法華経』への帰依をやめさせようとしました。ところが、貴殿の心が賢明で、日蓮の忠告を用いられたが故に、二つの車輪が車の運行を助け、二本の足が人を支えるように、二つの羽で鳥が飛ぶように、日と月が輝いてすべての生きとし生けるものを助けるように、兄弟二人の力で父親を『法華経』への帰依に導き入れられました。その心遣いは、ひとえに貴殿の身によるものです。

《後略》

解説

池上兄弟に対する手紙には見られないが、四条金吾に対する建治四（一二七八）年一月二十五日付の手紙（201頁）に、次の一節があった。

えもんのたいう（右衛門大夫《うえもんたゆう》＝兄・宗仲）のをや（親《おや》）に立ちあひて、上《かみ》の御一言にてかへりてゆり（許）たると、殿（筆者注＝四条金吾）のすねん（数年）が間のにくまれ、去年《こぞ》のふゆ（冬）はかうときき（聞）しに、かへりて日日の御出仕の御とも、いかなる事ぞ。ひとへに天の御計《おんはから》ひ、法華経の御力にあらずや。

これによると、四条金吾に対する主君の勘気が解けて出仕が許されたのと、池上宗仲に対する勘当が許されたのは、ほぼ同時期であった。すなわちお上の仲介で、兄・宗仲に対する勘当は、建治四年一月末には和解が成立していたことになる。

この手紙は、それから約七ヵ月半後にしたためられている。父・康光が勘当を許しただけでなく、自ら『法華経』に帰依するまでになったという。その知らせを聞いて、日蓮は、「何よりも天晴《あっぱ》れであり、不思議である」と喜んだ。世も末になってくれば、普通、ずるい人間が多くなり、賢人や聖人は隠れてしまって、讒人《ざんじん》や、佞人《ねいじん》や、和讒《わざん》の者や、曲理《きょくり》の者のみが国に充満する。

そして他人ばかりか、父母、夫婦、兄弟といった身内の間ですら争いが絶えなくなるものだが、池上兄弟は、兄弟も、夫婦も心を一つにして父親との対立を乗り越え、理解をかち取った。それは、不思議としか言いようがない。それも弟・宗長が誘惑にも負けず、日蓮の教えを守ってのことであった。妻たちもそれぞれの夫たちを支え合って父親の理解をかち取った。

父親の背後には極楽寺良観の策謀があったことを考えても、兄弟、夫婦が一体となっての対応は素晴らしいものがあった。その中でも、弟・宗長が重要な役割を果たしている。

父につけば、親孝行と言われるかもしれないが、家督の欲に目がくらんで兄を捨てたと言われるだろう。兄につけば親不孝と言われ、家督相続もなくなる。『法華経』を捨てれば退転者となり、弟・宗長はどっちへ転んでも厳しい視線にさらされる。その渦中で、宗長はそのいずれでもなく、父親の許しを得ただけでなく、父親を正法に帰依させるという最善の解決をかち取った。父は、宗仲の勘当を解いただけでなく、極楽寺良観への帰依をやめ、日蓮に帰依した。宗長は、日蓮に言われた通り、「親なれば、いかにも順《したが》ひまいらせ候べきが、法華経の御かたきになり給へば、つきまいらせては不孝の身となりぬべく候へば、すてまいらせて兄につき候なり。兄をすてられ候はば、兄と一同とをぼすべし」と父親にきっぱりと言い放ったに違いない。

　このように八方ふさがりの情況に置かれ続けると、つい苛立《いらだ》って夫婦で口論になりやすい。だからこそ、日蓮は、妻たちに「女人となる事は、物に随つて物を随へる身なり」という姿勢を貫くことを教えた。妻たちも日蓮の教えを素直に守り通した。このように、兄弟、夫婦の四人が心を一つにして対応した。冒頭で、兄弟のことを天晴れで、不思議であると記しているが、これはそれぞれの妻も含めてのことであろう。

　その兄弟の中でも弟に対して、日蓮は、歯に衣《きぬ》着せず、ズケズケと忠告してきたが、「殿の御心賢くして、日蓮がいさめを御《おん》もちゐ有りしゆへに」「兄弟の御力《おんちから》にて親父《しんぷ》を法華経に入れまいらせさせ給ひぬる御計《おんはか》らひ、偏《ひとえ》に貴辺の御身《おんみ》にあり」と称賛した。

　日蓮は、池上兄弟と、その父親のことを、しばしば『法華経』妙荘厳王品《みょうしょうごんのうぼん》に説かれる浄蔵《じょうぞう》・浄眼《じょうげん》兄弟と、その父・妙荘厳王になぞらえて教示していた。『法華経』では、兄弟の教化《きょうけ》によって仏弟子となった父の妙荘厳王は、未来成仏の予言（授記）を受ける直前、如来に次の言葉を語っていた。

　　世尊よ、私の二人の息子は、私の師であります。というのは、この二人は、神力による奇跡を用いて、私が大きな誤った見解に陥っていたことに気付かせて呼び戻し、如来の教えの中に立たせ、成熟させ、悟入させ、如来にお会いすることを勧めてくれたからです。世尊よ、私の二人の子どもは、〔私の〕善き友（善知《ぜんち》識《しき》）であり、過去に積んだ善い果報をもたらす立派な行ないを私に思い出させるために、息子の姿で私の家に生まれてきたのです。（植木訳『サンスクリット版縮訳 法華経 現代語訳』、二九八頁）

これは、池上兄弟とその父・康光との関係そのままである。池上兄弟は、この『法華経』を「自己との対決」を通して読み切ったのである。ここでは、産み育てる「親子」の関係を超えて、真理の探究や生き方を模索する「師弟」「善知識」の関係を優先させていることが分かる。

次に、本書で取り上げたこの手紙の短い引用箇所だけでも、「代《よ》すえになり候《そうら》へば」とか、「代《よ》の末になり候へば」という言葉が出てくることに注目したい。この手紙の省略した箇所にも、「代末になりて」「代のおさまれるには」「代の乱れたるにこそ」――といった言葉が頻出する。それは、人心、思想、政治、自然環境の悪化に対する日蓮の危機意識の表われであろう。この手紙の前に取り上げた建治三年十一月二十日付の手紙でも、「末法になり候へば、人のとんよく（貪欲）、やうやくすぎ候《そうらい》て」という情況下での、主と臣と、親と子と、兄と弟との言い争いが絶えないことに加えて、貪欲が盛んになって自然環境が破壊されていくという話が織り込まれていた。それは、天災というよりも人災というべきものであった。

この手紙にも、旱魃《かんばつ》、疫癘《えきれい》、大雨、大風が挙げられている。それとともに、この手紙では、指導的立場の人、あるいはその人を取り囲む人の低劣化が指摘されて、ここには次の四種類の人が挙げられている。

①讒人《ざんじん》＝事実を曲げてうまく悪口を言って善良な人を陥れる者
②佞人《ねいじん》＝口先だけ巧みに媚《こ》びへつらう者
③和讒《わざん》の者＝一方にお世辞を言って取り入り、他方を誹《そし》って陥れる者
④曲理《きょくり》の者＝道理を捻《ね》じ曲げる者

今日的には、「忖度《そんたく》の者」も追加されよう。

仏教の史観では、時代を経るにつれて衆生の機根《きこん》（能力／性質）が劣化し、このような者たちが増えてきて、正しいことが正しく行なわれなくなるとする。正義が通らなくなるということだ。その結果、人の心もずるく、傲慢で、貪欲で、自己中心的になり、言動も粗野になり、社会も乱れ、自然を破壊して、環境にも悪影響を及ぼしてしまう。

日蓮は、そのような社会を正すために〝立正安国〟を叫んだ。この手紙にも、その精神が短いセンテンスではあるが顔をのぞかせている。そこで、この手紙を立体的に

理解するために、〝立正安国〟について述べることにする。その著『立正安国論』は次の言葉で始まる。

旅客《りよかく》来りて嘆いて曰《いわ》く、「近年より近日に至るまで、天変《てんぺん》・地夭《ちよう》・飢饉《ききん》・疫癘《えきれい》、遍《あまね》く天下に満ち、広く地上に迸《はびこ》る。牛馬巷《ちまた》に斃《たお》れ、骸骨路《がいこつみち》に充《み》てり。死を招くの輩《ともがら》既に大半に超え、之《これ》を悲《かなし》まざるの族《やから》、敢《あえ》て一人も無し……弥《いよいよ》飢疫《きえき》に逼《せめ》られ、乞客《こつきやく》目に溢《あふ》れ、死人眼に満てり。臥《ふ》せる屍《しかばね》を観《ものみ》と為《な》し、並べる尸《かばね》を橋と作《な》す……

……」

これに対して、

主人の曰《いわ》く、「独り此《こ》の事を愁《うれ》へて胸臆《くおく》に憤悱《ふんぴ》す。客来りて共に嘆く、屢《しばしば》談話を致《いた》さん」

として、談話（対話）が展開されていく。

正嘉《しようか》の大地震（一二五七年）をはじめ、相次ぐ飢饉、疫病の蔓延《まんえん》を目の当たりにしていた当時の人々にとって、災害についての客人の描写は決して誇張ではなく、現実であった。その現実に対して客人は嘆き、主人は、愁いを抱き、心に深く憤《いきどお》って、ともに嘆いて談話（対話）が展開される。

日蓮は、『立正安国論』（一二六〇年）の草案として『守護国家論』（一二五九年）をしたためているが、その冒頭で、「国主と成つて民衆の歎《なげ》きを知らざるに依《よ》り」という言葉を記していて、ここに日蓮の執筆動機の一端がうかがわれる。

インド仏教では、国王は人民に雇われた存在であって、租税はその俸給だと考えていた。その国王のなすべきことは、人々の暮らしを安らかならしめることであった。原始仏典の『サンユッタ・ニカーヤⅣ』で釈尊は、政治の在り方を「殺すことなく、殺さしめることなく、勝つことなく、勝たしめることなく、悲しむことなく、悲しませることなく、法によって統治をなさい」（中村元訳）と語っている。

その「法による統治」を実行したのがアショーカ王（在位、紀元前二六八～前二三二年）であった。アショーカ王は、すべての人間が守るべき普遍的な法（dharma）に基づくことの重要性を宣揚し、仏教の慈悲に基づく政治を行なった。

その政治姿勢は、「国王といえども一切衆生の恩を受けているのであり、政治は報恩のために行なわれるべきである」ということだった。人民に対しては、「一切の人々は皆わが子である」という考えで接していた。これは、『法華経』譬喩品《ひゆほん》の

今《こ》此の三界《さんがい》は、皆是《こ》れ我が有《う》なり。其《そ》の中の衆生は、悉《ことごと》く是れ吾《わ》が子なり。

（植木訳『梵漢和対照・現代語訳　法華経』上巻、二二二頁）

を思わせる言葉である。

このような考えに基づいてアショーカ王は、武力や処罰による統治ではなく、「法（dharma）による統治」を展開した。「法」と漢訳されたダルマは、「真理」「教え」

など多くの意味を持つが、ここでは、「人間として在るべき在り方」「正義」という意味である。

『増一阿含経《ぞういつあごんきょう》』第五一巻にも、同趣旨のことが記されている。

大王よ、法を以《もっ》て治め導くべし。非法を以てすることなかれ。理を以て民を治めよ。また非理を以てすることなかれ。大王よ、正法を以て民を治むる者どもは、命終りて後に皆、天上に生ぜん。（大正蔵、巻二、八二八頁下）

ここでは「法／正法」に加えて、「理」（道理）も重視されている。

日蓮が全文を書写し、愛読していた『貞観政要《じょうがんせいよう》』にも、次の言葉がある。

君主たるの道というものは、必ずやまず民衆を憐れまなければならない。……もし天下を安泰にしようとするなら、君主は必ずまず自分の身を正すべきである。身が正しいのに影が曲がっていたり、上が治まっているのに下が乱れたりすることは、いまだかつてなかった。（石見清裕訳）

日蓮の〝立正安国〟は、本来の仏教だけでなく、『貞観政要』にも則って主張されていたのだ。そのすべてに一貫しているのは、「国主は、どこまでも人民のために奉仕すべきである」という主張であった。

ところが、日本において、仏教は当初から鎮護《ちんご》国家の仏教として受け容れられ、貴族仏教の性格が強く、人民への共感は乏しかった。戸頃《こつか》重基博士の表現を借りれば、

「鎮護国家という名の天皇制祈禱《きとう》仏教」「貴族趣味や武家好みの、人民搾取《さくしゅ》の象徴にすぎない豪壮華麗な殿堂伽藍《がらん》仏教」（『日蓮教学の思想史的研究』、二三六頁）ということであった。それは、仏教が、朝廷や幕府と癒着の関係にあったということでもある。

中村元博士が、日本の仏教受容の仕方について、所詮はシャーマニズムの域を出ることがなかったと指摘されていたことを、先の『兄弟抄』の解説（276頁）で紹介しておいたが、それはこのことであろう。日本仏教は、伝来当初から鎮護国家のための祈禱を行なうことが中心の貴族仏教であったと言えよう。

「皆成仏道《かいじょうぶつどう》」（皆、仏道を成《じょう》ぜん）を説く『法華経』の平等思想に注目していた伝教大《でんぎょうだい》師最澄《しさいちょう》が開いた比叡山ですら貴族仏教の域を出ていない。天台座主《ざす》になった人の出自《しゅつじ》を見ただけでも、それが分かる。塩入亮忠《しおいりりょうちゅう》著『傳教《でんぎょう》大師』に寄せた序文で、時の内閣総理大臣・近衛文麿《このえふみまろ》（一八九一～一九四五）は、「叡山の座主には皇子《おうじ》が六十五方《かた》、宮家《みやけ》が七方、藤原家出身が四十八人、其他《そのた》六十余名が座主に補任されたと聞いているが、近衛家からは五人の天台座主を出し、其他六人程《ほど》天台の門跡《もんぜき》に任ぜられている」と記している。門跡とは、皇子、皇族、貴族が住職を務める寺院、あるいはその住職のことで、最高の格式ある寺院とされた。もちろんインド、中国ではあり得ないものである。インドでは、出家前の身分は全く無関係であった。『法華経』提婆達多品には出家した王が奴隷となって師に仕える話が出てくる。

戸頃博士が「祈禱仏教」という言葉を使われているように、本書の巻末に掲げた年譜を見ると、鎌倉幕府も、朝廷も、なすすべもなく、疫病などの災害や、蒙古の調伏《じょうぶく》の祈禱をやらせている。

釈尊は、迷信やドグマを徹底して排除し、神通力のように神がかり的なことを嫌悪していた（拙著『仏教、本当の教え』第一章を参照）。原始仏典の『ディーガ・ニカーヤI』には、

ケーヴァッタよ。わたしが神通力（iddhipāṭihāriya）を嫌い、恥じ、ぞっとしていやがるのは、神通力のうちに患《わずら》い（ādīnava）を見るからである。（中村元訳）

と語った釈尊の言葉が記されている。護摩《ごま》（homa）を焚《た》いて行なう祈禱の儀式についても釈尊は、「堕落した祭儀」と称し、

このような畜生の魔術から離れていること――これが、またその人（修行僧）の戒めである。（同）

と語っていた。本来の仏教は、祈禱や神通力などを排除していたのだ。

ナーガールジュナ（龍樹、一五〇頃〜二五〇頃）が、政治の在り方を南インドのシャータヴァーハナ王に説いた『宝行王正論《ほうぎょうおうしょうろん》』（Ratnāvalī）には、呪術的な要素は全く見られない。災害時の王への提言を見ると、

災害・流行病・凶作などで荒廃している時は人々の救済に寛大に取り組んでくだ

さい。
田畑を失った人には種子や、食べ物を給し、租税を減免してください。
盗賊を取り締まり、資産を平等に、物価を適正にしてください。
といったことなどが列挙されていて、災害時の対応として、どれを見ても現実的で具体的な提言に満ちている。

これまで見てきた日蓮の手紙を見ても、種々の困難な情況に立たされた富木常忍や、四条金吾、池上兄弟に対する教示には、呪術的要素も、祈禱のようなものの欠片《かけら》も見られなかった。極めて現実的で具体的なアドバイスであった。

〝立正安国〟とは、正法を立てて国家、国民、国土の安穏、平和を実現することだが、その〝立正〟を呪術的、シャーマニズム的にとらえてはならない。平清盛をはじめとする平家一門が、その繁栄を願って『法華経』を書写して、当時の工芸技法の粋《すい》を尽くした装飾を施して厳島《いつくしま》神社に奉納した平家納経のようなことが大事なのではない。『法華経』は、経典という〝物体〟に意味があるのではない。芸術的に装飾を施すことも、本質からズレている。そこに説かれている思想が重要なのだ。すなわち、〝立正〟とは『法華経』という正法を人々の生き方にいかに反映し、確立するかということが重要である。

『法華経』は、釈尊入滅後五百年経ったころに編纂された。その五百年間に本来の仏教からのズレが生じ、道理に反するものが仏教の装いで語られるようになった。『法華経』は、そうしたズレに対して、「原始仏教の原点に還れ」と主張している。在家や女性を軽視する差別思想や、神がかり的な救済、権威主義などを廃し、人間の尊さ、平等を訴え、〝今〟〝ここで〟この〝我が身〟を離れることなく、人間対人間の関係性の中で自他共に目覚め、あらゆる人に安寧と幸福をもたらすために説かれたのが『法華経』であった（詳細は、拙著『法華経とは何か』を参照）。

その『法華経』の信奉者の振る舞いが次のように記されている。

その人は、如来と見なされるものであり、世間の人々に安寧《あんねい》をもたらし、慈しむものであり、過去の世における誓願の意志によってこのジャンブー洲《しゅう》（閻浮提《えんぶだい》）の人間の中に、この法門を説き示すために生まれてきたものであると知るべきである。私の入滅後、教えの勝れた功力《くりき》も、ブッダの国土への勝れた誕生も自発的に放棄して、衆生の幸福と、憐《あわ》れみのために、この法門を顕示するという動機でこの世に生まれてきた如来の使者であると知るべきである。

（『サンスクリット版縮訳　法華経　現代語訳』、一八〇頁）

『法華経』を信奉する人の振る舞いは、自ら如来と同じ決意に立って、具体的な人間関係の在り方を通して人々に安寧をもたらし、慈しんで、社会をよくするということである。決して、今いるところを離れて、別世界に理想の国土（ブッダの国土）を求めることなく、現実の世界の中にそれを実現するということだ。その振る舞いは、徹底した普遍的平等思想と、人間の尊さに自他ともに目覚めることに基づいている。

その『法華経』自体が、釈尊滅後五百年に編纂された『法華経』にこだわっていない。序品では、過去にも二万人の日月燈明如来《にちがつとうみょう》が、常不軽菩薩品では、二百万・コーティ・ナユタもの多くの威音王仏《いおんのうぶつ》が、等しく最後に説いた究極の教えが『法華経』とされる。その表現形態は、時代と社会に応じて異なっているであろうが、だれでも成仏できるとする平等、あらゆる人が尊い、人間を離れて尊いものはない――といった人間として在るべき、道理にかなった普遍的真理を説くものが『法華経』だということであろう。

正法としての『法華経』は、要約すれば「人間として在るべき在り方」「正義」を説いたものだと言えよう。

戸頃博士は、「十三世紀の日蓮」が「宗教の衣をまとって実証した」表現を思想的に、倫理的に読み替えて、「正法を、倫理的に正義の用語におきかえれば、立正安国とは、国家、国民、国土の平和のため、破邪すなわち不正を否定することなしに顕正のありえないことを意味しているのである。正義を愛するとは不正を憎み、不正と戦うことである、という日蓮の倫理公式が現代にもそのまま妥当する」（戸頃重基著『日蓮教学の思想史的研究』、七三頁）と言っているのは納得のいく理解である。

このように考えると、〝立正〟とは、正法を人間の生き方の根幹に打ち立てることで、「人《にん》」と「法《ほう》」の関係が重要になってくる。日蓮は、天台大師智顗《ちぎ》の『法華文《ほっけもん》句《ぐ》』の「法、妙なるが故に人貴し。人、貴きが故に所尊し」という一節を、『南条殿御返事』に引用している。「所」、すなわち国土、社会が尊くなるためには、「人」が貴くなることが欠かせない。「人」が貴くなるためには、「法」が勝れたものでなければならない。最も根本に「法」があり、それを実践する「人」がいる。その両者が相まって初めて善なる価値を生じ、「所」も貴くなる。智顗も、日蓮も、「法」と「人」を根本とする原始仏教以来の考え方を強調している。

この考え方からすると、日蓮が主張した「立正安国」とは、「正法」を国主だけでなく、一人ひとりの「人」の生き方として立てること、すなわち仏教本来の慈悲や、平等、生命の尊厳といった思想を一人ひとりの生き方に反映させ、その一人ひとりの現実における具体的な振る舞いの総和として「安国」があるということであろう。

災害や飢饉、疫病を目の前にして、坐して瞑想にふけったり、個人の覚りに安住したり、人間が考え出した架空の如来にすがったり、釈尊が嫌悪していた祈禱をやっても、現実に苦しむ人民は救えない。国主は、人民の安穏、平和を第一とする正義を現実社会に貫け、具体的な政策を実行して、困窮している人に手を差し伸べよと主張したのが『立正安国論』の思想的意義であろう。

国に衰微《すいび》無く、土《ど》に破壊《はえ》無《なく》んば、身は是《こ》れ安全にして、心は是れ禅定《ぜんじょう》ならん。

という一節がそれを示している。国土という客観的条件が破壊されれば、そこを生活環境とする人民の心の禅定（安穏）もありえない。

日蓮は、佐渡流罪が赦免となり、鎌倉に戻るとすぐに侍所《さむらいどころ》所司《しょし》の平左衛門尉《へいのさえもんのじょう》頼綱《よりつな》に対面を遂げた。頼綱に「大蒙古国はいつ攻めてくるか？」と問われて、日蓮は「今年は一定《いちじょう》なり」と断言した。その時、頼綱は西御門《にしみかど》の東郷入道の館《やかた》跡に寺を造り執権・時宗の帰依を申し入れたという。それは、蘭渓道隆《らんけいどうりゅう》や極楽寺良観忍性《にんしょう》と同様に幕府権力に優遇されることを意味した。いわば懐柔策であった。

日蓮は、政治の世界であれ、仏教の世界であれ、正義を貫くことを訴えていたのであり、当然のごとく、それを蹴った。そして、身延に入山した。

寺を寄進する話があったということは、言い伝えであって史実かどうか確認できないが、〝アメ〟と〝ムチ〟に屈することのなかった日蓮の人格からすると、当然の話と言えよう。

これは、体制内にあっての〝立正安国〟ではないということである。体制外にあって、矜持《きょうじ》を持って、国主に対して正義を主張する立場をとり続けるということだ。

この手紙の省略した部分に、

あはれ、平の左衛門殿、さがみ（相模）殿（筆者注＝北条時宗）の日蓮をだに用ひられて候《そうら》ひしかば、すぎにし蒙古国の朝使《つかい》のくびは、よも切せまいらせ候はじ。
くやしくおはすらなん。

とある。

「蒙古国の朝使」とは、文永の役の翌年（一二七五年）に元《げん》の正使として来日した杜《と》世忠《せいちゅう》（一二四二～一二七五）ら五人である。蒙古に対するあまりの恐怖心から狼狽《ろうばい》した結果だったのであろう。北条時宗は、杜世忠らと面会をすることもなく、鎌倉の龍《たつの》口《くち》刑場で全員の首を斬らせ、見せしめにさらし首にした。それは、戦時や外交のルールに反して外交使節を斬ってしまうという異常な仕打ちだった。幕府はそれを知りながらあえて使節を処刑した。若き執権・北条時宗は、宋から来た禅僧・蘭渓道隆から、「宋が蒙古を軽く見てだらだらと交渉している間に侵略された」などと聞かされていた。それだけに、時宗は的確な対応ができず、朝廷がまとめた返書を握りつぶし、幕府として返事を出すこともなかった。さらに使者の首を斬った。ことごとく誤った判断を繰り返した。

日蓮は、「罪のない使者を斬るとは何事か」と幕府の非人道的処遇を非難した。日蓮ならば、処刑させることなく、外交交渉の指揮を執っていたことであろう。そのネゴシエーター（交渉人）としての勝れた智慧は、これまでの富木常忍、四条金吾、池上兄弟への手紙に示された具体的提言から読み取れることだ。

兵衛志殿御返事

父・康光の『法華経』帰依から三カ月近くが経過して、池上兄弟から厚綿の小袖が送り届けられた。それに対する弘安元（一二七八）年十一月二十九日付のお礼の手紙である。身延の極寒の様子や、多くの人が押しかけて、わずらわしくて逃げ出したいという心境が綴られている。（和文体、断簡）

志は頻婆沙羅王・阿育大王にもすぐれたり

銭《ぜに》六貫文《かんもん》の内［一貫、次郎*よりの分］。白厚綿小袖一領。四季にわたりて財を三宝《さんぼう》*に供養し給ふ。いづれもいづれも功徳にならざるはなし。但《ただ》し時に随ひて勝劣・浅深《せんじん》わかれて候《そうろう》。うへ（飢）たる人には衣をあたへたるよりも、食をあたへて候はいますこし功徳まさる。こご（凍）へたる人には食をあたへて候よりも、衣は又まさる。春夏に小袖をあたへて候よりも、秋冬にあたへぬれば又功徳一倍*なり。これをもつて一切はしりぬべし。

ただし、此《こ》の事にをいては四季を論ぜず。日月をたださず。ぜに（銭）・こめ（米）・かたびら（帷子）*・きぬ（衣）・こそで（小袖）、日々・月々にひまなし。例せばびんばしやらわう（頻婆沙羅王）*の教主釈尊に日々に五百輛の車ををくり、阿育《あいく》大王*の十億の沙金《さきん》を鶏頭摩寺《けいずまじ》*にせ（施）せしがごとし。大小ことなれども志は彼にもすぐれたり。

《次郎》池上氏の一族のものか。詳細不明。《三宝》仏教徒の重視すべき、①仏（ブッダ＝覚者）、②法（真理の教え）、③僧（修行者の集い）の三つ。《一倍》もとの数に、その一倍分を加えることで、実質的には「二倍」のこと。奈良時代の頃から用いられた「二倍」の古い言い方。《かたびら（帷子）》裏をつけない衣服の総称。生絹《すずし》や麻布で仕立てた夏用のひとえの着物。《びんばしやらわう（頻婆沙羅王）》頻婆娑羅は、ビンビサーラ（Bimbisāra）を音写したもの。古代インドに栄えたマガダ国（現在のビハール州辺り）の釈尊（前四六三～前三八三）と同時代の王。釈迦に帰依し、厚く仏法を保護した。息子の阿闍世《あじゃせ》王に幽閉されて亡くなったと伝えられる。《阿育大王》阿育はアショーカ（Aśoka）の音写。漢訳して無憂《むゆう》。古代インド・マウリヤ朝の第三代の王（在位、紀元前二六八〜前二三二年）。《鶏頭摩寺》サンスクリット語のクルクターラーマ（Kurkuṭārāma＝パーリ語のKukkuṭārāma）の漢訳。古代インド・マガダ国にあった寺。鶏園寺《けいおんじ》、鶏林精舎《けいりんしょうじゃ》、鶏雀精舎《けいじゃくしょうじゃ》ともいう。『大唐西域記』ではアショーカ王が建立し、この寺で八万四千の塔建立を誓ったとされる。

銭六貫文、そのうちの一貫文は次郎からの分、白い厚綿の小袖一揃《ひとそろ》いを頂きました。四季にわたって財を三宝に供養されました。いずれも、いずれも功徳にならないものはありません。ただし、時に随って勝劣と浅深が分かれます。飢えている人には、衣服を与えるよりも、食物を与える方が今少し功徳が勝ります。寒さに凍えている人には、食物を与えるよりも、衣服の方がまた勝ります。春や夏に綿入りの小袖を与えるよりも、秋冬に与えたならば、また功徳は倍になります。これによって一切のことを知るべきです。

ただし、このたびの供養の品々は、四季を論ずることもないし、日月も問われません。銭・米・帷子《かたびら》・衣・小袖は、日々、月々に絶え間なく必要とするものです。譬えば、ビンビサーラ（頻婆《びんば》沙羅《しゃら》）王が教主釈尊に日々、五百輛の車で供養の品々を贈り、アショーカ（阿育）王が十億の沙金《さきん》を鶏頭摩寺に布施したようなものです。規模の大小は異なりますが、志は彼らにも勝れています。

この波木井は法にすぎて寒じ候

其《そ》の上、今年は子細候《しさいそうろう》。ふゆ（冬）と申すふゆ、いづれのふゆかさむからざる。なつ（夏）と申すなつ、又いづれのなつかあつからざる。ただし今年は余国はいかんが候らん。このはきゐ（波木井）*は法にすぎてかん（寒）じ候。ふるきをきな（古老）どもにと（問）ひ候《そうら》へば、八十・九十・一百になる者の物語り候《そうろう》は、すべて、いにしへ、これほどさむき事候《そうら》はず。此のあんじち（庵室）*より四方の山の外、十丁*・二十丁、人かよう事候はねば、しり候はず。きんぺん一丁・二丁のほどは、ゆき（雪）一丈*・二丈・五尺*等なり。このうるう（閏）*十月卅日《さんじゆうにち》、ゆきすこしふりて候《そうらい》しが、やがてきへ候《そうらい》ぬ。この月の十一日たつ（辰）の時より十四日まで大雪下《ふり》て候《そうらい》しに、両三日へだててすこし雨ふりて、ゆきかた（堅）くなる事金剛のごとし。いまにきゆる事なし。ひるも、よるも、さむくつめたく候《そうろう》事、法にすぎて候。さけ（酒）はこを（凍）りて石のごとし。あぶら（油）は金ににたり、なべかま（鍋釜）に小《すこ》し水あればこをりてわれ、かん（寒）いよいよかさなり候《そうら》へば、きものうすく、食ともしくして、さしいづるものもなし。坊ははんさく（半作）にて、かぜ（風）ゆき（雪）たまらず。しきものはなし。木はさしいづるものもなければ、火もたかず。

《はきゐ（波木井）》「はきり」とも発音された。現在の山梨県南巨摩郡身延町波木井のこと。《あんじち（庵室）》僧尼や世捨て人の住む粗末な住まいのこと。草庵ともいう。《丁》町とも書く。一丁は六〇間《けん》、すなわち三六〇尺にあたり、約一〇九メートル。《丈》一丈は一〇尺と定義され、約三・〇三メートル。《尺》一尺は、約三〇・三センチメートル。《うるう（閏）》太陰太陽暦において、季節と日付のずれを調整するためにつけ加える特別の月。同じ月を二度繰り返し、二度目を閏何月と呼ぶ。

その上、今年は特別の事情があります。冬という冬で、寒くない冬があるでしょうか。夏という夏で暑くない夏があるでしょうか。ただし、今年は他の国はどうだったのでしょうか。この身延の波木井《はきり》の地は、異常な寒さです。古老に尋ねると、八十、九十、百歳になる人が語って聞かせてくれたのは、あらゆる面で、昔、これほど寒かったことはなかったということです。

この庵室から四方の山の外の十丁、二十丁先は人が通うこともないので、分かりません。近辺の一丁、二丁ほどの所は、雪が一丈、二丈、五尺などの積もり方です。この閏《うるう》十月三十日には雪が少し降りましたが、すぐに解けて消えました。今月に入り十一日の辰の時（午前八時）から十四日まで大雪が降りましたが、二、三日して少し雨が降り、雪が凍結し堅くなって、金剛石のようでした。今でも消えていません。昼も、夜も、寒く冷たいことは、並外れています。酒は凍って石のようです。油は凍って金《こがね》に似ています。鍋や釜に少しでも水が入っていると、凍って割れ、寒さがいよいよ重なれば、着物は薄く、食物は乏しくて、差し入れてくれる人もありません。僧坊は作りかけで、風や雪にも耐えられず、敷物もありません。薪を差し入れしてくれる者もないので、火を焚くこともできません。

此の二つの小袖なくば、今年は凍え死に候なん

ふるきあか（垢）づきなんどして候《そうろう》こそで（小袖）一《ひとつ》なんどき（著）たるものは、其身《そのみ》のいろ紅蓮《ぐれん》、大紅蓮のごとし。こへ（声）は、はは（波波）・大ばば（婆婆）地獄*にことならず。手足かんじてきれさけ、人死ぬことかぎりなし。俗のひげ（鬚）をみれば、やうらく（瓔珞*）をかけたり。僧のはな（鼻）をみれば、すず（鈴）をつらぬ（貫）きかけて候。

かかるふしぎ候《そうら》はず候《そうろう》に、去年《こぞ》の十二月の卅日《さんじゅうにち》より、はらのけ（下痢）の候《そうらい》しが、春夏やむことなし。あき（秋）すぎて十月のころ大事になりて候《そうらい》しが、すこしく平愈《へいゆ》つかまつりて候《そうら》へども、ややもすればをこ（発）り候《そうろう》に、兄弟二人のふたつの小袖、わた（綿）四十両をきて候が、なつ（夏）のかたびら（帷子）のやうにかろく候ぞ。ましてわたうすく、ただぬのもの（布物）ばかりのもの、をもひやらせ給へ。此の二《ふたつ》のこそで（小袖）なくば、今年はこごへしに（凍死）候《そうらい》なん。

《はは（波波）・大ばば（婆婆）地獄》阿波波《あはは》地獄と阿婆婆《あばば》地獄のこと。寒さのあまり、声に変調をきたして発した音を地獄の名前とした。《やうらく（瓔珞）》サンスクリット語のムクターハーラ（muktāhāra＝真珠の首飾り）、またはケーユーラ（keyūra＝腕輪）の訳語。インドで身分の高い男女が宝石や貴金属をひもで連ね、首、胸、腕などにつけた装身具。寺院内外の飾りも意味する。

古い垢のついた小袖一つを着ている者は、その身が凍えて、肌の色は紅蓮《ぐれん》華や大紅蓮華のようです。声は、阿波波《あはは》地獄や、阿婆婆《あばば》地獄の獄卒《ごくそつ》が寒さに耐えられずに発する声と異なりません。手足は凍えて、切れ、裂け、人が亡くなることは限りがありません。世俗の人の鬚《ひげ》を見ると、氷が絡んで首飾り（瓔珞）をかけたようです。僧侶の鼻を見れば、氷が鈴のようにかかっています。

このように考えも及ばない寒さはかつてなかったことです。そんなところに、去年の十二月三十日より下痢の症状がありましたが、春・夏にも治まることはありませんでした。秋が過ぎて、十月の頃、深刻になっていましたが、少し平癒しましたけれども、どうかすると症状が現われます。兄弟二人から頂いた二つの小袖は、綿が四十両も入っていて、それを着ていますが、夏の帷子《かたびら》のように軽く感じます。まして、綿が薄くて布ばかりでできたものでは、この寒さをしのげなかったことを思いやってください。この二つの小袖がなかったならば、今年は凍え死んでいたことでしょう。

人はなき時は四十人、ある時は六十人

其上《そのうえ》、兄弟と申し、右近《うこん》の尉《じょう》*の事と申し、食もあいついて候《そうろう》。人はなき時は四十人、ある時は六十人、いかにせき（塞）候《そうら》へども、これにある人人のあに（兄）とて出来《しゅったい》し、舎弟とてさしいで、しき（率）ゐ候《*そうらい》ぬれば、かかはやさに、*いかにとも申しえず。

心にはしず（静）かに、あじち（庵室）むすびて、小法師《こほっし》と我が身計《ばか》り御経よみまいらせんとこそ存じて候《そうろう》に、かかるわづら（煩）はしき事候《そうら》はず。又とし（年）あけ候《そうら》はば、いづくへもにげんと存じ候《そうろう》ぞ。かかるわづら（煩）はしき事候《そうら》はず。又又申すべく候《そうろう》。

なによりも、ゑもん（衛門）の大夫志《たゆうさかん》と、との（殿）との御事《おんこと》、ちち（父）の御中《おんなか》と申し、上のをぼへと申し、面《めん》にあらずば申しつくしがたし、恐恐謹言。

十一月廿九日《にじゅうく》　　日蓮　花押

兵衛志殿御返事

《右近の尉》池上兄弟の縁戚の者か？　詳細不明。《しきゐ》「敷居」と解釈するものもあるが、筆者は「率《ひき》い」の訛ったものと考えた。《かかはやさに》意味不明。前後の関係から「面と向かって」ぐらいの意味か？

その上、貴殿ら兄弟二人からといい、右近尉《うこんのじょう》からといい、送られた食べ物が相次いで届きました。この身延の地には、人が少ない時で四十人、多い時では六十人もいます。いくら留めても、「ここにいる者の兄です」と言って現われ、「舎弟です」と言って姿を現わし、率いてくるので、面と向かって、何とも言うことができないでいます。心には、静かに庵室を結んで、小法師と我が身だけで、経典を読誦したいと思っているところに、このように煩わしいことはありません。また、年が明けたら、どこかへ逃げたいと思っております。このように煩わしいことはありません。またまた、申しましょう。

何よりも右衛門大夫志と貴殿とのこと、和解した父との仲のことと申し、主君の覚えと申し、直接お目にかかった時でなければ言い尽くすことができません。恐恐謹言。

十一月二十九日　　日蓮　花押

兵衛志殿御返事

解説

この手紙から日蓮の身延での生活の一端をうかがうことができるが、この手紙の前後も含めてもう少し詳しく見ておこう。

文永十一（一二七四）年五月十二日に鎌倉を発って、十七日に甲州波木井に到着した日蓮は、地頭の波木井実長《さねなが》に迎えられ、六月十七日に完成した身延の草庵を拠点とした。鎌倉にあった時も、身延の地にあっても、日蓮は粗末な庵室を拠点としていて、寺院を持つことはなかった。佐渡から戻ってすぐに平左衛門尉と対面した時、寺院の寄進を持ちかけられたようだが、懐柔策に乗る日蓮ではなかった。

身延の草庵は波木井実長の外護《げご》によって造られたにもかかわらず、日蓮が「かりそめ」（『庵室修復書』）と言っているように粗末な草庵で、三年後の建治三（一二七七）年には、「はしら（柱）く（朽）ち、かき（牆）かべ（壁）をち」（同）、倒れてしまった。その年に修復されたというが、弘安元年十一月のこの時点でも、坊は造りかけで、風や雪にも耐えられないありさまだったようだ。弘安四（一二八一）年になって、やっと十間四面《じっけんしめん》の大坊として造り直された。

日蓮は、鬱蒼《うっそう》とした深山《しんざん》の草庵の様子を「昼は日をみず、夜は月を拝せず、冬は雪深く、夏は草茂り……」(『種種御振舞御書《しゆじゆおんふるまいごしよ》』)と描写している。この手紙からも、身延の冬の寒さがいかに厳しいものであったかがよく分かる。

流罪先の佐渡で文永八年十一月から文永十一年三月まで、極寒の厳しい冬の寒さを三度も体験し、そのまま身延に入山しているので、五十歳から身延を離山する六十一歳まで、連続して極寒の地で冬を過ごし続けたことになる。どんなに頑健な肉体であったとしても、温暖な安房《あわ》に生まれ育った日蓮の身体をむしばむことは目に見えている。弘安四(一二八一)年十二月八日付の『上野殿母尼御前御返事』に、次のように記されている。

去《い》ぬる文永十一年六月十七日、この山に入り候《そうら》ひて、今年十二月八日にいたるまで、此の山、出《い》ずる事一歩も候はず。ただし八年が間、やせやまい(病)と申し、とし(齢)と申し、としどし(年々)に身ゆわ(弱)く、心をぼ(耄)れ候《そうろう》……。

八年間ということは、身延に来ると同時に健康を害していたことを意味する。

この手紙にも、去年(一二七七年)の十二月三十日より下痢の症状があり、春・夏にも治まることはなかった。秋が過ぎて、十月の頃、深刻になっていたが、少し平癒したけれども、どうかすると症状が現われる——と記している。それだけに、池上兄弟が送り届けた厚綿の小袖は、何よりも有り難いものであった。

このような環境にあって、日蓮は、『法華経』や『摩訶止観《まかしかん》』を弟子たちに講じていた。富木常忍が訪れた建治二（一二七六）年三月ごろの様子を、日蓮は、「法華読《どく》誦《じゅ》の音青天《こえせいてん》に響き、一乗《いちじょう》談義の言《ことば》山中に聞《きこ》ゆ」と『忘持経事』に記していた（105頁）。

ところが、その年の冬になると、「此《こ》の所は、里中を離れたる深山なり。衣食乏少の間、読経《どきょう》の声続き難く、談義の勤め廃しつ可《べ》し」（十二月十三日付『道場神守護事』）とあるので、衣食が欠乏して講義の中断を余儀なくされることもあったようだ。

この手紙は、弘安元（一二七八）年十一月に書かれたものだが、「人はなき時は四十人、ある時は六十人」というあり様で、いくら留めても、「ここにいる者の兄です」「舎弟です」と言って姿を現わし、率いてくる者がいて、食うのに困ったものが僧形《そうぎょう》をして、紛れ込んでいる者もあったようで、その煩雑さに悩まされていた。「かかるわづら（煩）はしき事候はず」という言葉を二回も記しているところを見ると、よほどたまりかねていたのであろう。

弘安二（一二七九）年六月二十日付の『松野殿女房御返事』には、

　我が身は釈迦仏にあらず、天台大師にてはなけれども、まかるまかる昼夜に法華経をよみ、朝暮《ちょうぼ》に摩訶止観《まかしかん》を談ずれば、霊山浄土《りょうぜんじょうど》にも相似《あいに》たり。天台山にも異ならず。

という言葉も見られる。その二カ月後の八月十七日付の『曾谷殿御返事』には、

　貴辺《きへん》の去《い》ぬる三月の御仏事に鵞目《がもく》、其《そ》の数《かず》有りしかば、今年、一百よ人の人を山

中にやしなひて、十二時《じゅうにとき》の法華経をよましめ、談義して候ぞ。

というように、「昼夜」「朝暮に」、あるいは「十二時」にわたって、すなわち一日中、『法華経』や『摩訶止観』の講義をしていたという。しかも、百人以上に対して講義していた。遠いところは、佐渡の地からも日蓮のもとで修学する弟子たちが多数集うようになっていた。

そこまで、集中的に講義していたのだから、だれかが筆録していてもいいはずだと思われる。天台大師智顗《ちぎ》が講義したことは、弟子の章安大師灌頂《かんじょう》によって筆録されて、『摩訶止観』『法華文句《ほっけもんぐ》』『法華玄義《ほっけげんぎ》』として残った。もしも、日蓮の講義を誰も筆録していなかったとすれば、よほどの失策と言えよう。ただ、『御義口伝《おんぎくでん》』と『御講聞《おこうきき》書《がき》』の二つが存在している。

日興《にっこう》の筆録とされる『御義口伝《おんぎくでん》』の末尾に記された日付は、「弘安元年戊寅正月一日」となっている。これは、筆録を完了した日と考えられる。日向《にこう》の筆録とされる『御講聞書《おこうききがき》』の冒頭には、「弘安元年戊寅三月十九日より連連の御講、同三年五月二十八日に至るなり」とある。

これらの記述からすると、日蓮は、『御義口伝』にまとめられる内容の講義を終え、続いて二カ月後に『御講聞書』に相当する講義を開始し、二年二カ月がかりで終了したということになる。

日蓮は、以上のような日々を身延で送っていた。

この手紙に話を戻すと、末尾において池上兄弟と、父・康光との三人の仲がよくなったことと、将軍の覚えがよくなったことを日蓮は言い尽くせないことだと喜んでいる。三人が仲睦まじくなったなかで、この三ヵ月後の弘安二年二月に父・康光は亡くなった。訃報に接して日蓮は、『孝子御書』をしたため、二人の孝子ぶりを称讃した。

兵衛志殿御返事

弘安四（一二八一）年六月十八日に池上兄弟の弟・宗長に与えられた手紙。原文は漢文体で書かれていて、手紙としての本文は漢字二十文字からなる。日蓮の手紙では最も短いものである。身延の日蓮のもとに銭を届けに来た使いの者は、よほど帰りを急いだと見えて、少し待たせて、急いでしたためた手紙であろう。弘安四年ではなく、建治三年説もある。（漢文体、真跡）

南無妙法蓮華経一返

青鳧《せいふ》*五貫文送り給《た》び了《おわ》んぬ、唱え奉る南無妙法蓮華経一返の事、恐恐。*

六月十八日　　　　　日蓮　花押

兵衛志殿御返事

《青鳧》銭のこと。「青い鴨」の意味で、当時、大陸から輸入された宋銭の真ん中に開いた穴の形が、鳥の目に似ていたので、鵞目《がもく》、鳥目《ちょうもく》、青鳧などと呼ばれた。《貫文》お金の価値については、77頁の注「鵞目一貫」を参照。《恐恐》手紙の結びに記して敬意を示す「恐恐謹言」の略か。

銭を五貫文送っていただきました。南無妙法蓮華経と一ぺん唱え奉りました。恐恐。

六月十八日　　日蓮　花押

兵衛志殿御返事

解説

日蓮は、使いの者が供養の品々を届けに来ると、その使者を待たせて、受領証の意味を込めて、頂いた品々の名前を記し、その後に所感などを記した。

この場合、使者は、日蓮が所感など書く暇もないほどに急いでいたようである。頂いた青鳧五貫文を御宝前に供え、南無妙法蓮華経と一ぺん唱えるしか時間が許されなかったということからも、そのことが読み取れる。おそらく、「時間がなくて一ぺんのみ唱えただけですが、万感の思いを込めて南無妙法蓮華経と一ぺん唱えました」という思いを伝えたかったのであろう。

徳川家康の家臣であった本多作左衛門重次が陣中から妻に送った「一筆啓上、火の用心、おせん泣かすな、馬肥やせ」という簡にして要を得た手紙があるが、それを思わせる。

第四章　南条家への手紙

南条家について

富木、四条、池上の各氏と並ぶ代表的信徒の南条氏とは、駿河国富士郡上野郷《するがのくにふじぐんうえのごう》（現静岡県富士宮市上野地区）に住していた南条七郎次郎時光（一二五九～一三三二）のことである。南条兵衛七郎（?～一二六五）の五男四女のうちの次男であったが、長男の太郎が文永十一（一二七四）年に十八歳で他界したため、十六歳の次郎時光が家督（当主）を相続した。

父・南条兵衛七郎は、鎌倉幕府の御家人で、執権・北条時頼の近臣であった。伊豆国《いずのくに》南条郷（現静岡県伊豆《いず》の国市《くにし》韮山《にらやま》地区）を本領としていたことから、南条殿と言われ、後に富士郡上野郷に地頭として移住したので上野殿とも呼ばれた。

兵衛七郎は、鎌倉出仕の折に日蓮と出会い、帰依するようになったようだ。それは、南条家への最も古い手紙の日付と、伊豆流罪や小松原の法難の時の鎌倉不在、幼少時に日蓮と会っている時光の年齢を考慮すると、日蓮が赦免されて伊豆から鎌倉に戻った弘長三年（一二六三）二月以後、安房へ戻る文永元年（一二六四）秋ごろ以前のことだと考えられる。その兵衛七郎は、翌文永二（一二六五）年三月に病没した。その時、長男の太郎が九歳、次男の時光が七歳、末っ子の五郎は母の胎内にあった。その年、日蓮は、兵衛七郎の墓参に鎌倉から富士郡上野まで足を運んでいる。

その後、佐渡流罪（一二七一年）もあり、南条家との交流は途絶えていたが、文永十一（一二七四）年五月に日蓮が身延に入山して二ヵ月ほどして、十六歳の南条時光が身延の日蓮のもとを訪ねて来て、交流が再開する。

その年の七月二十六日の手紙で日蓮は、「かまくら（鎌倉）にて、かりそめの御事とこそ、をもひまいらせ候ひしに、をも（思）ひわす（忘）れさせ給はざりける事申すばかりなし」（『上野殿御返事』）と綴った。日蓮が時光と会ったのは、鎌倉出仕の父についてきた時なので、六歳以下の幼い時であった。父の死から九年後に、日蓮を訪ねてきた十六歳の時光を見て、日蓮はひときわ感慨深かったのであろう。「をんかたみ（御形見）に御《おん》み（身）をわか（若）くして、とどめをかれけるか。すがた（姿）のたがわせ給はぬに、御心さへに（似）られける事、いうばかりなし」（同）と、時光の姿に兵衛七郎の面影をしのんだ。

それから一ヵ月も経たない八月十日に時光の兄・南条七郎太郎が十八歳で亡くなり、時光が家督を継いだ。

上野郷から日蓮のもとへは、一日で往復可能であったので、時光とその母は、頻繁に金銭や食料などの品々を供養した。米、麦、芋などの主食類や、野菜を毎月、あるいは一週間おきぐらいに定期的に送り届けた。日蓮と弟子たちの身延での生活を支える有力な信徒であったと言えよう。

日蓮は、文永十二（一二七五）年の一月、自らの名代《みょうだい》として日興を南条家に派遣して兵衛七郎の墓前で寿量品を読誦させた。これを機に、日興と南条家のつながりが深まっていく。日興は、南条氏の縁故や、自分の姻戚関係をたどって甲斐・駿河・伊豆の地一帯に日蓮の教えを弘通《ぐつう》していった。南条家と隣接する高橋、由比、西山、石河氏などの御家人たちが挙げて日蓮に帰依するまでになった。特に熱原《あつはら》（現静岡県富士市厚原）方面には多数の農民信徒が存在したことが知られる。

こうした動きを幕府の権力者が黙っているはずがなかった。駿河国は、得宗領《とくそうりょう》であった。特に二月騒動（一二七二年）以降、北条時宗の死去（一二八四年）に至るまでの十二年間、得宗は、単に北条氏の家督を意味するだけでなく、幕府の頂点に君臨するほどの立場を意味するものになっていて、常に数カ国の守護を兼ね、強大な勢力を誇っていた。その所領が得宗領であり、相模《さがみ》・武蔵《むさし》を中心に全国に存在していて、駿河もその一つであった。これらは、四条金吾、池上兄弟、南条時光の関係するところである。ここにも、四条金吾に対する桑ヶ谷問答にからむ圧力、池上宗仲に対する勘当の圧力の遠因が読み取れる。時の得宗は北条時宗であった。

南条時光に対する圧力は建治三（一二七七）年頃から始まったようだ。時光は十八歳。その年の五月十五日付の『上野殿御返事』には、「日蓮房を信じては、よもまどいなん。上《かみ》の御気色《みけしき》もあしかりなん」と教訓するものもあったことが記されている。それに対して日蓮は、「人をけうくん（教訓）せんよりも、我が身をけうくんあるべし」と言い返すように諭した。

このような流れの中で、駿河の熱原地方では、刈田狼藉（他人の田の稲を不法に刈り取って盗むこと）という罪を着せて、日興の弟子である日秀《にっしゅう》、日弁《にちべん》の二人に従う農民信徒ら二十人が鎌倉へ逮捕・拘引《こういん》され、拷問《ごうもん》で三人が命を奪われる事態にまでなった。いわゆる、弘安二（一二七九）年の九月から十月にかけての熱原の法難である。この時、この地域の総代格であった南条時光にも、過剰な税負担、労役など、陰に陽に圧力がかかった。生活に窮乏しながらも、二十一歳の若き時光は、それに屈することなく受難の人々を加護し続けた。

そんな中で、六歳離れた愛弟・五郎が弘安三（一二八〇）年九月五日に急逝した。十六歳の若さだった。日蓮に、その三ヵ月ほど前に引き合わせたばかりのことだった。夫を早く亡くし、続いて長男、さらに末子を亡くした母の思いに心を痛め、日蓮はことあるごとに母親の心をいたわった。弘安四（一二八一）年三月一日から四日まで、南条家を訪れて慰労している。それは、自らの病を押してのことだった。

若い時光にとって、長い間の心労は相当にたたったのであろう。弘安五（一二八二）年二月には、今度は二十四歳の時光を病が襲った。この時、日蓮は自らの死を八カ月後に控える身でありながら、時光を苦しめる鬼神をしかりつける手紙『法華証《ほっけしょう》明抄《みょうしょう》』（415頁）を送り、弱気になっている時光の心を鼓舞した。

その甲斐あって、時光は七十四歳の天寿を全うした。

南条兵衛七郎殿御書

安房の東条松原で襲撃され自らも傷を負った一カ月後の文永元（一二六四）年十二月十三日付の手紙である。南条時光の父・南条兵衛七郎が病に臥《ふ》していると聞いて、病のない者も、ある者も、定めないものだとして、『法華経』を根本として後世《ごせ》に思いを定めることを説いている。（和文体、断簡、写本）。

御所労の由承り候

御所労の由《よし》承り候《そうろう》は、まことにてや候らん。世間の定《さだめ》なき事は、病なき人も留《とど》まりがたき事に候《そうら》へば、まして病あらん人は申すにおよばず。但《ただ》し心あらん人は、後世をこそ思ひさだむべきにて候へ。又後世を思ひ定めん事は、私*にはかな（叶）ひがたく候《そうろう》。一切衆生の本師にてまします釈尊の教《おしえ》こそ本《もと》にはなり候べけれ。しかるに仏の教へ又まちまちなり。人の心の不定《ふじょう》なる故か。

《中略》

《後世》死後に生まれ変わる世《よ》。来世《らいせ》。

御病気であるとうかがいましたが、まことでしょうか。世間が無常であることは、病のない人であっても生き続けるのが困難であるのですから、ましてや病のある人は言うに及びません。ただ、心ある人は、来世のことを思い定めるべきであります。また、来世のことを思い定めることは、個人では難しいものです。一切衆生の本師でいらっしゃる釈尊の教えこそ根本になるべきでありましょう。ところが、仏の教えは経典ごとにまちまちです。人の心がさまざまであるからでしょうか。

《中略》

今までも生きて候は不可思議なり

念仏者は数千万、かたうど（方人）多く候《そうろう》なり。日蓮は唯《ただ》一人、かたうどは一人もこれなし。今までもいきて候はふかしぎなり。今年《ことし》も十一月十一日、安房《あわ》の国東条の松原と申す大路《おおじ》にして、申酉《さるとり》の時、*数百人の念仏等にま（待）ちかけられ候《そうら》ひて、日蓮は唯一人、十人ばかり、ものの要《よう》にあふものは、わづかに三四人なり。い（射）るや（矢）は、ふるあめ（雨）のごとし。うつたち（太刀）は、いなづま（雷）のごとし。弟子一人は当座にうちとられ、*二人は大事のて（手）にて候《そうろう》。自身もきられ、打たれ、結句にて候《そうら》ひし程に、いかが候ひけん、うちもらされて、いままでい（生）きてはべり。

《申酉の時》申の時は、現在の午後四時の前後二時間ごろ、酉の時は午後六時の前後二時間ごろを指す。従って、申酉の時は、両者の中間の午後五時ごろであろう。《弟子一人》鏡忍房のこと。《二人》乗観、長英のこと。

念仏の信奉者は数千万人であり、味方が多勢です。それに比べて、日蓮はただ一人であって、味方は一人もいません。今まででさえも生きていることは不可思議なことです。今年になっても十一月十一日に安房の国、東条郷の松原という大路で午後五時ごろ、数百人の念仏者たちに待ち伏せされて襲撃されました。日蓮一人に十人ほどが同行しておりましたが、応戦の役に立つものは、わずかに三、四人でした。発射される矢は降り注ぐ雨のようであり、打ちかかる太刀のきらめきは稲妻のようでありました。弟子の鏡忍房が一人その場で打ち取られ、二人は重傷を負いました。日蓮自身も頭《こうべ》に傷をこうむり、左腕を打ち折られましたが、最終的にどうしたことでしょうか、打ち漏らされて今まで生きております。

日蓮は日本第一の法華経の行者なり

いよいよ法華経こそ信心まさり候《そうら》へ。第四の巻に云《いわ》く、「而《しか》も此《こ》の経は、如来の現在すら猶《なお》、怨嫉《おんしつ》多し。況《いわん》や滅度の後をや」、第五の巻に云く、「一切世間怨《あだ》多くして信じ難し」等云云《うんぬん》。日本国に法華経よ（読）み学する人これ多し。人のめ（妻）をねらひ、ぬすみ等にて打《うち》はらるる人は多けれども、法華経の故にあやまたるる人は一人もなし。されば日本国の持経者《じきようしゃ》*は、いまだ此の経文にはあわせ給はず。唯《ただ》日蓮一人こそ、よみはべれ。「我《が》不《ふ》愛《あい》身《しん》命《みょう》但《たん》惜《じゃく》無《む》上《じょう》道《どう》」是《これ》なり。されば日蓮は日本第一の法華経の行者＊なり。

《持経者》経典を読誦する人。《行者》経典を読誦するだけではなく、身で実践する人。

いよいよ『法華経』にこそ信心を増すべきです。『法華経』第四巻の法師品《ほっしぼん》第十に「しかもこの経は、如来が在世中の現在ですら怨みや嫉妬が多い。ましてや滅度された後は言うまでもないことである」とあり、第五巻の安楽行品《あんらくぎょうぼん》第十四には「一切の世間には怨みが多くて信じることは困難です」などとあります。日本国に『法華経』を読んだり、学んだりする人は多くあります。しかし、人の妻を狙ったり、盗みをしでかしたりして、鞭打ちの刑を受ける人は多いけれども、『法華経』のゆえに傷をこうむる人は、一人もありません。だから、日本国で『法華経』を読誦《どくじゅ》しているだけの持経者たちは、いまだ、これらの経文に符合していません。ただ日蓮一人が、読んでいるのです。すなわち、「我、身命を愛せず、ただ無上道を惜しむのみ」というのがそれです。だから日蓮は〝日本第一の法華経の行者〟であります。

先に立たせ給はば、日蓮房の弟子となのらせ給へ

もし、さきにたたせ給はば、梵天《ぼんてん》＊・帝釈《たいしやく》＊・四大天王＊・閻魔《えんま》大王＊等にも申させ給ふべし。「日本第一の法華経の行者・日蓮房の弟子なり」となのらせ給へ。よも、はうしん（芳心）なき事は候《そうら》はじ。但、一度は念仏、一度は法華経とな（唱）へつ。二心ましまし、人の聞《きく》にはばか（憚）りなんどだにも候はば、よも日蓮が弟子と申すとも御用《おんもち》ゐ候はじ。後にうらみさせ給ふな。但《ただ》し又法華経は今生《こんじよう》＊のいのり（祈）ともなり候《そうろう》なれば、もしやとして、いきさせ給ひ候《そうら》はば、あはれ、と（疾）くとく見参《けんざん》して、みづか（自）ら申しひらかばや。語《ことば》はふみ（文）につくさず。ふみは心をつくしがたく候へば、とどめ候ひぬ。恐恐謹言。

文永元年十二月十三日　　日蓮　花押

なんでうの七郎殿

《梵天》281頁の注を参照。《帝釈》58頁の注を参照。《四大天王》須弥《しゆみ》山《せん》の中腹の東西南

北に住むとされる神々。東の持国天《じこくてん》（Dhṛtarāṣṭra）、南の増長天《ぞうじょうてん》（Virūḍhaka）、西の広《こう》目天《もくてん》（Virūpākṣa）、北の多聞天《たもんてん》（毘沙門天《びしゃもんてん》、Vaiśravaṇa）のこと。インド古来の神話に登場する神々で、仏教に取り込まれて仏法の守護神とされた。《閻魔大王》閻魔はヤマ（yama）を音写したもので、死後の世界の支配者で、死者の罪を裁くとされる。《今生》今、生きているこの世。現世。

もしも先立つようなことになったならば、梵天・帝釈・四大天王・閻魔大王等に申し、「私は、日本第一の法華経の行者・日蓮房の弟子である」と名乗ってください。いくらなんでも、貴殿を親切に敬う心が彼らに生じないことはないでありましょう。ただし、一度は念仏を称《とな》え、一度は『法華経』を唱《とな》えられました。その二つの心があって、〔『法華経』を唱えたことを〕他人に聞かれると差し障りがあるなどという思いでもあるならば、もはや日蓮が弟子だと申しても聞き入れられることはないでありましょう。後になって、日蓮を恨んではなりません。

ただし、『法華経』は〔来世のことだけでなく〕、今生における祈りともなるものですから、もしも生き続けられることになれば、天晴《あっぱ》れなことと、急ぎ急ぎお会いして、日蓮自ら説明をしたいと思います。言葉は、手紙では言い尽くすことができません。また手紙は、心を言い尽くすこともできませんので、筆をとどめます。恐恐謹言。

文永元年十二月十三日　　　　　　　　日蓮　花押
なんでうの七郎殿

解説

日蓮は、弘長三（一二六三）年二月二十二日に、もともと不当な流罪であったこともあり、北条時頼の計らいで伊豆流罪を赦免され、翌文永元（一二六四）年の秋頃に安房小湊へ重病の母を見舞った。安房に滞在中の十一月十一日に東条松原で地頭の東条景信に襲撃され九死《きゅうし》に一生を得た。この手紙は、それから一ヵ月後の十二月十三日にしたためられた。

安房で書かれたとするものもあるが、果たして駿州《すんしゅう》富士郡上野郷でのことが、安房まで伝わることがあり得るかと言えば、それは極めて困難なことである。しかも、命を狙っている人物のいるところに滞在し続けることも考えにくい。この時点では鎌倉に戻っていて、鎌倉で南条兵衛七郎の病のことを聞き及んだとしたほうが自然であろう。

この手紙が、南条家への日蓮の第一信である。従って、文書として確認できる範囲では、南条兵衛七郎と日蓮との出会いは、文永元年十二月以前だということになる。

南条兵衛七郎の病について、そんなに軽いものではないと聞いていたのであろう。日蓮は、安易な気休めを言うことなく、世間が定めなく、無常であることから書き出した。病がなくても、世にとどまり難く、病ある人はなおさらであるとして、後世《ごせ》に思いを定めるように促している。襲撃事件から一ヵ月後のことである。その記憶も生々しい体験に基づいた言葉だから、「病なき人も留まりがたし」という言葉に説得力がある。

ところが、後世に思いを定めることも、個人としては困難なことであり、釈尊の教えに基づくべきだが、その教えも衆生の機根（能力／性質）に応じたものでは、まちまちである。

そこで、《中略》にした千二百字余りの箇所で、日蓮は、「教《きょう》」「機《き》」「時《じ》」「国《こく》」「教《きょう》法流布《ほうるふ》の前後＝序《じょ》」という五つの観点から検討して、『法華経』こそが末法の今日において時宜にかなった教えであることが示される。その五つの観点（五綱《ごこう》）は、流罪先の伊豆で弘長二（一二六二）年二月十日付の『教機時国抄』において体系化されたものであった。

兵衛七郎は、念仏の信奉者であったようで、日蓮と出会って『法華経』に帰依するようになった。しかし、世間の聞こえを気にするところがあったのであろう。梵天・帝釈・四大天王・閻魔大王にも堂々と「日本第一の法華経の行者の弟子」だと名乗るように戒めた。そして、『法華経』は、今生の祈りを説くものであり、病が回復したら急ぎお会いしましょうと励ました。

残念ながら、兵衛七郎は、この三ヵ月後の文永二年三月八日に亡くなった。次男の時光は七歳、五男はまだ母親の胎内にいた。その年、自ら駿州上野の南条家を弔問した。そして、文永十二年の正月に、「わか（別）れ、かな（悲）しかりしかば、わざとかまくら（鎌倉）より、うちくだかり御はか（墓）をば見候ひぬ」（『春之祝御書』）と回顧しつつ、「此の御房は、正月の内につかわして、御はか（墓）にて自《じ》我偈《がげ》一巻よませんとをも（思）ひてまいらせ候」（同）と、弟子の日興を派遣した。これにより、日興と南条家のつながりが深くなった。日蓮は、機会あるごとに兵衛七郎のことに触れ、兵衛七郎の妻をなぐさめ、いたわった。

この手紙で特筆すべきことは、東条松原（小松原）の法難について言及していることと、日蓮が「日本第一の法華経の行者」と名乗っていることである。日蓮は、流罪先の伊豆の地において、弘長二（一二六二）年一月十六日の『四恩抄』で「昼夜十二時の法華経の持経者」と語っていたが、一転して二月十日の『教機時国抄』で〝法華経の行者〟の自覚に立っていた。それが、さらに東条松原の法難を経て、自覚がさらに深まったことを意味している。

東条松原の法難は、花房（現千葉県鴨川市花房）の蓮華寺に滞在していた日蓮が、招きに応じて工藤吉隆邸へ向かう途中の出来事だった。伴うものは、弟子の日朗、日澄、長英、鏡忍、乗観、そして信徒六、七人であった。待ち伏せしていた東条景信の軍勢に襲撃され、鏡忍房は戦死、乗観と長英は深手を負い、途中まで迎えに来た工藤吉隆らは討ち死にした。日蓮も頭《こうべ》に傷をこうむり左腕を折られた。

日蓮は、後々まで、この難を「刀の難は前に申すがごとく東条の松原と龍口となり」（弘安二年四月二十日付『上野殿御返事』）として、龍口の法難と並べて重視していた。

南条殿御返事

建治二（一二七六）年閏《うるう》三月二十四日、日蓮五十五歳の時、十八歳の南条時光が帷子《かたびら》・塩・油を供養したことに対する手紙である。罪人として十二年間、牢にあった大橋太郎を、その子どもが『法華経』読誦の功徳で救った話を通して、南条時光の『法華経』への志が、亡き父・南条兵衛七郎への孝養となると激励している。（和文体、真跡）

衣・塩・油に思ふこと

かたびら（帷子）*一つ・しを（塩）いちだ（一駄）*・あぶら（油）五そう（升）、給《た》び候《そうら》ひ了《おわ》んぬ。

ころも（衣）はかん（寒）をふせぎ、又ねつをふせぐ。み（身）をかくし、みをかざる。法華経の第七やくわうぼん（薬王品）に云《いわ》く、「如裸者得《にょらしゃとく》衣《え》」等云云《うんぬん》*。心は、はだかなるもののころもをえたるがごとし。もん（文）の心は、うれしき事をとかれて候《そうろう》。ふほうぞう（付法蔵）*の人のなかに商那和衆《しょうなわしゅ》*と申す人あり。衣をきてむま（生）れさせ給ふ。これは、先生《せんしょう》に仏法にころもをくやう（供養）せし人なり。されば法華経に云《いわ》く、「柔和忍辱衣《にゅうわにんにくえ》」等云云。

こんろん山（崑崙山）*には石なし。みのぶのたけ（身延嶽）にはしを（塩）なし。石なきところには、たま（玉）よりもいしすぐれたり。しをなきところには、しを、こめ（米）にもすぐれて候。国王のたからは左右の大臣なり。左右の大臣をば塩梅《えんばい》*と申す。みそ・しをなければ、よわたりがたし。左右の臣なければ国をさまらず。

あぶらと申すは、涅槃経《ねはんきょう》に云く*、「風のなかにあぶらなし。あぶらのなかにかぜなし」。風をぢ（治）する第一のくすりなり。

かたがたのもの（物）をくり給ひて候。御心ざしのあらわれて候事申すばかりなし。せんずるところは、こなんでうどの（故南条殿）の法華経の御しんようのふかかりし事のあらわるるか。王の心ざしをば臣の（宣）べ、をやの心ざしをば子の申しのぶるとはこれなり。あわれ、ことの（故殿）のうれしとをぼすらん。

《かたびら（帷子）》328頁の注を参照。《いちだ（一駄）》馬に背負わせる荷物の分量。《「如裸者得衣」等云云》『法華経』に出会った有り難さを譬えたもので、薬王品に「裸者の衣を得たるがごとく」「闇に燈《ともしび》を得たるが如く」「渡りに船を得たるが如く」など十《じゅう》喩《ゆ》を挙げている。《ふほうぞう（付法蔵）》仏法の本義を伝えること。《商那和衆》古代インドのマトゥラーに生まれた阿難の弟子で、シャーナヴァーサ（Śāṇavāsa）という名前を音写したもの。《こんろん山（崑崙山）》中国古代の伝説上の山。中国の西方にあり、不老不死の薬を持つ仙女の主である西王母が住む仙境とされた。《塩梅》真跡を見ると、右側に「えんばい」、左側に「しおみそ」と、日蓮は両ルビをふっている。儒学の基本経典である五経の一つで、政治上の心構えや訓戒を記した『書経』によれば、国政の執行を、塩と梅酢を程よく加えて美味しく仕上げる料理に譬えたもので、主君を補佐してうまく国を治める有能な大臣や宰相を意味する。その言い方にならえば「塩と梅」になるが、身延での日蓮にとって、味付けに欠かせぬものは「塩と味噌」であったことが推察される。《涅槃経に云く》『大般涅槃経』（北本涅槃経）巻三十九に「有風病者油能治之」（風病の者有れば、油能《よ》く之《これ》を治す）、「風中無油油中無風」（風の中に油無く、油の中に風無し）とある。

帷子《かたびら》を一つ、塩を一駄、油を五升いただきました。

衣は寒さを防ぎ、熱を防ぎ、体を隠し、身を飾るものです。『法華経』第七巻の薬王品第二十三には、『法華経』が勝れた経であることを説いた十喩《じゅうゆ》の一つとして「如《にょ》裸者得衣《らしゃとくえ》」とあります。その意味するところは、裸であった人が衣を得たようなものだということで、欠乏していたものを得た人にとっての嬉しいことだと説かれております。仏教の教えを連綿と伝えた人たちの中に商那和衆《しょうなわしゅ》という人がいます。この人は、衣を着たまま生まれてきました。これは前世で仏法に衣を供養したからだと言われています。さらに『法華経』法師品第十には法師の着るべきものとして「柔和忍辱衣《にゅうわにんにくえ》」が説かれています。

崑崙山《こんろんざん》には石がありません。身延嶽《みのぶだけ》には塩がありません。石のないところでは、玉よりも石のほうが貴重なものです。塩のないところでは、塩のほうが米よりも勝れています。国王の宝は、左右の大臣です。左右の大臣のことを「塩梅《あんばい》」とも言います。国政の執行を調整する働きをするからです。塩と梅と同様に、味噌や塩がなければ、世の中を暮らしていけません。左右の大臣がなければ国が治まることはありません。油というものは、『涅槃経《ねはんきょう》』に、「風の中に油無く、油の中に風無し」とあるように、風邪《かぜ》を治療する第一の薬です。

以上の種々のものを送っていただきました。志《こころざし》が表われていて、言葉で言いつくすことができません。結局のところ、故南条兵衛七郎殿の『法華経』を信ずる心が深かったことが、このような形で表われているのでありましょうか。王の志とするところを、家臣が王に代わって宣揚し、親が志していたことを子どもが代わって申し上げるとは、このことであります。何とも感慨深いことで、亡き殿も嬉しく思っておられることでしょう。

大橋太郎と孝子の説話

つくし（築紫）*に、をはし（大橋）の太郎と申しける大名ありけり。大将どのの御かんき（勘気）をかほりて、かまくら（鎌倉）ゆひ（由比）のはま、つち（土）のろう（牢）にこめられて十二年、めし（囚）はじ（恥）しめられしとき、つくし（築紫）をうちいでしに、ごぜん（御前）にむかひて申せしは、「ゆみや（弓箭）とるみ（身）となりて、きみ（君）の御かんき

（勘気）をかほらんことは、なげきならず。又ごぜん（御前）にをさな（幼）くよりなれ（馴）しかば、いまはな（離）れん事いうばかりなし。これはさてをきぬ。なんし（男子）にても、によし（女子）にても、一人なき事なげきなり」

ただし、くわいにん（懐妊）のよし、かたらせ給ふ。「をうなご（女子）にてやあらんずらん。をのこご（男子）にてや候《そうら》はんずらん。ゆくへ（行末）をみ（見）ざらん事くちをし。又かれが人となりて、ちち（父）というものものなからんなげ（嘆）き、いかがせんとをも（思）へども、力及ばず」とて、いでにき。

かくて月ひ（日）すぐれ、ことゆへ（事故）なく生れにき。をのこご（男子）にてありけり。七歳のとし、やまでら（山寺）にのぼ（登）せてありければ、ともだちなりけるちご（稚児）*ども、「をやなし」とわらひけり。いへにかへりて、はは（母）にちち（父）をたづねけり。ははは、のぶるかたなくして、なくより外のことなし。

此のちご申す。「天なくしては雨ふらず。地なくしてはくさ（草）をいず。たとい母ありとも、ちちなくば、ひととなるべからず。いかに父のありどころ（所）をばかくし給ふぞ」とせめしかば、母せめられて云ふ。「わちご（和児）、をさなければ申さぬなり。ありやう（有様）はかうなり」。此のちご、なくなく申すやう、「さてちち（父）のかたみはなきか」と申せしかば、「これあり」とて、をはし（大橋）のせんぞの日記、ならびにはら（腹）の内なる子にゆづれる自筆の状なり。いよいよをや（親）こひしくて、なくより外の事なし。「さて、いかがせん」とい（言）ゐしかば、「これより郎従あまた、とも（伴）せしかども、御かんき（勘気）をかほりければ、みなち（散）りうせぬ。そののち（後）はいき（生）てや、又し（死）にてや、をとづるる人なし」と、かたりければ、ふし、ころび、なきて、いさむるをももちゐざりけり。

ははいわく、「をのれ（己）をやまでら（山寺）にのぼ（登）する事は、をや（親）のけうやう（孝養）のためなり。仏に花をもまいらせよ。経をも一巻よみて孝養とすべし」と申せしかば、いそぎ寺にのぼりて、いえ（家）へかへる心なし。昼夜に法華経をよみしかば、よみわたりけるのみならず、そら（諳）にをぼへてありけり。

さて十二のとし、出家をせずしてかみ（髪）をつつみ、とかくしてつくし（築紫）をにげいでて、かまくらと申すところへたづねいりぬ。

八幡の御前《おんまえ》にまいりて、ふし（伏）をがみ申しけるは、「八幡大菩薩は日本第十六の王、本地は霊山浄土に法華経をとかせ給ひし教主釈尊なり。衆生のねがいをみ（満）て給はんがために神とあらわれさせ給ふ。今、わ（我）がねがいみ（満）てさせ給へ。をやは生きて候《そうろう》か。しにて候か」と申して、いぬ（戌）の時より法華経をはじめて、とら（寅）の時までによみければ、なに（何）となきをさな（幼）きこへ（声）、はうでん（宝殿）にひびきわたり、こころすごかりければ、まいりてありける人人も、かへらん事をわすれにき。皆人、いち（市）のやうにあつまりてみ（見）ければ、をさなき人にて法師ともをぼえず、をうな（女）にてもなかりけり。

をりしも、きやう（京）のにゐどの（二位殿）*御さんけいありけり。人めをしのばせ給ひてまいり給ひたりけれども、御経のたうとき事、つねにもすぐれたりければ、はつるまで御聴聞ありけり。さて、かへらせ給ひておはしけるが、あまりなごり（名残）のをしさに、人をつけてをきて大将殿*へかかる事ありと申させ給ひければ、めして持仏堂にして御経よませまいらせ給ひけり。

さて次の日、又《また》御聴聞ありければ、西のみかど（御門）人さわぎけり。いかなる事ぞとききしかば、「今日はめしうど（囚人）のくびきらるる」と、ののしりけり。「あわれ、わがをやは、いままで有るべしとはをもわねども、さすが人のくびをきらるると申せば、我が身のなげき」とをもひて、なみだぐみたりけり。大将殿、あやしとごらんじて、「わちご（和児）はいかなるものぞ、ありのままに申せ」とありしかば、上くだんの事、一一に申しけり。をさふらひ（御侍）にありける大名・小名、みす（翠簾）の内、みな（皆）そでをしぼりけり。大将殿、かぢわら（梶原）をめして、をほせありけるは、「大はしの太郎というめしうど（囚人）まいらせよ」とありしかば、「只今くびきらんとて、ゆい（由比）のはまへつかわし候《そうら》ひぬ。いまはきりてや候《そうろう》らん」と申せしかば、このちご、御《おん》まへなりけれども、ふしころびなきにけり。をせのありけるは、「かぢわら（梶原）、われ（我）とはしりて、いまだ切らずば、ぐ（具）してまいれ」とありしかば、いそぎいそぎ、ゆい（由比）のはまへはせゆく。いまだいたらぬに、よばわりければ、すでに頸切らんとて、刀《たち》をぬきたりけるときなりけり。

さて、かぢわら（梶原）、ををはしの太郎をなわつけながら、ぐしまいりて、ををには（大庭）にひきすへたりければ、大将殿、「このちご（児）にとらせよ」とありしかば、ちごはしりをりて、なわをときけり。大はしの太郎は、わが子ともしらず、いかなる事ゆへにたすかるともしらざりけり。さて大将殿、又めして、このちご（児）にやうやうの御ふせ（布施）た（給）びて、ををはしの太郎をたぶのみならず、本領をも安堵《あんど》*ありけり。

大将殿をほせありけるは、「法華経の御事は、昔よりさる事とわ、ききつたへたれども、丸《まろ》*は身にあたりて二つのゆへあり。一には故《こ》親父《しんぷ》の御くびを大上《だじょう》（太政）入道に切られて、あさましともい（言）うばかりなかりしに、いかなる神仏にか申すべきとおもいしに、走湯《いず》山の妙法尼*より法華経をよみつたへ、千部と申せし時、たかを（高雄）のもんがく（文覚）房、をや（親）のくびをもて来りて、みせたりし上、かたきを打つのみならず、日本国の武士の大将を給ひてあり。これ、ひとへに法華経の御利生《ごりしよう》なり。二つには、このちごが、をやをたすけぬる事不思議なり。大橋の太郎というやつは、頼朝きくわい（奇怪）なりとをもう。たとい勅宣なりとも、かへし申して、くびをきりてん。あまりのにくさにこそ、十二年まで土のろう（牢）には入れてありつるに、かかる不思議あり。されば法華経と申す事はありがたき事なり。頼朝は武士の大将にて、多くのつみつもりてあれども、法華経を信じまいらせて候《そうら》へば、さりともとこそをも（思）へ」と、なみだぐみ給ひけり。

《つくし（筑紫）》82頁の注を参照。《ちご（稚児）》寺に入った少年。《にゐどの（二位殿）》源頼朝の側室という説もあるが、不明。《大将殿》源頼朝（一一四七～一一九九）のこと。《安堵》土地の所有権・領有権・知行権などを幕府や領主が公認すること。《走湯山の妙法尼》「走湯山」とは、走湯権現《はしりゆごんげん》を祀った伊豆山《いずさん》神社のこと。『源平盛衰記』によれば、伊豆へ配流された源頼朝は、治承四年（一一八〇年）に挙兵するまでの二十年間をこの地で過ごし、伊豆山神社（走湯権現）に深く帰依して、『法華経』を千回読誦すると発願し、八百回にして平家追討の院宣を受けた。その時、伊豆山神社の聞性坊《もんしようぼう》という僧の教えに従ったという。鎌倉幕府の公式記録である『吾妻鏡』によると、文陽房《もんようぼう》覚淵《かくえん》の教えを受けたとなっており、千回に二百回足りない分を法音尼《ほうおんに》が代読したとされる。《丸》「麻呂」、あるいは「麿」のこと。高貴な人の一人称代名詞。

筑紫に大橋の太郎という大名がいた。大将・源頼朝の勘気をこうむって、鎌倉由比《ゆい》ヶ浜の土牢《つちろう》に閉じ込められて十二年になる。召し取られ、辱められた時、筑紫を出たが、太郎が夫人に向かって言った。

「弓箭を取る身となって、主君の勘気をこうむることは、嘆くべきことではない。そなたに幼いころから慣れ親しんできて今、離れ離れになることは、何も言うことができないほどつらい。それはさておいて、男の子であれ、女の子であれ、子どもが一人もいないことが悔やまれる」

けれども、夫人が妊娠したということを語られた。

「女の子であろうか、男の子であろうか、その子の行く末を見ることができないのが口惜しいことである。また、その子が成人して、父親がいないということを嘆くのを、どうすればいいのかと思っても、どうすることもできない」

と言って、出かけて行った。

こうして月日が過ぎ、無事に生まれた。男の子であった。七歳になって、山寺に登らせたところ、友達である稚児たちが、「親なし子」と笑った。家に帰り、母に父のことを尋ねた。母は、何と言っていいか分からず、ただ泣くばかりであった。

　この稚児が言った。

「天がなくて雨は降りません。大地がなくて草は生えません。たとえ母があっても、父がなければ、人として生まれることはありません。どうして父のいるところを隠されるのですか」

と責めると、母が言った。

「あなたが幼いから申しませんでした。かってあったことは、こういうことです」

　この稚児は、泣きながら言った。

「それでは、父の形見はないのですか」

と申し上げると、

「これがあります」

と言って、大橋の先祖の日記、ならびに胎内にいる子のために父が自筆した譲り状を見せた。稚児は、なお一層、父親が恋しくなって、泣くよりほかになかった。

「それでは、いかがいたしましょう」

と言うと、母が言った。

「郎従がたくさんいましたけれども、ご勘気をこうむったので、ここからすべて散り散りに失せてしまいました。その後は、生きているのか、死んでいるのか、訪れる人はありません」

と語ったら、稚児は、伏し、転び、泣くばかりで、いくら諭しても無駄であった。

母が言った。

「あなたを山寺に登らせたのは、父親の孝養のためです。仏さまに花を供えなさい。お経を一巻読んで孝養としなさい」

母がこのように言うと、稚児は大急ぎで寺へ登って、家に帰ろうという思いはなかった。昼夜に『法華経』を読んだところ、読み通しただけでなく、そらで覚えてしまった。

そして十二歳になり、出家することなく、髪を束ねたまま、あれこれとなして筑紫を逃げ出し、鎌倉というところを尋ねて、その地に入りました。

鶴岡八幡宮の前に行き、ひれ伏して申し上げたことは、

「八幡大菩薩は、日本第十六の王であり、その本来の立場は霊山浄土で『法華経』を説かれた教主釈尊でいらっしゃいます。衆生の願いを満たすために神の姿で出現してくださいました。今、私の願いを満たしてください。父親は生きているのでしょうか、死んでいるのでしょうか」

このように申し上げて、戌の時（午後八時）から『法華経』を読み始めて、寅《とら》の時

（午前四時）までに読み終えた。すると、何となく幼い声が〔真っ暗な〕宝殿に響き渡り、心に凄《すご》みを覚えるほどだったので、参詣《さんけい》に訪れていた人たちも帰ることを忘れてしまった。人々が皆、市のように集まって見てみると、幼い子どもであって、法師のようにも見えず、女でもなかった。

ちょうどその時、京の二位殿（頼朝の側室か？）が参詣されていた。人目を避けてお忍びで参詣されていたけれども、澄んでよく通る声で読む『法華経』の尊さが、常日頃よりも勝れていたので、読経が終わるまで聴いておられた。そして、お帰りになったが、あまりにも名残惜しく思われたので、人をその稚児につけておいて、大将である源頼朝にこのようなことがありましたと報告された。すると、その稚児を召しいだし、持仏堂で『法華経』を読ませられた。

そして次の日、再び『法華経』を読ませて聴聞していると、西の御門のほうで人々が騒ぎだした。何ごとかと尋ねると、「きょう囚人《めしうど》の首が切られるのだ」と大きな声で言った。

「気の毒なことだ、わが父親は今まで生きているとは思わないけれども、さすがに人の首が切られると言えば、自分の嘆きである」と思って、稚児は涙ぐんでしまった。

大将の頼朝は、様子が変だと思われて、

「お前は、どのような者なのだ。ありのままに申せ」

とお尋ねがあったので、稚児はこれまでの一部始終を申し上げた。そばに控えていた大名や小名、そして御簾《みす》のうちにいた女性たちも、涙にくれて袖をしぼった。

大将は、梶原景時を呼んで仰せられた。

「大橋の太郎という囚人を連れてまいれ」

「たった今、首を切るために由比ヶ浜へと向かわせました。今ごろは首を切ったかもしれません」

と、梶原景時が言うと、この稚児は頼朝公の前であったけれども、伏して、ころび、泣いた。

「梶原、自ら駆けつけて、まだ首を切っていなければ連れてまいれ」

と、大将の仰せがあったので、大急ぎで由比ヶ浜へと（馬を）走らせて行った。まだ到達していなかったが、大きな声で叫ぶと、既に首を切ろうとして刀を抜いたところであった。

そして、梶原景時は、大橋の太郎を縄で縛ったまま連れてきて、大庭に引き据えた。すると、頼朝が命じた。

「大橋の太郎をこの稚児に取らせよ」

その声に、その稚児は走り下りて、縄を解いた。

大橋の太郎は、それが我が子だとも知らず、いかなる理由で助かったのかも分からなかった。

頼朝は、この稚児を近くに招き、さまざまの布施を与え、大橋の太郎を与えただけでなく、元の領地の所有（本領安堵《ほんりょうあんど》）も認めた。

頼朝が語った。

「『法華経』のことは、昔からそのようなものだと聞き及んでいるけれども、私には身に当たることとして二つの言われがある。一つは、父である故 源 義朝《みなもとのよしとも》公の首を太政入道《だじょうにゅうどう》・平 清盛《たいらのきよもり》に切られた時、その嘆きは言うこともできないほどで、いかなる神仏に申し上げたらいいのかと思っていた。そこへ、走湯権現《はしりゆごんげん》を祀《まつ》った伊豆山《いずさん》神社の妙法尼《みょうほうあま》から『法華経』を読むように伝えられた。読むこと一千部という時に、高雄《たかお》の文覚房《もんがくぼう》が、父の首を持参して見せてくれた。そこで挙兵して、敵《かたき》の平家を討伐《とうばつ》することができただけでなく、日本国の武士の大将である征夷大将軍《せいいたいしょうぐん》の位まで賜《たま》わった。これは、ひとえに『法華経』のご利益《りやく》である。二つには、この稚児が父親を助けたことも不思議なことである。大橋の太郎という輩《やから》のことは、何とも奇怪なことだと頼朝は思う。たとえ勅宣《ちょくせん》で首を切るなと言われても、突き返して首を切ったであろう。あまりの憎さであればこそ、十二年も土牢《つちろう》に入れていたのに、このような不思議があった。多だから、『法華経』というものは有り難いものである。頼朝は武士の大将として、多くの罪を積み重ねてきたけれども、『法華経』を信じ申し上げているので、きっとそのご利益なのであろうと思え」と語って涙ぐまれた。

時光と稚児の志

今の御心ざしみ（見）候《そうら》へば、故なんでう（南条）どのは、ただ子なればいとをし（最愛）とわ、をぼしめしけるらめども、かく法華経をもて我がけうやう（孝養）をすべしとは、よもをぼ（思）したらじ。たとひつみありて、いかなるところに、おはすとも、この御けうやう（孝養）の心ざしをば、えんまほうわう（閻魔法王）・ぼんでん（梵天）・たひしやく（帝釈）までもしろしめしぬらん。釈迦仏・法華経も、いかでかすてさせ給ふべき。かのちご（稚児）のちちのなわ（縄）をときしと、この御心ざし、かれにたがはず。これはなみだをもちて、かきて候なり。

今このたびの時光殿の志を見ますと、故南条兵衛七郎殿は、子どもだから愛おしいと思っておられたかもしれませんが、このように『法華経』によって自分に孝養をしてくれるとは、まさか思っておられなかったでしょう。たとえ罪があって、どのようなところに居《お》られたとしても、この孝養の志を閻魔《えんま》法王《ほうおう》・梵天《ぼんてん》・帝釈《たいしゃく》もご存じでありましょう。教主釈尊も、『法華経』も、どうして捨て置かれることがあるでしょうか。あの稚児が父親の縄を解いたのと、今の時光殿のこの志とは異なることはありません。この話は涙をもって書きました。

蒙古の挙兵は?

又むくり（蒙古）のおこれるよし、これにはいまだうけ給はらず。これを申せば、「日蓮房は、むくり国のわたるといへば、よろこぶ」と申す。これゆわれなき事なり。かかる事あるべしと申せしかば、あだがたき（仇敵）と人ごとにせめしが、経文かぎりあれば、来《きた》るなり。いかにいうとも、かなうまじき事なり。失《とが》もなくして、国をたすけんと申せし者を用ひこそあらざらめ。又法華経の第五の巻をもつて、日蓮がおもて（面）をうちしなり。*梵《ぼん》天《てん》・帝釈《たいしゃく》、是《これ》を御覧ありき。鎌倉の八幡大菩薩《はちまんだいぼさつ》も見させ給ひき。いかにも今は、叶《かな》ふまじき世にて候《そうら》へば、かかる山中にも入りぬるなり。各各《おのおの》も不便《ふびん》とは思へども、助けがたくやあらんずらん。よるひる（夜昼）法華経に申し候《そうろう》なり。御信用の上にも、力もをしまず申させ給へ。あえて、これよりの心ざしのゆわ（弱）きにはあらず。各各の御信心のあつく、うすきにて候《そうら》べし。たいし（大旨）は日本国のよき人人は、一定《いちじょう》いけどりにぞなり候《そうら》はんずらん。あらあさましや、あさましや。恐恐謹言。

後三月二十四日　　　日蓮　花押

南条殿御返事

《法華経の第五の巻をもつて、日蓮がおもて（面）をうちしなり》文永八年九月十二日、平左衛門尉が多くの兵士を率いて松葉ヶ谷の草庵に押し寄せ日蓮を逮捕した。その時、少輔房《しょうぼう》が日蓮の懐中の『法華経』第五の巻を奪い取り、日蓮の顔をさんざんに打ちすえた。その第五の巻の勧持品には「刀杖を加える者有らん」と書かれている。

また、蒙古が兵を起こしたということ、私はまだ承っていません。蒙古のことを言えば、人は「蒙古が海を渡って攻めてくるというと、日蓮房は喜ぶ」と言っている。これは、いわれなきことです。このようなことがあるだろうと言ったところ、仇《あだ》・敵《かたき》と人ごとに責められましたが、経文に定めあることなので、蒙古は攻めて来るのです。どんなに言っても、かなわぬことです。罪もなく、国を助けようというものを、用いようともしないのでしょう。また、『法華経』の第五の巻〔の中の勧持品《かんじぼん》には、「刀《とう》杖《じょう》を加える者有らん」とありますが、その第五の巻〕で日蓮の顔を打ちました。梵天・帝釈もこのことをご覧になっていました。鎌倉の八幡大菩薩も見ておられました。どんなに諫《いさ》めても、今は、かないそうにない時世であるので、このような山中に入りました。皆さんのことは、気の毒なことだと思うけれども、助け難いことではないでしょうか。夜も昼も『法華経』に申し上げて祈っております。ご信心を保ち、それに加えて力も惜しまず『法華経』に申し上げて下さい。あえて、この私からの志が弱いのではなく、それぞれのご信心が厚いのか薄いのかに依ります。おおむねは、日本国の高貴な人たちはきっと生け捕りになるでありましょう。ああ、あさましいことです。あさましいことです。恐恐謹言。

閏《うるう》三月二十四日　　　　　　日蓮　花押

南条殿御返事

解説

この手紙は、かたびら・塩・油の供養に対する返事であるが、日蓮は供養の品々に関連することに言及して、感謝や、激励の言葉を展開している。

南条時光の父、兵衛七郎への初めての書簡が文永元（一二六四）年であることから、父が日蓮に帰依するようになったのは、日蓮が四十三歳の時以前と考えられる。その手紙の翌年（文永二年三月八日）に父は亡くなった。その後、日蓮の佐渡流罪があり、赦免《しやめん》後に日蓮は身延に入山した。

父が亡くなって九年後（文永十一年七月）に南条時光が身延へと訪ねてきた。それは、日蓮が身延に入山して二ヵ月後のことでもあった。

この手紙は、それから二年後の手紙である。この時、次郎時光は数えで十八歳、弟の五郎は十二歳であった。今でいえば、高校生と小学生である。富木常忍への手紙は漢文体だが、この手紙を一見して、平仮名の多さに気づかれるはずである。日蓮は、このように相手に応じて文体も表現もガラリと変えて手紙をしたためている。

しかも、ここには全くと言っていいほど、理屈は語られていない。説話文学や、具体的な実話をもって説き聞かせる内容になっている。それも、噛んで含めるように、亡くなった父親に代わって子に語って聞かせるような趣の手紙である。

この大橋太郎についての説話の出典を調べると、この『南条殿御返事』しか出てこない。ほかには見当たらない。そのような話を聞いた日蓮が、記憶をもとに綴った文章であろう。それにしても、劇作家の作品を読むような思いに駆られる。

種種物御消息

三カ月にわたって長雨が続き、河の増水、山崩れなどで身延への交通が困難となっている中、南条時光の一族である南条平七郎《へいしちろう》が、種々の物を送り届けたことに対する弘安元（一二七八）年七月七日付の手紙である。（和文体、真跡）

人の制するにこそ心ざしはあらわれ候

しなしな（種種）*のもの（物）をく（送）り給びて法華経にまいらせて候《そうろう》。

《中略》

かの人人は、諸人ににくまれたりしかども、いまだ国主にはあだ（怨）まれず。これは諸人よりは国主にあだまるる事、父母のかたきよりもすぎたるをみよ。かかるふしぎ（不思議）の者をふびん（不便）とて御くやう（供養）候は、日蓮が過去の父母か、又先世の宿習か、おぼろげの事にはあらじ。某上《そのうえ》雨ふり、かぜ（風）ふき、人のせい（制）するにこそ心ざしはあらわれ候へ。此《こ》れも又かくのごとし。

《しなしな（種種）》これを「みなみな」とするものもある。

種々の物を送っていただきまして、『法華経』に献上いたしました。

《中略》

あの〔天台、伝教といった〕人たちは、多くの人たちに憎まれましたが、いまだ国主に敵視されていません。この日蓮は、多くの人たちよりも、国主に敵視されていて、それが、父母の敵に対する憎しみよりも甚だしいものであることを見てください。このように不思議なほど国主に憎まれる者を、不憫《ふびん》に思って、御供養されるのは、日蓮の過去における父母であったのか、過去世からの因縁であるのでしょうか。きっと確かな理由のあることであり、曖昧な因縁ではないでありましょう。その上、雨が降り、風が吹いて、人が制止する時にこそ、志というものは表われます。貴殿のこの供養も、またこのようなものです。

法華経の御飢をもつぎ、釈迦仏の御命をも助け給ひぬ

ただなる時だにも、するが（駿河）*と、かい（甲斐）*とのさかひ（境）は、山たかく、河ふかく、石をを（多）く、みち（路）せば（狭）し。いわうや、たうじ（当時）はあめ（雨）はしの（篠）をたてて三月《みつき》におよび、かわ（河）はまさりて九十日、やまくづれ、みち（路）ふさがり、人もかよはず。かつて（糧）もたへて、いのち（命）かう*にて候ひつるに、このすず（種種）のもの給ひて、法華経の御うへ（飢）をもつぎ、釈迦仏の御いのちをもたすけまいらせ給ひぬる御功徳、ただをしはからせ給ふべし。くはしくは又又申すべし。恐恐。

七月七日　　　　日蓮　花押

御返事

《するが（駿河）》東海道に属する駿州。現在の静岡県の中央部にあたる。《かい（甲斐）》現在の山梨県にあたる。甲州。《かう》「好ましくない結果を受ける」という意味の「買う」であろう。

平常の時ですらも、駿河と甲斐との境は、山は高く、河は深く、石が多くて道は狭い。ましてや、現在は篠突く雨が三カ月にも及んで、河は増水して九十日で、山は崩れて道をふさいでしまって、人が通うこともできません。食糧も絶えてしまって、命に好ましくない結果を招くところでありましたが、この種々のものをいただいて、『法華経』の飢えを助けて命を継ぎ、釈迦仏の命を助けられた功徳がいかに多大であるかは、ただ推し量ってください。詳しくはまた申しましょう。恐恐。

七月七日　　　　日蓮　花押

御返事

解説

この手紙が書かれた一二七八年は、二月二十九日に建治四年から弘安元年に改元された。それは、飢饉が続き、疫病が流行していたことで、凶事の終焉《しゅうえん》を願ってのことだった。年号が改元される半月前の二月十三日付の『松野殿御返事』に、当時の飢饉、疫病の実態を日蓮は次のように記録している。

> 日本国数年の間、打ち続き、けかち（飢渇）ゆきて衣食《いしょく》たへ、畜《ちく》るひをば食いつくし、結句《けっく》人をくらう者出来《しゅったい》して、或《あるい》は死人、或は小児、或は病人等の肉を裂取《さきとり》て、魚鹿等に加へて売りしかば、人是《これ》を買ひ、くへ（喰）り。此《こ》の国、存《ぞん》の外《ほか》に大悪鬼となれり。又去年《こぞ》の春より今年《ことし》の二月中旬まで疫病《えきびょう》、国に充満す。十家に五家、百家に五十家、皆や（病）み死し、或は身はやまねども、心は大苦に値《あ》へり。やむ者よりも怖《おそろ》し。たまたま生残《いきのこり》たれども、或は影の如くそゐ（添）し子もなく、眼の如く面《かお》をならべし夫婦もなく、天地の如く憑《たの》みし父母もをはせず。生きても何《な》にかせん。心あらん人人、争《いかで》か世を厭《いと》はざらん。三界無安《さんがいむあん》とは、仏説き給ひて候へども、法に過ぎて見え候。

このような惨状が打ち続いた直後の七月七日の手紙である。その時点では、既に三カ月前から長雨に見舞われていたようだ。今度は、駿河と甲斐の境の河の増水、山崩れによる道路の遮断で人の往来も困難になっていた。衣食も尽き、日蓮も飢えにさいなまれていたのであろう。そんなところへ南条平七郎から種々の物資が届けられた。

日蓮はそれを、自分への供養だとは思っていない。『法華経』への供養だと受け止めている。現実に飢えているのは日蓮であり、日蓮の飢えが癒やされ、日蓮の命を継ぐことになるのだが、日蓮は、『法華経』の飢えを癒やし、『法華経』の命を継ぎ、釈尊の命を助けることだと言う。

ここから日蓮にとっての供養の意味が読み取れる。それは、日蓮が身命《しんみょう》を賭《と》して『法華経』の正義を宣揚する〝法華経の行者〟であることと関係しているようだ。それを端的に示しているのが、建治三年七月十六日付『上野殿御返事』の次の一節である。

鳥のかいこ(雛)をやしなうがごとく、ともしびにあぶら(油)をそうるがごとく、かれたるくさ(草)にあめ(雨)のふるがごとく、うへたる子にち(乳)をあたうるがごとく、法華経の御いのち(命)をつがせ給ふ事、三世の諸仏を供養し給へるにてあるなり。十方の衆生の眼《まなこ》を開く功徳にて候べし。

日蓮の〝法華経の行者〟としての活動、振る舞いを物質的に、経済的に助けるための供養であるから、それが、「法華経の御命をつがせ給ふ事」になるという。その「法華経の御命をつがせ給ふ事」は、「三世の諸仏を供養」することにもなり、それはまた、「十方の衆生の眼を開く」ことにもつながることになる。こうしたはたらきをなす供養だからこそ、そこには大きな功徳があるという。

ここでは、供養する相手が「法華経の御命」をとどめさせない、すなわち令法久《りょうぼうく》住《じゅう》（法をして久しく住せしむ）のために邁進《まいしん》する〝法華経の行者〟であってはじめて、その供養が「法華経の御命をつがせ給ふ事」になり、「三世の諸仏を供養」することになり、かつまた「十方の衆生の眼を開く」ことにもなるのである。この〝法華経の行者〟という一点を見逃してはならない。

だから、日蓮に衣を贈った女性のことを、

今、法華経に衣《きぬ》をまいらせ給ふ女人あり。

（建治三年十一月十八日付『太田殿女房御返事』）

と言ったり、

此れは、日蓮を御くやう（供養）は候はず。法華経の御くやうなれば……。

（弘安四年十二月二十七日付『窪尼御前御返事』）

とも言っている。供養されたものが、日蓮個人の所有物であるとは決して言っていない。「法華経の御供養」として受け取っているのである。

日蓮に衣を贈ることは、『法華経』に衣を贈ることであり、『法華経』を供養することである。それは、日蓮が〝法華経の行者〟であるからだ。『法華経』を説のままに行じる日蓮に供養することは、日蓮が『法華経』を行じ、令法久住のためにそれを用いるのだから、それは『法華経』に供養していることになる。

日蓮への供養は、日蓮の手紙の冒頭に記された品目を見ると、お金（銭）をはじめ、米、餅、野菜、海藻、果物などの食料や、墨、筆、紙などの筆記具、そして衣類など種々のものが挙げられるが、これらのものは〝法華経の行者〟としての日蓮の活動、振る舞いを経済的に、物質的に助けるために役立てられていた。例えば、建治二年三月十八日付の『南条殿御返事』に次の一節がある。

　衣は身をつつみ、食は命をつぐ。されば、法華経を山中にして読みまいらせ候人を、ねんごろに、やしなはせ給ふは、釈迦仏をやしなひまいらせ、法華経の命をつぐにあらずや。

ここに、「法華経を山中にして読みまいらせ候人を、ねんごろに、やしなはせ給ふ」とあるように、身延の山中において令法久住のための弟子の指導・育成の費用にしていたことがうかがわれる。それを、もっと具体的に言ったのが、弘安二年八月十七日付の『曾谷殿御返事』の次の一節である。

　貴辺《きへん》の去《い》ぬる三月の御仏事に鵞目《がもく》（筆者注＝銭）、其《そ》の数《かず》有りしかば、今年、一百よ人の人を山中にやしなひて、十二時《じゅうにとき》の法華経をよましめ、談義して候ぞ。

これによると、日蓮は身延で百人以上の弟子たちに一日中（十二時《じゅうにとき》）、「法華経をよましめ、談義」するなど、弟子の育成に当たっていたようだ。供養された「鵞目」（お金）は、その費用に充てられていたことが分かる。

当時のお金は真ん中に穴が開いていて、鵞鳥《がちょう》の目に似ていたので、「鵞目」と呼ばれた。その穴に紐《ひも》を通して千枚の銭を一束にしたものを「一連《いちれん》」「一結《ひとゆい》」、あるいはその重さから「鵞目一貫文」と言った。「鵞目一貫文」が、現代のお金に換算してどれぐらいに相当するのか、それは、鎌倉時代と現代の米価を比較することによって、おおよその見当をつけることができる。当時の米価は、一石《いっこく》（十斗《じっと》＝約一八〇リットル）につき銭一貫文が標準であった。二〇一九年時点の米の販売価格は、品種にもよるが、十斗で十万円前後であった。従って、「鵞目一貫文」は、今日の十万円前後に相当すると言えよう。

日蓮の手紙の随所に「鵞目五貫文」などといった記述が見られる。日蓮が身延に滞在していた期間に供養されたお金だけでも、現存する手紙から計算して七十五貫文余りの供養を受けていたことが分かる。日蓮は、お金について文永十年八月十五日付の『経王殿御返事《きょうおうどのごへんじ》』において、

> 何よりも重宝《ちょうほう》たるあし（銭）、山海《さんかい》を尋ぬるとも、日蓮が身には、時に当りて大切に候。

と述べていた。

日蓮は、弟子たちがそれぞれ担当していた地域を往復したり、弘教《ぐきょう》の活動を展開したりするための費用や、紙や筆などの費用に充てていた。当然のことながら、遊興費などに用いることは決してなかった。もしも、そんなことがあれば、それは「法華経

の供養」でも、「法華経の命をつぐ」ものでもないことになってしまう。

このように供養を受けて、日蓮が幾多の書を書き残し、弟子を育成する。それに触れた人が、啓発されて生きる喜びと安らぎを得ることになれば、それは〝法華経の行者〟の活動を助けた人の功徳である。

建治二年閏《うるう》三月五日にしたためられた『妙密上人御消息』に次の言葉がある。

便宜《べんぎ》ごとの青鳧《せいふ》（銭）五連の御志は、日本国の法華経の題目を弘めさせ給ふ人に当れり。国中の諸人、一人・二人・乃至《ないし》千万億の人、題目を唱ふるならば、存外に功徳、身にあつまらせ給ふべし。其《そ》の功徳は、大海の露《つゆ》をあつめ、須弥山《しゅみせん》の微《み》塵《じん》をつむが如し。殊《こと》に十羅刹女《じゅうらせつにょ》は、法華経の題目を守護せんと誓はせ給ふ。

この一節からすると、妙密上人は、日蓮のもとへ訪ねる人があれば、その機会を利用して青鳧（銭）を預けて届けさせていたことが分かる。日蓮は、その妙密上人の志を「日本国の法華経の題目を弘めさせ給ふ人」だと称讃している。

このような供養を行なっていた人がいたが故に、「法華経の御命」を継ぐことができ、生誕八百年（二〇二一年）を迎えた今日、こうやって日蓮の手紙をはじめとして、諸著作を読むことができ、日蓮の仏法、日蓮の心に触れることができるのである。それも、お金や、紙や筆、墨、衣や食料といった品々を供養する人があったからである。当時の紙は貴重品であったはずである。本書をまとめるのに参考にさせてもらった

『昭和定本日蓮聖人遺文』でも二千七百二十八頁あり、それより活字の小さい『日蓮大聖人御書全集』でも千六百頁はある。小さな活字でこれだけの頁数である。毛筆で書かれた文字は、それよりもずっと大きく、紙がどれほど必要であったことか。そう考えると、その時の人々の供養が、現在の「十方の衆生の眼を開く功徳」となっていることはよく理解できる。

供養や布施の在り方については古来、『大智度論』などで「三輪清浄《さんりんしょうじょう》」が論じられた。「三輪」とは、〝誰が布施をするのか〟（施者《せしゃ》）、〝何を布施するのか〟（施物《せもつ》）、〝誰に布施するのか〟（受者《じゅしゃ》）の三つである。この三つにとらわれないことが、その布施を清らかなものにするのであり、「完成された布施」（dāna-pāramitā）と呼ばれた。これは、檀波羅蜜《だんはらみつ》と音写され、布施波羅蜜と漢訳された。

三つのいずれかにでも執著し、とらわれてしまっては、その布施は不浄なものになる。その「不浄の布施」を『大智度論』は、①他人の目を気にして恥ずかしいから、②嫌われたり、責められたりすることが嫌だから、③何／誰かが怖いから、④人に気に入られたいから、⑤名誉を得たいから、⑥慢心で自らをよく見せたいから――などと言って布施することを挙げている。

「誰々さんに上げたのよ」とか、「私が上げたのよ」とか、「何々を上げたのよ」と自慢することは不浄の布施になるし、受け取る側も、「私がもらったのだ」と思ったり、施物の多少や、金額にとらわれたり、施者の身分、好き嫌いなどにとらわれたりすることは不浄になるのである。

日蓮は、いかなる供養の品々に対しても、「ねんごろの御心ざし（志）は、しなな（品品）のものにあらはれ候ひぬ」（建治二年一月十九日付『南条殿御返事』）と言った。「志」は、「之」と「心」とからなる字である。「之」の字は略して「士」となって行くこと」を意味する。「之」には「ゆく」という意味がある。従って、「志」は、「心が何かに向かって行くこと」を意味する。供養の品々を通して〝法華経の行者〟日蓮に向けられた「志」を、日蓮は手に取るように感じ取っていた。そして、何を供養されても、手紙にその供養の品々への最大限の意義づけをした文章をしたためて送った。

例えば、災いを除き幸いを招く風習として「十字」を書いた満月のような蒸し餅を新年に供養されたのに対して、

十字《むしもち》九十枚、満月の如し。心中もあきらかに、生死のやみ（暗）もはれぬべし。あはれなり、あはれなり。（弘安二年一月三日付『上野殿御返事』）

正月の一日《ついたち》は日のはじめ、月の始め、としのはじめ、春の始め。此《こ》れをもてなす人は、月の西より東をさしてみ（満）つがごとく、日の東より西へわたりてあきらかなるがごとく、とく（徳）もまさり、人にもあい（愛）せられ候なり。

（弘安四年一月五日付『十字御書』）

と書き、芋《いも》、牛蒡《ごぼう》、大根を供養された時には、

いもは石のごとし。ごぼうは大牛の角のごとし。大根は大仏堂の大くぎ（釘）の

ごとし。あぢわひは忉利《とうり》天《てん》の甘露《かんろ》のごとし。

（弘安四年九月二十日付『上野殿御返事』）

と称えた。

上野殿後家尼御前御書

弘安三（一二八〇）年九月六日、日蓮五十九歳の時の手紙。南条兵衛七郎の五男である五郎が前日に急逝した。わずか三カ月前に会ったばかりのことであった。その知らせを受け、驚きと悲しみを綴っている。『上野殿御書』と称するものもある。（和文体、真跡）

南条七郎五郎の死

南条七郎五郎殿*の御死去の御事、人は生れて死するならいとは、智者も愚者も上下一同に知りて候《そうら》へば、始めてなげくべし、をどろくべしとわ、をぼへぬよし、我も存じ、人にもをしへ候へども、時にあたりて、ゆめか、まぼろしか、いまだわきまへがたく候《そうろう》。

《南条七郎五郎》南条兵衛七郎の五男である五郎のこと。南条時光は次男で、南条七郎次郎時光という。

南条兵衛七郎五郎殿のご死去の事、人は生まれたら死ぬという定めについては、智者も愚者も、上下を問わず一同に知っていることなので、初めて嘆くべきことだとも、初めて驚くべきことだとも思うことではないと、自分でも存じていたし、他人にも教えてきましたが、五郎殿のご死去の時に直面して、夢なのか、幻なのか、いまだ分別できずにおります。

母の嘆きへの同情

まして、母のいかんがなげ（嘆）かれ候《そうろう》らむ。父母にも、兄弟にも、をくれはてて、いとをし（最愛）きをとこ（夫）にすぎ（過）わかれたりしかども、子ども、あまた（数多）をはしませば、心なぐさ（慰）みてこそをはしつらむ。いとをしき、てこ（子）ご、しかもをのこ（男）ご、みめかたち

（容貌）も人にすぐれ、心もかいがいしくみ（見）へしかば、よその人人もすずしくこそみ候《そうら》ひしに、あやなくつぼ（蕾）める花の風にしぼみ、満月のにわかに失《うせ》たるがごとくこそをぼすらめ。まこともをぼへ候はねば、かきつくるそらもをぼへ候はず。又又申すべし。恐恐謹言。

弘安三年九月六日　　日蓮　花押

上野殿御返事

ましてや、母はどれほど嘆いておられるでしょうか。父母にも、兄弟にも、死ぬのが後になって生き残ってしまい、最愛の夫にも死に分かれてしまったけれども、子どもがたくさんいらっしゃったので、心も慰んでおられたでありましょう。けれども最愛の子どもで、しかも男の子で、見るからに容貌も人一倍勝れ、心もけなげであったので、他の人たちもすがすがしく見ていたのに、道理に反して蕾《つぼみ》となった花が風に萎《しぼ》んでしまい、満月となった月が消え失せたようにこそ思っておられることでしょう。まことのことだとも思えないので、この手紙を書いている私のこころがうわのそらであることも分からずにおります。またまた申し上げることにいたします。恐恐謹言。

弘安三年九月六日　　日蓮　花押

上野殿御返事

霊山浄土での父との再会

追申、此の六月十五日に見奉り候《そうら》ひしに、あはれ肝ある者かな、男や男やと見候ひしに、又見候はざらん事こそかなしくは候へ。さは候へども、釈迦仏・法華経に身を入れて候ひしかば、臨終、目出たく候ひけり。心は、父君と一所に霊山浄土に参りて、手をとり頭を合せてこそ悦ばれ候《そうろう》らめ。あはれなり、あはれなり。

追伸、今年の六月十五日にお会いした時に、何と度胸のある人だろう。男のなかの男だと見ておりましたが、再び会うことができないことこそ悲しいことでございます。そうではありますが、釈迦仏と『法華経』に熱心に帰依しておられましたので、臨終の相は立派でありました。心は、亡くなられた父君と一緒に霊山浄土に行かれて、手を取り合い、頭を突き合わせて喜んでおられることでしょう。天晴《あっぱ》れなことです。天晴れなことです。

弘安三年には、熱原の法難に伴う前年来の迫害が和らいだこともあり、そのお礼のためであろう、六月十五日に時光は、弟の五郎とともに身延の日蓮を訪ねた。その三カ月後の弟の死であった。

日蓮は、「人は生れて死するならい」という言葉を、自分は知っていたし、人にも教えてきたけれども、死という事実に直面すると、嘆き、驚かずにはおれないといった文章の中に織り込んでいる。「人は死ぬ」ということは、真実ではあるが、その言葉を身内を亡くした人に突きつけることをしていない。

日蓮は、これ以後も五郎の四十九日に当たる弘安三年十月二十四日、翌弘安四年一月十三日の手紙でも、そして次に挙げる十二月八日の母親に対する手紙『上野殿母尼御前御返事』でも、必ず五郎のことに触れて母親の悲しみに寄り添っている。このようにして、死という事実を通して『法華経』への信心を促している。

釈尊の死が間近になった時、弟子のアーナンダ（阿難）は、わが師は亡くなられるだろうと思って泣いていたと、『大パリニッバーナ経』にある。その時、釈尊は、次のように語って聞かせた。

やめよ、アーナンダよ。悲しむな。嘆くな。アーナンダよ。わたしは、あらかじめこのように説いたではないか、――すべての愛するもの・好むものからも別れ、離れ、異なるに至るということを。およそ生じ、存在し、つくられ、破壊さるべきものであるのに、それが破滅しないように、ということが、どうしてありえようか。（中村元訳『ブッダ最後の旅』、一三七頁）

要するに「人は死ぬんだ」という事実を、あらかじめ説いてきたし、アーナンダにその事実を認めさせようとしている。それは、自分自身の死について語る時のことで、子どもを亡くした母親に対して、「人は死ぬんだよ」という言い方は決してしなかった。どうしたら、その人が死という事実を受け入れることができるのか、その情況を作ってやった。

キサー・ゴータミーという女性が子どもの亡骸《なきがら》を抱いて「この子を生き返らせてください」と半狂乱状態でさまよい歩いていたことがあった。人々は、それを嘲《あざけ》り笑って見ていた。その女性と出会った釈尊は、「私が生き返らせてやろう」と声をかけた。「それには誰も死者を出したことのない家から芥子《けし》の実をもらってくる必要がある」と言った。ゴータミーは一軒一軒訪ねて回るが、死者を出したことのない家などあるはずもない。それを繰り返しているうちに、ゴータミーは、「人は死ぬんだ」と気づき、子どもの死という現実を受け入れ、出家して阿羅漢に達したという。

　これに対して、湯浅治久著『戦国仏教』（中公新書）によると、正嘉《しょうか》元年（一二五七年）の大地震と、その翌年から数年にわたって続いた飢饉《ききん》で亡くなった人について親鸞《しんらん》（一一七三〜一二六二）は次のように語ったという。

老少男女、おほくのひとびとのしにあひて候らんことこそ、あはれにさふらへ、たゞし生死《しょうじ》無常のことはり、くはしく如来《にょらい》のときをかせおはしましてさふらふへは、おどろきおぼしめすべからずさふらふ……。（『末燈鈔』）

いわば、多くの犠牲者が出たことについて、阿弥陀如来が既に説いておかれたことだから、そんなに驚くことではないというのだ。

「人は死ぬものだ」ということに対する態度は、三者三様といえよう。

日蓮は、同じ正嘉の大地震と飢饉を目の当たりにして、『立正安国論』をしたためた。それは、次のように書き出されている。

旅客来りて嘆いて曰《いわ》く、「近年より近日に至るまで、天変《てんぺん》・地夭《ちよう》・飢饉《ききん》・疫癘《えきれい》、遍《あまね》く天下に満ち、広く地上に迸《はびこ》る。牛馬巷《ちまた》に斃《たお》れ、骸骨路《がいこつみち》に充《み》てり。死を招くの輩《ともがら》、既に大半に超え、之《これ》を悲《かな》しまざるの族《やから》、敢《あえ》て一人《いちにん》も無し……」

　これに対して、

主人の曰く、「独り此《こ》の事を愁《うれ》へて胸臆《くおく》に憤悱《ふんぴ》す。客来りて共に嘆く、屢《しばしば》談話を致さん……」

と主人が切り出し、多くの死者を出した災害の現実をともに嘆き、災害に見舞われた国土をいかに安穏ならしめるかという客人と主人の対話が展開されていて、湯浅氏は、親鸞と対照的であることを指摘している。

上野殿母尼御前御返事

弘安四（一二八一）年十二月八日、日蓮、六十歳の時の手紙で、上野殿（南条時光）の母に対して、自らの近況を綴《つづ》り、一年半ほど前に十六歳で亡くなった子息の五郎を偲《しの》んでいる。（和文体、真跡）

供養の品々

乃米《のうまい》＊一だ、聖人《すみざけ》＊一つつ（二十ひさげ（提子）＊か）、かつかう（藿香《かっこう》）＊ひとかうぶくろ（一紙袋）、おくり給《た》び候《そうら》ひ了《おわ》んぬ。

《乃米》①納米（年貢米）のこと。②能米（玄米、くろごめ）のこと。《聖人》濁酒《にごりざけ》を賢人というのに対し、清酒のこと。《ひさげ（提子）》鉉《つる》と注ぎ口のついた銚子《ちょうし》。酒や湯を温めるのに用いる。《かつかう（藿香）》シソ科の薬草カワミドリ。食欲不振、嘔吐《おうと》、下痢に対して用いられる健胃薬。

白米一駄、清酒一筒（提子《ひさげ》に二十杯分か）、藿香《かっこう》紙袋に一つ、送っていただきました。

日蓮の近況

このところのやう、せんぜん（前々）に申しふり候《そうら》ひぬ。さては去《い》ぬる文永十一年六月十七日、この山に入り候ひて、今年十二月八日にいたるまで、此の山、出《い》づる事一歩も候はず。ただし八年が間、やせやまい（病）と申し、とし（齢）と申し、としどし（年々）に身ゆわ（弱）く、心をぼ（耄）れ候ひつるほどに、今年は春より、このやまいをこりて、秋すぎ、冬にいたるまで、日々にをとろへ、夜々にまさり候ひつるが、この十余日はすでに食もほとをど（殆）とどまりて候《そうろう》上、ゆき（雪）はかさなり、かん（寒）はせめ候。身のひゆる事石のごとし。胸のつめたき事氷のごとし。

こちらの様子は、先々に何度も申し上げました。さて、去《さ》る文永十一（一二七四）年六月十七日にこの身延山に入って、今年（一二八一年）の十二月八日に至るまで、この山を一歩も出ることはありませんでした。ただ、八年の間にやせ病といい、年齢といい、年々に体も弱まり、心も老い耄《ぼ》れているうちに、今年は春からこの病が起こって、秋が過ぎ、冬に至るまで、日々に衰え、夜々にひどくなっておりましたが、この十日余りは既にほとんど食事もとどまっている上に、雪は降り積もって、寒さにせめられておりました。体が冷えることは石のようであり、胸の冷たさは氷のようでありました。

酒の効用

しかるに、このさけ（酒）はたた（温）かに、さしわかして、かつかう（藿香）をはたとくい切りて一度のみて候《そうら》へば、火を胸にたくがごとし。ゆに入るににたり。あせ（汗）にあか（垢）あらい、しづくに足をすすぐ。此《こ》の御志は、いかんがせんとうれしくをもひ候《そうろう》ところに、両眼よりひとつのなんだをうかべて候。

ところが、この酒をあたたかく沸かして、藿香《かっこう》をハタと食いちぎって、一杯飲めば、火を胸で燃やすようであり、湯に入ったかのようです。噴き出す汗で垢《あか》を洗い、汗のしずくで足の汚れを洗い落とす。この志に対してどうすればいいのかと嬉しく思っていると、両目から一粒の涙が浮かんでまいりました。

故五郎殿を偲ぶ

まことやまことや、去年《こぞ》の九月五日こ（故）五郎殿のかくれにしは、いかになりけると、胸うちさわぎて、ゆび（指）をりかず（数）へ候《そうら》へば、すでに二ケ年、十六月、四百余日にすぎ候《そうろう》が、それには母なれば、御をとづれ（音信）や候らむ。いかにきかせ給はぬやらむ。ふりし雪も又ふれり。ちりし花も又さきて候《そうら》ひき。無常ばかり、またもかへりきこへ候はざりけるか。あらうらめし、あらうらめし。

余所にても、よ（良）きくわんざかな。よきくわんざかな。玉のやうなる男かな、男かな。いくせ、をやのうれしく、をぼすらむと見候ひしに、満月に雲のかかれるが、はれずして山へ入り、さかんなる花のあやなくかぜ（風）にちるがごとしと、あさましくこそをぼへ候へ。

《くわんざ（冠者）*》元服式を済ませ、冠を着けている少年のこと。

まことでありましょうか、去年の九月五日に子息の故五郎殿が亡くなられた時には、どうなったのであろうと、心が乱れました。指折り数えてみれば、既に数えで二年、月にして十六カ月、日にして四百日余りが過ぎ去ってしまいました。そちらには、母親であるので、故五郎殿の訪れがあったでありましょう。どうして聞かせてくださらないのでしょうか。降った雪は解けても、再び降ります。散ってしまった花も、春になればまた咲きます。無常ばかりはどうしようもなくて、亡くなった人は、再びこの世に帰り来て、話を聞くことはできないのでしょうか。悲しく残念なことに思っております。

余所《よそ》でも、「立派な冠者だなあ」「立派な冠者だなあ」「玉のような男だなあ」「玉のような男だなあ」「どれだけ親が嬉しく思っているだろう」と見ていたのに、満月に雲がかかって、その雲が晴れることなく山へ隠れてしまい、せっかく満開となった花があっけなく風に散ってしまったようなものだと、大変に嘆かわしく思っております。

母の嘆きを伝へん

日蓮は所らう（労）のゆへに、人人の御文の御返事も申さず候ひつるが、この事は、あまりになげかしく候へば、ふでをとりて候ぞ。これも、よもひさしくも、このよに候はじ。一定《いちじょう》、五郎殿にゆきあいぬとをぼへ候。母よりさきにけさん（見参）し候はば、母のなげき、申しつたへ候はん。事事又又《ことごとまたまた》申すべし。恐恐謹言《きょうきょうきんげん》。

十二月八日　　　　　　　　　　日蓮　花押

上野殿母御前御返事

日蓮は、病のゆえに人々の手紙の返事も書かずにいましたが、この故五郎殿のことは、あまりにも嘆かわしいことでありますので、筆を執りました。この私も、よもや長くはこの世にいることはないでありましょう。必ず、五郎殿に行き合うに違いないと思っております。母親よりも先にお会いしたならば、母であるあなたの嘆きを申し伝えましょう。諸の事は、またまた申しましょう。恐恐謹言。

十二月八日　日蓮　花押

上野殿母御前御返事

解説

日蓮は、弘安元（一二七八）年六月二十六日の四条金吾への手紙『中務左衛門尉殿御返事』に、

将又《はたまた》、日蓮下痢《くだりはらこ》去年十二月卅《さんじゆうにち》日事起り、今年六月三日、四日、日日に度をまし、月月に倍増す。定業《じょうごう》かと存ずる処に、貴辺の良薬を服してより已来《このかた》、日日月月に減じて、今百分の一となれり。

と記していて、日蓮は建治三（一二七七）年の暮れから下痢の症状が始まっていた。それ以来の病状について語り、冷え切った体をいただいた酒で温めていると書いて、感謝の言葉としている。

そこで、亡くなった南条七郎五郎のことに思いを馳せる。五郎の死は、兄の次郎時光と一緒に日蓮に面会した直後のことであった。享年十六。あまりの急なことに、日

蓮は驚きと悲しみの思いを込めた手紙を書いていた。それから、約一年半、ことあるごとに母の悲しみに寄り添う手紙をしたためた。亡くなってからの期間を、数えの年数で「二ヶ年」、月数にして「十六月」、日数にして「四百余日」と言い換えているのは、その悲しさは「二ヶ年」と大づかみにできるものではなく、月々、日々にそれぞれの嘆き悲しみがあったことを察してのことであろう。

この手紙が書かれたのは、弘安四（一二八一）年十二月、自らの死の十カ月前のことである。日蓮の体力は、相当に衰えていたことであろう。その容態を包み隠すことなく記している。

それは、原始仏典の『大パリニッバーナ経』の次の言葉を思わせる。

アーナンダよ。わたしはもう老い朽ち、齢をかさね老衰し、人生の旅路を通り過ぎ、老齢に達した。わが齢は八十となった。譬えば古ぼけた車が革紐《かわひも》の助けによってやっと動いて行くように、恐らくわたしの身体も革紐の助けによってもっているのだ。　（中村元訳『ブッダ最後の旅』、六二頁）

わたしは疲れた。わたしは坐《すわ》りたい。〔中略〕アーナンダよ。わたしに水をもって来てくれ。わたしは、のどが渇《かわ》いている。わたしは飲みたいのだ。
（同、一一二頁）

『大パリニッバーナ経』には、釈尊が食中毒で亡くなったことも何のはばかるところもなく記されている。歴史上の人物としての釈尊は、生身《なまみ》の人間であったのだ。後世の神格化されたブッダとはほど遠い、極めて人間的な姿だ。

中村元先生は、〝人間ブッダ〟の実像を探究された。後世に神格化された釈尊像ではなく、「人間として偉大な釈尊」を浮き彫りにされた。

この手紙も、〝人間日蓮〟として、自らの病状をありのままに綴り、夭逝した子の母親をなぐさめる温かさに満ちている。

法華証明抄

弘安五（一二八二）年二月二十八日、日蓮は南条時光が大病で臥しているとの報を聞き、自らの病状も顧みず、筆を執ってしたためたのが、この手紙である。末代悪世に『法華経』を受持する者は、過去に十万億の仏を供養した人であると釈尊が語り、それを多宝仏が「皆是れ真実」と証明し、十方の諸仏も証明したことだと述べ、その『法華経』を心中より信じてきて仏となるべき南条時光を悩ます鬼神を厳しく叱責《しっせき》し、直ちに南条時光の病を治せと命じている。（和文体、真跡）

南条時光の法華経信仰

《前略》
この上野の七郎次郎*は末代の凡夫、武士の家に生れて悪人*とは申すべけれども、心は善人なり。其《そ》の故は、日蓮が法門をば上《かみ》一人より下《しも》万民まで信じ給はざる上、たまたま信ずる人あれば、或《あるい》は所領、或は田畠《でんぱた》等にわづらひをなし、結句は命に及ぶ人人もあり。信じがたきに、ちち（父）、故上野殿*は信じまいらせ候《そうら》ひぬ。又此《またこ》の者、敵子（嫡子《ちゃくし》*）となりて、人もすすめぬに心中より信じまいらせて、上下万人にあるいはいさ（諌）め、或はをどし候ひつるに、つひに捨つる心なくて候へば、すでに仏になるべしと見へ候へば、天魔・外道《げどう》*が病をつけて、をど（威）さんと心み候か。命はかぎりある事なり。すこしもをどろく事なかれ。

《七郎次郎》南条兵衛七郎の次郎（次男）、すなわち南条時光のこと。《武士の家に生れて悪人》『波木井三郎殿御返事』に「貴辺は武士の家の仁《ひと》、昼夜殺生《ちゅうやせっしょう》の悪人なり」とあるように、武士であることは人を斬る殺生を仕事とするから悪人だと述べている。《故上野殿》亡くなった南条兵衛七郎のこと。《敵子（嫡子）》正妻から生まれた家督を相続するべき子。南条時光は、次男であったが、長男の七郎太郎が文永十一（一二七四）年に亡くなったので、時光が嫡子となった。《天魔・外道》天魔は、欲界の第六天（他化《たけ》自在天《じざいてん》）の魔王、すなわち仏道修行を妨げる魔のことで、天子魔ともいう。外道は、仏教以外の教え、あるいは、それを信じる者のこと。天魔も外道も、仏道修行を妨げる働きをなすものとして挙げられている。

《前略》

この上野の南条兵衛七郎の次男である次郎時光は、末代の凡夫であり、殺生を仕事とする武士の家に生まれて悪人であるとはいえども、心は善人である。その理由は、日蓮が法門を上《かみ》は一人から、下《しも》は万民に至るまで、信じることがない上に、まれに信ずる人があれば、所領や田畑などを没収して煩わせ、最終的には命に及ぶような人々もある。それだけ、信じがたいのに、亡くなった父・上野の南条兵衛七郎殿は、日蓮が法門を信じておられた。

また、この者（次郎時光）は、〔長男・太郎が十八歳で亡くなった後、〕嫡子となり、だれも薦めないのに〔『法華経』を〕心から信じて、上下万人に諫められたり、脅されたりしたけれども、終に捨てる心なく貫いてきた。だから、既に仏に成るべきであると見えたので、天魔や、外道が病をひき起こして脅そうと試みているのか。命というものは、限りがあることである。少しも驚いてはならない。

鬼神を叱り飛ばす

又鬼神《きじん》*め（奴）らめ、此《こ》の人をなやますは剣をさかさまにのむか、又大火をいだくか、三世十方*の仏の大怨敵《だいおんてき》となるか。あなかしこ、あなかしこ。此の人のやまいを忽《たちま》ちになをして、かへりてまほ（守）りとなりて、鬼道の大苦*をぬくべきか。其《そ》の義なくして、現在には頭破《ずは》七分《しちぶん》の科《とが》*に行はれ、後生《ごしょう》には大無間地獄《だいむけんじごく》*に堕《お》つべきか。永くとどめよ、とどめよ。日蓮が言《ことば》をいやしみて後悔あるべし、後悔あるべし。

弘安五年二月廿八日《にじゅうはちにち》

下伯耆房*

《鬼神》目に見えず、耳にも聞こえない超人的な力をもつとされる神で、人を悩乱し、生命を奪い、むしばむ働きをなすという。《三世十方》三世とは、過去・未来・現在のこと。十方とは、東・西・南・北の四方に、南東・南西・北西・北東の四維《しい》と上・下の二方を加えたもの。三世十方で、時間と空間のすべての領域を意味する。《鬼道の大苦》鬼道は、餓鬼道のこと。〝法華経の行者〟を守らない慳貪《けんどん》の罪によって受ける餓鬼道の苦しみ。《頭破七分の科》頭破作七分《ずはさしちぶん》のこと。『法華経』陀羅尼品《だらにぼん》で、十羅刹女《じゅうらせつにょ》が『法華経』を受持する人を守護すると誓った言葉に「若《も》し我が呪《じゅ》に順ぜずして、説法者を悩乱《のうらん》せば、頭破《こうべわ》れて七分《しちぶん》に作《な》ること阿梨樹《ありじゅ》の枝の如《ごと》くならん」（植木訳『梵漢和対照・現代語訳　法華経』下巻、四一二頁）とある。《大無間地獄》97頁の注「阿鼻」を参照。《伯耆房》六老僧の一人である伯耆房日興のこと。南条時光の看病に当たっていた日興が、この手紙を時光に読んで聞かせたのであろう。

また、鬼神のやつらめ、この〔南条時光という〕人を悩ますのは、〔お前は〕剣を逆さまにして呑む気か、大火を抱きかかえる気か、過去・未来・現在の三世の諸仏や、四方・八方・十方に存在する諸仏の最大の敵となる気か。何と恐れ多いことであろう。恐れ多いことであろう。この人の病をただちに治して、逆にこの人を守る者となって、〔お前が受けることになる〕餓鬼道の大苦を取り除くべきではないか。そうでなければ、現在においては頭破作七分の科をこうむり、後生《ごしょう》においては大無間地獄に堕ちるであろう。〔南条時光を〕留めて末長く生きさせよ。末長く生きさせよ。日蓮の言葉を蔑《さげす》むならば、必ず後悔することになるであろう。後悔することになるであろう。

弘安五年二月二十八日

下伯耆房

弘安五年といえば、十月十三日に日蓮が入寂《にゅうじゃく》した年である。この手紙は、その八カ月ほど前に書かれた。日蓮は弘安四年の春以来、体調が勝れず、身延の冬の厳しい寒さで病状を悪化させて新年を迎えていた。この時も、日蓮の体調は芳しくなかったのであろう。この三日前の二月二十五日に、日朗に代筆させて、南条時光の看病に当たっていた日興に病への対応を指示していた。それでも満足しなかったのであろう。二十八日になって、日蓮は、病を押して自ら筆を執ってこの手紙をしたためた。

手紙の冒頭に「法華経の行者　日蓮」と記して花押がある。「鬼神めらめ、〝法華経の行者・日蓮〟の言うことをよく聞くがよい」という思いを込めているのであろう。

本書で《前略》とした箇所では、「末代悪世に法華経を経のごとく信じまいらせ候《そうろう》者」は、「過去に十万億の仏を供養せる人なり」と釈尊が語り、それを多宝如来がはるばると娑婆《しゃば》世界にやってきて、「妙法華経《みょうほけきょう》、皆是《かいぜ》真実《しんじつ》と証明《しょうみょう》せさせ給ひ」、さらに「十方の諸仏を召しあつめ」、広長舌《こうちょうぜつ》をもって十方の諸仏も証明したことが強調されている。このように、過去世に十万億の仏を供養した人が、たとえ『法華経』以外の教えを信じることがあって、そのために貧賤《ひんせん》の身と生まれることがあったとしても、

『法華経』によって成仏すると綴っている。

以上のことを踏まえて、本書に挙げた文章が続く。

この手紙は、南条時光に対して与えられたものである。ところが、「この上野の七郎次郎は」とか、「鬼神めらめ、此の人をなやますは」とあって、時光のことを指す「上野の七郎次郎」も、「此の人」も、二人称ではなく、三人称となっている。日蓮が語りかけている相手は、南条時光ではなく、「鬼神めら」である。

ここに、
日蓮が法門をば上一人より下万民まで信じ給はざる上、たまたま信ずる人あれば、或《あるい》は所領、或は田畠《でんぱた》等にわづらひをなし、結句は命に及ぶ人人もあり。

とあるのは、南条時光自身に関わることである。

建治年間（一二七五～一二七八年）以後、駿河国富士郡では日興の主導で日蓮の教えが弘まっていった。そこへ、幕府の権力が公然と介入して弟子檀那を弾圧した。

時光が十九歳の建治三（一二七七）年、南条家にも圧力がかかり始めた。その年の五月十五日付の『上野殿御返事』には「日蓮房を信じては、よもまどいなん。上の御《かみ》気色《けしき》もあしかりなん」と教訓するものもあったことが記されている。それに対して日蓮は「人をけうくん（教訓）せんよりも、我が身をけうくんあるべし」と言い返すように諭した。

弘安二（一二七九）年の九月から十月にかけて弾圧が本格化した。熱原《あつはら》の法難である。熱原瀧泉寺《りゅうせんじ》に止住して活動していた日秀と日弁の二人に従う農民信徒二十人が、刈田《かりた》狼藉《ろうぜき》（暴力的に他人の田畑の作物を刈り取り、横領すること）の罪を着せられて、逮捕され、鎌倉に拘引《こういん》された。鎌倉で平左衛門尉《へいのさえもんのじょう》のもとで拷問《ごうもん》が科され、農民三人が見せしめとして斬殺された。それは、正規の裁判を経ない私刑《リンチ》であった。日蓮は、日興に残りの十七人の釈放を求める訴訟を命じ、十七人は釈放された。

この時、時光は弱冠二十一歳であった。南条家に対する圧力は、弘安元年の所領替えをはじめ、富士大宮の造営を担当させたり、過重の税負担を課すなど、法外な経済的負担を強いて疲弊させる「公事責《くじぜ》め」が行なわれた。

弘安三年十二月二十七日付の『上野殿御返事』によると、南条家の窮状は、「わづかの小郷《しょうごう》に、をほくの公事《くじ》せめあてられて、わが身はのるべき馬なし。妻子はひきかくべき衣なし」といった情況であった。

若き時光は、毅然としてこれに対応した。とは言っても、その心労は無視できないものがあったであろう。その結果のこの病であった。

日蓮が、「上下万人にあるいはいさ（諫）め、或はをどし候《そうら》ひつるに、つひに捨つる心なくて候へば、すでに仏になるべしと見へ候《そうろう》」と言ったのは、以上の背景があってのことであった。

その南条時光を苦しめる「鬼神めら」を日蓮は、「剣を逆さまに呑む気か」「大火を抱きかかえる気か」「三世十方の仏の大怨敵となる気か」と厳しく叱責《しっせき》する。三世十方に存在するすべての仏を敵に回すのか、頭破作七分《ずはさしちぶん》となり、大無間地獄に堕ちてもいいのだな——とまで迫って、時光の病を直ちに治すだけでなく、守護者となるべきだと詰め寄る。

日蓮の気迫が文面にあふれている。それは、筆致《ひっち》にも表われているに違いないと思っていたが、この手紙の真跡を見た人が、「聖人のすさまじいばかりの病魔撃退の筆あとが凜凜《りんりん》として書きのせられている」（『日蓮聖人大事典』、七八〇頁）と記していて、納得した。

ここに言う鬼神とは、霊魂のような「もの」ではなく、南条時光の弱気になった心を指しているのであろう。南条家では、父・兵衛七郎は働き盛りの壮年で亡くなった。その時、時光は七歳、弟・五郎は母の胎内にいた。長男・太郎は十八歳で亡くなり、父の忘れ形見であった五郎も、一年半ほど前に十六歳で亡くなったばかりであった。病に臥す南条時光の心には、自分も若死にするのではないかという不安がよぎっていたであろう。日蓮は、その弱気になった南条時光の心を叱咤《しった》し、鼓舞《こぶ》しているように筆者には思える。

この時、二十四歳であった南条時光は、この病に打ち勝ち、元気を回復し、七十四歳の長寿を全うした。

この手紙の文章を読んでいると、体調が勝れない中で、心に思い浮かぶ熱情あふれる思いを、そのまま筆に託して一気に書いた様子がうかがわれる。例えば、

此《こ》の者、敵子（嫡子《ちゃくし》）となりて、人もすすめぬに心中より信じまいらせて、上下万人にあるいはいさ（諫）め、或はをどし候ひつるに……。

という文章は、主語と述語の関係がズレている。「上下万人に」であれば、述語は「いさめられ」「をどされ候ひつる」と受動態にするべきところである。

また、この文章は、鬼神に語り掛けた文章だが、それに続く「命はかぎりある事なり。すこしもをどろく事なかれ」という文章は、時光に語り掛ける言葉になっている。鬼神に語り掛ける文章と、時光に語りかける文章が入り乱れている。

このように文章の始まりと終わりで能動と受動が逆転したり、主語や、目的語がいつの間にか入れ替わってしまったりする文体は、佐渡の地で込み上げる思いを一気に書き上げた『開目抄』で頻繁に見られた。あふれ出る情念に筆が追い付かず、心に込み上げる思いが先行して、文章の後半を筆で書いている頃は、思考のほうは次の文章に移っている。そのため、文章の終わりのほうでは、初めのほうとのズレが生じてしまう。筆者は、ここに日蓮の慈愛あふれる熱情の一端を垣間見る思いがして、抑えがたい感動を覚える。

現代は、パソコンの時代で、十本の指をフルに使ってキーをたたくので、思考の速度とほぼ同時に近い状態で文章を書くことができるようになった。毛筆による執筆の際の、思考と文章化の時間差の影響が表われた文章をここに見ることができる。

第五章　女性信徒への手紙

女性信徒について

日蓮に帰依した信徒の階層を見ると、これまで見てきた富木常忍は有力御家人である千葉氏の被官《ひかん》（直属の家臣）で、四条金吾は北条庶子《しょし》（本妻以外の子）である江馬氏の被官であった。池上兄弟と、南条時光は得宗《とくそう》被官であり、幕府に仕える御家人《ごけにん》としてそれぞれ武蔵《むさし》と、駿河《するが》の地頭であった。御家人としての地頭には、このほか駿河《するが》の高橋、由比、石河の各氏、甲斐《かい》の波木井《はきり》氏などが挙げられる。

このように、日蓮に帰依した人たちは、御家人、地頭などの武士階級が多く、商人や農民、下人を抱えた名主《みょうしゅ》、幕閣《ばっかく》につながる有力な武士もいた。鎌倉幕府で儒教を講ずる学者の比企大学三郎能本《ひきだいがくさぶろうよしもと》もいた。その中でも女性の信徒が多数いたことが注目される。

日蓮は、正嘉元（一二五七）年の大地震や、相次ぐ疫病などの災害を目の当たりにして、『立正安国論』を執筆するに当たり、正嘉二（一二五八）年に駿河国の岩本実相寺で一切経を読破している。三十七歳の時のことだ。それを通して、多くの経典が女性を蔑視している一方で、『法華経』が女人成仏を強調していることに注目したと思われる。

そこで抱いた第二の印象は、

日蓮、法華経より外《ほか》の一切経をみ候《そうろう》には、女人とはなりたくも候《そうら》はず。

（『四条金吾殿女房御返事』）

であったようだ。その理由として、日蓮は諸経に散見される「女人は地獄の使《つかい》なり。能《よ》く仏種子《ぶつしゅし》を断ず」「一度女人を見る者はよく眼の功徳を失ふ。設《たと》ひ大蛇をば見るとも女人を見るべからず」「三千大千世界《さんぜんだいせんせかい》にあらゆる男子の諸《もろもろ》の煩悩《ぼんのう》を取り集めて女人一人の罪とす」などといった女人蔑視の言葉を多数列挙している。

諸経に女性を蔑視する言葉が多いのに対して、日蓮は、『法華経』から女性を平等に見なす言葉として、法師品の次の一節を挙げる。

若《も》し是《こ》の善男子《ぜんなんし》・善女人《ぜんにょにん》、我が滅度《めつど》の後、能《よ》く竊《ひそ》かに一人《いちにん》の為《ため》にも法華経《ほけきょう》の乃至《ないし》一句を説かん。当《まさ》に知るべし。是の人は、則《すなわ》ち如来の使《つかい》なり。

（植木訳『梵漢和対照・現代語訳　法華経』下巻、六頁）

これについて、

法華経の法門を一文《いちもん》一句なりとも人にかたらんは、過去の宿縁ふかしとおぼしめすべし。〔中略〕僧も俗も尼も女も一句をも人にかたらん人は如来の使《つかい》と見えたり。

（『椎地四郎殿御書』）

として、在家・出家、男女の区別なく如来の使いと見るべきことを強調している。

さらに、『法華経』提婆達多品《だいばだったぼん》で多宝如来《たほう》の第一の弟子である智積菩薩《ちしやく》と、釈尊の弟子で智慧第一のシャーリプトラ（舎利弗《しゃりほつ》）が小乗教と大乗教の女性蔑視の考えから難癖をつけてきたにもかかわらず、龍女がそれを退けて成仏し、説法して人々を歓喜させる姿を見せつけたことについて、次のように述べている。

智積・舎利弗は舌を巻きて口を閉ぢ、人《にん》・天《てん》・大会《だいえ》（筆者注＝人界や天界の衆生からなる法会《ほうえ》）は歓喜せしあまりに掌《たなごころ》を合せたりき。（『法華題目抄』）

このように龍女が、畜生の身で、しかも八歳の幼い女性の身で即身成仏したことをとっかかりとして、『法華経』勧持品《かんじぼん》において釈尊の姨母《おば》マハー・プラジャーパティー（摩訶波闍波提《まかはじゃはだい》）比丘尼《びくに》や、ラーフラ（羅睺羅《らごら》）の母ヤショーダラー（耶輸陀羅《やしゅだら》）女《にょ》と眷属《けんぞく》の比丘尼《びくに》たちとともに未来成仏の予言（授記《じゅき》）を被り《こうむ》、さらには鬼道《きどう》の女人たる十羅刹女《じゅうらせつにょ》も成仏していることに着目して、

然《しか》れば尚殊《なおこと》に女性の御信仰あるべき御経《みきょう》にて候《そうろう》。（『女人成仏抄』）

と論じている。

そこで、日蓮は次のことを願い女性たちに対していく。

但《ただ》法華経計《ばか》りこそ女人成仏、悲母《ひぼ》の恩を報ずる実の報恩経にて候《そうら》へと見候ひしかば、悲母の恩を報ぜんために、此の経の題目を一切の女人に唱へさせんと願《ねがい》す。

ところが、その思いを理解しない女性たちから敵《かたき》のように思われるが、それでも日蓮の志は揺らぐことはなかった。

ここに日蓮願って云《いわ》く、日蓮は全く悞《あやまり》なし。設《たと》ひ僻事《ひがごと》なりとも日本国の一切の女人を扶《たす》けんと願《ねがい》せる志《こころざし》はすてがたかるべし。（同）

との志を持ち続け、

末法《まっぽう》にして妙法蓮華経の五字を弘めん者は男女はきらふべからず。（『諸法実相抄』）

此《こ》の世の中の男女僧尼《なんにょそうに》は嫌ふべからず。法華経を持《たも》たせ給ふ人は一切衆生のしう（主）とこそ仏は御らん候《そうろう》らめ。（『四条金吾殿女房御返事』）

此の法華経計《ばか》りに此の経を持《たも》つ女人は一切の女人にすぎたるのみならず、一切の男子にこえたりとみへて候。（同）

と説き続けた。

このような女性観に立っていた日蓮は、数々の仏典に登場する菩薩の修行を挙げた上で、

此等《これら》は男子《なんし》なり。上古《じょうこ》なり。賢人《けんにん》なり。聖人《しょうにん》なり。いまだきかず、女人の仏法をもとめて千里の路《みち》をわけし事を。（『日妙聖人御書』）

と語り、数々の危険な状況の中で求法《ぐほう》のために鎌倉から佐渡まではるばると訪ねてきた乙御前《おとごぜ》の母を、「日本第一の法華経の行者の女人」と讃嘆し、「日妙聖人」という名前を与えている。日蓮は言行一致の人であった。

日蓮の手紙から、当時の女性たちの女性としての不安、関心がうかがえる。幕府の儒学者であった大学三郎の妻は、月水《げっすい》（月経）を穢《けが》れと見る当時の考えにとらわれて質問してきたが、後述するように、日蓮は迷信を徹底的に排除する本来の仏教の立場に立って、極めて合理的な答えをして、安心させている。

千日尼《せんにちあま》から届いた手紙の内容を日蓮は、

御文《おんふみ》に云《いわ》く、女人の罪障はいかがと存じ候《そうら》へども、御法門に法華経は女人の成仏をさきとするぞと候ひしを、万事はたのみまいらせ候ひて等云云《うんぬん》。

（『千日尼御前御返事』）

と要約しているが、「女人の罪障」という当時の女性たちの関心の一端が、ここにうかがえるとともに、千日尼が「法華経は女人の成仏をさきとするぞ」という日蓮の法門を頼りとしていたことが分かる。多くの女性信徒たちも、『法華経』の女人成仏の教えを頼りとしていたことであろう。

下総《しもうさ》にあっては富木常忍の妻、鎌倉にあっては四条金吾の妻、武蔵にあっては池上兄弟の妻、駿河にあっては南条時光の母などが夫や子や、教団を支えていた。

地域ごとに主な女性信徒を挙げると、鎌倉には、先の日妙聖人のほかに、妙一尼がいて、夫とともに強盛な信心を貫いた。夫は、下人を抱える小規模の領地を有する武士であったが、龍口の法難に伴う弾圧で所領を没収され、家族は零落するが、妙一尼は佐渡配流中だけでなく、身延入山後も日蓮のもとに下人を派遣して身辺の給仕に当たらせた。

安房の新尼《にいあま》は、領家の嫁であった。その姑《しゅうとめ》は領家の大尼と呼ばれ、日蓮は大尼のことを「日蓮が父母等に恩をかほらせたる人」「日蓮が重恩の人」と称しているように、日蓮の両親が恩をこうむっただけでなく、日蓮自身の諸国遊学の資金援助をした人であった。その大尼は、龍口の法難の際に信仰を放棄するが、嫁の新尼は信仰を貫き通した。新尼あての手紙は一通しか残っておらず、詳細は分からないが、「御信心は色あらわれて候《そうろう》。さど（佐渡）の国と申し、此の国と申し、度度《たびたび》の御志《おんこころざし》ありてたゆ（弛）むけしき（気色）はみへさせ給はねば、御本尊はわたしまいらせて候なり」（『新尼御前御返事』）とあることから、佐渡配流中だけでなく、身延入山後も日蓮にたびたび志を尽くしていた。

佐渡には、千日尼・国府尼《こうあま》らがいた。佐渡流罪そのものが、日蓮が死没することを願っての幕府の措置であった。そのため衣食住のいずれも粗悪な情況下に置かれていた。その日蓮を命の危険も顧みず守り、信仰を貫いたのが阿仏房《あぶつぼう》とその妻千日尼《せんにちあま》、そして国府入道《こうにゅうどう》とその妻国府尼たちであった。阿仏房も、国府入道も下人を抱える名主階層であった。昼夜に監視されている日蓮のもとに、千日尼は阿仏房にお櫃《ひつ》を背負わせて、夜中にたびたび訪れた。それによって、科料《かりょう》（罰金）を科され、家を没収され、追放されるが、信仰を貫いた。千日尼に代わって、次は国府尼らが日蓮のもとに通った。

流罪が赦免となり、身延に入山した後も千日尼と国府尼は、たびたび夫に身延を訪ねさせ、供養の品々を届け、『法華経』についての教えを請うた。それに対して日蓮は、「阿仏房《あぶつぼう》にひつ（櫃）をしを（背負）わせ、夜中に度度《たびたび》、御わたりありし事、いつの世にかわすらむ。只《ただ》悲母の佐渡の国に生れかわりて有るか」との思いを綴った。その思いは国府尼にも通ずるものであっただろう。

このように強盛な信仰を貫く女性たちが各地にいた。安房の光日尼《こうにちあま》、鎌倉の桟敷尼《さじきあま》、佐渡の一谷《いちのさわ》入道の妻、駿河の持妙尼《じみようあま》、妙心尼《みようしんあま》（窪尼《くぼあま》）、妙法尼、日女尼《にちにょあま》といった名前を挙げることができよう。

日蓮は、夫を亡くした女性や、子に先立たれた母親など、一人ひとりの情況に応じて具体的に寄り添うようにして励ました。時に応じて、手紙を託し弟子を派遣して激励した。

本書では、第一章で富木常忍の妻、第四章で南条時光の母、本章で大学三郎の妻、日妙聖人、四条金吾の妻、千日尼への手紙を取り上げた。

月水御書（抄）

鎌倉幕府で儒学を教授する儒官であった比企《ひき》大学三郎能本《だいがくさぶろうよしもと》の夫人が、『法華経』読誦《どくじゅ》の在り方や、月水《げっすい》（月経）の時のその心構えなどについて質問してきたことに対して答えた文永元（一二六四）年四月十七日付の手紙である。（和文体、写本）

一部読誦か、一品読誦か？

伝へ承はる御消息の状に云《いわ》く、法華経を日ごとに一品《いっぽん》*づつ、二十八日が間に一部*をよみまいらせ候《そうらい》しが、当時は薬王品《やくおうぼん》*の一品を毎日の所作《しょさ》*にし候《そうろう》。ただ、もとの様に一品づつをよみまいらせ候べきやらんと云云《うんぬん》。

《中略》

《品》パリヴァルタ（parivarta）を漢訳したもので、仏典の「章」のこと。《一部》「全体の部分」という意味ではなく、書物などの「ひとまとまり」「ひとそろい」の意味で、ここでは八巻・二十八品からなる『法華経』の全体を指す。《薬王品》『法華経』薬王菩《やくおうぼ》薩本事品《さつほんじぼん》第二十三のことで、薬王菩薩の過去の因縁が説かれている。それに付随して、女人が男子になって阿弥陀《あみだ》如来の極楽浄土《ごくらくじょうど》に往生《おうじょう》するということも説かれているが、後世、浄土教の思想を混入させたもので、『法華経』の思想とは言えない。《所作》「ふるまい」「身のこなし」などを意味するが、ここでは「日課」のこと。

伝え聞くお便りの書状に、『法華経』二十八品を一日に一品ずつ、二十八日で一部を読んでおりましたが、今は薬王品の一品を読むことを毎日の日課としております。ただ、もとのように一品ずつ順番に読むべきなのでしょうか——とありました。

《中略》

二十八品の中に勝れてめでたきは方便品と寿量品

御不審の事、法華経は何《いず》れの品《ほん》も先に申しつる様に愚かならねども、殊《こと》に二十八品の中に勝れてめでたきは、方便品《ほうべんぼん》*と寿量品《じゅりょうぼん》*にて侍《はべ》り。余品は皆枝葉《しよう》にて候《そうろう》なり。されば、常の御所作《ごしょさ》には、方便品の長行《じょうごう》*と寿量品の長行とを習い読ませ給ひ候《そうら》へ。又別に書き出してもあそばし候《そうろう》べく候。余の二十六品は、身に影の随《したが》ひ、玉に財《たから》の備はるが如《ごと》し。寿量品・方便品をよみ候《そうら》へば、自然《じねん》に余品《よほん》はよみ候はねども、備はり候なり。

薬王品・提婆品《だいばぼん》*は、女人の成仏《じょうぶつ》・往生《おうじょう》を説かれて候品《ほん》にては候《そうら》へども、提婆品は方便品の枝葉、薬王品は方便品と寿量品の枝葉にて候《そうろう》。されば、常には此《こ》の方便品・寿量品の二品をあそばし候《そうらい》て、余の品をば時時、御いとまのひまにあそばすべく候《そうろう》。

《方便品》『法華経』方便品第二のことで、あらゆるものごとの真実の在り方（諸法実《しょほうじつ》相《そう》）を明かし、これまで成仏できないと非難されてきた小乗仏教の出家者（声聞《しょうもん》・独《どっ》覚《かく》）を代表して、あらゆる人の成仏が可能であることが明かされる。《寿量品》釈尊が四十数年前ではなく、天文学的な遥かな過去（久遠《くおん》）において成道《じょうどう》していて、それ以来、いろいろな国土にそれぞれの名前の如来として出現して説法し、娑婆《しゃば》世界で説法教化《せっぽうきょうけ》してきたことが明かされる。《長行》経典は、散文と韻文から成っており、散文の箇所を長行、韻文を偈《げ》という。《提婆品》『法華経』提婆達多品《だいばだったぼん》第十二のことで、悪人の提婆達《だいばだつ》多《た》と、女人の龍女《りゅうにょ》の成仏が明かされている。

〔『法華経』のどの品を読むべきかという〕疑問にお答えしましょう。『法華経』はいずれの品も、既に申しましたように、粗略なものではありませんが、二十八品のなかでも特に勝れていて立派であるのは、方便品と寿量品でございます。他の品は、すべて枝葉です。それなので、日常の行ないとしては、方便品の長行と寿量品の長行を慣れ親しんで読むようにしてください。また、別に書き出して読まれてもいいでしょう。〔方便品と寿量品に対して、〕他の二十六品は、身に随う影、宝玉にそなわる価値のように付随的なものです。だから、寿量品と方便品を読めば、おのずから他の品は読まなくても備わっているのです。

薬王品と提婆達多品は女人の成仏と、極楽往生《ごくらくおうじょう》が説かれている品ではありますが、提婆品は方便品の枝葉であり、薬王品は方便品と寿量品の枝葉であります。だから、常日頃はこの方便品と寿量品の二つの品を読むようにされて、他の品は時間の許すいとまに読まれたらいいでしょう。

月水の時は経を読むべきか

又御消息の状に云《いわ》く、日ごとに三度づつ七つの文字*を拝しまいらせ候《そうろう》事と、南無一乗妙典《なむいちじょうみょうてん》*と一万遍申し候事とをば、日ごとにし候が、例の事に成つて候程《ほど》は、御経をばよみまいらせ候《そうら》はず。拝しまいらせ候《そうろう》事も、一乗妙典と申し候事も、そら（諳）にし候は苦しかるまじくや候らん。それも、例の事の日数の程は叶《かな》ふまじくや候らん。いく日ばかりにて、よみまいらせ候《そうら》はんずる等と云云《うんぬん》。

《七つの文字》南無妙法蓮華経《なむみょうほうれんげきょう》の七文字のこと。《南無一乗妙典》南無妙法蓮華経は、妙法蓮華経に南無することを意味する。南無は、サンスクリット語のナマス（namas）の変化したナモー（namo）を音写したもので、「～に敬礼／帰依する」を意味する。その妙法蓮華経が、あらゆる人の成仏を可能とする一乗（一仏乗）の教えを説く最勝（妙）の経典ということで、「一乗妙典」と置き換えて、「南無一乗妙典」としたのであろう。

また、お便りの書状に次のようにありました。毎日三度ずつ七つの文字（南無妙法蓮華経）を拝すること、および南無一乗妙典と一万遍唱えることを毎日行なっておりますが、例のこと（月経）が始まってからは、経典を読んでおりません。七つの文字を拝することも、南無一乗妙典と唱えることも、〔御宝前以外の所なら〕暗誦《あんしょう》することは差し支えがないでありましょうか。それも、例のこと（月経）が続く日数の期間は許されないことでありましょうか。何日ほど経って、〔御宝前で〕読誦《どくじゅ》したらいいのでしょうか、と。

月水の時と申して嫌はれたる事なし

此《こ》の段は、一切の女人ごとの御不審に常に問《とわ》せ給ひ候《そうろう》御事《おんこと》にて侍《はべ》り。又古《いにし》へも女人の御不審に付いて申したる人も多く候《そうら》へども、一代聖教《いちだいしょうぎょう》*にさして説かれたる処《どころ》のなきかの故に、証文分明《しょうもんふんみょう》に出したる人もおはせず。

日蓮、粗聖教《ほぼしょうぎょう》を見候《そうろう》にも、酒肉《しゅにく》・五辛《ごしん》*・婬事《いんじ》*なんどの様に、不浄を分明《ふんみょう》に月日をさして禁《いまし》めたる様に、月水《げっすい》*をいみたる経論を未《いま》だ勘《かんが》へず候なり。在世の時、多く盛んの女人、尼になり、仏法を行ぜしかども、月水の時と申して嫌はれたる事なし。

《一代聖教》釈尊の一代で説かれたとされるすべての教え。《五辛》辛味や臭気の強い五種類の野菜で、葱《ねぎ》・薤《らっきょう》・韮《にら》・蒜《にんにく》・薑《はじかみ》のこと。薑の代わりに野蒜《のびる》を挙げる経典もある。情欲・憤怒《ふんぬ》を増進する食べ物として、仏教では食べることが禁じられた。《婬事》男女の交合のこと。《月水》月経《げっけい》のこと。

書状のこの段は、すべての女性たちの疑問として、常に尋ねられることであります。また、過ぎ去った昔にも、女性の疑問について答えた人も沢山いますが、釈尊が一代かかって説かれた聖教には、特にそれと指して説かれたところがない故にか、証拠となる文言《もんごん》を明確に示した人はいません。

日蓮は、ほぼすべての聖教に目を通しました。しかし、月日を明確に決めて、酒や肉、〔葱《ねぎ》・薤《らっきょう》・韮《にら》・蒜《にんにく》・薑《はじかみ》の〕五種類の辛味のある野菜、そして婬事などのように、また不浄を明らかに月日を指して禁じているように、月経を忌み嫌っている経や論は、いまだに思い当たりません。釈尊在世の時に多くの女盛りの女性が出家して尼になって仏法を修行しましたけれども、月経の時だからといって嫌われるようなことはありませんでした。

月水は外より来れる不浄にも非ず、別に忌みもなし

是《これ》をもて推し量り侍《はべ》るに、月水と申す物は外より来れる不浄にもあらず。只《ただ》女人のくせ（癖）かたわ、生死《しょうじ》の種《たね》を継ぐべき理《ことわり》にや。又長病《ながわずらい》の様なる物なり。例せば屎尿《しにょう》なんどは、人の身より出《いず》れども、能《よ》く浄くなしぬれば、別にい（忌）みもなし。是体《これてい》に侍る事か。されば印度《いんど》*・尸那《しな》*なんどにも、いたくい（忌）むよしも聞《きこ》えず。

《中略》

文永元年甲子四月十七日　　　日蓮　花押

大学三郎殿御内御報《おんうちごほう》*

《印度》インドという名前は、ギリシャ人の発音に由来する。そのルーツは、インド北西部を流れるインダス河下流域の一地方の名前であるシンドゥ（Sindhu）で、中国で「身毒《しんどく》」「信度《しんど》」と音写され、ペルシア人が「ヒンドゥ」となまった。それをギリシャ人が「インド」と発音し、これが漢訳されて「印度」となって、インド亜大陸をさすよう

になった。一方、「ヒンドゥ」がビルマ風になまって「ティンドゥ」となり、これが音写されて「天竺」となった。《尸那》中国のこと。中国で秦の滅亡後も、インド、ペルシア、アラビアなどでは「秦」に由来する「チーナ」などと呼び続け、サンスクリット語ではチーナ・スターナ（cīna-sthāna ＝チーナ人の住むところ）と表現された。これが逆輸入されて、「チーナ」を「支那」「至那」「脂那」「尸那」などと音写した。さらに中央アジアで単語の末尾のａの音が脱落することがあり、チーン・スターン（cīn-sthān）が「震旦《しんたん》」「真丹」「振丹」と音写された。《御内御報》「御内」は、手紙のあて名に添える言葉で、相手の妻、または一家全体にあてる場合に用いる。「御報」は、身分の高い人に出す文書での返事を意味する。

このことから考えましても、月経というものは外からやってくる不浄（穢《けが》れ）ではありません。単に女性の体に生理現象として周期的に現われる変調であり、生命の種を継承する原理に基づいたものであり、また〔その時に体調が崩れるのも〕長病のようなものにすぎません。それは、例えば屎尿が人体から排泄《はいせつ》されますけれども、浄化し清潔にすれば、何の忌《い》み嫌《きら》うこともないのと同じです。〔月経というものは〕この程度のものではないでしょうか。そうでありますから、〔仏教において〕インドや中国で〔月経を〕ひどく忌み嫌っているというようなことは聞いたことがありません。

《中略》

文永元年甲子四月十七日　　日蓮　花押

大学三郎殿御内御報

解説

この手紙の末尾に日蓮自ら、「大学三郎殿御内御報」と記しているように、鎌倉在住の比企《ひき》大学三郎能本《だいがくさぶろうよしもと》（一二〇二～一二八六）の妻の質問に答えた手紙である。

大学三郎は、鎌倉幕府の有力御家人《ごけにん》であった比企《ひき》能員《よしかず》（?～一二〇三）の子で、四条金吾と並ぶ相模《さがみ》（鎌倉）の有力な信徒であり、龍口の法難の時は、命を賭《と》して日蓮を護ることに奔走している。そのため、何らかの難に遭ったようだが、それも乗り越えて日蓮に帰依し続けた。『頼基陳状《よりもとちんじょう》』の清書を依頼する相手として日蓮が名前を挙げるほどの能書家で（149頁参照）、御家人の代表であった安達泰盛《あだちやすもり》とは書を通じての友人であった。

『新編鎌倉志』によれば、京都で和漢の学を修め、とくに儒者として有名になり、順徳天皇（一一九七～一二四二）の侍者相談役として仕え、一二二一年の承久《じょうきゅう》の乱後に順徳天皇の佐渡配流《はいる》に同行した。後に四代将軍・藤原頼経《ふじわらのよりつね》（一二一八～一二五六）の御台所となった姪の竹御所の計らいで、嘉禄年中（一二二五～一二二七）に赦免されて鎌倉に戻り、儒官《じゆかん》として幕府に任用された。

日蓮や、六老僧をはじめとする日蓮宗諸師の伝記を集成した『本化別頭仏祖統紀《ほんげべつずぶつそとうき》』によれば、日蓮との出会いは、建長三（一二五一）年の頃で、日蓮は比叡山遊学中に大学三郎から儒学などを学んだという。この縁により文応元（一二六〇）年に『立正安国論』を北条時頼に上呈するに当たり、大学三郎から文章表現について意見を求めている。大学三郎は日蓮の教えに接し、その年、母や妻とともに日蓮に帰依した。身延入山後も日蓮の身を案じ、体調を崩したと聞くと身延に日蓮を訪ね礼を尽くした。また、弘安五（一二八二）年十月、日蓮の臨終間近となった池上の地にも赴き、十月十三日の日蓮の入寂《にゆうじやく》を見守り、翌日の葬送にも加わった。その夫人についての詳細は、不明である。

その夫人からの質問は、①『法華経』の一部二十八品をすべて読誦すべきか、あるいは、薬王品の一品を読誦すべきか、そして、②月水（月経）の時は読誦すべきか否か――の二点にまとめることができよう。

夫人が薬王品を挙げたのは、薬王品を受持する女性は、現在の女身を最後として男身となって阿弥陀《あみだ》如来の極楽《ごくらく》浄土に往生《おうじよう》することができると書かれているからであろう。もちろん、これは『法華経』の思想とは異なる。浄土教の思想である。薬王品自体が、『法華経』の原形ができ上がって、相当に時間を経た後に付け足されたものであった（拙著『法華経とは何か』、二四〇〜二四二頁を参照）。

本書では、この手紙の初めのところを二千二百五十字余り省略したが、その箇所で日蓮は、薬王品にとらわれることを無下《むげ》に否定することなく、諄々《じゅんじゅん》と筋道を立てて夫人に説き示している。先ず、

法華経と申すは、八巻・一巻・一品・一偈《げ》・一句、乃至《ないし》、題目を唱ふるも、功徳は同じ事と思《おぼ》し食《め》すべし。

として、大枠を押さえ、

此《こ》の法華経は、何《いず》れの品《ほん》にても御坐《おわ》しませ、只《ただ》御信用の御坐さん品こそめづらしくは候《そうら》へ。

と、夫人の一部読誦と一品読誦のいずれをも否定していない。

その上で、ここからより厳密な検討が加えられて、

法華経は何《いず》れの品も先に申しつる様に愚かならねども、殊《こと》に二十八品の中に勝れてめでたきは、方便品《ほうべんぼん》と寿量品《じゅりょうぼん》にて侍《はべ》り。

として的を絞り、方便品と寿量品の重要性を強調する。

女人の成仏が説かれた提婆達多品は、あらゆる人の成仏を明かした方便品の具体例の一つとして枝葉となる。女性が男身となって極楽《ごくらく》に往生《おうじょう》することが説かれた薬王品

については、女性を救済しようとした意図を認めれば方便品の枝葉であり、久遠において成道していた釈尊が名前を変えて種々の国土に出現して説法していたとする寿量品から見れば、阿弥陀如来の国土もそこに含まれることになる。このような意味で寿量品の枝葉となる。従って、

常には此《こ》の方便品・寿量品の二品をあそばし候《そうらい》て、余の品をば時時、御いとまのひまにあそばすべく候《そうろう》。

と結論している。そして、この手紙の省略した箇所の最後のところで、

南無一乗妙典と唱へさせ給ふ事、是《こ》れ同じ事には侍《はべ》れども、〔中略〕只《ただ》、南無妙法蓮華経と唱へさせ給ふべきか。

と記して、方便品と寿量品の読誦《どくじゅ》、および南無妙法蓮華経を唱えることを勧めている。夫人が「七つの文字」（南無妙法蓮華経）を三回、「南無一乗妙典」を一万遍唱えていることは、日蓮の教えからすれば本末顛倒《ほんまつてんとう》であった。日蓮は、それを直接的には否定することなく、両者は「同じ事には侍れども」と言いつつも、「只、南無妙法蓮華経」と唱えることを強調している。以上が、①の質問に対する答えである。ここには、相手の浅い理解を頭ごなしに否定することなく、筋道を立てて深い理解へと導く日蓮の誠実さがあふれている。

②について質問した夫人は、一度も「月水」という言葉を使わず、二回も「例の

事」という表現を用いている。それは、当時の女性たちの恥じらいだけでなく、忌み嫌われているものを言葉で表現するのがはばかられるという意識の表れであろう。日蓮は、先の省略した箇所も入れると、六回も「月水」という語を用いていて、日蓮のほうは、何のとらわれもなく、あっけらかんとしている。

これまで、多くの女性が尋ね、多くの人が答えてきたけれども、一代聖教に月経を忌み嫌う言葉がないからか、示されていない。そして、日蓮自身も、釈尊在世の女性修行者たちが、月経の時だからと言って、忌み嫌われることはなかったと答える。

そして、日蓮は月経について、①外からやってくる不浄（穢《けが》れ）ではない、②女性の体に生理現象として周期的に現われる単なる変調、③生命の種を継承する原理に基づいたもの、④体調が崩れるのは、長病のようなもの――だとして、人体から排泄《はいせつ》された屎尿と同じで、浄化し清潔にすれば、何の忌み嫌うこともないと結論する。

これを読むと、日蓮の合理的、かつ道理にかなった思考を読み取ることができる。迷信じみた発想は欠片《かけら》もない。その姿勢は、日蓮自身が、建治三年の『四条金吾殿御返事』に「仏法と申すは道理なり」と述べているとおりである。

釈尊も、徹底して迷信を排除していた。バラモン教の「穢れ」という観念を否定した。旃陀羅《せんだら》と漢訳されたチャンダーラ（caṇḍāla＝不可触民）は、排泄物や血液などの穢れに触れるから、穢れているとされていたが、釈尊は、原始仏典の『サンユッタ・

ニカーヤ』で次のように語っている。

多くの呪文をつぶやいても、生まれによってバラモンとなるのではない。〔バラモンといわれる人であっても、心の〕中は、汚物で汚染され欺瞞《ぎまん》にとらわれている。クシャトリヤ（王侯・武士）であれ、バラモンであれ、ヴァイシャ（庶民）であれ、シュードラ（隷民）であれ、チャンダーラ（旃陀羅《せんだら》）や汚物処理人であれ、精進《しょうじん》に励み、自ら努力し、常に確固として行動する人は、最高の清らかさを得る。このような人たちがバラモンであると知りなさい。

穢れといい、清らかさといい、それは人間としての行ないによるとする釈尊の考え方は、死や人間の排泄物などとともに、血を不浄なもの、穢れたものとしていたバラモン教の観念と全く対照的である（拙著『人間主義者、ブッダに学ぶ――インド探訪』、七四～八四頁参照）。

インドの女性出家者の教団には月経衣（āvastha-cīvara）が備え付けてあり、女性出家者たちは生理期間中に肌着として着用していた。これは共有物で、使用後は洗って次の利用者に渡した。月経衣の下は、生理用パッド（āṇicoḷaka）を腰ひもで固定していたという（佐々木閑著『出家とはなにか』、一三〇頁）。月経衣は、穢れの観念とは無縁で、他の衣を汚さないために用いられていた。

迷信を徹底的に排除していた本来の仏教からすれば、月経は忌み嫌うことでも何でもない。生理現象の一つにすぎない。けれども現実的には、日本では身の回りに忌み嫌う風習が根強い。そこで、日蓮は、「随方毘尼《ずいほうびに》」の考え方を提示する。毘尼はヴィナヤ（vinaya ＝戒律）の音写で、「仏教の根幹に抵触しなければ地方、方面の生活習慣に随ってもよい」というものだ。日本国は神国として、忌み嫌う人が多いのだから、それに敢えて逆らう必要はないとしつつも、日々の勤めには何の問題もないと言う。「其《そ》の気《け》の有らん程」、すなわち体調が勝れない時には、無理に経典を読まなければならないことはなく、「暗《そら》に南無妙法蓮華経と唱へさせ給ひ候へ」という柔軟な思考を示している。

　月経を日本仏教で忌み嫌う傾向が強まるのは、十四世紀ごろ、中国から日本に『血《けつ》盆経《ぼんきょう》』（卍《まんじ》続蔵経、一、八七、四）という経典が入ってきたことによるものが大きいであろう。筆者は、アメリカのロビン・ワン博士の依頼で、妻・眞紀子とともに『血盆経』などの本文の英訳と解説を次の書に寄稿した。

Robin Wang (ed.), *Images of Women in Chinese Thought and Culture*, Hackett Publishing Company Inc., Cambridge (Massachusetts), 2003,pp. 291–293.

それは、次の書き出しで始まる。

爾時目連尊者、昔日往到羽州追陽県。

「その時、目連尊者は、昔、羽州の追陽県にやって来た」ということだが、いかにも中国的な地名であることが分かる。これは、中国で十世紀以降に禅宗の僧が創作したもので、いわゆる偽経である。その内容は、出産や月経の時の出血によって大地や河川だけでなく、神仏までも汚している女性は、大きな罪を犯しているというものである。これによって、女性が穢れているという思想が強められていった。日蓮の言っていることは、こうしたこととも対照的である。

日妙聖人御書（抄）

文永八（一二七一）年十一月に佐渡に配流《はいる》されて塚原の三昧堂《さんまいどう》で極寒の冬を過ごした後、日蓮は翌年四月に一谷入道《いちのさわ》の屋敷に移り住むことになった。それから一カ月余り経った五月頃、日蓮によって日妙聖人《にちみょうしょうにん》と名付けられる女性が、幼い娘の乙御前《おとごぜ》と二人で鎌倉から日蓮を訪ねてきた。その求道心《ぐどうしん》を称える手紙である。（和文体、断簡）

六度万行を満足する功徳

《前略》

此《この》妙の珠《たま》は昔、釈迦如来の〔中略〕六度《ろくど》の功徳を妙の一字にをさめ給ひて、末代悪世の我等衆生に、一善も修せざれども、六度万行《まんぎょう》＊を満足する功徳をあたへ給ふ。

《六度万行》六度は、六波羅蜜《ろくはらみつ》のこと。波羅蜜はパーラミター（pāramitā ＝完成）の音写語で、「到彼岸《とうひがん》」とも漢訳される。「向こう岸へ渡る」という意味の「渡」からサンズイ偏を省き「度」として、六度と書かれた。六度万行とは、①布施《ふせ》、②持戒《じかい》、③忍辱《にんにく》、④精進《しょうじん》、⑤禅定《ぜんじょう》、⑥智慧《ちえ》の「六つの完成」である六度、すなわち六波羅蜜の中に、あらゆる善行が含まれているということ。

《前略》

この妙の珠は、昔、釈迦如来が〔中略〕菩薩として種々の姿をもって六波羅蜜の修行をされたけれども、それによって得られた功徳を〔「妙法蓮華経」の〕妙の一字におさめて、末代悪世の我ら衆生に与えられたものです。だから私たちは、一善も修することがなくても、〔妙の一字の珠によって〕六波羅蜜に含まれるすべての善行を満たす功徳が与えられるのです。

我等具縛の凡夫、忽に教主釈尊と功徳ひとし

「今此三界《こんしさんがい》・皆是我有《かいぜがう》・其中衆生《ごちゆうしゆじよう》・悉是吾子《しつぜごし》」これなり。我等具縛《ぐばく》の凡夫《ぼんぷ》、忽《たちまち》に教主釈尊と功徳ひとし。彼《かれ》の功徳を全体うけとる故なり。経に云《いわ》く「如我等無異《によがとうむい》」等云云《うんぬん》。法華経を心得る者は、釈尊と斉等《さいとう》なりと申す文《もん》なり。

譬へば父母和合して子をうむ。子の身は全体父母の身なり。誰か是《これ》を諍《あらそ》ふべき。牛王《ごおう》の子は牛王なり。いまだ師子王《ししおう》となるべからず。いまだ人王、天王等とならず。今、法華経の行者は「其中衆生《ごちゆうしゆじよう》・悉是吾子《しつぜごし》」と申して、教主釈尊の御子《みこ》なり。教主釈尊のごとく法王とならん事、難《かた》かるべからず。

『法華経』譬喩品《ひゆぼん》に「今此《こ》の三界《さんがい》は、皆是《こ》れ我が有《う》なり。其《そ》の中の衆生は、悉《ことごと》く是れ吾《わ》が子なり」とあるのがこれです。〔この一節の意味することは、〕煩悩を具《そな》え、束縛された我々凡夫も、たちまちにして教主釈尊と功徳が等しいということです。釈尊があらゆる修行をして得た功徳の全体を受け取るからです。『法華経』方便品《ほうべんぽん》には、「我が如《ごと》く等しくして異なること無《な》けん」とあります。『法華経』を心得る人は、釈尊と全く等しいという経文です。

譬えば、父母の和合によって子どもが生まれますが、子どもの身体は全体が父母の身を受け継いでいます。だれがこのことに異論を唱えるでしょうか。牛王《ごおう》の子は牛王であり、いまだに師子王《ししおう》となることはありません。師子王の子は師子王となるのであり、いまだ人王、天王等となることはありません。今、法華経の行者は、「其《そ》の中の衆生は、悉《ことごと》く是《こ》れ吾《わ》が子なり」と言って、教主釈尊の子どもなのです。だから、教主釈尊のように法の王となることは、困難なことではありません。

凡夫の忽に仏となる、一念三千の肝心とはこれなり

但《ただ》し不孝の者は父母の跡をつがず。堯《ぎょう》王*には丹朱《たんしゅ》と云《い》ふ太子あり。舜王《しゅんおう》*には商均《しょうきん》と申す王子あり。二人共に不孝の者なれば、父の王にすてられて現身《げんしん》に民となる。重華《ちょうか》と禹《う》とは共に民の子なり。孝養の心ふかかりしかば、堯・舜の二王、召して位をゆづり給ひき。民の身、忽《たちまち》に玉体《ぎょくたい》にならせ給ひき。民の現身に王となると、凡夫*の忽《たちまち》に仏となると同じ事なるべし。一念三千*の肝心と申すはこれなり。

《堯王》中国古代の伝説上の帝王で、三皇五帝の一人。丹朱《たんしゅ》が不肖の子であったため、

重華《ちょうか》に王位を譲った。重華は後の舜王《しゅんおう》である。《舜王》中国古代の伝説上の帝王で、三皇五帝の一人。息子の商均《しょうきん》が暗愚であったため、禹《う》に位を譲った。禹は中国古代の伝説上の聖君で夏《か》の国の王である。《凡夫》サンスクリット語のプリタグ・ジャナ（pṛthag-jana)、あるいはバーラ（bāla）の漢訳語。普通の人。仏教に無知な人。愚かな人。《一念三千》130頁の注を参照。

ただし、不孝のものは父母の後を継ぐことはありません。堯《ぎょう》王には丹朱《たんしゅ》という太子があり、舜《しゅん》王には商均《しょうきん》という王子がありました。その二人とも不孝のものであったので、父王に捨てられてその身のままで民となりました。一方、重華《ちょうか》と禹《う》の二人はともに民の子でしたが、孝養の心が深かったので、堯・舜の二人の王は、重華と禹をそれぞれお呼びになって位をお譲りになりました。民の身が、たちまちに玉体（王の身体）になりました。民が現在の身のままで王となるのと、凡夫がたちまちに仏となるのと、同じことです。一念三千の肝心というのはこのことなのです。

正法を修して仏になる行は時によるべし

而《しか》るをいか（如何）にとしてか此《この》功徳をばうべきぞ。楽法梵志《ぎょうぼうぼんじ》・雪山童子《せっせんどうじ》＊等のごとく、皮をはぐべきか、身をなぐべきか、臂《ひじ》をやくべきか等云云《うんぬん》。章《しょう》安《あん》大師＊云《いわ》く、「取捨《しゅしゃ》宜《よろ》しきを得て、一向にすべからず」等これなり。正法を修《しゅ》して仏になる行《ぎょう》は時によるべし。日本国に紙なくば皮をはぐべし。日本国に法華経なくて、知れる鬼神《きじん》一人出来《しゅったい》せば身をなぐべし。日本国に油なくば臂《ひじ》をもとも（灯）すべし。あつき紙、国に充満せり。皮をはいでなにかせん。然《しか》るに玄奘《げんじょう》＊は西天《さいてん》に法を求めて十七年、十万里にいたれり。伝教＊御入唐《にっとう》、但《ただ》二年なり。波濤《はとう》三千里をへだてたり。

《楽法梵志・雪山童子》51、52頁の注を参照。《章安大師》五六一～六三二年。中国天台宗の僧侶。僧名は、灌頂《かんじょう》。長年にわたり師である智顗《ちぎ》の書記を務め、その著作のほとんどを筆記した。天台宗の第四祖。《玄奘》六〇二～六六四年。唐代の中国の訳経僧。鳩摩羅什とともに二大訳聖と呼ばれる。インドを訪ねた記録として『大唐西域記《だいとうさいいきき》』を残した。《伝教》七六七～八二二年。伝教大師の略。僧名は、最澄《さいちょう》。延暦《えんりゃく》二十三（八〇四）

年に空海《くうかい》とともに入唐し、翌年帰国。比叡山延暦寺《ひえいざんえんりゃくじ》を建てて日本天台宗の開祖となった。

それなのに、どのようにしたらこの功徳を得ることができるのでしょうか。楽法梵志や、雪山童子らのように身の皮をはぐべきでしょうか、身を投げるべきでしょうか、臂を焼くべきでしょうか。章安大師灌頂が言いました。「用いるか、用いないかは時にかなっていることを得るべきで、無闇《むやみ》に用いるべきではありません」というのが、それです。

正法を修学して仏に成るための修行は時によるべきです。日本国に紙がないならば、身の皮をはいで紙の代わりとするべきです。日本国に『法華経』が伝わっていなくて、それを知っている鬼神が一人現われたら、〔その鬼神に〕身を投げて教えを聞くべきです。日本国に油がないならば、臂をも灯とするべきです。けれども、厚い紙は、日本国に充満しています。身の皮をはいで何になるのでしょう。しかしながら、玄奘三蔵は西の天竺に法を求めて旅立って十七年、十万里に至りました。伝教大師の入唐《にっとう》は、ただ足かけ二年の間でしたが、波濤《はとう》三千里を越えていきました。

いまだきかず、女人の仏法にかしこしとは

此等《これら》は男子《なんし》なり。上古《じょうこ》なり。賢人《けんにん》なり。聖人《しょうにん》なり。いまだきかず、女人の仏法をもとめて千里の路《みち》をわけし事を。龍女《りゅうにょ》*が即身成仏《そくしんじょうぶつ》も、摩訶波闍波提比《まかはじゃはだいび》丘尼《くに》*の記莂《きべつ》*にあづかりしも、しらず。権化《ごんげ》*にやありけん。又《また》在世の事なり。男子《なんし》・女人《にょにん》、其《そ》の性《しょう》本より別れたり。火はあたた（煖）かに、水はつめ（冷）たし。海人《あま》は魚をとるにたくみなり。山人《かりうど》は鹿をとるにかしこし。女人は物をそね（嫉）む*にかしこしとこそ経文にはあかされて候《そうら》へ。いまだきかず。仏法にかしこしとは。

女人の心を清風に譬へたり。風はつなぐとも、とりがたきは女人の心なり。女人の心をば水にゑがくに譬《たと》へたり。水面には文字とどまらざるゆへなり。女人をば誑人《おうにん》*にたとへたり。或《ある》時は実なり。或時は虚なり。女人をば河に譬へたり。一切まがられるゆへなり。

《龍女》85頁の注を参照。《摩訶波闍波提比丘尼》85頁の注を参照。《記莂》ヴィヤーカラナ（vyākaraṇa ＝予言）の漢訳で、未来の成仏を予言し記すこと。記莂を授けることを授記《じゅき》と言う。《権化》仏・菩薩が衆生を化導《けどう》するために、この世に仮（＝権）の姿で化現《けげん》すること。《物をそね（嫉）む》異本は、「嫉事」となっている。《誑人》だまして惑わす人。あざむく人。

ここに挙げた人たちは、すべて男子です。昔のことであって、賢人であり、聖人です。いまだに、女人が仏法を求めて千里の路を踏み分けたことを聞いたことがありません。龍女が即身成仏したことも、摩訶波闍波提比丘尼《まかはじゃはだいびくに》が未来成仏の予言の記莂《きべつ》にあずかったことも、仏・菩薩が女人として権《かり》に現われた化身《けしん》であったのでしょうか。分かりません。しかも釈尊在世のことでした。

男子と女人の本性はもとより異なっています。火は温かく、水は冷たい。海人《あま》は魚を獲るのに巧みであり、山人《かりうど》は鹿を獲るのに秀でています。女人は、物を嫉むことに抜きん出ていると経文には明かされています。いまだ、女人が仏法に賢明であることは聞いたことがありません。

〔『法華経』以外の経典では、〕女人の心を清風に譬えています。風はつなぐことができたとしても、つかみがたいのが女人の心だからです。女人の心の在り方を、文字を水に描くようなものだと譬えています。描いたとしても水面に文字がとどまることがないからです。女人を誑人《おうにん》に譬えています。ある時は真実を言い、ある時は虚偽を語るからです。女人を河に譬えています。河は、すべて曲がっているからです。

実語の『法華経』をば正直の者心得候なり

而《しか》るに法華経は、正直捨方便等《しょうじきしゃほうべんとう》、皆是真実等《かいぜしんじつとう》、質直意柔軟等《しちじきいにゅうなんとう》、柔和質直者《にゅうわしちじきしゃ》等と申して、正直なる事、弓の絃《つる》のはれるがごとく、墨のなは（縄）*をうつがごとくなる者の信じまいらする御経《みきょう》なり。糞《ふん》を栴檀《せんだん》*と申すとも栴檀の香《かおり》なし。妄語《もうご》の者を不妄語と申すとも不妄語にはあらず。一切経は皆仏の金口《こんく》の説、不妄語の御言《みことば》なり。然《しか》れども法華経に対しまいらすれば、妄語《もうご》のごとし。綺語《きご》のごとし。悪口《あっく》のごとし。両舌《りょうぜつ》*のごとし。此の御経こそ実語の中の実語にて候《そうら》へ。実語の御経をば、正直の者心得 候《そうろう》なり。

《墨のなは（縄）》木材などに直線を引くのに用いる大工道具。墨壷《すみつぼ》の糸巻き車に巻いてある麻糸をピンと張って弾いて直線を引く。《栴檀》チャンダナ（candana）の音写。白檀《びゃくだん》のこと。材に香気がある。《妄語……綺語……悪口……両舌》身《しん》・口《く》・意《い》の三業《さんごう》が作る十種の罪悪（十悪《じゅうあく》）のうち、口業《くごう》によってなす、①妄語（嘘《うそ》をつくこと）、②両舌（二枚舌を使うこと）、③悪口（罵《ののし》り悪く言うこと）、④綺語（真実に反して言葉を飾りたてること）の四悪。

それに対して、『法華経』は、「正直に方便を捨てて……」（方便品）、「皆是《こ》れ真実なり……」（見宝塔品《けんほうとうぼん》）、「質直《しちじき》にして意柔軟《こころにゅうなん》に……」（如来寿量品《にょらいじゅりょうぼん》）、「柔和質直《にゅうわしちじき》なる者は……」（同）等とあるように、正直であることは、弓の弦《つる》を張ったようであり、木材に墨をつけた糸を張って弾《はじ》いて引いた直線のように正直な人が信じる経典です。糞《ふん》のことを、いくら栴檀《せんだん》と言っても栴檀の香りはしません。妄語の者を、いくら不妄語と言ったとしても不妄語にはなりません。一切経は、すべて仏の金口《こんく》の説であって、不妄語の言葉です。けれども、『法華経』に比べれば、妄語《もうご》や、綺語《きご》や、悪口《あっく》、両舌《りょうぜつ》のようなものです。この『法華経』こそ、嘘《うそ》、偽《いつわ》りのない実語の中の実語であります。実語の『法華経』は、正直の者こそが信じ会得《えとく》することができるのです。

日本第一の法華経の行者の女人なり、日妙聖人等云云

今実語の女人にておはすか。当《まさ》に知るべし。須弥山《しゅみせん》をいただきて大海をわたる人をば見るとも、此《こ》の女人をば見るべからず。砂をむして飯《はん》となす人をば見るとも、此の女人をば見るべからず。当《まさ》に知るべし。釈迦仏・多宝仏*、十方分身《ふんじん》の諸仏、上行《じょうぎょう》・無辺行《むへんぎょう》等の大菩薩*、大梵天王《だいぼんてんのう》・帝釈《たいしゃく》・四王*等、此《この》女人をば影の身にそうがごとくまほ（守）り給ふらん。日本第一の法華経の行者の女人なり。故に名を一つつけたてまつりて、不軽菩薩《ふきょうぼさつ》の義になぞらへん。日妙聖人《にちみょうしょうにん》等云云《うんぬん》。

《釈迦仏・多宝仏》255頁の注を参照。《上行・無辺行等の大菩薩》『法華経』において地から涌出《ゆじゅつ》した菩薩たち。《大梵天王・帝釈・四王》大梵天王は、281頁を参照。帝釈は、58頁の注を参照。四王は、356頁の注「四大天王」を参照。

今、あなたは実語の女人でいらっしゃるのでしょう。まさに知るべきです。須弥山を頭に載せて大海を渡る人を見ることがあったとしても、この実語の女人を見ること

はできません。砂を蒸して飯とする人を見ることがあったとしても、この女人を見ることはできません。まさに知るべきです。釈迦仏・多宝仏、十方分身の諸仏、上行《じょうぎょう》菩薩・無辺行《むへんぎょう》菩薩等の大菩薩、大梵天王・帝釈天・四天王等が、この女人を影の身に添うように守ってくださるでしょう。あなたは、日本第一の法華経の行者の女人です。それゆえに、名を一つ付けて、常不軽菩薩の義になぞらえましょう。日妙聖人《にちみょうしょうにん》です。

困難な情況下での佐渡来訪

相州《そうしゅう》鎌倉より北国佐渡の国、其《そ》の中間一千余里に及べり。山海はるかにへだて、山は峨峨《がが》、海は濤濤《とうとう》、風雨時にしたがふ事なし。山賊・海賊充満せり。すくすく（宿々）とまりとまり（泊々）、民の心、虎のごとし。犬のごとし。現身に三悪道の苦をふ（経）るか。其《そ》の上当世は世乱れ、去年《こぞ》より謀《む》叛《ほん》の者、国に充満し、今年二月十一日合戦《かっせん》*。其《そ》れより今五月のすゑ、いまだ世間安穏ならず。而《しか》れども一《ひとり》の幼子《おさなご》あり。あづくべき父もたのもしからず。離別すでに久し。

かたがた筆も及ばず。心弁《わきま》へがたければとどめ了《おわ》んぬ。
文永九年〔太歳壬申《たいさいみずのえさる》〕五月二十五日　日蓮　花押
日妙聖人

《二月十一日合戦》北条時輔の乱のこと。49頁の注「京・鎌倉に軍」を参照。

相模《さがみ》の国の鎌倉から北国の佐渡の国まで、その中間は一千余里に及んでいます。山や海を遥かに隔てて、山は峨峨《がが》として聳《そび》え立ち、海は濤濤《とうとう》と波立ち、風雨は時節に従うことはありません。山賊や、海賊はあちこちに満ちあふれています。宿という宿、船泊《ふなどまり》という船泊の民の心は、虎や犬のようです。さながら現在の身に三悪道の苦しみを経験するようなものでしょう。その上、当世は世が乱れ、去年以来、謀叛《むほん》の者が国に充満していて、今年の二月十一日に合戦《かっせん》（北条時輔の乱）があったばかりです。それから今、五月の末になったばかりで、いまだに世間は安穏ではありません。それなのに、あなたには一人の幼い子どもがいます。預けるべき父親も頼りになりません。離別されて既に久しくなります。

あれこれの思いを筆にて言い尽くすことができませんし、心にもわきまえることができませんので、これで終わります。

文永九年〔太歳壬申〕五月二十五日　　日蓮　花押

日妙聖人

解説

この手紙において「日妙聖人」と名付けられる女性が、鎌倉から佐渡へ来訪したのは文永九年五月、龍口《たつのくち》の法難から八ヵ月後のことであった。鎌倉では、「日蓮が弟子等を鎌倉に置くべからず」とて、二百六十余人しる（記）さる。「皆遠島《おんとう》へ遣《つかわ》すべし」「ろう（牢）にある弟子共をば頸《くび》をはねらるべし」と聞《きこ》ふ。（『種種御振舞御書《しゆじゆおんふるまいごしよ》』）

とあるように、多くの弟子檀那《だんな》たちは、牢《ろう》に入れられたり、所領を没収されたり、追放されたりするという目に遭っていた。「千が九百九十九人は堕《お》ちて候」（『新尼御前御返事《にいあまごぜごへんじ》』）といった情況下にあっても、この女性は信心を貫き、幼い娘（乙御前《おとごぜ》）を伴って佐渡まで日蓮を訪ねてきた。

「相州鎌倉より北国佐渡の国、其の中間一千余里」という道の遠さもさることながら、世相もすさんでいた。山賊や海賊が横行しているだけでなく、二月には北条時輔《ときすけ》の乱という京都と鎌倉で同時多発的に企てられた謀叛《むほん》を鎮圧する内乱があったばかりで、

「去年より謀叛の者、国に充満し」「今五月のすゑ、いまだ世間安穏ならず」といった有様であった。その中で、危険をおかしての母娘二人の佐渡来訪であった。しかも、帰りの旅費がおぼつかないことを知って、日蓮は、『法華経』一部十巻を渡すことを条件として一谷入道《いちのさわ》に旅費を借金し、それを持たせて帰したほどであった。

日蓮は、その女性の志を称えるために、釈尊の過去世物語など不惜身命《ふしやくしんみよう》の求道者《ぐどうしや》の具体例を列挙している。この手紙の冒頭を千九百文字ほど省略したが、そこには、釈尊の過去世における修行時代の物語が多数紹介されている。

まず初めに、身の皮を紙とし、骨を筆、骨髄を墨、血を水として仏の一偈《いちげ》(詩句)を書写した楽法梵志《ぎようぼうぼんじ》(『大智度論《だいちどろん》』)、続いて、羅刹鬼《らせつき》が口にした偈《げ》の前半を耳にして、残りの半偈を聞くために高い木から身を投じて羅刹鬼にわが身を食べさせようとした雪山童子《せつせんどうじ》(『涅槃経《ねはんきよう》』)、さらには、どんなに罵《ののし》られ危害を加えられても「あなたも如来になります」と語りかけて、誰人をも軽んずることのなかった常不軽菩薩《じようふきようぼさつ》(『法華経』)など、釈尊の過去世における修行時代のことが綴られている。

そこで、『法華経』の文字を、意のままに無上の宝珠を取り出すことのできる如意宝珠に譬えて話が展開される。大乗仏教の修行徳目として、布施《ふせ》・持戒《じかい》・忍辱《にんにく》・精進《しようじん》・禅定《ぜんじよう》・智慧《ちえ》の六つの完成(六波羅蜜)が強調された。最後の智慧波羅蜜だけは、他の五波羅蜜の根幹をなすもので別格である。その五波羅蜜の具体的な釈尊の修行内容が次のように列挙される。①布施（檀《だん》）波羅蜜の修行として、薩埵《さった》王子が飢え死にしそうな虎の母子を救うために身を投じて食べさせたこと（『金光明経《こんこうみょうきょう》』）と、鷹に追われた鳩の命を助けるために、尸毘《しび》王が自らの肉を切り取って鷹に与えたこと（『大智度論』など）が挙げられる。続いて、②持戒（尸羅《しら》）波羅蜜として、連れ去られ、殺害されようとした須陀摩王《しゅだまおう》（＝須陀須摩王、漢訳して普明王《ふみょうおう》）が「約束を果たさないのは死ぬよりつらい」として、七日間の暇《いとま》を乞《こ》い、約束を果たした後、さらに「約束を守ることが第一の戒である」と言って、約束通り戻ってきたこと（『大智度論』）、③忍辱波羅蜜として、歌利王《かりおう》（迦梨王）に手足を切り取られても、忍辱仙人が少しも動じることなく忍辱行を貫いたこと（『賢愚経《けんぐきょう》』）、④精進波羅蜜として、衆生が衣食に困窮しているのを見て、能施《のうせ》太子が、蔵の中の財宝を衆生に与え、それでも足りないとなると、海に入って種々の難に遭遇しながらも龍王から如意宝珠を得て衆生に財宝を分け与えたこと（『賢愚経』など）、そして、⑤禅定波羅蜜を修行している時、尚闍《しょうじゃ》梨《り》仙人が、自分の髻《もとどり》の中に鳥が卵を産み付けているのを知り、鳥の子が巣立つまで起ちあがらなかったこと（『大智度論』）――以上の五つの波羅蜜である。

釈尊が、過去世において種々の立場でこのような六（五）波羅蜜の修行を全うした功徳は、「妙法蓮華経」（法華経）の五文字、なかんずく「妙」の一字に込められている。だから、釈尊がやったような六波羅蜜の「善行」を逐一やることはなくても、妙の一字の珠によって六度万行、すなわち六波羅蜜のためのあらゆる修行を満足する功徳が与えられているという。それは、如意宝珠が一つであっても無量の宝珠を降らせることと同じだという。

この如意宝珠を用いた文学的表現の論理は、過去世物語の成立事情を理解することで納得がいくであろう。以下で仏教史の概略に触れることにする。

釈尊は、人間としての在るべき在り方としての法（dharma）を覚ってブッダになった。その法は、釈尊が発明したものでもなく、釈尊の専有物でもない。あらゆる人に等しく開かれている。その法を覚れば、だれでもブッダ（覚者）となれる。釈尊の成道後初めての説法である初転法輪《しょてんぼうりん》において、五人の比丘《びく》たちが覚った時のことが、原始仏典の『マハー・ヴァッガ』に次のように記されている。

世尊は次のことをおっしゃった。「五人の比丘たちは、世尊の語られたことに満足し、大いに喜んだ。しかも、この解説が説かれている時に、五人の比丘たちの心は、漏《ろ》（＝煩悩《ぼんのう》）を離れ、解脱した」と。しかるにその時、世の中に六人の尊敬されるべき人（阿羅漢《あらかん》）がいることとなった。

（『ヴィナヤ・ピタカⅠ』、一四頁）

また、『五分律《ごぶんりつ》』は次の通り。

是《こ》の法を説きし時に、五比丘は一切の漏《ろ》（＝煩悩）が尽き、阿羅漢の道《どう》（＝覚

り）を得たり。爾《そ》の時に世間に六阿羅漢有り。（大正蔵、巻二二、一〇五頁上）

「六阿羅漢」とは、釈尊と五比丘の六人のことである。原始仏教において、アルハン（arhan ＝尊敬されるべき人）を音写した阿羅漢は、ブッダの別称であり、それは釈尊だけでなく、弟子たちにも平等に開かれていた。しかも、覚りの場面の描写は、釈尊の場合も、五人の場合も全く同じ表現になっている。

さらに、『増一阿含経《ぞういつあごんきょう》』巻一四では、

その時、実に世に五人の阿羅漢あり、世尊を第六とする。（大正蔵、巻二、六一九頁中）

となっている。これらの文献を見た限りでも、釈尊と五比丘とは同格に位置付けられていることが分かる。釈尊は、自らを特別な存在とは見ていない。覚った人の六番目とする謙虚さである。

『増一阿含経』巻二八で、

わが身は人間に生まれ、人間に長じ、人間において仏となることを得たり。（大正蔵、巻二、七〇五頁下）

と言っているように、釈尊は、自らを人間と称していた。

また、原始仏典の『ジャータカI』（八五頁）には、釈尊が成道後、故郷に帰ったときのこととして、釈尊の説法を聞いた父・スッドーダナ王（浄飯王《じょうぼんのう》）のことが、次のように記されている。

〔王は〕〈聖者の最高の境地〉に到達した。王には森林中に住んで精励する必要はなかったのである。（『ジャータカ』序）

「聖者の最高の境地」とは阿羅漢のことである。中村元《はじめ》博士（一九一二～一九九九）は、この一節について次のように述べておられる。

ここには世俗の生活のままで究極の境地に達し得るという思想が表明されている。おそらく伝統的な教義学者たちは、こういう思想を表明したくはなかったであろう。しかし、こういう思想の存在したことを隠すことはできなかったのである。

（『ゴータマ・ブッダI』中村元選集決定版、第十一巻、六六六頁）

このように原始仏教では、在家のままでの覚りを認めていた。成仏とは、人間離れした特別の存在になることではなく、ブッダ（buddha）、すなわち「目覚めた人」となることであり、人間として在るべき理法（dharma）と、真の自己に目覚めることであった。最も人間らしくあることであり、失われた自己の回復、人格の完成と言うべきものであった。歴史的人物としての釈尊に立ち還ると、成仏はだれにでも許されているものであった。

そして、女性ももちろん覚りを得ていた。弟子のアーナンダ（阿難《あなん》）が女性の出家の許可を得るために、釈尊に「女性は阿羅漢に到ることができないのですか」と尋ね

た。そのとき、釈尊は、

アーナンダよ、女人は、如来によって説かれた法（真理の教え）と律とにおいて、出家して、家のない状態になって、聖者としての流れに入った位（預流果《よるか》）も、もう一度人間界に生まれてきて覚りを得る位（一来果《いちらいか》）も、もはや二度と迷いの世界に戻ることのない位（不還果《ふげんか》）も、一切の煩悩を断じ尽くした位（阿羅漢《あらかん》果《か》）も証得することが可能なのです。　（『ヴィナヤ・ピタカII』、二五四頁）

と答えていた。女性出家者たちの体験を綴った詩集、拙訳『テーリー・ガーター――尼僧たちのいのちの讃歌』を読むと、「私は覚りました」「ブッダの教えをなし遂げました」「私は解脱《げだつ》しました」と、女性たちがみな口々に語っている。

また、最古の原始仏典『スッタニパータ』には、次のような表現が多数見られる。

彼（ゴータマ）は、目の当《ま》たりに、時間を要しない〔で果報を得ることができる〕法（真理の教え）を私に説き明かされました。　（第一一三七偈）

こうした表現から、釈尊は覚りについて「時間を要せず、即時に体得されるもの」と説いていたことが分かる。何度も生まれ変わって長年修行する必要などなく、〝今〟〝ここで〟〝この〟〝わが身〟を離れることなく、覚ることができる。これが、初期の仏教徒の覚りの実情であった。それは、「即身成仏《そくしんじょうぶつ》」「一生成仏《いっしょうじょうぶつ》」というものである。

先の『テーリー・ガーター』を見ても、女性たちもすんなりと覚りを得ていた。出家後七日にして覚りに到ったイシダーシーという女性の次の手記がある。

私は、母と父、および親族の人たち一同すべてに敬礼して、〔出家しました〕。出家して七日目に私は、三種の明知《みょうち》を獲得しました。　（第四三三偈）

さらには、アノーパマーという在家の女性が釈尊の教えを聞いてその場で阿羅漢の一つ手前の不還果《ふげんか》に到り、出家後すぐに阿羅漢に到ったという記録もある（第一五四〜一五六偈）。このような手記が、原始仏典に含まれているということは、その事実が教団において公認されていたということを意味する。ただし、『テーリー・ガーター』はスリランカに保存・伝承されただけで、男性出家者中心主義の小乗仏教が優勢であったガンダーラでは削除されてしまって、中国・日本に伝わることはなかった。

原始仏教、すなわち本来の仏教では、在家と出家、男女の区別なく、だれでも一生のうちに覚りを得ることができていたにもかかわらず、釈尊滅後百年程して部派仏教の時代になると想像を絶するような天文学的時間をかけた修行を経なければ覚りは得られないという筋書きが作られ、衆生の及びもつかないものにされてしまったのである。

こうして小乗仏教と貶称《へんしょう》される時代になると、釈尊は人間離れしたものに祭り上げられ、神格化され、ブッダに到ることができるのは釈尊一人だけということにされてしまった。出家者でさえもブッダに到ることはできず、阿羅漢にまでしか到ることができないとして、ここで阿羅漢のランクをブッダより一つ下げるという操作がなされた。もともとはブッダも阿羅漢も同列であったが、阿羅漢をワンランク下げることで、「出家者は、ブッダには到れなくても、阿羅漢にまでは到ることができる」としたのだ。そして、在家者は阿羅漢に到ることもできないし、女性は穢《けが》れていて成仏もできないと主張し始めた。

こうした流れの中で、「あんなに偉大なブッダだから、過去世に物凄《ものすご》い修行をされたに違いない」と考えるようになり、過去世物語が創作された。いわば、それは〝後付け〟であった。〝後付け〟によって、修行の困難さ、成仏の困難さが強調された。

こうしたことは、本来の仏教からの逸脱である。釈尊滅後五百年も経つと、本来の仏教からのズレが際立ってくる（詳細は、拙著『法華経とは何か――その思想と背景』を参照）。そのズレを原点に戻すべく、「本来の仏教の原点に還れ！」「釈尊の本来の仏教に還れ！」と主張して編纂《へんさん》されたのが『法華経』であった。その『法華経』は、「其《そ》の中の衆生は、悉《ことごと》く是《こ》れ吾《わ》が子なり」「我が如く等しくして異なり無《な》けん」と主張した。後世に創作された六波羅蜜の修行の〝後付け〟は、本来なくてもいいものであった。あるいは、本来の仏教では、釈尊の覚りも、他の人の覚りも平等であったのだから、〝後付け〟されたものも平等でなければならない。だから法を体現することは、それらの六波羅蜜の修行も含まれることになる。ということは、釈尊の覚りも、五人の覚りも同じだから、五人も六波羅蜜の功徳は含まれることになる。さらに、それを拡大すれば、あらゆる衆生も同じことである。『法華経』は、そのことを説いた教えであると言えよう。

日蓮は、『法華経』を通して、本来の仏教の普遍的人間観に立ち還って、

此《この》妙の珠《たま》は昔、釈迦如来の〔中略〕六度《ろくど》の功徳を妙の一字にをさめ給ひて、末代悪世の我等衆生に、一善も修せざれども、六度万行《まんぎょう》を満足する功徳をあたへ給ふ。

と述べ、「我等具縛《ぐばく》の凡夫、忽《たちまち》に教主釈尊と功徳ひとし。彼の功徳を全体うけとる故なり」「法華経を心得る者は、釈尊と斉等《さいとう》なり」とこの手紙に記したのである。

その「妙」の一字とは、『法華経』の正式名称である「妙法蓮華経」の頭文字である。「妙法蓮華経」は、サンスクリット語のサッダルマ・プンダリーカ・スートラ(Saddharma-puṇḍarīka-sūtra)の鳩摩羅什《くまらじゅう》(三四四~四一三)による漢訳である。saddharma(< sat + dharma)が「正しい(sat)教え(dharma)」、puṇḍarīka が「白蓮華」、sūtra が「経」を意味するので、竺法護《じくほうご》(二三九~三一六)は、「正法華経《しょうほけきょう》」と漢訳し、岩波文庫の『法華経』で、岩本裕《いわもとゆたか》(一九一〇~一九八八)は「正しい教えの白蓮」と現代語訳した。いずれも単語の語順通りに訳したもので、尤《もっと》もそうに見えることから、鳩摩羅什の訳が間違っていると主張する学者が多かった。しかし、サンスクリット語の文法で「プンダリーカは、複合語の後半にきて前半の語を譬喩《ひゆてき》的に修飾す

る」という特別な用法が規定されている。そうすると、「白蓮華のような正しい教え」となる。「～のような」で譬喩される前半と後半の語の共通性は「最も勝れた」であって、それを加味すると、「白蓮華のように最も勝れた正しい教えの経」と訳すべきことが分かる。sat は「正」であって、「妙」の意味はないと批判されてきたが、「最も勝れた正しい」を鳩摩羅什は「妙」と漢訳していたのだ。その証拠に、鳩摩羅什はサンスクリット語のヴァラ（vara＝最も勝れた）を随所で「妙」と漢訳している。鳩摩羅什の漢訳は間違いどころか、〝絶妙〟な訳であったのだ（詳細は、『法華経とは何か』第一章を参照）。

　では、何をもって『法華経』は「妙」（最も勝れた）としたのかと言えば、あらゆる人が尊く、平等であること、そして誰人も成仏できることを説いている点であろう。

　こうしたことから日蓮は、「妙」の一字を如意宝珠に譬えたのである。

日蓮は、「其《そ》の中の衆生は、悉《ことごと》く是れ吾《わ》が子なり」という言葉にも注目している。「仏子」（buddha-putra）という言葉は、菩薩を意味する言葉として『法華経』以前から用いられていた。『法華経』では、「仏の嫡子《ちゃくし》」（buddha-aurasa）も用いられていて、プトラ（putra＝息子）でなくアウラサ（aurasa＝嫡子）となっていることから、鳩摩羅什は、これを「真仏子」と漢訳している。仏の子であれば、今は幼いからそう見えなくても、成長すれば親と同じになる。オタマジャクシは、カエルと全く似ていなくても、成長すればカエルに成るようなものである。

だから、不孝のものは、自らその資格を放棄するものであるが、教主釈尊の子は、教主釈尊のように法の王となることは疑いない。凡夫が仏となることを説いたのが本来の仏教であった。天台大師智顗《ちぎ》は、その根拠を、我々の瞬間の一念に具わる構造を一念三千として体系化して明かした。

この一念三千の法門こそが、天台大師にとっての究極の法門だとされる。その一念三千を構成する内容を、妙楽《みょうらく》大師は『摩訶止観輔行伝弘決《まかしかんぶぎょうでんぐけつ》』で次のように列挙している。

一切の諸業《しょごう》、十界《じっかい》・百界《ひゃっかい》・千如《せんにょ》・三千世間《さんぜんせけん》を出でざるなり。（大正蔵、巻四六、二九三頁上）

その各項目の意味する内実は、次の言葉で示される。

一念の心に於《おい》て十界《じっかい》に約《やく》せざれば、事《じ》を収むること遍《あまね》からず。三諦《さんたい》に約せざれば、理《り》を摂《と》ること周《あまね》からず。十如《じゅうにょ》を語らざれば、因果備はらず。三世《さんせ》間無《けんな》くんば、依正《えしょう》尽きず。（同、二九四頁上）

これは、次のように現代語訳できよう。

瞬間の心（一念）の表われを、〔地獄界などの六道をはじめ、菩薩界や仏界までの〕十界という尺度で見るから心の具体的現象（事）の全体像をとらえることができるし、空仮中《くうけちゅう》の三諦《さんたい》で論ずるからあらゆるものの存在の仕方の真理（理）を普遍的に押さえることができる。また、十如是を言うことによって因果の理法が備わってくるし、三世間によって依報《えほう》（環境）・正報《しょうほう》（主体）にわたる一念の広がりを明らかにすることができる。

聖人であれ、凡夫であれ、その一念の構造は、地獄界から仏界までを具《そな》え、同じ因果の理法に則《のっと》っていて、だれであっても同じであることを明らかにしたものだ。その理論的根拠を体系的に論じたものが『観心本尊抄』であった。そこには、日蓮は、この一念三千の法門をもとに「十界曼荼羅《じっかいまんだら》」としての本尊を顕わした。そ

釈尊の因行果徳《いんぎょうかとく》の二法は、妙法蓮華経の五字に具足す。我等此《こ》の五字を受持《じゅじ》すれば、自然《じねん》に彼《か》の因果の功徳を譲り与へ給ふ。

とある。「妙の一字」と「妙法蓮華経の五字」の違いはあれ、同じ趣旨である。

日蓮は、この年の二月に長篇の『開目抄』を執筆し、三月に『佐渡御書』を書き、翌年の四月には『観心本尊抄』をしたためることになるが、この手紙にその趣旨の一端が表明されていたのだ。

日蓮は、「如我等無異と申して釈尊程の仏にやすやすと成り候《そうろう》なり」（『新池御書《にいけごしょ》』）といったことを随所に書いている。では、それはどうしたら可能になるのか。その答えは、『妙法蓮華経』を受持することであろう。

この手紙の冒頭に挙げられた釈尊の六波羅蜜の修行は、いずれも極端なものばかりで、非日常的で極限状況におけるものばかりである。それを真《ま》に受けて、その通りに実行する人が出てくるようだ。薬王菩薩が身を焼き、臂を焼いたのを真似《まね》する人が中国、日本でも現われ、焼身自殺の禁止令まで出されたことがあった。日蓮は、そのような蛮勇に批判的であった。章安大師の「取捨宜《しゅしゃよろ》しきを得て、一向にすべからず」という言葉を引用している。

その歯止めをかけた上で、日蓮は、釈尊の六波羅蜜の修行や、玄奘三蔵《げんじょうさんぞう》と伝教大師の求法《ぐほう》の旅と比較して、この女性の求法の志は劣るものではないと称讃する。しかも、それらの求法者たちがすべて男性であることにも比して、この女性の志を称えて、「日本第一の法華経の行者の女人」と称し、常不軽菩薩の義にならって「日妙聖人」という名前を与えた。

「日本第一の法華経の行者」とは、『南条兵衛七郎殿御書』(355頁)で既に見たように、小松原の法難を経て日蓮が初めて自覚したものであった。それほどに重みのある言葉であった。

「聖人」とは、一般に徳が高く、高潔な人格の教祖や高弟を称するものである。そのことを考えても、日蓮は「末法《まっぽう》にして妙法蓮華経の五字を弘めん者は男女《なんにょ》はきらふべからず」(『諸法実相抄』)とあるように、男女を分け隔てすることはなかったことが分かる。

「風はつなぐとも、とりがたきは女人の心なり」とか、「女人をば河に譬へたり。一切まがられるゆへなり」とあるのは、日蓮の女性観を述べたものではないことに注意しなければならない。『法華経』以外の経典や、世間で言われている考えであり、日妙聖人との違いを比較するために並べられたものである。それは、次の『四条金吾殿女房御返事』（487頁）で、「法華経より外《ほか》の一切経をみ候《そうろう》には、女人とはなりたくも候《そうら》はず」として、列挙していた『法華経』以外の経典の趣旨と同じである。

手紙の末尾に、幼子を「あづくべき父もたのもしからず。離別すでに久し」とあることから、この女性は、夫とは生別《せいべつ》であったのであろう。日蓮は、身延に入山後も寡婦となって久しい母娘の行く末を見守り続けた。

四条金吾殿女房御返事（抄）

文永十二（一二七五）年一月に四条金吾の夫人が三十三歳の厄年《やくどし》を迎えて、供養をしたことに対する手紙である。女人を軽視する経典や、外典《げてん》の言葉を挙げつつ、『法華経』を受持《じゅじ》する女性は「一切の女人にすぎたるのみならず、一切の男子にこえたり」というのだから、三十三の厄は、三十三の幸《さいわい》となると励ましている。（和文体、真跡）

法華経を持《たも》つ人は一切衆生の主

《前略》

十喩《じゅうゆ》＊は一切経と法華経との勝劣を説かせ給《たま》ふと見えたれども、仏の御心《みこころ》はさには候《そうら》はず。一切経の行者と法華経の行者とをならべて、法華経の行者は日月《にちがつ》等のごとし、諸経の行者は衆星燈炬《しゅせいとうこ》のごとしと申す事を詮《せん》と思《おぼ》し食《め》され候《そうろう》。

なにをもてこれをしるとならば、第八の譬《たとえ》の下に最大事の文《もん》あり。所謂此《いわゆるこ》の経文に云《いわ》く「有能受持是経典者亦復如是《うのうじゅじぜきょうてんしゃやくぶにょぜ》。於一切衆生中亦為第一《おいっさいしゅじょうちゅうやくいだいいち》」等云《うん》云《ぬん》。此《こ》の二十二字は、一経第一の肝心なり。一切衆生の眼目《がんもく》なり。文《もん》の心は、法華経の行者は日月《にちがつ》・大梵王《だいぼんのう》*・仏のごとし。大日経《だいにちきょう》*の行者は衆星・江《こう》河《が》・凡夫《ぼんぷ》のごとしととかれて候《そうろう》経文なり。

されば此の世の中の男女僧尼《なんにょそうに》は嫌《きら》ふべからず。法華経を持《たも》たせ給ふ人は一切衆生のしう（主）とこそ、仏は御らん候《そうろう》らめ。梵王《ぼんのう》・帝釈《たいしゃく》*はあをがせ給ふらめと、うれしさ申すばかりなし。

《十喩》『法華経』薬王品に説かれる十の譬喩で、①諸水の中で海が第一であるように、②すべての山の中で須弥《しゅみ》山《せん》が第一であるように、③衆星《しゅせい》の中で月天子《がってんし》が第一であるように——といった十個の譬喩を挙げて、諸経の中で『法華経』が第一であることを譬えている。《梵王》「梵」はブラフマン（brahman）の音写で、ブラフマー神のこと。梵天と音写された。古代インドで世界の創造主、宇宙の根源とされたブラフマンを神格化したもの。仏教に取り入れられて仏法守護の神とされた。《大日経》真言《しんごん》三部経の一つ。唐の善無畏《ぜんむい》と一行《いちぎょう》の共訳。真言密教の根本経典で、この世に出現することのないはずの大日如来の説法を編したものとされる。《帝釈》58頁の注を参照。

《前略》

『法華経』薬王品に説かれる十の譬喩（十喩）は、一切経と『法華経』との教えの勝劣を説かれたように見えるけれども、仏の本意はそうではありません。〔教えそのものよりも、その教えを実践する人のほうに重みがあって、〕一切経の行者と『法華経』の行者を比べて、『法華経』の行者は太陽や月のようであるのに対して、諸経の行者は諸々《もろもろ》の星や、灯し火、かがり火のように劣ったものであるということを究極と考えておられたのです。

　何によってそれが分かるのかと言えば、第八の譬喩を挙げた次に最も重要な一文があります。その経文に「能《よ》く是《こ》の経典を受持《じゅじ》すること有らん者も、亦復是《またまたか》くの如《ごと》し。一切衆生の中に於《お》いて亦為《またこ》れ第一なり」とあります。この漢字二十二文字は、『法華経』の一経の中で第一の肝心の文であり、一切衆生にとって眼目とも言うべきものです。この文の意味するところは、『法華経』の行者は、第一の勝れたものとして十喩に挙げられた太陽と月や、〔海、〕大梵天王と仏のようなものであり、『大日経』の行者は、諸々の星や、河川、凡夫のようなものであると説かれた経文だということです。

だから、この世の中の男女も僧尼も分け隔てすることがあってはなりません。『法華経』を受持する人は、一切衆生の主《しゅ》であると仏はご覧になっておられました。梵天王も帝釈天も、『法華経』を受持するその人を敬われるというのですから、その嬉しさは言葉で表現できません。

「者」とは女人のこと

又この経文を昼夜《ちゅうや》に案じ、朝夕《ちょうせき》によみ候《そうら》へば、常の法華経の行者にては候はぬにはんべり。是経典者《ぜきょうてんしゃ》とて、者《しゃ》の文字はひととよみ候へば、此《こ》の世の中の比丘《びく》・比丘尼《びくに》・うば塞《そく》・うばい（優婆夷）*の中に法華経を信じまいらせ候《そうろう》人人かと見まいらせ候《そうら》へば、さにては候はず。次《つ》ぎ下《しも》の経文に、此《こ》の「者《しゃ》」の文字を仏かさねて、とかせ給ふて候《そうろう》には、「若有女人《にゃくうにょにん》」ととかれて候。

《比丘・比丘尼・うば塞・うばい（優婆夷）》比丘・比丘尼は、サンスクリット語のビクシュ（bhikṣu）とビクシュニー（bhikṣuṇī）の音写語。「食べ物を乞《こ》う男性／女性」を意味していて、出家の男女を指す。優婆塞・優婆夷はウパーサカ（upāsaka）とウパーシカー（upāsikā）の音写語。「そば近く仕える男性／女性」を意味していて、在家の男女を指す。これは、出家と在家を差別する意味が含まれていて、最初期の仏教では用いられていなかった。仏教以外の宗教で用いられていたものが、教団の権威主義化とともに取り込まれていった。

また、この経文を昼夜に思案し、朝夕に読んでおりますと、この経文にある行者というのは、普通一般の『法華経』の行者のことではありません。経文の「是経典者《ぜきようてんしや》」（是の経典を〔受持《じゆじ》する〕者）の「者《しや》」の文字は「人《ひと》」と読むので、この世の中の出家の男女と、在家の男女の中で『法華経』を信ずる人々のことかと思っていると、そうではありません。これに続く経文で、この「者」の文字を仏が重ねて説かれているのは、「若《も》し女人有って」と説かれているのです。〔すなわち、『法華経』を受持する女性のことなのです。〕

『法華経』以外の経の女性軽視

日蓮、法華経より外《ほか》の一切経をみ候《そうろう》には、女人とはなりたくも候《そうら》はず。或《ある》経には女人をば地獄の使《つかい》*と定められ、或経には大蛇*ととかれ、或経にはまがれ木のごとし、*或経には仏種《ぶつしゅ》をい（炒）れる者*とこそ、と（説）かれて候へ。仏法ならず、外典《げてん》*にも栄啓期《えいけいき》と申せし者の三楽《さんらく》*をうたひし中に、無女楽《ぶじょらく》と申して天地《あめつち》の中に女人と生れざる事を〔一《ひと》の〕楽《たのしみ》とこそたてられて候《そうら》へ。わざわいは三女《さんにょ》*よりをこれりと定められて候《そうろう》に、此《こ》の法華経計《ばか》りに、此の経を持《たも》つ女人は一切の女人にすぎたるのみならず、一切の男子にこえたりとみえて候。

《或経には女人をば地獄の使》日蓮は『主師親御書《しゅししんごしょ》』等で「女人は地獄の使《つかい》なり。能《よ》く仏種子《ぶつしゅし》を断ず。外面は菩薩に似て、内心は夜叉《やしゃ》の如《ごと》し」という一節を「華厳経《けごんきょう》に云《いわ》く」として引用している。ところが、現存する『華厳経』には出てこない。また、同じ言葉を浄土真宗の僧・存覚《ぞんかく》（一二九〇～一三七三）は『成唯識論《じょうゆいしきろん》』を出典としているが、これも『成唯識論』には出てこない。このほか、『宝積経《ほうしゃくきょう》』『大智度論《だいちどろん》』などを出典としているものもあるが、いずれにも見あたらない。田村芳朗氏（一九二一～一九八九）は、その著『日本仏教論』（田村芳朗仏教学論集第二巻、一六頁）において、この言葉を

「おそらくは日本新造語ではないか」と述べている。中国唐代の律宗の僧・道宣《どうせん》（五九六〜六六七）の『浄心誡観法《じょうしんかいかんぼう》』に女人の十悪を説く中で「経に云く、十方国土の女人有る処《ところ》、即ち地獄有り」（大正蔵、四五巻、八二四頁）とあり、この経も不明だが、中国、日本でも同様のことが言われていたようである。《或経には大蛇》『浄心誡観法』に「二には嫉妬《しっと》の心、毒蛇の如し。家に婦の類あるときは、悉く《ことごとく》憎垢《ぞうく》を生ず」（大正蔵、四五巻、八二四頁）とあり、龍樹《りゅうじゅ》（一五〇〜二五〇頃）の『十住毘婆沙論《じゅうじゅうびばしゃろん》』に「菩薩、妻の所に於《お》いて三の三想を生ずべし。〔中略〕黒毒蛇の想、鱣魚《てんぎょ》の想、奪勢力の想」（大正蔵、二六巻、五八頁）といった言葉によるものか。《或経にはまがれ木のごとし》『涅槃経《ねはんきょう》』に「一切の江河《こうが》には必ず廻曲《えこく》あり。〔中略〕一切の女人は必ず諂曲《てんごく》を懐く《いだく》」（大正蔵、一二巻、六六七頁）とあることによるものか。《或経には仏種をい（炒）れる者》小乗仏教において女人不成仏《にょにんふじょうぶつ》が言われていたことと、『維摩経《ゆいまきょう》』で二乗不作仏《にじょうふさぶつ》の理由として挙げられた paritaptānāṃ bījānāṃ（焼かれた種子）の鳩摩羅什《くまらじゅう》訳「焦穀《しょうこく》」、玄奘《げんじょう》訳の「燋《しょう》敗種《はいしゅ》」とをダブらせたものか。《外典》仏教関係の書籍（仏典）を「内典」というのに対して、仏教関係以外の書物を「外典《げてん》」という。もとは、バラモン教などのインドの外道の書籍をいったが、日本では儒教などの書籍を指す。《栄啓期と申せし者の三楽》栄《えい》啓期《けいき》は中国周《しゅう》代の人。『列子』の第一天瑞編によると、栄啓期はこの世の楽しみとして、①人間として生まれたこと、②男として生まれたこと、③九十歳まで生きたこと——の三つを説いたという。この三つを三楽という。《三女》古代中国において国を滅ぼすもととなった妹喜《ばっき》、妲己《だっき》、褒姒《ほうじ》という三人の女性。夏《か》の桀王《けつ》は妹喜を溺愛《できあい》し、〝酒池《しゅち》肉《にく》林《りん》〟の限りを尽くした。その半面、手や足を切り取ったり鞭打《むちう》つなどの仕打ちによって人民を労働に駆り立て、諫言《かんげん》する家臣の首を斬ったり、追放するなどの悪政を行なったりして国を滅亡させた。殷《いん》の紂王《ちゅう》は妲己に溺《おぼ》れて淫蕩《いんとう》に耽《ふ》けり、その半面、人民に重税を課し、贅沢《ぜいたく》の極みを求めた。それに対して、諫《いさ》める家臣を殺し、たてつく人民を火あぶりの刑に処すなどの暴虐淫楽の悪政をほしいままにして国を滅ぼす因をつくった。また周《しゅう》の幽王《ゆうおう》は褒姒に溺れて国を滅ぼした。

日蓮は、『法華経』以外の一切経を読んでいると、女性になりたいとは思えません。ある経典には女性を地獄の使いだと定められていて、ある経典には大蛇だと説かれ、ある経典には曲がった木のようだと説かれ、ある経典には仏種を炒《い》ってしまった者だと説かれています。仏法ではなく、外典においても、栄啓期《えいけいき》という人が「三つの楽しみ」（三楽《さんらく》）を主張した中に「無女楽《ぶじょらく》」と言って、世の中に女性として生まれなかったことを一つの楽しみとして挙げています。わざわいというものは、中国では夏の妹嬉《ばっき》、殷《いん》の妲己《だっき》、周《しゅう》の褒姒《ほうじ》の三人の女性から起こったと定められていますが、この『法華経』だけには、この経を受持する女性は一切の女性に勝れているのみならず、一切の男子にも抜きん出ていると説かれています。

法華経にほめられなば何か苦しかるべき

> 詮《せん》ずる所は、一切の人にそしられて候よりも、女人の御ためには、いとを(愛)しとをもはしき男に、ふびん(不憫)とをもはれたらんにはすぎじ。一切の人はにくまばにくめ、釈迦仏・多宝仏*・十方の諸仏*、乃至《ないし》、梵王《ぼんのう》・帝《たい》釈《しゃく》・日月《にちがつ》等にだにも、ふびんとをもはれまいらせなば、なにかくるし〔かるべき〕。法華経にだにも、ほめられたてまつりなば、なにかくるしかるべき。

《多宝仏》『法華経』見宝塔品《けんほうとうぼん》で、『法華経』の説法が行なわれる所に宝塔とともに出現し、説法の真実を証明し讃嘆することを誓願していた過去仏。釈尊と多宝の二仏が並んで、釈尊滅後の『法華経』の弘通《ぐつう》を付嘱《ふぞく》する説法が展開されている。《十方の諸仏》『法華経』見宝塔品で多宝仏の宝塔を開くに当たって四方・八方・十方から招集された諸仏。

結局のところ、あらゆる人に悪口を言われているとしても、女性にとっては、それよりも、愛《いと》しいと思っている男性に好ましいと思われることに勝《まさ》ることはありません。一切の人は、憎みたいなら憎むがよい、『法華経』の会座《えざ》に集った釈迦仏・多宝仏・十方の諸仏、それから梵天王・帝釈天・日天《にってん》・月天《がってん》にだけでも好ましいと思われているならば何の不都合があるでしょうか。『法華経』にだけでも誉《ほ》められたならば、何の差しさわりがあるでしょうか。

三十三の厄は転じて三十三の幸《さいわい》となるべし

いま三十三の御やく（厄）*とて、御布施《おふせ》送りたびて候《そうら》へば、釈迦仏・法華経・日天の御まへに申し上《あげ》て候《そうろう》。〔又〕人の身には左右のかた（肩）あり。このかたに二つの神をはします。一をば同名神《どうみょうしん》、二をば同生神《どうしょうしん》*と申す。此《こ》の二つの神は、梵天・帝釈・日月の人をまほらせんがために、母の腹の内に入りしよりこのかた、一生をわるまで影のごとく、眼のごとく、つき随《したが》ひて候が、人の悪をつくり、善をなしなむどし候をば、つゆちりばかりものこさず、天にうたへまいらせ候なるぞ。華厳経《けごんきょう》の文《もん》*にて候を止観《しかん》*の第八に天台大師よませ給へり。但《ただ》し信心のよはきものをば、法華経を持《たも》つ女人なれども、すつるとみえて候。例せば大将軍よはければ、したがうものもかひなし。弓よはければ絃《つる》ゆるし、風ゆるければ波ちゐさきは、自然《じねん》の道理なり。

而《しか》るにさえもん（左衛門）殿は、俗の中、日本にはかたをならぶべき者もなき法華経の信者なり。是《これ》にあひつれさせ給ひぬるは、日本第一の女人なり。法華経の御ためには龍女《りゅうにょ》とこそ、仏はをぼしめされ候らめ。女と申す文字をば、かかるとよみ候。藤の松にかかり、女の男にかかるも、今は左衛門殿を師とせさせ給ひて、法華経へみちびかれさせ給ひ候《そうら》へ。

又三十三のやく（厄）は転じて三十三のさいはひ（幸）とならせ給ふべし。七難即滅《しちなんそくめつ》・七福即生《しちふくそくしょう》*とは是《これ》なり。年はわか（若）うなり、福はかさなり候《そうろう》べし。あなかしこ・あなかしこ。

正月二十七日　　日蓮　花押

四条金吾殿女房御返事

《三十三の御やく（厄）》厄とは、凶事や災難に遭う率が高いので警戒を要するとされる年齢。女性の場合は、十九歳、三十三歳、三十七歳とされている。《同名神、同生神》同名天《どうみょうてん》・同生天《どうしょうてん》のこと。倶生神《くしょうじん》とも言い、人が生まれるとともに常にその人の両肩にいて、善悪の行為を記録して報告する神だとされる。《華厳経の文》『華厳経』入法界品《にゅうほっかいぼん》に「人の生まるるより則《すなわ》ち二天あり。恒《つね》に相随逐《あいずいつい》す。一を同生といい、二を同名と曰《い》う」（大正蔵、巻一〇、三二四頁）とある。《止観》天台大師智顗《ちぎ》の三大部の一つである『摩《ま》訶止観《かしかん》』十巻のこと。一念三千《いちねんさんぜん》の法門が説かれている。その第八の巻に「城の主、剛《つよ》ければ守る者強く、城の主が恇《おび》えれば守る者忙《いそが》し。同名同生天は、これ神にして、よく人を守護す。心固《かた》ければすなわち強し。身の神、なおしかり」（大正蔵、巻四六、一一〇頁）とある。《七難即滅・七福即生》『仁王般若波羅蜜経《にんのうはんにゃはらみつきょう》』に「一切の国王は、是《こ》の難の為《ため》の故に般若波羅蜜を講読せば、七難即《すなわ》ち滅し、七福即ち生じ、万姓安楽にして帝王歓喜せん」（大正蔵、巻八、八三二頁）とある。『仁王経《にんのうきょう》』の七難とは、①日月失度難《にちがつしつどのなん》、②衆星変改難《しゅせいへんかいのなん》、③諸火焚焼難《しょかぼんしょうのなん》、④時節返逆難《じせつほんぎゃくのなん》、⑤大風数起難《たいふうすうきのなん》、⑥天地亢陽難《てんちこうようのなん》、⑦四方賊《しほうぞく》来難《らいのなん》——の七つである。

今年は三十三歳の厄年だといってお布施を送っていただきましたので、釈迦仏、『法華経』、日天の前に供え、あなたの志を申し上げました。

人の身には、左右の肩があり、この肩に二つの神がおられます。一を同名神《どうみょうしん》、二を同生神《どうしょうしん》と言います。この二つの神は、梵天・帝釈・日天・月天が人を守らせるために、人が母の胎内に宿ってから現在に至るまで、また一生を終えるまで、影のように、眼のように身に随っています。人が悪をなし、善をなしたりするのを、露《つゆ》や塵《ちり》ほども残さずに諸天に訴えるのです。

このようなことが『華厳経』の文に説かれているのを『摩訶止観《まかしかん》』の第八で天台大師が言及しています。ただし、信心の弱いものを、『法華経』を受持する女性であったとしても、捨て置くと説かれています。例えば、大将軍の心が弱ければ、従う兵士たちも不甲斐《ふがい》ないものです。弓が弱ければ、弦《つる》も緩《ゆる》くなります。風が緩やかであれば、波が小さいのは、自然の道理です。

そこにおいて、左衛門殿《さえもんどの》(四条金吾)は、俗人の中で日本には肩を並べる者もいない『法華経』の信者です。この人に連れ添っておられるあなたも、日本第一の女性です。『法華経』にとっては、龍女に匹敵する女性であると、仏は思っておられることでしょう。「女」という文字は、「掛かる」と読みます。藤は松に掛かり、女は男に掛かるものであって、今は左衛門殿を師とされて、『法華経』へと信心を導かれていってください。

また、三十三歳の厄は、転じて三十三歳の幸いとなるでありましょう。『仁王般若波羅蜜経《にんのうはんにゃはらみつきょう》』に「七難即《すなわ》ち滅し、七福即ち生じ」とあるのはこのことです。年齢は若返り、福は積み重なるでありましょう。あなかしこ、あなかしこ。

正月二十七日　　日蓮　花押

四条金吾殿女房御返事

解説

この手紙は、文永十二（一二七五）年一月二十七日に書かれたものである。この一年程前の三月に日蓮は佐渡流罪を許され、四月に侍所《さむらいどころ》所司《しょし》の平頼綱《たいらのよりつな》（平左衛門尉《へいのさえもんのじょう》）と対面し、再度の諫暁《かんぎょう》を行なうも、聞き入れられず、日蓮は五月十七日に身延に入山した。

文永十二年という元号《げんごう》は、四月二十五日に「建治」に改元される。四条金吾の身辺が本格的に物騒《ぶっそう》になるのは、建治三（一二七七）年六月の桑ヶ谷《くわがやつ》問答以後のことであり、このころはまだ落ち着いていたようである。

ただ、この手紙の四カ月前の手紙を見ると、四条金吾は、日蓮の佐渡流罪が許されたことが嬉しかったのか、「主君に此《こ》の法門を耳にふれさせ進《まい》らせけるこそ、ありがたく候《そうら》へ」（『主君耳入此法門免与同罪事《しゅくんににゅうしほうもんめんよどうざいじ》』）とあるように、流罪赦免《るざいしゃめん》の半年後に主君に日蓮の法門を語って聞かせたようだ。それに対して、日蓮は「ありがたく候へ」とする

一方で、

かまへて、かまへて御用心候《そうろう》べし。いよいよ、にくむ人人ねら(狙)ひ候らん。御さかもり(酒宴)夜は一向に止め給へ。只《ただ》女房と酒うち飲んで、なにの御不足あるべき。他人のひる(昼)の御さかもり(酒宴)おこたる(油断)べからず。(同)

と用心するように諭している。主君の覚えがよくて、優遇されていたけれども、主君に教訓したことで、立場が悪くなることを心配してのことであろう。

この手紙によると、四条金吾の妻が三十三歳の厄年に当たることで、供養の品々を届けた。それに対して、日蓮は、『法華経』を受持するものは、一切衆生の主であり、なかんずく『法華経』を受持する女性は、一切の女性に勝れているのみならず、一切の男性にも勝れていると論じている。

そして、仏教以外の外典や、『法華経』以外の一切経で女性を酷評する言葉として、「女人をば地獄の使《つかい》と定められ」「大蛇ととかれ」「まがれ木のごとし」「仏種をい(炒)れる者」といった言葉を列挙する。

日蓮は、サブノートとも言える『一代五時継図《いちだいごじけいず》』(原漢文)の中で、「一、四十余年の諸の経論に女人を嫌う事」という項目を立て、『法華経』以前に説かれたとされる諸経の女性蔑視の言葉をメモしている。それは、次の通りである。

華厳経に云《いわ》く、〔中略〕一《ひとた》び女人を見れば能《よ》く眼の功徳を失ふ。縦《たと》ひ大蛇を見ると雖《いえど》も女人を見る可《べ》からずと文。

銀色女経《ごんじきにょきょう》に云く、三世の諸仏の眼は大地に堕落《だらく》すとも、法界《ほうかい》の諸《もろもろ》の女人は永く成仏の期《ご》無《な》からんと文。

華厳経に云く、女人を見れば眼大地に堕落す。何《いか》に況《いわん》や犯すこと一度せば三悪道に堕《お》つ文。

十二仏名経《じゅうにぶつみょうきょう》に云く、仮使《たとい》法界に遍する大悲の諸菩薩も彼《か》の女人の極業《ごくごう》の障《さわり》を降《ごう》伏《ぶく》すること能《あた》はずと文。

大論《だいろん》に云く、女人を見ること一度なるすら永く輪廻《りんね》の業《ごう》を結ぶ。何《いか》に況《いわん》や犯すこと一度《ひとたび》せば定んで無間獄《むけんごく》に堕《だ》すと文。

往生礼讃《おうじょうらいさん》に云く、女人と及び根欠《こんけつ》（筆者注＝眼《げん》・耳《に》・鼻《び》・舌《ぜっ》・身《しん》・意《い》の六根が不完全な者）と二乗種《にじょうしゅ》とは生せず文。

大論に云く、女人は悪の根本なり。一《ひとた》び犯せば五百生《しょう》、彼《か》の所生《しょしょう》の処《ところ》、六趣《ろくしゅ》の中に輪廻《りんね》すと文。

華厳経に云く、女人は大魔王、能《よ》く一切の人を食《じき》す。現在には纏縛《てんばく》と作《な》り後生《ごしょう》は怨敵《おんてき》と為《な》る文。

日蓮は、このサブノートをもとに論文や、手紙をしたためていたようで、ここにメモした言葉が諸著作に散見される。
『一代五時継図』には挙げられていないが、他の著作には次のような言葉も見られる。女人をば内外典《ないげてん》に是《これ》をそしり、三皇五帝《さんこうごてい》の三墳五典《さんぷんごてん》に諂曲《てんごく》（筆者注＝他人に媚びへつらって自分の心をねじ曲げること）の者と定む。されば災《わざわい》は三女《さんにょ》より起ると云《い》へり。国の亡び、人の損ずる源は女人を本《もと》とす。（『法華題目抄』）
涅槃経《ねはんきょう》には、「一切の江河必ず回曲《えこく》有り。一切の女人必ず諂曲《てんごく》有り」と。（同）
云く、「所有《あらゆる》三千界の男子の諸の煩悩《ぼんのう》、合集して一人の女人の業障《ごうしょう》と為《な》る」等云云。（同）
大論には、「清風はとると云《い》へども、女人の心はとりがたし」と云《い》へり。（同）
日蓮の著作には、女性を蔑視したこうした表現が各種の経典から多数、引用・列挙されている。このような言葉を見ていると、確かに日蓮の言う通り、「法華経より外の一切経をみ候には、女人とはなりたくも候はず」という思いになってくる。
仏教は、果たして女性差別の宗教だったのか？　一九七六年から一九八五年までの十年間が「国連婦人の十年」と定められたこともあり、女性団体が労働、年金、文学などの各分野における女性差別を洗い出し始めていた。このままいけば、仏教にも矛先《ほこさき》が向けられ、やり玉に挙げられることになるだろうと思った。そこで、仏教の女性観について研究を開始していた。

案の定、一九九〇年ごろから、「仏教は女性差別の宗教だ」とする出版物が相次いだ。筆者は、東京大学名誉教授の中村元《はじめ》先生から博士号を取るように言われていたこともあり、学位論文のテーマを「仏教におけるジェンダー平等の研究」とした。その論文を、お茶の水女子大学に提出し、二〇〇二年に同大学で男性初の博士（人文科学）の学位を取得した。その論文は、岩波書店から『仏教のなかの男女観』（二〇〇四年）として出版され、その後、『差別の超克――原始仏教と法華経の人間観』（二〇一八年）とタイトルを改めて講談社学術文庫に収められた。

その研究の成果は、『差別の超克――原始仏教と法華経の人間観』を参照していただきたいが、歴史上の人物としての釈尊自身は女性も在家も差別することはなかった。原始仏典には、女性たちが、「私は覚りました」「解脱しました」「ブッダの教えをなし遂げました」などと記した手記詩集（拙訳『テーリー・ガーター――尼僧たちのいのちの讃歌』、角川選書）が含まれている。釈尊が健在だったころは、女性の智慧第一も、説法第一も、多聞《たもん》第一も公認されて、存在していた。

ところが、釈尊滅後において女性や、在家の差別が著しくなってくる。それは、釈尊滅後百年ごろの教団分裂に始まり、男性・出家者中心主義と化した教団の権威主義化と併行して進行していった。こうして女性差別の言葉が、いかにも釈尊が語ったかのようにして経典や、論書に挿入されたり、改竄《かいざん》されたりするようになった。女性の智慧第一も、説法第一なども削除され、中国、日本には男性出家者からなる十大弟子のみが伝えられた。その教団は、小乗仏教と貶称された。

その反省として、紀元前後に女性の地位回復を図る大乗仏教が登場するが、完全には差別思想を脱却していないところもあったようだ。小乗仏教に差別思想が著しかったが、大乗仏教にも差別思想を残していた。その両者の差別思想と、対立を止揚《しよう》する課題を負って、紀元一世紀末から三世紀初頭に登場するのが『法華経』であった。「皆成仏道《かいじょうぶつどう》」（皆仏道を成ず）としてあらゆる人が成仏できることを主張する『法華経』において、女性の成仏も主要なテーマとして論じられた。

その権威主義化、あるいは小乗仏教化する以前の釈尊の生《なま》の言葉に近い原始仏教（初期仏教）の教えは、教団分裂以前にタイムカプセルのようにセイロン（現スリランカ）に伝えられていた。千五百年前の中国の天台大師智顗《ちぎ》も、八百年前の日本の日蓮も、セイロンに伝えられた原始仏典の存在は知る由《よし》もなかった。日本で、その存在を知ることになるのは、明治に入ってからのことであった。

ところが、日蓮は女性の名誉回復を図る『法華経』を正しく受け止めて、『法華経』を信奉する女性たちに機会あるごとに語って聞かせた。この手紙も、世間で言われる厄年に対する四条金吾の妻の不安に応える形で、『法華経』の女性を讃嘆する言葉を挙げて、激励している。

極端に言えば、厄年という通説などにとらわれる必要はないと言わんばかりである。

千日尼御前御返事（抄）

はるばる佐渡の地から身延の日蓮のもとへと、阿仏房《あぶつぼう》が、妻の千日尼《せんにちあま》の手紙を携えて訪ねてきた。これは、阿仏房が到着した翌日、弘安元（一二七八）年七月二十八日にしたためられた手紙である。千日尼からの手紙に、『法華経』は女人成仏を優先しているとする日蓮の法門を頼りにしているとあったことから、『法華経』の女人成仏について詳細に言及している。手紙の末尾に「佐渡国府阿仏房尼御前」とあるのは、建治元年六月十六日付の『国府尼御前御書』に「同心なれば、此の文《ふみ》を二人して人によませて、きこしめせ」とあるように、「佐渡の国府（尼御前と）阿仏房尼御前」の二人に対する意味であろう。（和文体、一部に漢文体、真跡）

夫に託した千日尼の手紙

弘安元年〔太歳戊寅《たいさいつちのえとら》〕七月六日、佐渡の国より千日尼と申す人、同じ日本国甲州波木井郷《はきりごう》の身延山《みのぶさん》と申す深山《みやま》へ、同じ夫の阿仏房《あぶつぼう》を使《つかい》として送り給ふ。御文《おんふみ》に云《いわ》く、女人の罪障はいかがと存じ候《そうら》へども、御法門に法華経は女人の成仏をさきとするぞと候ひしを、万事はたのみまいらせ候ひて等云云《うんぬん》。

弘安元（一二七八）年七月六日、佐渡の国から千日尼という人が、同じく日本国の甲斐《かい》の国の波木井郷の身延山という奥深い山へと、夫の阿仏房を使いとして遣《よこ》されました。夫に託した手紙に、「女人の罪障は、どのようなものかと思案しておりましたが、法門に、『法華経』は女人の成仏を最優先とするのだとあることを万事、頼りとしております」とありました。

『法華経』の中国伝来以前の仏教史

夫《そ》れ法華経と申し候《そうろう》御経《みきょう》は、誰れ仏の説き給ひて候《そうろう》ぞとをもひ候《そうら》へば、此《こ》の日本国より西、漢土より又西、流沙《りゅうしゃ》*・葱嶺《そうれい》*と申すよりは又はるか西、月《げっ》氏《し》*と申す国に浄飯王《じょうぼんのう》と申しける大王の太子、十九の年、位をすてさせ給ひて檀《だん》どく山と申す山に入り御出家、三十にして仏となら*せ給ひ、身は金色《こんじき》と変じ、神《たましい》は三世をかがみさせ給ふ。すぎにし事、来《きた》るべき事、かがみ（鏡）にかけさせ給ひておはせし仏の、五十余年が間、一代一切の経々を説きをかせ給ふ。此《こ》の一切の経経、仏の滅後一千年が間、月氏国にやうやくひろ（弘）まり候ひしかども、いまだ漢土・日本国等へは来り候はず。仏滅度後一千十五年と申せしに漢土へ仏法渡りはじめて候ひしかども、又いまだ法華経はわたり給はず。

《流沙》中国北西部のゴビ砂漠・タクラマカン砂漠。《葱嶺》103頁の注を参照。《月氏》250頁の注を参照。《檀どく山》釈尊の滅後に創作された過去世物語に登場する山の檀特山（Daṇḍaka の音写語）のこと。古代インド（現パキスタン）のガンダーラにあったとされ、そこで釈尊は、前世に菩薩として修行したとされた。インドから中国、日本へと仏教が伝わる中で、釈尊存命中の修行の地と勘違いして伝えられたのであろう。《十九の年……三十にして》わが国では古来、釈尊の出家を十九歳、成道を三十歳とされてきたが、今日では二十九歳出家、三十五歳成道に改められている。

そもそも『法華経』という経は、何という仏が説かれたのであろうかと考えてみると、この日本国の西、漢土よりさらに西、流沙（ゴビ砂漠・タクラマカン砂漠）や、葱嶺（パミール高原）というところよりもさらに西にある月氏（インド）という国に浄飯《じょうぼん》王《のう》という大王の太子が十九歳の時に、位を捨てて檀特山《だんどくせん》という山に入って出家し、三十歳で仏（覚者）となられて、身は金色《こんじき》となり、心は三世を見通された。過去のこと、未来のことを鏡に映すように明らかに見ておられた仏が五十年余りの間、一代にわたって一切経を説きおかれました。この一切経は、仏が亡くなられて千年の間、月氏に徐々に広まりましたが、漢土・日本へはまだ伝わっていませんでした。仏が亡くなって千十五年に漢土に仏法が伝わり始めましたが、まだ『法華経』が伝わることはありませんでした。

鳩摩羅什による『法華経』の中国伝播

仏法、漢土にわたりて二百余年に及んで月氏と漢土との中間に亀茲国《きじこく》*と申す国あり。彼の国の内に鳩摩羅《くまら》えん（炎）三蔵と申せし人の御子に鳩摩羅《くまら》什《じゅう》*と申せし人、彼の国より月氏に入り、須利耶蘇磨《しゅりやそま》*三蔵と申せし人に此の法華経をさづかり給ひき。其《そ》の経を授けし時の御語《みことば》に云《いわ》く、此の法華経は東北の国に縁ふかしと*云云《うんぬん》。此《こ》の御語を持《たも》ちて月氏より東方漢土へはわたし給ひしなり。

《亀茲国》かつて（紀元前三世紀?～十一世紀?）、中央アジアに存在したオアシス都市国家。現在の中華人民共和国新疆《しんきょう》ウイグル自治区アクス地区クチャ県（庫車県）付近。《鳩摩羅什》略して羅什三蔵と呼ばれる。103頁の注を参照。《須利耶蘇磨》シューリヤソーマ（Sūryasoma）の音写で、一般には須利耶蘇摩と書く。ヤルカンド（莎車《さしゃ》）の王子として生まれる（生没年不明）。カシュガル（疏勒《そろく》）で鳩摩羅什に大乗仏教を授けた。《此の法華経は東北の国に縁ふかし》鳩摩羅什の弟子であった僧肇《そうじょう》の作とされる『法華《ほっけ》翻経後記《ほんきょうこうき》』に「茲《こ》の典は東北に縁有り、汝《なんじ》慎んで伝弘《でんぐ》せよ」（大正蔵、巻五一、五四頁中）とあるのによったのであろう。

仏法が漢土に伝わって、二百年余に及び、月氏と漢土との中間に亀茲国《きじこく》という国があって、その国に鳩摩羅炎《くまらえん》三蔵という人の子どもに鳩摩羅什という人がいました。その亀茲国から月氏に行き、須利耶蘇摩《しゅりやそま》三蔵という人からこの『法華経』を授けられました。その経を授ける時の言葉に、「この『法華経』は東北の方向にある国に縁が深い」とありました。この言葉を心に留めて、月氏から東方の漢土に伝えたのです。

『法華経』の日本弘通

漢土には仏法わたりて二百余年、後秦王《こうしんのう》*の御宇《ぎょう》に渡りて候《そうら》ひき。日本国には人王《にんのう》第三十代・欽明《きんめい》天皇の御宇、治《しろしめ》す十三年*〔壬申《みずのえさる》〕十月十三日〔辛酉《かのととり》〕の日、此《こ》れより西、百済《くだら》国と申す国より聖明皇《せいめいおう》、日本国に仏法をわたす。此れは漢土に仏法わたりて四百年、仏滅後一千四百余年なり。其《そ》の中にも法華経はましましかども人王第三十二代・用明《ようめい》天皇の太子、聖徳《しょうとく》太子と申せし人、漢土へ使《つかい》をつかわして法華経をとりよせまいらせて日本国に弘通《ぐつう》し給ひき。

《後秦王》後秦（三八四～四一七年）は、中国の五胡十六国の一つ。姚秦《ようしん》とも言う。後秦王は、後秦の第二代皇帝・姚興《ようこう》のことで、仏教を重んじ、四〇一年に鳩摩羅什を常安（長安）に迎え入れて国師とした。《治す十三年》欽明天皇の在位は五三九～五七一年とされるので、その十三年後は、五五二年にあたる。一九六〇年代末まで、日本史で仏教伝来は五五二年とされていたが、その後、五三八年に改められた。

漢土に仏法が伝わって二百年余となり、後秦（姚秦《ようしん》）の姚興《ようこう》王の御代《みよ》に『法華経』は伝えられました。日本国には、人王第三十代の欽明天皇の御代、治世十三年〔壬《みずのえ》申《さる》〕十月十三日に日本の西、百済という国から聖明皇《せいめいおう》が日本に仏法を伝えました。それは、漢土に仏法が伝わって四百年、仏滅後千四百年のことです。その中に『法華経』も含まれておりましたが、人王第三十二代の用明《ようめい》天皇の太子である聖徳《しょうとく》太子という人が、漢土へ使者を派遣して『法華経』を取り寄せて、日本国に弘められました。

此の法華経は一切経に勝れたり。師子王のごとし

それより、このかた七百余年なり。仏滅後すでに二千二百三十余年になり候《そうろう》上、月氏・漢土・日本の山々・河々・海々・里々、遠くへだたり、人々・心々・国々、各々別々《おのおのべつべつ》にして語《ことば》かわり、しなことなれば＊、いかでか仏法の御心をば我等凡夫は弁《わきま》へ候べき。ただ経々の文字を引き合はせてこそ知るべきに、一切経はやうやう（様様）に候《そうら》へども法華経と申す御経は八巻まします。流通《るつう》に普賢経《ふげんきょう》、序分の無量義経*、各《おのおの》一巻已上。

此《こ》の御経を開き見まいらせ候へば明らかなる鏡をもつて我が面《おもて》を見るがごとし。日出《い》でて草木の色を弁《わきま》へるにに（似）たり。

序分の無量義経*を見まいらせ候へば、「四十余年未《いま》だ真実を顕《あら》わさず」と申す経文あり。法華経の第一の巻・方便品《ほうべんぼん》の始めに「世尊は法久しくして後、要《かなら》ず当《まさ》に真実を説きたまふべし」*と申す経文あり。第四の巻の宝塔品《ほうとうぼん》には「妙法華経《みょうほけきょう》・皆是真実《かいぜしんじつ》」と申す明文《みょうもん》あり。第七の巻には「舌相、梵天《ぼんてん》に至る」*と申す経文赫々《かくかく》たり。其《そ》の外《ほか》は此《こ》の経より外のさきのち（前後）ならべる経々をば星に譬《たとえ》へ、江河《こうが》に譬へ、小王に譬へ、小山に譬へたり。法華経をば月に譬へ、日に譬へ、大海・大山・大王等に譬へ給へり。

此の語《ことば》は私の言《ことば》には有らず。皆如来の金言なり。十方の諸仏の御評定《ごひょうじょう》の御《み》言《ことば》なり。一切の菩薩・二乗・梵天・帝釈《たいしゃく》、今の天に懸《か》かりて明鏡《みょうきょう》のごとくにまします日月《にちがつ》も見給ひき。聞き給ひき。其の日月の御語も此の経にのせられて候《そうろう》。

月氏・漢土・日本国のふるき神たちも、皆其《そ》の座につらなり給ひし神神なり。天照太神《てんしょうだいじん》・八幡大菩薩《はちまんだいぼさつ》・熊野・すずか等の日本国の神神もあらそひ給ふべからず。此の経文は一切経に勝れたり。地走る者の王たり。師子王《ししおう》のごとし。空飛ぶ者の王たり。鷲《わし》のごとし。南無阿弥陀仏経等はきじ（雉）のごとし。兎《うさぎ》のごとし。鷲につかまれては涙をながし、師子にせめられては腹わたをたつ。念仏者・律僧・禅僧・真言師等又かくのごとし。法華経の行者に値《あ》ひぬれば、いろを失ひ魂をけすなり。

《しな》「ものごとの事情」という意味があり、風俗・習慣と訳すことにした。《流通に普賢経、序分の無量義経》経典を内容面から見て、①序分（仏の本意を説くための準備・導入部）、②正宗分（仏の本意を説いた中心部分）、③流通分（衆生の利益と法の流《る》布《ふ》のために記した部分）――の三つに大きく分けることが行なわれる。『法華経』を正宗分とすると、序分が『無量義経』、流通分が『普賢経』、即ち『観普賢菩薩行法経《かんふげんぼさつぎょうほうきょう》』とされる。このような考え方は、インドではなかったもので、中国仏教において主張されるようになった。《序分の無量義経》ここは、真跡では「序品の無量義経」となっているが、日蓮の勘違いだと思われるので、筆者は改めた。《世尊は法久しくして後、要ず当に真実を説きたまふべし》『昭和定本日蓮聖人遺文』などで、「世尊法久後要当説真実」に、「世尊の法は久しき後に要《かな》らず当《まさ》に真実を説きたまふべし」と読むように返り点を打っているが、これでは、法を説く主体が不明確なので、筆者は読み方を改めた。

《舌相、梵天に至る》仏教以前、バラモンの舌が髪の生え際や、耳にまで達するとされ、舌の長いことが虚妄《こもう》のないことを意味するとされていた。

それ以来、七百年余となりました。仏滅後、既に二千二百三十年余となった上、月氏・漢土・日本の山・河・海・人里を遠く隔てていて、人間も、心も、国もそれぞれ異なっていて、言語も、風俗・習慣も異なるので、どうして仏法の真意を我々凡夫が理解することができるでしょうか。ただ経典同士の文字を比較・検討して知るべきですが、一切経はさまざまにあるけれども、『法華経』という経は八巻が存在します。〔『法華経』を正宗分とすると、〕その流通分として『普賢経』、序分として『無量義経』のそれぞれ一巻があります。

この経を開いて読めば、明らかな鏡で自分の顔を見るようなものです。太陽が出て草木の色を識別できるのに似ています。

序分の『無量義経』を拝見すると、「四十余年未だ真実を顕わさず」という経文《きょうもん》があり、『法華経』第一巻の方便品の初めのほうには「世尊は法久しくして後、要《かなら》ず当《まさ》に真実を説きたまふべし」いう経文もあります。第四巻の見宝塔品には、「妙法蓮華経は皆是れ真実なり」という明確な経文もあります。第七巻の如来神力品には「舌相、梵天に至る」という経文が赤々と輝いております。この『法華経』以外の前後に並んだ他の経々を星に譬え、江河に譬え、小王に譬え、小山に譬えています。それに対して、法華経を月に譬え、日に譬え、大海・大山・大王等に譬えています。

この言葉は、私の言葉ではありません。皆、如来の金言《きんげん》であります。十方の諸仏が評定《ひょうじょう》された上での言葉です。一切の菩薩・二乗・梵天・帝釈、および今の天にかかって明鏡のように存在している日天・月天もご覧になったし、お聞きになられました。その日天・月天の言葉もこの経に載せられています。

月氏・漢土・日本国の古い神々も皆、その会座《えざ》に連なっておられた神々です。天照《てんしょう》太神《たいじん》・八幡大菩《はちまんだいぼ》薩《さつ》・熊野・鈴鹿《すずか》等の日本国の神々も、その如来の金言の真偽を争うべきことではありません。この『法華経』の経文は一切経に勝れています。地を走る者の王であり、師子王のようなものです。空を飛ぶ者の王であり、鷲のようなものです。南無阿弥陀仏経等は雉《きじ》のようなものであり、兎《うさぎ》のようなものです。鷲《わし》につかまれては、涙をながし、師子《しし》（ライオン）にせめられては腸《はらわた》を断ちます。念仏者・律僧・禅僧・真言師等もまたこのようなものです。法華経の行者に遭遇すれば、青ざめ、驚き恐れるのです。

法華経の中には女人成仏第一なり

かかるいみじき法華経と申す御経は、いかなる法門ぞと申せば、一の巻方《ほう》便品《べんぼん》よりうちはじめて菩薩・二乗*・凡夫、皆仏になり給ふやうをとかれて候《そうら》へども、いまだ其《そ》のしるしなし。設《たと》へば始めたる客人《まろうど》が相貌《すがた》うるわしくして、心もいさぎよく、口もきいて候へば、いう事疑《うたがい》なけれども、さきも見ぬ人なれば、いまだあらわれたる事なければ、語《ことば》のみにては信じがたきぞかし。其の時、語にまかせて大なる事、度度《たびたび》あひ候へば、さては後の事もたのもしなんど申すぞかし。一切信じて信ぜられざりしを、第五の巻に即身成《そくしんじょう》仏《ぶつ》*と申す一経第一の肝心あり。譬へばくろき物を白くなす事、漆《うるし》を雪となし、不浄を清浄《しょうじょう》になす事、濁水《じょくすい》に如意珠《にょいじゅ》を入れたるがごとし。龍女《りゅうにょ》と申せし小蛇《くちなわ》を現身《げんしん》に仏になしてましましき。此《こ》の時こそ一切の男子《なんし》の仏になる事をば疑ふ者は候《そうら》はざりしか。されば、此《こ》の経は女人成仏を手本としてとかれたりと申す。

されば日本国に法華経の正義《しょうぎ》を弘通《ぐつう》し始めましませし、叡山《えいざん》の根本伝教大師*の此の事を釈し給ふには、「能化《のうけ》・所化《しょけ》倶《とも》に歴劫《りやっこう》*無し妙法《みょうほう》経力即身成仏《きょうりきそくしんじょうぶつ》す」等、漢土の天台智者大師*、法華経の正義をよみはじめ給ひしには、「他経は但《ただ》男に記《き》して女に記せず、乃至《ないし》今経《こんきょう》は皆記す」等云云《うんぬん》。此れは一代聖《しょう》教《ぎょう》の中には法華経第一、法華経の中には女人成仏《にょにんじょうぶつ》第一なりと、ことわらせ給ふにや。されば日本の一切の女人は法華経より外《ほか》の一切経には女人成仏せずと嫌ふとも、法華経にだにも女人成仏ゆるされなば、なにかくるしかるべき。

《菩薩・二乗》菩薩（bodhi-sattva）は、紀元前二世紀ごろ小乗仏教が使い始めた時は、「覚り（bodhi）が確定した人（sattva）」という意味で釈尊に限定されていたが、紀元前後に興った大乗仏教は、その意味を「覚り（bodhi）を求める人（sattva）」に転じて、あらゆる人に開放した。従って、ここでの菩薩は、在家・出家、男・女からなる大乗仏教の信奉者のこと。二乗は、声聞《しょうもん》と独覚《どっかく》の二種類で、いずれも小乗仏教の男性出家者を意味する。《即身成仏》何度も生まれ変わって修行を重ねる必要もなく、〝今〟〝ここで〟この〝わが身〟のままで仏になること。《伝教大師》56頁の注を参照。《歴劫》歴劫《りやっこう》修行《しゅぎょう》の略。天文学的な時間をかけて何度も生まれ変わって修行を重ねること。《天台智者大師》56頁の注を参照。

このように勝れている『法華経』という経は、どのような法門であるのかと言えば、第一巻の方便品から始めて、菩薩・二乗・凡夫のすべての人が仏になるというさまを説かれていますが、予言がなされただけで、現時点ではその証拠はいまだありません。例えば、初めての客人で容貌が美しく、心も清らかで、口をきけば、言っていることに疑うところがないけれども、先のことを見ていない人であるので、いまだ真偽が顕われておらず、言葉だけでは信じることができないようなものです。その時々に言葉通りに大事なことがたびたび符合すれば、きっとこれから後のことも信頼できるということになります。

一切、信じて信じられないという半信半疑の状態であったけれども、第五巻の提婆《だいば》達多品《だったぼん》に即身成仏という『法華経』一経において第一の最重要なことがあります。それは、譬えば黒いものを白くなし、漆を雪になし、不浄を清浄になすことであり、濁った水に如意珠《にょいじゅ》を入れて水が澄むようなものです。龍女という小蛇《くちなわ》を、現身《げんしん》に、すなわち〝いま〟〝ここ〟にいるこの〝我が身〟を離れることなく仏になしました。この時、初めて一切の男子が仏に成るということを疑う人はいなくなりました。だから、この『法華経』は、女性の成仏を手本として菩薩・二乗・凡夫のすべての人の成仏が説かれていると言えます。

だから、日本国に『法華経』の正義《しょうぎ》を弘め始められた比叡山の根本大師とも呼ばれる伝教大師が、この点を解釈して、『法華秀句《ほっけしゅうく》』で「化導《けどう》する仏（能化《のうけ》）も、化導される衆生（所化《しょけ》）も、ともに歴劫《りゃっこう》修行は必要ない。妙法蓮華経の力で即身成仏する」などと記し、漢土の天台智者大師は、法華経の正義を読み始められると、『法華文句《ほっけもんぐ》』で「他の経は、ただ男性にのみ授記して、女性には全く授記することがなかった。〔中略〕今経の『法華経』はすべての人に授記している」等と言っています。このことは、釈尊が一代かかって説いた聖教の中では『法華経』が第一であり、『法華経』の中では女人成仏が第一であると、断定されていることではないでしょうか。そうであるならば、日本の一切の女性は、『法華経』より外の一切経で女性は成仏できないと嫌っていても、『法華経』だけでも女性の成仏が許されているならば、何が不都合でありましょうか。

法華経こそ女人成仏の報恩経に候

しかるに日蓮は、うけがたくして人身《にんじん》をうけ、値《あ》ひがたくして仏法に値ひ奉る。一切の仏法の中に法華経に値ひまいらせて候《そうろう》。其《そ》の恩徳ををもへば父《ぶ》母《も》の恩・国主の恩・一切衆生の恩なり。父母の恩の中に慈父《じふ》をば天に譬《たと》へ、悲母《ひも》をば大地に譬へたり。いづれもわけがたし。其の中にも悲母の大恩、ことにほう（報）じがたし。此れを報ぜんとをもうに、外典《げてん》の三墳《さんぷん》・五典《ごてん》*・孝経*等によて報ぜんとをもへば、現在をやしないて後世《ごせ》をたすけがたし。身をやしない魂をたすけず。

内典の仏法に入りて、五千・七千余巻の小乗・大乗は女人成仏かた（難）ければ、悲母の恩報じがたし。小乗*は女人成仏、一向に許されず。大乗経*は、或《あるい》は成仏、或は往生《おうじょう》を許したるやうなれども、仏の仮言《かりごと》にて実事なし、但《ただ》法華経計《ばか》りこそ女人成仏、悲母の恩を報ずる実の報恩経にては候《そうら》へと見候ひしかば、悲母の恩を報ぜんために、此の経の題目を一切の女人に唱へさせんと願《ねがい》す。

《三墳・五典》失われて現存しない古代中国の書物で、三皇の書の『三墳』と、五帝の書の『五典』のこと。《孝経》孔子が孝の大道を説いた中国の経書の一つ。《小乗》55頁の注を参照。《大乗経》釈尊滅後四百年頃、小乗仏教を批判して興起した大乗仏教の経典。

ところが日蓮は、受け難いのに人間の身体を受け、遇《あ》い難いのに仏法と出会いました。一切の仏法の中でも『法華経』に出会うことができました。その恩恵について考えれば、父母の恩・国主の恩・一切衆生の恩があります。父母の恩の中では、慈父を天に譬え、悲母を大地に譬えます。いずれも分けることはできません。その中でも、悲母の偉大なる恩は、ことさらに報いがたいものです。これに報いようと思うに、仏教以外の外典の『三墳』『五典』や『孝経』などによって報いようと思えば、現在に母を養うことばかりで後世《ごせ》を助けることはできません。身体的に養うことはできても、心を助けることはできません。

内典の仏法に入って、五千巻、七千巻余を数える小乗仏教と大乗仏教では、女性の成仏はできないとされるので、悲母の恩に報いることは困難です。小乗仏教は、女人成仏を全く許していません。

大乗経は、あるものは成仏、あるものは往生《おうじょう》を許しているようであるけれども、それは仏の仮の言葉であって、その事実はありません。ただ『法華経』こそが、女人成仏をかなえ、悲母の恩に報いる真実の報恩の経であると見ましたので、悲母の恩に報いるためにこの経の題目をすべての女性に唱えさせようと願いました。

日本国の一切の女人、法華経の心に叶ふは一人もなし

其《そ》れに日本国の一切の女人は漢土の善導《ぜんどう》＊、日本の慧心《えしん》＊・永観《えいかん》＊・法然《ほうねん》＊等にすかされて、詮《せん》とすべきに、南無妙法蓮華経をば一国の一切の女人、一人も唱ふることとなし。但《ただ》南無阿弥陀仏と一日に一返《いっぺん》・十返・百千万億反《へん》・乃至《ないし》三万・十万反、一生が間・昼夜十二時《じゅうにとき》に又他事なし。道心堅固《どうしんけんご》なる女人も又悪人なる女人も弥陀念仏《みだねんぶつ》を本《もと》とせり。わづかに法華経をこと（事）とするやうなる女人も、月ま（待）つまでのてすさび（手遊）、をもわしき男のひまに心ならず心ざしなき男にあ（値）うがごとし。されば日本国の一切の女人、法華経の御心に叶《かな》ふは一人もなし。

《中略》

《善導》六一三〜六八一年。中国浄土教の僧侶。「称名念仏《しょうみょうねんぶつ》」を中心とする浄土思想を確立した。《慧心》九四二〜一〇一七年・恵《え》心僧都《しんそうず》源信《げんしん》のこと。天台宗の僧侶。浄土教に傾注し、経論の要文を集めて『往生要集《おうじょうようしゅう》』を撰した。《永観》一〇三三〜一一一一年。

称名念仏《しょうみょうねんぶつ》を専《もっぱ》らに修《しゅ》する専修念仏《せんじゅねんぶつ》の先駆者とみなされ、「浄土宗八祖」の一人とされる。
《法然》一一三三〜一二一二年。比叡山で天台宗を学んだが、比叡山を下りて、「南無阿弥陀仏」の念仏さえ称えていれば救われるという浄土宗を開いた。

それなのに、日本国のすべての女性は、漢土の善導、日本の恵心僧都源信や、永観、法然にだまされて、南無妙法蓮華経を眼目とすべきなのに、一国の一切の女人は一人も唱えることがありません。ただ、南無阿弥陀仏と一日に一遍・十遍・百千万億遍《ぐ》、ないし三万遍・十万遍、一生の間、昼夜十二時に称えて、他のことはありません。求道心《どうしん》がしっかりしている女性も、また悪人である女性も、阿弥陀仏の名号を称え、心に念ずることを根本としています。わずかに『法華経』を読むような女性がいても、月を待つ間の退屈しのぎや、思いを寄せている男と会う合間に、本気ではなく好きでもない男と会うようなものです。だから、日本国の一切の女性で『法華経』の心にかなっている人は一人もいません。

《中略》

女人の讒言で流罪に

日本の一切の女人等は我が心のをろかなるをば知らずして、我をたすくる日蓮をかたきとをもひて、大怨敵たる念仏者・禅・律・真言師等を善知識*とあやまてり。たすけんとする日蓮かへりて大怨敵とをもわるるゆえに、女人こぞりて国主に讒言《ざんげん》*して伊豆の国へながせし*上、又佐渡の国へながされぬ*。

ここに日蓮願って云く、「日蓮は全く悞《あやまり》なし。設《たと》ひ僻事《ひがごと》なりとも日本国の一切の女人を扶《たす》けんと願《ねがい》せる志《こころざし》はすてがたかるべし。何《いか》に況《いわん》や法華経のままに申す。而《しか》るを一切の女人等、信ぜずば、さてこそ有るべきに、かへりて日蓮をうたする。日蓮が僻事か、釈迦・多宝・十方の諸仏・菩薩・二乗・梵・釈・四天*等いかに計《はか》らひ給ふぞ」

《中略》

《善知識》カルヤーナ・ミトラ（kalyāṇa-mitra）の訳で、「善き友」を意味する。仏法の正しい理解に導いてくれる人。《讒言》他人を陥れようと、事実を曲げ、ありもしない事柄を作り上げて、目上の人に告げ口すること。《伊豆の国へながせし》弘長元（一二六一）年の伊豆流罪のこと。《佐渡の国へながされぬ》文永八（一二七一）年の佐渡流罪のこと。《四天》四大天王のこと。356頁の注を参照。

日本のすべての女性たちは、自分の心が愚かであることを知らず、自分を助けてくれる日蓮を敵《かたき》と思って、大怨敵である念仏者・禅・律・真言師たちを善知識と勘違いして、助けようとしている日蓮を逆に大怨敵と思われる故に、女性たちがこぞって国主に讒言して伊豆の国へと流罪にさせ、佐渡の国へと流させました。

ここで、日蓮が願って言うのは、「日蓮は全く誤りはありません。たとえ間違いであったとしても、日本国の一切の女性を助けようと願った志は捨てがたいことであるはずです。ましてや、『法華経』に説かれているままに申し上げています。それなのに、一切の女性は、信じないのであれば、信じないままでいればいいのに、逆に日蓮を攻撃させている。日蓮が間違っているのか、釈迦・多宝・十方の諸仏・菩薩・二乗・梵天・帝釈・四天王などは、どのように計らっておられるでありましょうか」と。

《中略》

阿仏房に櫃《ひつ》を背負わせ、夜中に度度、御わたりありし

而《しか》るに日蓮、佐渡の国へ流されたりしかば、彼《か》の国の守護*等は国主の御計《おんはか》らひに随ひて日蓮をあだむ。万民は其《そ》の命《おおせ》に随う。念仏者・禅・律・真言師等は、鎌倉よりもいかにもして此《こ》れへわたらぬやう計ると申しつかわし、極楽寺の良観*等は武蔵《むさし》の前司殿《ぜんじどの》*の私の御教書《みきょうしょ》*を申して、弟子に持たせて、日蓮をあだみなんとせしかば、いかにも命《いのち》たすかるべきやうはなかりしに、天の御計《おんはか》らひはさてをきぬ、地頭*・地頭等、念仏者・念仏者等、日蓮が庵室*に昼夜に立ちそいて、かよ（通）う人もあるをまどわさんと、せめしに、阿仏房《あぶつぼう》にひつ（櫃）*をしを（背負）わせ、夜中に度々《たびたび》、御わたりありし事、いつの世にかわすらむ。只《ただ》悲母の佐渡の国に生れかわりて有るか。

《守護》鎌倉・室町時代の職名。各国の警備、治安維持に当たった。《極楽寺の良観》296頁の注「両火房」を参照。《武蔵の前司殿》武蔵国の前の国司のこと。ここでは北条宣時のこと。《御教書》鎌倉・室町幕府の執権・管領が将軍の意を奉じて出した形式の文書。通達や緊急の命令。《地頭》鎌倉・室町時代に守護とともに設置された職名。荘園・国衙領（公領）を管理支配するために設置された。《庵室》僧尼や世捨て人の住む粗末な住まい。ここでは、塚原三昧堂のこと。《ひつ（櫃）》飯を入れておく木製の器。

一般に「おひつ」と言われる。

ところが、日蓮が佐渡の国に流されると、その国の守護たちは、国主の処置に従って日蓮を敵視しました。万民もその守護の命令に従いました。念仏者・禅・律・真言師等は、鎌倉からも、どんなことがあっても、日蓮が鎌倉には戻らないように企てることを申しつかわし、極楽寺の良観などは武蔵の前司殿（北条宣時）に頼んで私的に御教書を出してもらい、弟子に持たせて日蓮を亡きものにしようとしました。だから、どうあっても命が助かるべき理由はなかったのに、天の計らいはさておいて、地頭という地頭、念仏者という念仏者たちは、日蓮が滞在する庵室に昼夜に見張りを立てて、通ってくる者を困らせようと責めたてていました。それなのに、阿仏房に櫃《ひつ》を背負わせて何度も夜中に訪ねて来られたことは、いつの世に忘れることがありましょうか。ただただ、今は亡き悲母が佐渡の国に生まれ変わっておられるのでありましょうか。

宅《いえ》を取られなんどせしに、終に通らせ給ひぬ

漢土に沛《はい》公*と申せし人、王の相《そう》有りとて、秦《しん》の始皇《しこう》*の勅宣《ちょくせん》を下して云《いわ》く、

「沛公打ちてまいらせん者には不次《ふじ》*の賞を行ふべし」。沛公は里の中には隠れがたくして、山に入りて七日・二七《にしち》日なんど有りしなり。其《そ》の時、命すでにをわ（終）りぬべかりしに、沛公の妻女・呂公《りよこう》と申せし人こそ山中を尋ねて時々《よりより》命をたすけしが、彼は妻なればなさけ（情）すてがたし。

此《こ》れは後世《ごせ》をぼせずば、なにしにかくはおはすべき。又其の故に或《あるい》は所ををい、或はくわれう（科料）*をひき、或は宅《いえ》をとられなんどせしに、ついにとをらせ給ひぬ。法華経には過去に十万億の仏を供養せる人こそ、今《こん》生《じょう》には退《たい》せぬとわみへて候《そうら》へ。されば十万億供養の女人なり。

《沛公》前漢（前二〇六～八年）の国を建てた皇帝・劉邦《りゅうほう》（前二四七～前一九五）のこと。高祖ともいう。人間的に魅力あふれる人物だったようで、多くの優秀な人材が彼に付き従った。項王《こうおう》（項羽《こうう》）と天下を巡って争い、勝利した。《秦の始皇》秦の始皇帝（前二五九～前二一〇）のこと。中国、秦の初代皇帝。自らの徳は、三皇五帝にも勝れているとして〝皇帝〟を名乗った。前二二一年、中国を統一して絶対王制を敷いた。郡県制・中央集権制度の実施、度量衡《どりょうこう》・貨幣の統一、焚書坑儒《ふんしょこうじゅ》による思想統一、万里の長城の築造など事績が多い。急激な拡大と強圧政治に対する反動のため、死後数年にして帝国は崩壊した。《不次》順序や次第によらないこと。破格。《くわれう（科料）》罰金。

漢土で沛公（劉邦）という人は、王となる相があるというので、秦の始皇帝は勅宣を下して、「沛公を打ち取った者にはこの上ない賞を与えよう」と言った。沛公は、人里に隠れていることができなくなって、山に入って隠れること、七日、十四日に及びました。その時、既に命が終わるはずだったのに、沛公の妻の呂公という人が山中を訪れて、その時その時に命を助けました。それは、妻であったから情愛を捨てがたかったからでした。

この尼御前（千日尼）は、後世《ごせ》のことを思ったのでなければ、どうしてこのようなことをなさるでしょうか。また、そのために追放されたり、罰金を科されたり、家宅を没収されたりしたのに、最後まで日蓮の庵室を訪ねることを貫き通されました。『法華経』法師品《ほっしぼん》に、十万億の仏を供養した人こそが、今生で退転しない人だとあります。それゆえに、尼御前は十万億の仏を供養した女性であります。

夫を佐渡から身延に三度遣はす

其《そ》の上、人は見る眼《め》の前には心ざし有りとも、さしはなれぬれば、心はわすれずとも、さでこそ候《そうろう》に、去《い》ぬる文永十一年より今年《ことし》弘安元年までは、すでに五ケ年が間、此《こ》の山中に候に、佐渡の国より三度まで夫《おっと》をつかはす。いくらほどの御心《おんこころ》ざしぞ。大地よりもあつく、大海よりもふかき御心ざしぞかし。釈迦如来は我が薩埵《さった》王子*たりし時、うへたる虎に身をかい（飼）し功徳、尸毘《しび》王*とありし時、鳩のために身をかへし功徳をば、我が末の代《よ》かくのごとく法華経を信ぜん人にゆづらむとこそ、多宝・十方の仏*の御前《ごぜん》にては申させ給ひしか。

《薩埵王子》55頁の注を参照。《尸毘王》釈尊の過去世物語の一つに登場する王で、鷹に追われた鳩を助けるために自分の肉を削って与えた。《多宝・十方の仏》『法華経』で釈尊滅後の弘教《ぐきょう》の付嘱《ふぞく》の場面となった虚空会《こくうえ》に登場した過去仏の多宝如来と、十方から集まってきた諸仏。

その上、人は目の前で会っている時は志があったとしても、遠く離れてしまえば、心では忘れることはなくても、志を失くすものであるのに、去る文永十一（一二七四）年から今年の弘安元（一二七八）年まで、すでに五カ年の間、この身延の山中に滞在していたのに、佐渡の国から三度までも夫を遣わされました。どれほどの志でありましょうか。大地よりも厚く、大海よりも深い志であります。釈迦如来は、過去世において自分が薩埵《さった》王子であった時、飢えた虎に身を食べ物として与えた功徳、さらに尸毘《しび》王であった時、鷹に追われた鳩のために自分の肉を削って鷹に与えた功徳を、我が末代にこのように『法華経』を信ずる人に譲り与えようと、多宝如来や十方の諸仏の前で申されたものでした。

『法華経』十巻を送る

其《そ》の上、御消息に云《いわ》く、尼が父の十三年は来る八月十一日。又云く、ぜに（銭）一貫もん等云云《うんぬん》。あまりの御心ざしの切《せつ》に候《そうら》へば、ありえて御はしますに随ひて、法華経十巻をくりまいらせ候《そうろう》。日蓮がこい（恋）しくをはせん時は、学乗房*によませて御ちやうもん*（聴聞）あるべし。此《こ》の御経《みきょう》をしるしとして後生《ごしょう》には御たづねあるべし。

《ぜに（銭）一貫もん》77頁の注「鵞目一貫」を参照。《学乗房》？～一三〇一年。真言宗の僧であったが、佐渡流罪中の日蓮と出会い、日蓮の弟子となった。一谷《いちのさわ》入道一家との関係が深い。日蓮が鎌倉へ戻った後も、佐渡の信徒の信仰指導に当たっていて、佐渡の中心的存在であった。

その上、お手紙には、尼の父の十三回忌は来る八月十一日とありました。また、銭を一貫文などともありました。あまりにも志が深くいらっしゃるので、〔幸いにも〕ありうべくして手もとにあるのに従って、『法華経』十巻をお送りいたします。日蓮を恋しいと思われた時は、学乗房に読ませて、お聞きになってください。この『法華経』を証拠として、後生には日蓮を訪ねて来てください。

阿仏房の突然の来訪

抑《そもそ》も、去年《こぞ》今年《ことし》のありさまは、いかにかならせ給ひぬらむと、をぼつかなさに法華経にねんごろに申し候《そうら》ひつれども、いまだいぶかし（不審）く候ひつるに、七月二十七日の申《さる》の時に阿仏房を見つけて、「尼ごぜんはいかに、こう（国府）入道殿はいかに」と、まづと（問）いて候ひつれば、「いまだやま（病）ず。こう入道殿は同道にて候ひつるが、わせ（早稲）はすでにちかづきぬ。こ（子）わなし。いかんがせんとて、かへられ候ひつる」と、かたり候ひし時こそ、盲目の者の眼のあきたる、死し給へる父母の閻魔宮《えんまぐう》より御をとづれの夢の内に有るをゆめ（夢）にて悦《よろこ》ぶがごとし。

《こう（国府）入道》生没年不詳。佐渡の国の国府に住んでいた。流罪中の日蓮に帰依し、夫婦そろって種々の物を供養して日蓮を外護《げご》した。日蓮が身延に入山した後も佐渡から日蓮を訪ねている。《閻魔宮》死後の世界を支配する閻魔王の宮殿。閻魔については、357頁の注を参照。

それにしても、去年と今年の〔疫病の〕あり様を見ては、どのようになっておられるだろうかとおぼつかなくて、『法華経』に心を込めて申し上げておりました。いまだおぼつかなく思っているところに、七月二十七日の申《さる》の時（午後四時）に阿仏房の姿を見つけて、「尼御前はどうしていますか、国府入道殿はどうしていますか」と、何をさておいて尋ねたならば、「妻はまだ病になっていません。国府入道殿は、途中まで同行しておりましたが、早稲《わせ》の収穫が近づいたのに、手伝ってくれる子どもはいないし、どうしたらいいだろうと言って途中で引き返しました」と語られた時こそ、盲目の人の眼が開いたようでしたし、亡くなった父母が閻魔天の宮殿から訪ねてきたという夢の中に自分がいるのを夢で喜ぶようなものです。

身延も鎌倉も此の方の者は疫病にて死ぬる人は少なく候

あわれあわれ、ふしぎ（不思議）なる事かな。此《こ》れもかまくら（鎌倉）も此の方の者は此の病にて死ぬる人はすくなく候《そうろう》。同じ船にて候《そうら》へば、いづれもたすかるべしとも、をぼへず候ひつるに、ふね（船）やぶ（破）れて、たすけぶねに値《あ》へるか、又龍神のたすけにて事なく岸へつけるかとこそ不思議がり候へ。

《中略》

七月二十八日　　　　日蓮　花押

佐渡国府阿仏房尼御前

《此の病》建治三（一二七七）年から蔓延《まんえん》していた疫病のこと。日蓮は、建治四年二月十三日（十六日後に弘安に改元）の『松野殿御返事』に「去年《こぞ》の春より今年の二月中旬まで疫病、国に充満す。十家に五家、百家に五十家、皆や（病）み死し、或《あるい》は身はやまねども、心は大苦に値《あ》へり。やむ者よりも怖《おそろ》し。たまたま生残《いきのこり》たれども、或は影の如くそゐ（添）し子もなく、眼の如く面《かお》をならべし夫婦もなく、天地の如く憑《たの》みし父母もをはせず。生きても何《な》にかせん。心あらん人人、争《いかで》か世を厭《いと》はざらん。三界無安《さんがいむあん》とは、仏説き給ひて候《そうら》へども、法に過ぎて見え候《そうろう》」と記している。

ああ、何と不思議なことでしょう。この身延山でも、鎌倉においても、わが門下の者はこの疫病で亡くなる人は少ないのです。同じ船に乗っているのだから、いずれも助かるだろうとも思えないでいるところに、船が難破して助け船に遇ったか、あるいは龍神の助けによって、無事に岸に着いたかと不思議に思って下さい。

日蓮　花押

《中略》

七月二十八日

佐渡国府阿仏房尼御前

解説

南条平七郎に与えられた弘安元年七月七日付の『種種物御消息《しゅじゅのものごしょうそく》』の解説（389頁）でも触れたように、その年の二月の時点でも前年来の疫病は蔓延《まんえん》していたが、この手紙が書かれた七月二十八日の時点でも疫病は収まっていなかったようだ。

日蓮は、信徒たちがどうしているか心配していた。そこへ、ひょっこりと阿仏房が日蓮の目の前に現われた。その姿を見つけた時の日蓮の喜びようがこの手紙に表われている。「尼御前はいかに」「国府入道殿はいかに」と矢継ぎ早に尋ねる日蓮の嬉しそうな表情が目に浮かぶ。

七月六日に佐渡を発った阿仏房は、海を渡り山河を越えて、身延山の日蓮の許《もと》に七月二十七日に到着している。これが、三度目の訪問であった。しかも、阿仏房が亡くなる九ヵ月前のことである。それほどに阿仏房・千日尼夫妻は日蓮を敬い慕っていたといえよう。

阿仏房は、順徳上皇《じゅんとくじょうこう》（一一九七～一二四二）の警衛に当たる北面《ほくめん》の武士で、上皇が佐渡に流されたのに伴って佐渡へ来て、塚原周辺の名主《みょうしゅ》として定住していたという（異説もある）。阿仏房の名前から分かるように、阿仏、すなわち阿弥陀仏《あみだぶつ》を信仰していて、塚原の三昧堂《さんまいどう》にいる日蓮を論駁《ろんばく》しようと訪ねてきて、日蓮の人格や教えに触れて妻の千日尼とともに帰依《きえ》するようになった。千日尼は、食の乏しい三昧堂にお櫃《ひつ》を夫に背負わせ、地頭の責めも顧みず、夜中に忍んでご飯を届けることを続けた。後に、このことを理由に地頭から科料《かりよう》を科され、家を没収されて所を追われた。それでも、志を貫き通した。阿仏房夫妻が遠ざけられると、今度は阿仏房夫妻と親しかった佐渡の国府《こくふ》に住む名主の国府《こう》入道夫妻が、人目を避けて衣食の供養に励んだ。後に、あばら家のような三昧堂から一谷《いちのさわ》入道の邸宅内に移されてからは、一谷入道の妻の帰依があった。

佐渡在島中には、このように阿仏房夫妻のほかにも、国府入道夫妻、一谷入道の妻、一谷の隣村の中興《なかおき》に住む中興入道一家らが相次いで日蓮に帰依した。そして最蓮房《さいれんぼう》や、山伏房《やまぶしぼう》、学乗房、豊後房《ぶんごぼう》等も弟子となり、日蓮の預かり役となった守護代の本間《ほんま》六郎《ろくろう》左衛門《ざえもん》は、塚原問答での日蓮の立ち居振る舞い、話の内容に感動し、その一カ月後の北条家の二月騒動（北条時輔《ときすけ》の乱）の的中に驚いて「日蓮にたな心（掌《たなごころ》）を合せて、たすけさせ給へ。……永く念仏申し候《そうろう》まじ」と言って日蓮に帰依した。

このように日蓮に帰依する者が増えたことから、佐渡の守《かみ》・武蔵《むさし》の前司《ぜんじ》（北条宣《のぶ》時《とき》）は、「佐渡の国の流人《るにん》、僧日蓮、弟子等を引率し、悪行を巧《たく》らむの由《よし》、その聞こえあり。〔中略〕今より以後、かの僧に相随《あいしたが》はんの輩《やから》においては、炳誡《へいかい》（筆者注＝強い処罰）を加へしむべし」といった「私の御教書《みぎょうしょ》」を守護代の本間六郎左衛門あてに文永十（一二七三）年十二月七日付で出して、日蓮と弟子たちの布教活動を禁じた。ところが、幕府はその二ヵ月後の文永十一年二月十四日付で日蓮の流罪を許している。これによっても、御教書が正式なものでなかったことが知られよう。

その赦免状《しやめんじよう》が日蓮のもとに届いたのは、三月八日のことだった。執権の北条時宗が、子細を確認することなく人の讒言《ざんげん》のままに流罪に処したことを反省したからだとか、自界叛逆《じかいほんぎやく》の難としての二月騒動の的中に恐れをなしたからだともいわれる。

日蓮は、三月十三日に一谷を後にした。その時の思いを日蓮は、建治三（一二七七）年六月十八日付の『国府尼御前御書』で次のように回想している。

尼ごぜん、並びに入道殿は、彼《か》の国に有る時は、人め（目）ををそれて夜中に食ををくり、或《あ》る時は、国のせめ（責）をもはばか（憚）らず、身にもかわ（代）らんとせし人人なり。されば、つら（痛）かりし国なれども、そ（剃）りたるかみ（髪）をうしろ（後）へひかれ、すす（進）むあし（足）もかへりしぞかし。

日蓮にとっても、阿仏房夫妻、国府入道夫妻をはじめとする佐渡の人々とは人間的にも深い絆が築かれていた。だからこそ、高齢でありながら阿仏房も国府入道も、連れ立ったり、単独であったりして、身延の日蓮のもとをしばしば訪ねていた。

この手紙（『千日尼御前御返事』）は、阿仏房が、三度目に身延山の日蓮を訪問した時に持参していた千日尼の手紙に対する返信である。千日尼は、「女人の罪障」と「法華経の女人成仏」について質問してきた。それに対して、日蓮は、当時の日本で理解されていたインド・中国・日本の仏教史を語り、『法華経』の重要性をいろいろな視点から強調している。

筆者が、お茶の水女子大学に提出した博士論文のテーマは、仏教の男女平等思想であった。それは、原始仏教にさかのぼって検証したもので、特に釈尊在世中の女性出家者の手記詩集（拙訳『テーリー・ガーター――尼僧たちのいのちの讃歌』、角川選書）には、「私は覚りました」「ブッダの教えをなし遂げました」「私は解脱《げだつ》しました」と女性たちが口々に語り、出家して七日目に覚りを得た女性も出てくることなどを紹介し、仏教は本来、女性を差別していなかったことを論じた。『法華経』の女人成仏についても詳細に論じている。それだけに、本書を書くに当たり、この手紙を読んで、日蓮の独創的な見解に感銘した。

『法華経』と言えば、小乗仏教の出家者を意味する独覚《どっかく》（師なくして独りで覚りを目指す修行者）と声聞《しょうもん》（仏の教えを聞いて覚りを目指す修行者）の二乗《にじょう》の成仏を明かした経典として知られる。二～三世紀のインドの学僧・ナーガールジュナ（龍樹《りゅうじゅ》）の著作とされる『大智度論《だいちどろん》』は、『般若経《はんにゃきょう》』の解説書でありながら、二乗への授記を明かしている点で『般若経』よりも『法華経』のほうが勝れていると論じているほどだ。小乗仏教では、ブッダになれるのは釈尊だけであって、在家や女性は問題外とされ、出家の自分たちもブッダにはなれないが、阿羅漢にはなれると主張していた。大乗仏教は、在家や女性も菩薩となり成仏できるとするが、小乗仏教の出家者（二乗）たちのことを「炒《い》れる種子《たね》」であって、永遠に成仏できないと非難していた。『法華経』は、このような小乗と大乗の対立を止揚《しよう》して、二乗に成仏の授記をなし、あらゆる人が成仏可能だと説いた。

日蓮は、その点の勝れていることを認めた上で、次の問題点を指摘している。

かかるいみじき法華経と申す御経《みきよう》は、いかなる法門ぞと申せば、一の巻方便品よりうちはじめて菩薩・二乗・凡夫、皆仏になり給ふやうをとかれて候《そうら》へども、いまだ其《そ》のしるしなし。〔中略〕いまだあらわれたる事なければ、語《ことば》のみにては信じがたきぞかし。

と記している。確かに、シャーリプトラ（舎利弗《しゃりほつ》）をはじめとする二乗などに授記はなされているが、成仏するのは遥かな未来のことであり、『法華経』が説かれた時点ではまだ成仏していない。

この点は、筆者も以前から疑問に思っていた。シャーリプトラに対する未来成仏の予言（授記《じゅき》）の場面を見ると、

未来の世において、無量の劫《こう》にわたって幾百・千・コーティ・ナユタもの多くの

如来の正しい教えを受持《じゅじ》し、菩薩としての修行を完成して、〝紅蓮華《ぐれんげ》の輝きを持つもの〟（華光《けこう》）という如来となるであろう。

（植木訳『サンスクリット版縮訳　法華経　現代語訳』、五七頁）

となっていて、「無量の劫」という天文学的な時間を経た後だという。これでは、「あなたに一億円あげましょう。ただし、一万年後です」と言われたようなもので、空手形《からてがた》も同然で、何も有り難くない（このことについての考察は、拙著『法華経とは何か』、一九四頁を参照）。この点では、日蓮も同じことを言っていた。

ところが、日蓮は、さらにこの提婆達多品《だいばだったぼん》の龍女の成仏について次のように述べている。

一切信じて信ぜられざりしを、第五の巻に即身成仏と申す一経第一の肝心あり。此《こ》の時こそ、一切の（中略）龍女と申せし小蛇《くちなわ》を現身《げんしん》に仏になしてましましき。

男子の仏になる事をば疑ふ者は候《そうら》はざりしか。されば、此の経は女人成仏を手本としてとかれたりと申す。

『法華経』では、シャーリプトラをはじめとする声聞（男性出家者）たちに順次に授記はなされていったが、まだ成仏という結果は現われていない。だから日蓮は、「信じて信ぜられざりし」という半信半疑の状態であったという。ところが、彼らに先駆けて、龍女が彼らの目の前で成仏してみせた。その事実（現証）によって、すべての男子の成仏に対する疑心暗鬼《ぎしんあんき》がなくなった。だから、この『法華経』では、二乗や、菩薩や、一切衆生の成仏が、女人成仏を手本として説かれているという。筆者は、ここまでは気づくことができなかった。この点を指摘したのは、筆者の知る限りでは日蓮のみである。日蓮の独創的見解であった。

ところが、その龍女の成仏について女性差別だと批判する人たちが現われた。一九九〇年代に入ってのことだ。「仏教、なかんずく『法華経』は女性差別の経典だ」とする出版が相次いだ。龍女が「変成男子《へんじょうなんし》」、すなわち変じて男子と成って成仏するとなっていることについて、「女性が成仏すると言っても、男にならなければいけないのだから、女性の性を否定するものだ」「性の一元化を図るものだ」という批判であった。

しかし、この批判は歴史的背景を無視し、話の前後関係を理解せずに一断面のみを見てなされたものである。

先に挙げた『大智度論《だいちどろん》』の巻五六に、次の一節がある。現代語訳して引用する。

「女性には五障《ごしょう》があり、仏などの五つになれない」と経にある。女性たちは、仏になれないと聞き、心を退かせて覚りを求める心を発《おこ》さない。女性に仏道（仏の覚り）を説こうとする人もいない。そこで仏が言った。「女性も仏となれるのだ。ただ、女身を転じて男身となることによってである」と。

これは、女性が、①帝釈天、②梵天、③魔王、④転輪聖王《てんりんじょうおう》、⑤ブッダ——の五つになれないとする「五障」説から女性を解放するために、「変成男子」が主張されたことを裏付ける言葉である。釈尊滅後に権威主義化した、いわゆる小乗仏教は、原始仏教の平等思想を覆《くつがえ》し、「五障」説を唱えて女人不成仏を強調した。それに対抗し、仏に仮託して「変成男子」という妥協策を打ち出した事情がうかがえる。

そこで『法華経』は、これを逆手に取り、龍女が男になって成仏するさまを見せつけて、「女は穢《けが》れていて、女であるという理由だけで成仏できない」と主張する小乗仏教の代弁者であるシャーリプトラと智積《ちしゃく》菩薩をやり込めてしまうストーリーに仕立てた。

サーガラ龍王の宮殿（龍宮《りゅうぐう》）から戻ったマンジュシリー菩薩は、龍宮で、多くの衆生を『法華経』によって教化《きょうけ》したことを話す。その代表として八歳の龍女のことを次のように紹介した。

その娘は八歳で、大いなる智慧をそなえ、研ぎ澄まされた能力を持ち、〔中略〕覚りを求める心において不退転であり、広大なる請願を持ち、一切衆生に対して自分のことのように愛情を抱いており、〔中略〕正しく完全な覚りを得ることができる。（植木訳『サンスクリット版縮訳　法華経　現代語訳』、二一四～二一五頁）

それに対して、権威主義的小乗仏教の女性観・成仏観に固執する智積《ちしゃく》菩薩とシャーリプトラが難癖をつけた。女性の成仏を信じようとしない二人の分からず屋に対して、「それでは、あなた方が信じている方法で成仏してみせましょう」と言わんばかりに、龍女は男性に変じて成仏し、多くの大衆に説法して歓喜させる場面を二人に見せつける。「変成男子」は、女性の成仏に不可欠の条件ではなく、小乗仏教の女性観にとらわれた二人を説得する〝手段〟にすぎなかった。その証拠に、この章は「智積も、シャーリプトラも沈黙してしまった」（同、二二八頁）で終わっている。二人は説得されて、もはや何も言えなくなったということだ。

日蓮も、「智積《ちしやく》・舎利弗《しやりほつ》は、舌を巻きて口を閉ぢ、人《にん》・天《てん》・大会《だいえ》は歓喜せしあまりに掌《たなごころ》を合せたりき。是《こ》れ偏《ひとえ》に妙の一字の徳なり」（『法華題目抄』）と述べている。

また、女性差別の著しかったインドにおいて、女性が女性のままで成仏できるとすることは危険なことであった。バラモン教の原理主義者たちからは命に及ぶほどの難を及ぼされる危険が予想された。だから、いったん男になってという妥協的《だきようてき》な表現をとったともいえる。

ここで、龍女は「八歳」で「畜身」の「女性」というトリプル（三重）のマイナス条件を持つものとして描かれている。バラモン教徒の規範を定めた『ナーラダ法典』で八歳以下は、胎児扱いであった。そのようなマイナス条件を持つ龍女の成仏を通して、一切の女性の成仏を代表させていたのだ。「変成男子」の詳細については、拙著

『差別の超克――原始仏教と法華経の人間観』第六章を参照されたい。

このような『法華経』について日蓮は、「但《ただ》法華経計《ばか》りこそ女人成仏、悲母《ひぼ》の恩を報ずる実の報恩経にて候」と見ていた。それに対して、他の大乗経典については、「大乗経は、或は成仏、或は往生を許したるやうなれども、仏の仮言《かりごと》にて実事なし」とも論じている。

具体的にどのように〝仮言〟なのかを考えてみると、例えば、『華厳経』仏小相光明功徳品第三十もその一例として挙げられよう。そこにおいて、盧舎那仏《るしゃなぶつ》の光明《こうみょう》に照らされたことと、「空《くう》」の思想などの教示によって「変成男子」して、不退転に至ることができたというストーリーが展開されている。その「変成男子」の場面は、

六欲天中《ろくよくてんちゅう》の一切の天女は皆、女身を捨てて悉《ことごと》く男子と為《な》りて菩提《ぼだい》の心を退転せざることを得。　（大正蔵、巻九、六〇六頁上）

となっている。「女身を捨てて」という表現からは、女身を嫌うという女性観がほの見える。『法華経』における「変成男子」は、シャーリプトラを説得する〝手段〟であったが、『華厳経』では〝目的〟になっている。そこにおいては、女身を穢《けが》れたものとみなす考えが抜け切れていない。それは、〝仮言〟と言えよう。

また『維摩経《ゆいまきょう》』に登場する天女は、女性を低く見る小乗の代弁者という役回りを与えられた智慧第一のシャーリプトラを、智慧ある対話でやり込めてしまった（植木訳

『サンスクリット版全訳　維摩経　現代語訳』第六章を参照）。その対話の妙に比べて、この『華厳経』の天女は、存在感が全くない。『法華経』においても、小乗の女性観に固執《こしゅう》するシャーリプトラを龍女が身をもって説得するという積極的な姿勢が感じられた。それに対して『華厳経』は、毘盧舎那仏の光明に照らされて地獄から救出されるとか、業報《ごうほう》（過去世の業の報い）に実体はない（空《くう》）という言葉のみに依存した表現でしかない。天女の行為は何も描写されておらず、主体性、積極性、存在感といったものが全く感じられない。

　また、せっかく「空」の論理を説いておきながら、「女身を捨て」させるという結末では、「空」を自ら否定しているようなものだ。「空」の思想からの女性の地位向上という観点からすれば、『維摩経』に登場する天女は、「根本的には男女平等の見方の確立を志向していることはまちがいない」（木村清孝著『華厳経入門』、二〇一頁）、「『維摩経』の天女は、前出の『華厳経』第三十章に現れる天女よりもさらに数段進んだ人間観を映し出している」（同）という木村清孝博士（一九四〇～）の指摘は納得がいく。この点からも〝仮言〟と言えよう。

　また、女人の往生《おうじょう》を説いた大乗経典として、『無量寿経《むりょうじゅきょう》』を挙げることができよう。『無量寿経』に説かれる阿弥陀如来《あみだにょらい》の極楽世界には、女性の誕生はなく、そこには両親なしに自然発生（化生《けしょう》）した男性ばかりが存在しているという。それは、阿弥陀如来の名号《みょうごう》を聞いた女人は、極楽世界に男性となって往生するとされるからだ。それは、阿弥陀如来となるに当たって法蔵《ほうぞう》菩薩が、次のように誓願していたからだ。現代語訳して引用する。

> 私（法蔵菩薩）が仏となることができて、十方の無量無数の仏国土にいる女性たちが、私（阿弥陀如来）の名前を聞いて、歓喜し、信じ、覚りを求める心を発《おこ》し、女性の身体であることを嫌悪するでありましょう。その女性は、寿命が終わって後、再び女性の姿で生まれるようなことがあったならば、私はこの上なく正しい覚りを獲得することはありません。（大正蔵、巻一二、二六八頁下）

ここでも、女性の身体を嫌悪する考えは抜け切れていない。

また、日蓮が『守護国家論』で、「法華経修行の者の所住の処《ところ》を浄土と思ふ可《べ》し。何ぞ煩《わずらわ》しく他処を求めんや」と批判した西方《さいほう》十万億土の彼方の極楽浄土も、〝仮言〟である。十万億土とは、「一万個の十億の世界」であり、「一万個の三千大千世界」、「一万個の銀河系」ということだ。その銀河系間の空間を無視して一万個の銀河系（直径十万光年）を並べたとして、その距離は十億光年になる。その空間を考慮すればさらに膨大になる。ということは、光の速度で行ったとしても十億年以上かかるので、現時点で、だれも極楽浄土に到達していないことになるからだ。

このように、〝今〟〝ここで〟生きているこの〝我が身〟を離れたところでの話をされても、現実的ではない。これも〝仮言〟である。

中村元先生は、「仏教の思想は、時間論と言ってもいい。それは〝今を生きる〟ということだ」と言われた。仏教の時間論は、原始仏典の『マッジマ・ニカーヤ』の次の言葉に尽きる。

過去を追わざれ。未来を願わざれ。およそ過ぎ去ったものは、すでに捨てられたのである。また未来は未だ到達していない。（中村元訳）

時間は、今・現在しか実在しない。過去といい、未来といっても、過去についての「現在」における記憶であり、未来についての「現在」の予想でしかない。いずれも「現在」を抜きにしてはあり得ない。この時間論から、先の一節に続けて、

そして現在のことがらを、各々の処《ところ》においてよく観察し、揺《ゆ》らぐことなく、また動ずることなく、それを知った人は、その境地を増大せしめよ。ただ今日まさに為《な》すべきことを熱心になせ。（同）

という生き方が強調される。本来の仏教では、死後のことよりも〝今〟〝ここ〟で生きているこの〝我が身〟に即して、いかに生きるのかが説かれていたのだ。

龍女は、〝今〟〝ここで〟生きているこの〝我が身〟に即して成仏の姿を示した。それが、『法華経』の説く女人成仏であった。それは、〝仮言〟ではなく、〝実事〟としての女人成仏が示されたのだ。だから、日蓮は、「法華経より外の一切経には女人成

仏せずと嫌ふとも、法華経にだにも女人成仏ゆるされなば、なにかくるしかるべき」「日本国の一切の女人を扶《たす》けん」と願って『法華経』を説いていたのだ。それなのに、日蓮の言葉を信じないだけではなく、逆に日蓮に難を負わせているという。それは、鎌倉幕府の高官たちの夫人たちに入れ知恵して日蓮に難を及ぼさせるものたちがいたということであろう。

わが国では、経典は漢文のままで、声に出す時も呉音《ごおん》の音読《おんよ》みでなされてきたので、ほとんどの人が、経典に何が書かれているのかを知らずにきた。だから、経典の中身に思想的にも浅深・高低の違いがあるということを何も自覚することがなかった。日蓮は、その違いを明確にして、真の意味の女人成仏をかなえるのは、『法華経』だと主張していたのだ。

この手紙の末尾で、一谷《いちのさわ》入道の阿弥陀堂の廊下で刺客《しかく》から命を狙われながら、たび たび助けられたことを回想しつつ、一谷入道が亡くなったことを日蓮が嘆いていると の尼御前への伝言を託し、さらに、学乗房に一谷入道の墓の前で常々『法華経』を読むように伝えることを依頼して結んでいる。

阿仏房は、この身延訪問を最後として九ヵ月後の弘安二年三月二十一日に亡くなった。息子の藤九郎盛綱が父の百箇日を期して遺骨を奉じて身延を訪ねて埋葬している。

あとがき

昨年（二〇二〇年）の春のことであった。NHK‐Eテレ「100分de名著」プロデューサーの秋満吉彦氏と、角川ソフィア文庫編集長（当時）の大林哲也氏の三人で懇談中に、二〇二一年が日蓮生誕八百年に当たることを話題にした。すると、大林氏から「日蓮関係の本を何か書けませんか？」と提案された。

ちょうど、そのころフランスの知人を通じて知ったフランスの社会学者で哲学者のラファエル・リオジエ氏が日蓮の手紙に感動され、関心を持たれていることを思い出し、そのことを話した。すると、秋満氏が「私も、以前から日蓮の手紙には心を揺さぶられているんですよ」と同じことを言われた。その言葉に背中を押されて作業を開始した。

かつて『法華経』の研究に取り組み始めた時、中国の天台大師智顗《ちぎ》の著作にも手を広げたことがあったが、難解極まりなかった。そんな時、早稲田大学名誉教授で元大正大学学長であった天台宗大僧正《だいそうじょう》の福井康順《ふくいこうじゅん》氏（一八九八〜一九九一）が「天台を理解したかったら日蓮を読め！」と言われていたと知って、日蓮の著作を貪り読んだことがあったが、再度、日蓮の手紙を集中的に読み直した。

日蓮の手紙は、真跡、写本等を合わせて全部で三百四十通ほど残っているが、その中から選び出すことには、悩みが尽きなかった。いずれも、日蓮の人間性あふれる手紙ばかりで、捨てがたく、断腸の思いでやむなく二十五通を選び出した。いずれも日蓮の人間像を知るためには欠かせぬものである。

中村元先生は、〝人間釈尊の実像〟を探究されたが、本書が〝人間日蓮の実像〟を理解してもらう一助になれば幸いである。

本書の編集は、大林氏の後任の角川ソフィア文庫編集長・伊集院元郁氏に担当していただき、懇切丁寧な助言に助けられた。ここに厚く謝意を表する。

二〇二一年四月二十八日　　植木雅俊

年譜

太字は、本書で取り上げた手紙で、（ ）内は本書の頁数を示す。
年齢は数え年で、日付は、旧暦である。

年号	歳	事績	社会の出来事
承久三／貞応元（一二二二）	1	2月16日、安房国長狭郡東条郷（現在の千葉県鴨川市）に生まれ、善日麿と命名。	幕府、地頭の荘園横領を禁止する。
天福元（一二三三）	12	5月12日、安房国東条郷の清澄寺に登る。 この頃、虚空蔵菩薩に「日本第一の智者となし給へ」と祈願する。	
嘉禎三（一二三七）	16	この年、師・道善房のもとで出家得度し、是聖房蓮長と名乗る。	

同 四（一二三八）	17	11月14日『授決円多羅義集唐決』を清澄寺で書写する。この頃、鎌倉に遊学し、念仏・禅を学ぶ。	
仁治 三（一二四二）	21	この頃、清澄寺に帰り、さらに比叡山に遊学の旅に出る。	北条泰時が没し、経時が四代執権となる。
寛元 元（一二四三）	22	比叡山で三塔の総学頭・俊範《しゅんぱん》に天台教義を学ぶ。	
同 三（一二四五）	24	比叡山横川《よかわ》の定光院に住む。	
同 四（一二四六）	25		北条時頼、五代執権となる。名越（江馬）光時、前将軍・頼経と諮り時頼と対立。

			光時、越後守を罷免され、伊豆に流罪となる。
宝治元（一二四七）	26		道元、北条時頼に招かれ鎌倉に入る。 聖徳太子の『法華経義疏』が刊行される。
同　二（一二四八）	27	比叡山での修学を終え、京都・園城《おんじょう》寺・奈良・高野山・大坂四天王寺などに遊歴。	
建長　三（一二五一）	30	この頃、京都で『五輪九字秘釈』を書写。 比叡山に戻る。	2月10日、鎌倉大火。 4月23日、鎌倉大雨洪水。
同　四（一二五二）	31	この年、安房へ帰郷の途に就く。	良観房忍性、関東へ下向する。
同　五	32	4月28日、安房国の清澄寺で立教開	

（一二五三）		宗する。日蓮と名乗る。東条景信、領家の荘園略奪を図る。日蓮、領家のために裁判で戦い、勝訴する。東条景信の圧力で、日蓮を清澄寺から追放。5月、鎌倉に出て松葉《まつば》ヶ《が》谷《やつ》に草庵を結ぶ。	8月28日、道元、没する。
同 六（一二五四）	33	この頃、富木常忍が信徒となる。12月9日、富木常忍に『富木殿御返事』を送る。	1月、浜から名越まで数百軒の人家が焼亡。
同 八／康元 元（一二五六）	35	この頃、工藤吉隆、池上宗仲、四条金吾などの武士が信徒となる。	この年から文応元年まで種々の災害が相次ぐ。8月、鎌倉大風洪水。11月22日、北条長時、六代執権となる。

正嘉元（一二五七）	36		8月23日、鎌倉で大地震（正嘉の大地震）。
同 二（一二五八）	37	この頃、駿河国の岩本実相寺で一切経を閲読する。 2月14日、父妙日、没する。『一代聖教大意《いちだいしょうぎょうたいい》』を著わす。	この年、疫病流行する。 8月、暴風雨、長さ四丈（約一二メートル）の大流星出現。 9月、暴風雨。 10月、鎌倉大雨、洪水で溺死者多数。
正元元（一二五九）	38	7月頃、鎌倉に戻り、『守護国家論』を著わす。	この年、大飢饉と疫病の流行で多数の死者が出る。
正元二／	39		この年も疫病の流行はお

文応 元（一二六〇）		5月28日、『唱法華題目抄』を著わす。前執権・北条時頼と対面。7月16日、『立正安国論』を著わし、北条時頼に上呈する。8月27日夜、暴徒に草庵を焼き討ちされ（松葉ヶ谷の法難）、鎌倉を離れて下総の富木常忍邸へ避難する。この頃、比企大学三郎、太田乗明、曾谷教信、秋元太郎が信徒となる。	さまらず。4月、鎌倉大火。6月12日、幕府、諸国の社寺に疫病祓いの祈禱を命ずる。
弘長 元（一二六一）	40	下総から鎌倉に戻る。5月12日、伊豆の伊東に流罪となる。	
弘長 二（一二六二）	41	1月16日、『四恩抄』を著わす。2月10日、『教機時国抄』を著わす。	親鸞、没する（享年90）。

同　三（一二六三）	42	2月22日、北条時頼の計らいで伊豆流罪を赦免され、鎌倉に戻る。	11月22日、北条時頼、没す（享年37）。
文永　元（一二六四）	43	4月17日、比企大学三郎能本の妻に『**月水御書**』（436頁）を送る。 秋頃、安房へ戻り、病身の母を祈り寿命を四年延ばす。 11月11日、安房の東条松原において東条景信に襲撃される（小松原の法難）。 12月13日、南条兵衛七郎に病を見舞う手紙『**南条兵衛七郎殿御書**』（351頁）を送る。	西大寺叡尊など、異国調伏の祈禱を始める。 8月11日、北条政村、七代執権となる。
同　二（一二六五）	44	鎌倉に戻り、毎月24日に大師講を始める。	

		3月8日、南条時光の父、南条兵衛七郎が没する。駿河国上野郷に赴き墓参する。	
同　三（一二六六）	45	1月6日、『法華題目抄』を著わす。	
同　四（一二六七）	46	8月15日、母・妙蓮没す。	8月、良観、極楽寺に入る。11月、高麗の使者、蒙古の国書を携えて対馬へ到着。
同　五（一二六八）	47	4月5日、他国侵逼の難の予言が的中したことで、『安国論御勘由来』	閏1月、蒙古の国書が幕府に届く。3月5日、北条時宗（18歳）、八代執権となる。7月17日、朝廷、異国降

		を著わし、幕府を諫暁する。 10月11日、幕府や諸寺など十一ヵ所へ書（『十一通御書』）を送る。	伏祈願を命ずる。
同　六（一二六九）	48	5月9日、富木常忍ら問注所へ出頭。出頭前の富木常忍に『問注得意抄』（18頁）を送る。 11月、各所へ再び書を送る。 12月8日、『立正安国論』を書写し、奥書を添えて、富木常忍に送る。	3月7日、蒙古使、対馬に至り国書（牒状）への返事を求め島民を拉致して帰る。 8月23日、朝廷、異国降伏祈願を命ずる。 9月24日、蒙古の国書、朝廷に届く。
同　七（一二七〇）	49	『貞観政要』を書写する。	1月、朝廷が作成した蒙古への返信を幕府は送らず。

同 八（一二七一）	50	6月18日、良観房忍性の祈雨の修法を行なうも失敗。 9月10日、幕府に召し出されるが、平頼綱を諫める。 9月12日、平頼綱に『一昨日御書』を送り、再度諫める。松葉ヶ谷草庵で捕らえられ、龍口の刑場へ（龍口の法難）。 9月13日、龍口刑場で斬首を免れ、相模国依智の本間六郎左衛門尉重連の邸宅へ。 9月14日、依智から富木常忍に『土木殿御返事』（32頁）を送る。 10月10日、佐渡流罪となり、依智から佐渡へ出立。 11月1日、佐渡の塚原三昧堂に到着。	6月、鎌倉で大干魃。 9月2日、幕府、蒙古の牒状について朝廷に奉申。 9月19日、蒙古の使者・趙良弼が筑前に上陸。 10月23日、蒙古の国書をめぐり朝廷で議論。

		この頃、『開目抄』の執筆を始める。 阿仏房、千日尼が帰依する。	12月18日、蒙古、国号を元と改める。
同　九 （一二七二）	51	1月16日、佐渡の念仏衆らと法論し（塚原問答）、本間六郎左衛門尉重連に自界叛逆難を予言。 2月、『開目抄』を完成させ、四条金吾を通じ門下に送る。 2月18日、自界叛逆難の予言的中（北条時輔の乱）の知らせが日蓮に届く。 3月20日、富木常忍あてで**『佐渡御書』**（48頁）を門下に送る。 4月、石田の郷一谷《いちのさわ》に移り住む。 四条金吾が佐渡の日蓮を訪ねる。 5月頃、日妙、乙御前母子が佐渡に来訪。	2月11日、北条時輔の乱（自界叛逆難）。北条時章、教時が討たれる。 2月15日、北条時輔、討たれる。 この頃、入牢の弟子らが釈放される。

		5月25日、日妙に『日妙聖人御書』（453頁）を送る。	11月2日、朝廷、東大寺に異国降伏祈禱を命ずる。
同　十（一二七三）	52	4月25日、『観心本尊抄』を著わす。 4月26日、『観心本尊抄』に送状を添えて富木常忍に送る。	
同　十一（一二七四）	53	2月14日、幕府、佐渡流罪の赦免状を出す。 3月8日、赦免状が佐渡に到着。 3月26日、柏崎、国府を経由して鎌倉に到着。 4月8日、平頼綱と対面し、蒙古襲来について「今年は一定《いちじょう》なり」として、諫暁する。 5月17日、鎌倉を出発（12日）し、	1月、蒙古（元）、高麗に日本攻撃のための造船を命令。

身延に到着。
6月17日、仮の庵室が完成。
7月、南条時光の来訪。
7月26日、南条時光に『上野殿御返事』を送る。
8月10日、時光の兄、南条七郎太郎が没する。
9月26日、四条金吾に『主君耳入此法門免与同罪事』を送る。

10月5日、蒙古襲来（文永の役）。
10月20日、蒙古軍、壱岐・対馬を侵し、筑前に上陸。
11月7日、朝廷、蒙古調伏祈禱を十六社に命ずる。

同　十二／

54

1月27日、四条金吾の妻に『四条金

建治 元（一二七五）		吾殿女房御返事』（482頁）を送る。 4月16日、父に信仰を反対された池上兄弟に『**兄弟抄**』（233頁）を送る。 6月、『**撰時抄**』を著わす。	4月15日、元の使者・杜世忠が来日。 9月7日、幕府、杜世忠ら五人を龍口で斬る。
同 二（一二七六）	55	3月27日、富木常忍夫人に『**富木尼御前御書**』（76頁）を送る。 3月、富木常忍に『**忘持経事**』（94頁）を送る。 閏3月24日、南条時光に『**南条殿御返事**』（362頁）を送る。 4月、佐渡から阿仏房が来訪する。 6月27日、『**四条金吾殿御返事**』（129頁）を送る。 7月21日、師・道善房死去（3月16	

		日）の報を聞いて、『報恩抄』を著わし、清澄寺の浄顕房・義浄房に送る。 『辨殿御消息』で池上兄弟の父の改心に触れる。 8月、四条金吾が越後へ領地替えになる。 9月6日、四条金吾に『四条金吾殿御返事』を送る。 11月、池上兄弟の兄・宗仲、勘当を許される。	
同　三 （一二七七）	56	3月、佐渡から阿仏房が二度目の来訪をする。 6月9日、桑ヶ谷問答。三位房が四条金吾を伴って龍象房の道場を訪れ、法論して論破した。	春から疫病が流行。

6月23日、主君の江馬氏から四条金吾に法華信仰をやめなければ領地を没収する旨の下し文が出される。

6月25日、桑ヶ谷問答に関する讒言に対して、四条金吾に代わって『頼基陳状』を著わす。

7月、四条金吾に**『四条金吾殿御返事』**(142頁)を添えて、『頼基陳状』を送る。

9月11日、四条金吾に**『崇峻天皇御書』**(161頁)を送る。

11月、池上宗仲、再び勘当される。

11月20日、池上宗長に**『兵衛志殿御返事』**(279頁)を送る。

12月30日、「下痢」をわずらう。


9月、龍象房、病死する。

12月6日、朝廷、法勝寺に疫病鎮静の祈願を命じる。

同　四／弘安　元（一二七八）	57	1月頃までに、池上宗仲に対する父の勘当と、四条金吾への主君の勘気が解ける。 1月25日、四条金吾に**『四条金吾殿御書』**（199頁）を送る。 2月25日、南条時光に『上野殿御返事』を送る。 6月3日「下痢」が悪化する。 7月7日、**『種種物御消息』**（385頁）を南条平七郎に送る。 7月27日、佐渡から身延へ阿仏房が三度目の来訪をする。 7月28日、阿仏房の妻に**『千日尼御前御返事』**（502頁）を送る。 9月、池上兄弟の父が『法華経』に帰依する。	7月まで、疫病が流行し続ける。 7月、大飢饉。

		9月9日、池上宗長に『**兵衛志殿御書**』(307頁) を送る。 10月、四条金吾に、所領加増の驚きと喜びを伝える『**四条金吾殿御返事**』(214頁) を送る。 殿岡の所領が戻され、四条金吾が身延の日蓮を訪ねる。 11月29日、池上宗長に『**兵衛志殿御返事**』(327頁) を送る。	
同 二 (一二七九)	58	3月21日、阿仏房、没する。 4月、瀧泉寺院主代・行智、日蓮の一門を弾圧。 8月、熱原の農民信徒、弥四郎が殺害される。 9月21日、熱原法難（刈田狼藉の咎《とが》で、熱原の農民信徒二十人が逮捕さ	7月29日、筑紫に来航した元の使者・周福・欒《らん》忠《ちゅう》ら全員を博多で斬る。

		れ鎌倉へ連行される)。10月15日、熱原の農民、神四郎ら三人が平頼綱の命で殺害され、十七人は赦免に。10月、四条金吾が襲撃される。	
同　三(一二八〇)	59	6月15日、南条時光と弟の五郎が来訪。9月5日、南条七郎五郎が没する。9月6日、南条時光に『**上野殿後家尼御前御書**』(398頁)を送る。	2月21日、朝廷、異国降伏祈禱を諸寺に命ずる。11月、鶴岡八幡宮、炎上。
同　四(一二八一)	60	1月、日蓮の病気が再発。6月18日、池上宗長に『**兵衛志殿御返事**』(342頁)を送る。	5月、元軍が壱岐(21日)・対馬(26日)に侵攻(弘安の役)。閏7月、暴風で元の船が

		12月8日、南条時光の母に『**上野殿母尼御前御返事**』(406頁)を送る。 難破。
同　五 (一二八二)	61	2月28日、病の南条時光に『**法華証明抄**』(415頁)を送り励ます。 9月8日、身延を下山。 9月18日、武蔵国池上家に到着。 9月25日、池上で『立正安国論』を講ず。 10月8日、本弟子六人(日昭・日朗・日興・日向・日頂・日持)を定める。 10月13日、午前八時頃、池上邸にて入滅する。

参考文献

姉崎正治著『法華経の行者日蓮』、講談社学術文庫、一九八三年。

石井進・石母田正ほか篇『中世政治社会思想』上巻、日本思想大系21、岩波書店、一九七八年。

植木雅俊著『仏教のなかの男女観』、岩波書店、二〇〇四年。

植木雅俊訳『梵漢和対照・現代語訳　法華経』上・下巻、岩波書店、二〇〇八年。

植木雅俊著『仏教、本当の教え――インド、中国、日本の理解と誤解』、中公新書、二〇一一年。

植木雅俊著『思想としての法華経』、岩波書店、二〇一二年。

植木雅俊・橋爪大三郎著『ほんとうの法華経』、ちくま新書、二〇一五年。

植木雅俊著『人間主義者、ブッダに学ぶ――インド探訪』、学芸みらい社、二〇一六年。

植木雅俊訳『テーリー・ガーター――尼僧たちのいのちの讃歌』、角川選書、二〇一七年。

植木雅俊著『江戸の大詩人　元政上人――京都深草で育んだ詩心と仏教』、中公叢書、二〇一八年。

植木雅俊著『差別の超克――原始仏教と法華経の人間観』、講談社学術文庫、二〇一八年。

植木雅俊訳『サンスクリット版縮訳　法華経　現代語訳』、角川ソフィア文庫、二〇一八年。

植木雅俊訳『サンスクリット版全訳　維摩経　現代語訳』、角川ソフィア文庫、二〇一九年。

植木雅俊著『今を生きるための仏教100話』、平凡社新書、二〇一九年。

植木雅俊著『梵文「維摩経」翻訳語彙典』、法藏館、二〇一九年。

植木雅俊著『梵文「法華経」翻訳語彙典』上・下巻、法藏館、二〇二〇年。

植木雅俊著『法華経とは何か――その思想と背景』、中公新書、二〇二〇年。

梶山雄一・瓜生津隆真訳『大乗仏典14　龍樹論集』、中央公論社、一九七四年。

兜木正亨校注『日蓮文集』、岩波文庫、一九六八年。

河村孝照・石川教張編『日蓮聖人大事典』、国書刊行会、一九八三年。

紀野一義・梅原猛著『永遠のいのち〈日蓮〉』、仏教の思想第12巻、角川書店、一九六九年。一九九七年に角川ソフィア文庫に。

木村清孝著『華厳経入門』、角川ソフィア文庫、二〇一五年。

呉兢著、石見清裕訳注『貞観政要』、講談社学術文庫、二〇二一年。

坂本日深監修、田村芳朗・宮崎英修編集『日蓮の生涯と思想』、講座日蓮2、春秋社、一九七二年。

佐々木閑著『出家とはなにか』、大蔵出版、一九九九年。

佐藤進一・池内義資共編『中世法制史料集』第一巻、岩波書店、一九五五年。

塩入亮忠著『傳教大師』、日本評論社、一九三七年。

高木豊著『日蓮――その行動と思想』、評論社、一九七〇年。

田村芳朗著『法華経――真理・生命・実践』、中公新書、一九六九年。

田村芳朗著『日本仏教論』、田村芳朗仏教学論集第二巻、春秋社、一九九一年。

戸頃重基著『日蓮教学の思想史的研究』、冨山房、一九七六年。

戸頃重基・高木豊校注『日蓮』、日本思想大系14、岩波書店、一九七〇年。

中村元訳『ブッダの真理のことば・感興のことば』、岩波文庫、一九七八年。

中村元訳『ブッダ最後の旅――大パリニッバーナ経』、岩波文庫、一九八〇年。

中村元著『日本人の思惟方法』、中村元選集 決定版、第三巻、春秋社、一九八九年。

中村元著『原始仏教の社会思想』、中村元選集 決定版、第一八巻、春秋社、一九九三年。

中村元著『宗教における思索と実践』、サンガ、二〇〇九年。

堀日亨編『日蓮大聖人御書全集』、聖教新聞社、一九五二年。
宮崎英修編『日蓮辞典』、東京堂出版、一九七八年。
無住一円著、筑土鈴寛校訂『沙石集』上・下巻、岩波文庫、一九四三年。
茂田井教亨著『日蓮書簡に聞く』、教育新潮社、一九六六年。
茂田井教亨著『日蓮の人間観』上・下、佼成出版社、一九八四年。
湯浅治久著『戦国仏教』、中公新書、二〇〇九年。
立正大学日蓮教学研究所編『昭和定本日蓮聖人遺文』、身延久遠寺、一九七一〜一九七二年。
Aṅguttara-nikāya, vol. I, P.T.S., London, 1885.
Aṅguttara-nikāya, vol. II, P.T.S., London, 1995.
Dhammapada, P.T.S., London, 1994.
Dīgha-nikāya, vol. I, P.T.S., London, 1889.
Jātaka, vol. I, P.T.S., London, 1877.
Majjhima-nikāya, vol. I, P.T.S., London, 1888.
Majjhima-nikāya, vol. II, P.T.S., London, 1896.
Majjhima-nikāya, vol. III, P.T.S., London, 1899.
Suttanipāta, P.T.S., London, 1913.

Saṃyutta-nikāya, vol. IV, P.T.S., London, 1894.
Udānavarga, herausgegeben von Franz Bernhard. 2 Bände, Sanskrit texte aus den Turfan-funden X. Abhandlungen der Akademie der Wissenschaften in Göttingen. Philologisch-Historische Klasse. Dritte Folge, Nr. 54. Göttingen, Vandenhoeck und Ruprecht, 1965.
Vinaya-piṭaka, vol. I, P.T.S., London, 1879.
Vinaya-piṭaka, vol. II, P.T.S., London, 1880.

ビギナーズ 日本《にほん》の思想《しそう》

日蓮《にちれん》の手紙《てがみ》

日蓮《にちれん》 植木雅俊《うえきまさとし》＝訳・解説

令和3年 7月25日 初版発行
令和4年 2月5日 再版発行

発行者●青柳昌行

発行●株式会社KADOKAWA
〒102-8177 東京都千代田区富士見2-13-3
電話 0570-002-301（ナビダイヤル）

角川文庫 22760

印刷所●株式会社KADOKAWA
製本所●株式会社KADOKAWA

表紙画●和田三造

●お問い合わせ
https://www.kadokawa.co.jp/（「お問い合わせ」へお進みください）
※内容によっては、お答えできない場合があります。
※サポートは日本国内のみとさせていただきます。
※Japanese text only

ISBN 978-4-04-400614-3 C0115

◆◇◇

角川文庫発刊に際して

角川源義

第二次世界大戦の敗北は、軍事力の敗北であった以上に、私たちの若い文化力の敗退であった。私たちの文化が戦争に対して如何に無力であり、単なるあだ花に過ぎなかったかを、私たちは身を以て体験し痛感した。西洋近代文化の摂取にとって、明治以後八十年の歳月は決して短かすぎたとは言えない。にもかかわらず、近代文化の伝統を確立し、自由な批判と柔軟な良識に富む文化層として自らを形成することに私たちは失敗して来た。そしてこれは、各層への文化の普及滲透を任務とする出版人の責任でもあった。

一九四五年以来、私たちは再び振出しに戻り、第一歩から踏み出すことを余儀なくされた。これは大きな不幸ではあるが、反面、これまでの混沌・未熟・歪曲の中にあった我が国の文化に秩序と確たる基礎を齎らすためには絶好の機会でもある。角川書店は、このような祖国の文化的危機にあたり、微力をも顧みず再建の礎石たるべき抱負と決意とをもって出発したが、ここに創立以来の念願を果すべく角川文庫を発刊する。これまで刊行されたあらゆる全集叢書文庫類の長所と短所とを検討し、古今東西の不朽の典籍を、良心的編集のもとに、廉価に、そして書架にふさわしい美本として、多くのひとびとに提供しようとする。しかし私たちは徒らに百科全書的な知識のジレッタントを作ることを目的とせず、あくまで祖国の文化に秩序と再建への道を示し、この文庫を角川書店の栄ある事業として、今後永久に継続発展せしめ、学芸と教養との殿堂として大成せんことを期したい。多くの読書子の愛情ある忠言と支持とによって、この希望と抱負とを完遂せしめられんことを願う。

一九四九年五月三日